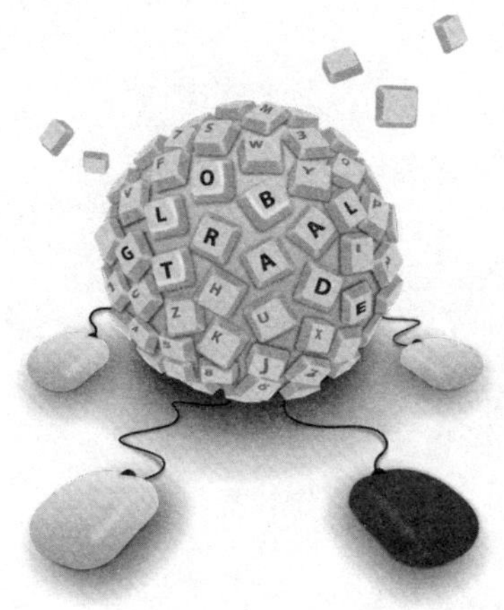

资本品牌与传播

一个财经作家的公关传播文本

汪在满◎著

中国·成都

上市公司不可忽视的重要功课——财经公关

上市公司日常工作不可或缺的环节——媒体传播

沟通与传播——挖掘公司价值

阐释投资价值、传播发展战略、提升品牌形象、维护公司声誉

财经传播——企业战略、市场推广、政府公关的助推器

看资深媒体人如何将“新闻炒作”和“危机公关”化为无形

序

资本品牌传播应传递“业界良心”

资本品牌传播与财经公关行业伴随着证券市场的发展应运而生，前后不到20年历史。

应该说，汪在满是这一新兴行业的探路者之一。他曾采访过国内近百家上市公司，参与见证了众多公司的上市过程；也采访过数十位上市公司董事长，与很多上市公司高管是很好的朋友，与他们均有深入的交流，并获得了公司上市的大量一手资料和经典案例。该书便收集了作者近二十年来撰写的关于品牌传播、资本证券市场与公司上市的财经新闻。

资本品牌传播与财经公关是上市公司和投资者之间进行交流、沟通的桥梁。在中国资本市场向市场化、国际化迈进的过程中，企业新股发行和上市公司通过资本市场再融资以及上市公司之间对市场资金的激烈竞争，都促使上市公司需要在专业财经公关顾问的协助下，树立良好的资本市场形象和声誉，建立良好的投资者关系。资本品牌传播与财经公关服务成为上市公司的必然选择。因此，资本品牌传播与财经公关在金融服务行业中的地位更是日益凸显，并呈现出方兴未艾的发展态势。而正当财经公关作为金融服务的一个新细分行业渐渐成熟时，却出现了21世纪网涉嫌在财经公关与传播领域的严重经济犯罪案件，国内一部分顶尖的财经公关公司涉案，对这一行业造成了很大伤害。但也有部分坚守职业操守的财经公关公司，不为眼前利益所驱使，而是积极努力，全心全意为上市公司提供深度服务，因此被誉为“业界良心”，成为资本品牌传播和财经公关的行业典范。

在社会公众对财经公关行业颇有微词、毁誉参半的背景下，《资本品牌与传播——一个财经作家的公关传播文本》一书的面世，无疑传递了“业界良心”的声音，也为上市公司如何进行资本品牌传播与财经公关提供参照，更为上市公司在阐释投资价值、提升品牌形象、维护公司声誉等方面，提供了可借鉴的范本。

——知名财经观察家、出版人 陆新之

目　录

第三辑　品牌公关传播系列

第四辑　"老字号"公关系列

第一辑

上市公司董事长专访

立足广州创业　打造国际品牌

——访广州安泰化学有限公司董事长邹榛夫

绿树环抱的厂房、美轮美奂的办公楼，如果没人告诉你，凭空怎样也猜不出这是一家化工企业，一家生产集装箱用密封胶，且年销量占全球一半的民营企业——广州安泰化学有限公司（以下简称“安泰”）。

安泰在广州犹如一颗星辰冉冉上升，其产品在国内外同行中誉声鹊起。其耀眼的光芒，令人瞩目。

然而，却很少有人知道安泰的崛起历尽艰辛。

天河卧薪尝胆，演绎创业传奇

密封胶，属于高分子类的化工新产品，技术含量高。安泰创始人邹榛夫一开始创业就涉足这一高科技领域。

一个产品从研制到正式投产面市，往往要经历千百次的实验，因而也最考验一个人的毅力、意志。1988年成立的安泰，至今才12年的时间，而企业的前一半历史，正是创业者研制集装箱用密封胶从失败到成功敲开市场大门的拼搏过程。6年——2 000多个日日夜夜，期间的甘苦可想而知。

创业者对当年的回顾至今仍令人感动。邹榛夫这个科研机构的“下海者”，在广州城郊的上元岗租下了仅35㎡的平房，支起两个用旧油桶改成的反应釜，没日没夜地苦熬。昏暗的灯光下，他们聚精会神地观察反应釜内的细微变化，稍一疏忽懈怠，便前功尽弃。东挪西借的2万元为买原材料已耗费得差不多了，他们就在伙食上压缩开支，白饭泡咸菜，整整半年没沾过肉味。他们没有退路，试验只许成功，只有成功才能生存。

从1988年到1990年，他们历经无数次的试验，终于拿出了第一批样品，送到用户广州造船厂集装箱分厂手上，对方经过试用后，认为安泰集装箱用密封胶性能完全达到进口胶的标准，且价位适中，决定大量使用。初战告捷，令他们信心倍增。此后两年，为了保证产品质量，把握批量工业化生产流程，他们苦学、善学、边干边学，刨书本，向专家请教。面对企业管理、质量控制这些严峻的课题，他们一一攻克。很快他们就为自己企业的生产质控、销售制定出一套出色的管理体系。

1994年是安泰大发展的一年。产品质量终于超过了进口货，且价格便宜，在客户中建立了信誉，客户大批量订货。此时，他们像神话中的阿里巴巴那样，说声“芝麻开门”，财富的大门便向他们打开了。他们开始购买新设备，建新厂房，公司也开始盈利。

无疑，安泰的第一次创业是成功的。他们先后经历了近10年艰苦卓绝的创业历程。在创造辉煌的过程中，他们也为今后的发展积累了丰富的经验，奠定了坚实的基础。

安泰人在创新中求发展，在发展中求生存，靠的是产品卓越。

十年磨砺一剑，笑傲商战风云

在安泰创业初期，适逢世界密封胶、建筑胶市场群雄并起、风云激荡，林立的品牌产品质量良莠不齐，一两家海外品牌雄踞市场，称霸天下。

安泰可谓生不逢时，周围的朋友都为邹榛夫捏着一把汗。

然而，乐观、自信的邹榛夫相信，凭借自己的意志、信念、智慧、胆略和专业知识，就一定能够在市场的“蛋糕”上切下属于自己的一块。

安泰1988年从研发集装箱密封胶起步，历经6年的不断追求与进步，1994年成长为中国集装箱密封胶的龙头企业，确立了在行业中的科技领先地位和品牌优势。面对已取得的成绩，他们没有满足和停滞，又把市场目标定位在集装箱防锈漆上。从1995年投入研发到1998年，历经4年反复试验，一种取代进口集装箱防锈漆的新产品成功投入市场。他们又一次以成熟的高科技产品显示了自己的技术实力，并在短期内使这一产品的销售量达到全国第二，令海内外同仁刮目相看。

此时的邹榛夫已是雄心勃勃。安泰公司的目标就是要创建筑胶全国第一的品牌。他们紧盯国外先进技术的发展，经过不断的试验，其建筑用胶技术已经全部成熟，并已投入市场。安泰拥有严格的质量控制体系和完善的质量检测设备，从原材料的筛选、生产过程的控制到产品出厂后的质量跟踪均受到严格的管理。产品质量控制这条线是任何人不得干扰的。一次，值班人员不小心将碎塑料片掉进了配好的产品中，在3.5万支胶中，平均每500支胶可能有一小片。由于不影响产品质量，员工们都希望这批产品能够销售出去，因为一旦报废，就会使企业损失10多万元。然而邹棒夫却不这么看，他把员工召集起来，语重心长地说："报废这批产品，损失10万多元，作为老板的我是心痛的，但是如果不报废，那损失的不仅是我们的管理，更损害我们创一流产品、办一流企业的意志，因此必须报废！"正是由于邹棒夫对产品质量一丝不苟的作风，营造了安泰从上到下都把产品质量当作生命对待的良好氛围。

现在，安泰每出一个小问题，都会从管理制度、人员、设备、材料、工艺技术等方面寻找原因，从源头上解决问题。为保持产品的技术先进和质量稳定，公司投入200万元购买技术工艺先进的生产设备（通常的设备价值10多万元）。用他们的话讲，先进的设备会使产品质量保证程度最高。正因为如此，他们的产品自1992年投放市场以来，从未发生过质量问题，这在行业内是绝无仅有的。

卓越的品牌来自精细、缜密而又独树一帜的管理。安泰探索的管理模式，简单地说，可以称之为"简洁"。这也深刻地打上了管理者邹棒夫的性格烙印。邹棒夫与公司总工程师石止金教授经常说的一句话就是"简洁就是智慧"。根据简洁的原则，邹棒夫从1994年开始，就在企业内全面实现"年薪制"，并对"年薪制"在中国目前这种人文环境下的实施进行了深入的探讨和研究，并有许多独到的见地。在安泰年进出货物达1.3万吨的仓储管理中，仅设1名仓管人员；年产4 000吨的油漆车间仅需4名工人。简洁产生高效，安泰公司年均人创产值达200万元。

十年磨砺一剑。十余年来，安泰人将自己全部的心血和智慧，专注于各种密封胶的研究、开发和产品推广上，终使安泰公司成为技术领先、品种齐全的密封胶专业厂家。其系列产品包括国际标准集装箱、冷藏箱用系列密封胶，建筑结构、装修用系列密封胶，汽车用系列密封胶三大系列；此外还有集装箱用防护漆、功能化学原料等多个领域的产品。

已占据世界集装箱密封胶市场50%份额的安泰，无可置疑地由"守势"转变为"攻势"。海外品牌的市场逐渐萎缩，原千方百计封杀打压安泰的某品牌颓然兵败，不得不全面退出市场。

为铸造产品，安泰人付出了大量的心血，然而树立品牌旗帜，安泰人倾注的是更多的智慧、毅力以及满腔的热忱。

打造国际品牌，五洲劲唱大风

现在，世界上每两个集装箱中，就有一个使用的是安泰生产的密封胶。安泰的密封胶产品占据了世界市场50%的份额。

广州市原市长杨资元曾题字相赠邹榛夫“有备长安一枝独秀，多谋永泰万象皆兴”。邹榛夫明白，21世纪是品牌构架的时代，在未来世界市场的竞争中，仅有好的产品是远远不够的；产品在不断地更新换代，而品牌才是永恒的旗帜，要在未来市场立于不败之地，必须创立世界知名品牌 。

当谈到公司第二次创业及创中国建筑胶品牌的目标时，曾经为中国集装箱走向世界立下汗马功劳的邹榛夫显露出深沉与坚定的表情。他说：“人的生命只有一次，企业的生命也只有一次。安泰人已经抱定了将以不断的创新精神来永续企业的生命，安泰人的创业是用全部的心血在做产品，是在用企业的生命搏市场。”

邹榛夫说：“第一次创业我们经历了10年历程，原想第二次创业是在一个较高的基础上起步，时间会短些，但是由于建筑胶市场的无序竞争，形势不容乐观。当年的创业、创品牌是基于企业生存的压力所迫，而现在企业有了些名气，有了品牌，要保持永续的发展，则更是一个艰难的历程。我们要克服来自于企业内部滋长的‘我是行业老大，有世界公认的品牌’的松懈思想，以免导致我们工作的懈怠和失误。我们将清醒地认识到，优势是一个动态的状况，你进步慢，别人就会走在你的前面。我们必须借势把产品发展到全国各地，普惠千家万户。”

安泰在二次创业中，注重引导员工先做人，后做事，创导一种个人、公司、社会三者之间比较和谐的价值取向。因为只有不断为员工提供平台、为社会提供利益的企业，才能有恒久的生命力。

邹榛夫深有感触地说：“创名牌对于企业来讲，是一个综合性很强的系统工程。名牌产品不仅是一个从研发、生产到销售全过程的控制结果，更体现着经营者与社会的价值取向理念，是一个企业综合管理素质的集中体现。也许，创建筑胶全国品牌第一的路还很漫长，但是我们的决心已定，不论时间有多长，代价有多大，我们将勇往直前！”

中国市场在呼唤着品牌，安泰人始终专心致志地制造着为用户称道的优质产品，矢志不渝地打造自己的品牌。

在广州天河这块充满生机和适宜创业的热土上，邹榛夫更加“野心”勃勃，他攀登行业地位的终极目标是：中国第一！世界知名！

邹榛夫：“做一个自然人”

邹榛夫，湖北省京山县祠堂湾人氏。1979年9月考入武汉大学化学系；1986年

9月，因恋“母”情结再接再厉入母校化学系攻读硕士学位；1986年8月分配至羊城中科院广州化学研究所；1988年突围象牙之塔，毅然决然自砸铁饭碗，辞职创办广州市安泰化学有限公司，玩得风生水起，迅速崛起为行业领军人。

“做一个自然人”，是邹榛夫的生活理念。

山黛、水碧、风清、鸟飞、民风淳朴，童年的家园自然和谐之美潜移默化，润物无声地影响着邹榛夫的性格。崇尚自然、质朴、本色、自我，这些成了邹榛夫性格里最具特质的元素。

不沾烟酒的邹榛夫工作之余，也不涉足声色犬马的娱乐场所。他认为那绝不是心灵的家园，他的心灵在乎山水田园。于是，他爬山、逐水，羊城以及近郊的山山水水乃至一些人迹罕至的地方都有他流连的足迹。邹榛夫喜爱高尔夫运动，但绝非是附庸风雅。那小丘、那草地、那一泓绿水、那一方碧空、那举杆而击的挥洒自如，都使他别无选择地爱上了这项有些人称之为“贵族”的运动。其实，在邹榛夫看来，在山水间游戏，在天地间放松，让灵魂回归自然，是一项贴近自我、贴近人性、愉悦心身的快意之事。

他的女儿叫“安妮”，一个在美国出生的“洋娃娃”。邹榛夫特别喜欢和这个1岁9个月大的小天使对话。小安妮的喜怒哀乐、一举手、一投足，是那样的质朴、天真、自然。他惊喜于安妮是这样的贴近自己的理想，就如扑面春风，办公室里女儿的照片上的笑脸常常令他沉醉不已。朋友们每每听到他津津乐道“安妮的故事”，都会被他自然朴素的父爱和舐犊之情所感动，从而唤起人性中最温馨的记忆。

在这个充斥着包装的时代，邹榛夫特立独行，以本色立世。他不喜欢做焦点人物，十多年来，一直力避闪光灯和摄像机，从不让自己的名字在媒体上出现。这次直面本刊记者，他笑称：“这次我把自己给卖了。”

他的穿着很宽松、休闲，也很环保，皆为棉织品，没有小家子气的雕饰和刻意作秀。他认为，只有让灵魂和身体彻底自由的人，才能进行独立思考，才能充分发挥人的潜能，最大限度地发挥原创力和创造性。在业内流传邹榛夫的一句“名言”：“我和你讲的每一句话都是真话，但没有把所有的真话讲给你听。”邹榛夫这样讲并不能否认他是真诚的。

“做一个自然人”是邹榛夫追求的一种人生境界，不刻意，不矫情，大器无形；出之于心，发乎于情，顺其自然，天人合一。当然，他也不是不食人间烟火的人，与社会尖锐对立，格格不入，他只是最大限度地做一个“性情中人”。在和客户商谈等一些“外事”活动中，他也会在纯棉衬衣上系一条领带。他私下笑称“领带”具有“入世”的象征意味，是其天性与现实有限妥协的产物。领带毕竟是身外之物，人们记住的，还是邹棒夫那纯朴的笑脸和真诚的目光。

补记：脱胎于安泰化学的集泰化学上市在即，即将进入资本市场，邹棒夫成为集泰化学的实际控制人。

（新华社《中国市场》杂志2001年9月号，系与杨瑞秋联合采写）

铸就一流钢铁企业

——访邯郸钢铁股份有限公司董事长刘如军

钢花璀璨谱写华夏乐章，铁流滚滚铸就中国脊梁。

邯郸钢铁股份有限公司曾经是中国最卓越的企业之一，以创造了“邯钢经验”闻名于世。时下，邯郸钢铁用事实再一次印证了自己的辉煌：公司连续五年进入上市公司50强行列，现已成为上证180指数指标股和美国道琼斯中国指数成分股，在证券市场上树立了典型的蓝筹形象。

日前，笔者采访了公司董事长刘如军。在他那间不算大的办公室里，我们的对话在轻松和随意的氛围中展开。他话语沉静、谈锋稳健，一个稳健务实的现代企业管理者的形象跃然于眼前。他对企业发展的前瞻性思辨，更让我们领略到了他的睿智。

“邯钢经验”鼓舞邯钢人铸造新辉煌

笔者：您认为“邯钢经验”对公司发展起到了怎样的作用？

刘如军：1991年，邯郸钢铁总厂创造了著名的“模拟市场核算，实行成本否决”机制，并因此取得良好经济效益。之后5年间，公司效益和钢产量超过了前32年的总和。1996年2月，“邯钢经验”在全国推广。国务院号召全国工业企业学习“邯钢经验”，对深化国有企业改革起了积极的推动作用。在计划经济向市场经济转轨时期，邯钢凭借创造“邯钢经验”，由一个默默无闻的中小企业跻身大型国有企业的行列，其对公司发展的推动作用应该是有目共睹的。

笔者：“邯钢经验”对于公司未来的发展会产生哪些影响？

刘如军：应该说“邯钢经验”记载了公司过去的辉煌，但是对于企业未来发展其意义更加深远！第一，在精神方面，邯钢人面对困难自我加压、艰苦奋斗的创业精神，面对严峻挑战主动走向市场的创新精神，实事求是、量力而为的求实精神等已经转化为邯钢人所特有的“邯钢精神”，是邯钢企业文化的重要组成部分，也必将成为企业发展的思想基础和巨大动力。邯钢人在极为艰苦的环境中创造出非凡成绩，虽然公司的技术、装备等均今非昔比，但“邯钢精神”必将鞭策和鼓舞邯钢人倍加努力，创造新成绩。第二，“邯钢经验”为企业留下的另一笔财富是它培养了一批年富力强，既熟悉业务又懂管理的人才队伍。目前企业竞争已走向了“人才竞争”时代。企业有没有竞争力，表面上表现为产品和市场，但其背后反映的才是最关键的因素——人才竞争力。因此，公司的这项优势是一般企业所难以比拟的。

笔者：目前公司在管理创新方面有哪些举措?

刘如军：从管理上看，要成为世界一流钢铁企业，必须进行不断的管理创新，这是企业生产经营的根本。因此，从2001年开始，邯郸钢铁推行了全面预算管理。它是以成本控制为基础，以目标利润为导向，以现金流量为主线，以集中管理为重点，以全员参与、全面覆盖、全程控制为特点的现代化管理方法。同时公司还实行了内部经济合同制，注重加强企业资金流、物流管理和信息化建设。事实证明，管理创新不仅为“邯钢经验”注入了新内涵，而且也带来了良好的经济效益。

笔者：我们注意到公司技术创新能力也十分突出，请您介绍一下这方面的情况。

刘如军：公司多年来始终坚持实施科技兴企战略，并把建立科技创新机制、健全科技创新体系作为建立现代企业制度的重要内容。目前，公司已组建了省级技术中心，形成了强有力的技术创新工作管理体系。2000年以来，公司共申请专利68项，实现专利授权39项。而全面技术攻关也改善了公司各项经济指标，今年1~6月公司69项可比指标中，有46项比去年同期有明显进步，其中33项进入全国同行业前三名。同时公司产品创新能力不断增强，近几年公司已先后开发出H400-汽车专用板等42个新品种。并且公司产品质量也得到明显提升，目前公司钢材双达标率为100%，其中符合国际先进标准的比例达67.5%以上。另外，公司还大力推进了人才培养工程，先后与韩国浦项、北京科技大学等国内外科研院所合作，有计划地培养自己的硕士、博士生。目前公司已拥有了一批学历层次高、研发创新能力强的技术队伍，增强了企业科研实力。虽然世界科技进步日新月异，但是我们有完善的科技创新机制、雄厚的人才基础，所以我相信邯钢人有信心，也有能力，依托自身优势缔造新辉煌。

钢铁业产销两旺，板材产品迎来发展良机

谈起未来钢铁市场走势时，刘如军说："中国作为一个工业化刚刚起步的发展中国家，对钢铁的需求与发达国家有较大差别，以中国现在的钢铁产量来实现工业化，至少还需要20年的时间，因此我对钢铁行业的持续发展很有信心。"

笔者：您如何看待当前钢铁业发展趋势？

刘如军：从国际钢铁行业的情况看，得益于世界经济的复苏，特别是建筑、汽车、造船、家电、机械制造等钢铁下游产业的增长，全球市场钢铁产品需求旺盛。据国际钢铁协会预测，今年全球钢铁市场需求量将达8.41亿吨，比去年增加4.8%。行业专家认为，2010年全球钢铁消费量将超过11亿吨。目前甚至有业内专家警告，随着钢铁需求的急剧上升，明年可能出现全球范围的钢铁短缺。比如，总部设在美国的咨询公司——世界钢铁动力公司预测，明年第一季度全球出现钢铁短缺的概率为85%。可见全球钢铁行业增长势头迅猛。

笔者：您能具体谈一下对我国钢铁业发展的看法吗？

刘如军：从我国钢铁行业发展看，2002年我国钢铁行业经营业绩出现最近5年来最好的发展势头，钢产量、销量、消费量创历史记录。从2002年起以钢铁、有色金属、建材、机械等为代表的一批新的主导产业浮出水面，推动经济的持续快速增长。目前这一势头仍十分强劲，因此2004年我国将处于新一轮经济周期快速上升稳定增长期。目前我国钢铁工业已进入了第二个快速健康发展的新时期。

笔者：您认为我国钢铁业进入第二个快速健康发展时期的主要依据是什么？

刘如军：目前以汽车、机械制造等行业为龙头的高增长产业群已经形成，成为我国经济快速增长的新亮点。它们的快速发展将有效地拉动钢铁需求增长。目前的一些数据足以证明我国钢铁工业已进入一个新的高速发展阶段。比如，国际钢铁协会预测，明年中国消耗的钢铁将占世界总量的31%，而2001年中国仅占世界钢铁消费总量的22%。同时中国钢铁工业协会通过调研认为，2005年中国钢材市场表观消费需求（不含目前的重复统计部分）将达到2.5亿~2.6亿吨；2010年中国钢材市场表观消费需求将达到3.1亿吨左右。预测还显示2005年消费的钢材中，板带材所占比例将由2002年的39.42%上升到43.46%，2010年将进一步上升到50.18%。这说明中国不仅需要钢产量的大幅度增加，而且必须在以增加板带材为主的产品结构上有较大进展。应该说中国钢铁工业，尤其是板材产品迎来了难得的发展机遇。

邯郸钢铁打造优质板材生产基地

笔者：在新的市场形势下，邯郸钢铁的发展战略是什么？

刘如军：公司的战略目标是建设具有国际先进水平的现代化钢铁企业。邯郸钢铁不仅要在主体工艺设备上赶上世界钢铁工业的先进水平，更要在管理方式、劳动效率、技术能力、人员素质、成本指标、产品档次、环境保护等方面达到世界同类钢铁企业的先进水平。当然，这是一个宏伟的创业计划，需要付出长时间的艰辛努力。公司管理层结合自身特点，确立了“不求最大，只求最精、最强”的发展思路，因此我们公司的发展定位是“打造优质板材生产基地”。

笔者：公司为什么要将自己定位在板材生产基地上？

刘如军：尽管我国是世界第一产钢大国，但我国钢材产品结构不尽合理，质量、品种上不去，市场急需的热轧薄板、冷轧薄板、镀锌板、不锈钢板等品种不能满足市场需求，需要大量进口。正是基于钢铁行业产业调整的背景，邯郸钢铁将自身发展定位于“打造优质板材生产基地”。它有利于公司实现国际化、多元化的发展进程，促使公司进一步优化产品结构，形成新的利润增长点。应该说公司的定位是以市场需求为导向的，是公司可持续发展的需要。

笔者：要实现发展目标公司有哪些措施？

刘如军：以管理和科技为两个轮子，通过产品经营和资本运营两种方式来实现这个目标。具体讲，我们将以发展为主题，以实现战略价值创新为目的，以创新管理为手段，以结构调整和产品升级为主线，走新型工业化道路；以改革和科技进步为动力，加快体制创新、机制创新和技术创新步伐；以经济效益为中心，加大技术改造力度，不断提升企业发展后劲。同时公司还将以集团为依托，加强资本运营，充分利用证券市场的融资和优化资源配置功能，通过资产置换等方式，使公司资产结构优化，进一步提高获利能力。目前，邯郸钢铁正在为实现自己的战略定位而努力。

笔者：此次募集资金项目具有怎样的意义呢？

刘如军：本次融资将用于被邯钢人称为“金饭碗”的冷轧薄板技改工程，该项目属国家重点技改项目。该项目将采用具有国际先进水平的德国西马克生产线，其投产后不仅可以缓解国内市场高质量薄板供需紧张的矛盾，而且对于中国改善钢铁工业产品结构也具有重要意义，同时也标志着邯郸钢铁向着建立优质板材生产基地的目标迈出了重要一步。到2005年，邯郸钢铁将形成集热轧板卷、热轧酸洗板卷、热轧镀锌板卷、冷轧板卷、冷轧镀锌板卷、彩涂板卷和中厚板等多品种的板材结构，公司板材年生产总量将超过300万吨，板材比将超过70%。届时公司产品档次将得到大幅提升，完善的产品结构将成为公司巨大的竞争优势。

从与刘如军的对话中，我们真切地感受到一个企业决策者对未来的信心和运筹帷幄的战略气魄。

多姿多彩的历史，璀璨辉煌的现在，必将预示着邯郸钢铁有一个更加卓越的未来。

（《上海证券报》2003年11月26日）

招商轮船，中国能源运输的领先者

——访招商轮船股份有限公司董事长傅育宁

11月16日，招商轮船股份有限公司（简称“招商轮船”）在全景网举行首次公开发行12亿股A股网上路演。在网上路演的间隙，招商轮船董事长傅育宁先生接受了笔者的采访。

笔者：招商轮船在招商局集团整个产业布局中占有什么样的地位？

傅育宁：能源运输是招商局集团的核心产业之一。创立于1872年的轮船招商局，就是以航运起家的。从最初与国际列强争夺远海航运权，到今天以运输石油和天然气能源为主，它有一条清晰的产业发展轨迹。招商轮船是从事石油、天然气运输的专业公司，招商轮船进入这个领域已经有四十多年的历史，所以它是招商局相当有实力和优势的产业。

我国的能源进口呈现长期增长的趋势，能源进口为中国的能源运输提供了强有力的保障。在这种大的市场背景下，招商局把能源运输定位为核心产业。

如今，能源运输已被提高到国家安全的高度。招商轮船是由招商局轮船联合中石化集团、中化集团、中远集团及中海油公司四家发起人共同发起的，于2004年在上海注册成立。今天走到资本市场就是为了适应市场需要，为国家的能源运输安全扮演重要的角色。

笔者：作为大股东，招商局将为招商轮船提供哪些支持？

傅育宁：招商局集团将能源运输确立为核心产业之一，将为它的发展提供有力的支持。为此，招商局集团将会长期保持上市公司控股地位。

笔者：招商轮船在经营管理方面有何优势？

傅育宁：公司油轮船队是目前国内运力规模最大的国际油轮船队，油轮船队结构多元化，规避单一市场波动风险能力相对较强；公司营运管理的国际化程度高，拥有一支具备多年国际航运经营管理经验的专业人员队伍，下属的海宏公司是将超级油轮引入亚太地区的先驱，与壳牌公司（SHELL）、雪佛龙公司（CHEVRON）、德士古公司（TEXACO）等国际大型石油公司建立了长期合作关系，四十多年来海宏公司取得的管理业绩和持续保持的安全记录被业界广为认可。

笔者：招商轮船的市场定位如何？未来有哪些发展计划？

傅育宁：公司以远洋油轮运输业务为核心，积极开拓液化天然气运输业务，加强与战略伙伴的合作，以重点发展与中国进口能源相关的运输业务，争取经过3~5年的努力，将公司所属船队发展成为更具国际竞争力、保持国内领先地位、收益相对稳定并持续增长的大型能源运输船队。

中国进口原油规模增长迅速，带动进口原油运输需求快速增长。2005 年公司承运的中国进口原油尚不足中国当年进口原油总规模的5%。中石化集团、中化集团及中国海洋石油总公司等中国主要石油进口企业已直接或间接在公司参股，并且与公司建立了战略合作关系，合作关系的建立为公司油轮运输业务的稳定发展提供了坚实的基础，未来公司的中国进口原油运输业务市场前景广阔。基于目前招股书的船队扩张计划，公司计划在大约三年内新增6艘超级油轮、2艘苏伊士型油轮及 6艘阿芙拉型油轮，并通过大连远洋运输公司（CLNG）公司投资建造5艘液化天然气运输专用船。此外，公司将根据市场时机和运营的实际情况进行更为积极的运力扩张，通过杠杆作用进一步提高公司盈利水平。

同时，公司将积极研究航运市场的状况，通过合理安排程租和期租的比例，力争抓住航运市场的高点，同时将通过签订新油轮建造合同、购买二手油轮及收购油轮船队等方式，确保在三年之内实现新增14艘油轮的最低目标。

笔者：与国内外同行相比，招商轮船的核心竞争力有哪些？

傅育宁：与国内船队比，招商轮船是中国远洋原油运输市场的领先者，中国规模最大的远洋原油运输船队，拥有世界级的管理水平，长期在国际市场运营。与国外船队比，高速增长的中国原油运输市场和国家能源运输安全战略的实施为招商轮船提供了空前的市场机遇。

远洋原油运输、散货运输和LNG（液化天然气）运输的业务组合是招商轮船的一大特色。公司远洋油轮运输船队的规模和运力目前在国内列第一位，具有业内广泛认可的油轮管理专业资质；同时，拥有一支国际化的散货船队，并且正在组建中国第一支规模化的液化天然气运输船队。凭借国际化的管理水平、优异的安全记录与良好的船队形象，公司在国际航运界赢得了广泛的赞誉，并长期为壳牌石油、加德士等全球著名石油公司提供国际一流水准的原油运输服务，跻身全球著名独立油轮船东之列。

良好的公司治理、稳健的业务组合和独特的价值创造模式以及长期积累的国际化油轮管理经验为公司带来稳健与良好的盈利能力。公司将以上市为契机，进一步扩大船队规模，同时，积极巩固与国际石油公司的传统合作，进一步发展与中国大型原油进口商的战略合作关系，不断提高营运效率，以实现股东利益最大化。

（《中国证券报》2006年11月17日）

谋势，创新战略价值

——访京山轻机集团有限公司董事长李健

古人云：善弈者，谋势；不善弈者，谋子。善谋势者必成大事。

在湖北腹地京山县，有一家颇具影响力的企业集团——湖北京山轻机集团（京源科技），其旗下不仅拥有具有国际化影响力的上市公司——京山轻机，还有湖北最大的米业集团——国宝桥米，以及湖北京峻汽车零部件有限公司、高科技企业湖北雄韬电源等十几家大中型企业。日前，掌管着这家总资产达数十亿元公司的总裁是名“80后”企业家。

这位年轻的企业家，以不断创新的战略价值思维、与时俱进的理念和敢闯敢干的作风赢得企业员工的尊重和社会普遍好评，成为湖北企业界一颗冉冉升起的新星。

日前，笔者采访了这位年轻而又思想深邃的企业家。

“谋势”未来，高度决定视野

研究生毕业的李健，对企业竞争和企业战略价值管理和创新有着深入的研究。2001年，毕业于武汉大学国际金融系的李健，作为人才被引进京山轻机，从京山轻机总经理助理开始，围绕企业核心业务——销售、生产、研发、财务、行政等，渐入角色，逐步踏上实践探索之路，并历经市场经济大潮磨炼，一步步走上领导岗位，带领企业成功转型。

2005年10月，24岁的李健正式接掌“帅印”，担任湖北京山轻工机械股份有限公司总经理。2004年，他被评为湖北省劳动模范；2006年获得湖北省“五四青年奖章”，目前还担任湖北省青年企业家联合会常务理事。

作为新生代企业家，尽管李健掌管着数十亿元的财富和产业，但危机感时时伴随着他。他明白，上一代创业者基本完成的创业使命，为企业发展打下了坚实基础，企业发展如逆水行舟，不进则退，如果仅仅只是墨守成规、抱着守业的经营态度，势必会被无情淘汰。经过十余年磨砺，李健已形成独有的企业家特质，善于思考，勤于研究，性格内敛，行事稳健务实。创业成功后，企业未来向何处发展？这成为这一代企业家新的责任和使命，也是李健经常思考的问题。经过深思熟虑，他做出抉择，以国际化的视野和高度，实施企业战略转型。

李健曾多次谦逊低调地说，他们只不过是在前辈创业基础上做了自己分内之事，前面的路还很长，也很曲折，肩上担子很重。志存高远的李健说，未来他们将以打造强势品牌，以不断创新锻造企业核心竞争力，以稳健的多元化扩张增强企业综合实力和抗风险能力，使企业基业长青，持续发展，终极目标是打造世界知名的企业和品牌。

自执掌企业“帅印”开始，这位“少帅”就用全新的“谋势”思维和理念主导企业深度转型。于是，一个关乎企业未来命运的品牌战略与企业版图扩张战略，轰轰烈烈地拉开帷幕。

“谋势”创新，强化第一品牌

战略价值创新的关键要素是提升企业核心竞争力，使企业保持持续竞争优势。李健认为，未来企业博弈靠的是品牌，产品核心竞争力离不开发展创新和科技创新。

京山轻机主业是瓦楞包装技术设备制造，属于传统包装行业。业内人士都知道，国际上最大的同类企业当属美国的兰斯顿公司。

靠打铁起家的京山轻机30年前只是一家镇办集体企业，上一辈创业者经过多年摸索偶然闯入这一行业，当年，他们带着自己小厂生产的包装机械走遍全国。经过多年努力，到20世纪90年代中期，京山轻机已成为中国最大的纸箱、纸盒包装机械研发、制造基地，1998年在深圳证券交易所上市。

京山轻机上市不久，便遇上中国制造业大举向“世界工厂”进军的火热时节，很多企业产能急剧扩张，出口增长迅速。当时，美国瓦楞纸箱厂数量居世界第一，中国排名第二。值此之际的2002年，毕业一年的李健出任京山轻机总经理助理。尽管当时京山轻机的产品成功实现进口替代，在国内市场独占鳌头，但年轻的李健并没有沉湎于这种辉煌。当时，京山轻机刚刚成立国际贸易公司，李健经常往欧洲、美国这些发达国家地区跑，看到他们对产品性能和品质要求很高，往往一台设备的价格是国内的10~15倍。他经过仔细考察后发现，美国瓦楞纸箱厂数量在1983年达到高峰后，便一直在减少。一种对企业未来命运担忧的危机感油然而生，警钟开始在李健心中敲响：包装行业是传统行业，经过激烈的竞合，大集团淘汰小公司是必然趋势，中国瓦楞纸行业高速扩张后，必然和美国一样。

如何参与国际竞争？不仅要创新技术，更要满足客户各类需求，实现经营模式创新。于是，李健着手建立国际贸易部和国际营销网络，开始力推国际化和高端路线。如今，经过十多年努力，京山轻机已从过去的本土制造企业，发展为网点遍布全球二十多个国家和地区的世界级企业。李健说："国内企业竞争如果没有技术优势，只是一味盲目扩张，肯定会出大问题。"于是，京山轻机开始与瓦楞包装技术创始者美国兰斯顿公司结成技术合作伙伴，并将其原总裁乔治·罗伯特·米尔斯先生引进公司决策管理层，提升公司经营和管理的国际化水平。另外，京山轻机也与兰斯顿公司技术结合，自主研发能力和技术能力得到迅速提升并达到国际一流水平。2012年，京山轻机成功研发出世界首条运行时速达到350米/分的瓦楞纸板生产线，令国际同行刮目相看。通过不断充实研发力量，公司现已拥有国家级技术中心，成为行业技术的引导者；2012年，公司再次被评为国家高新技术企业。

"谋势"铸就品牌辉煌。如今，公司在技术人才储备、产品开发设计和集成能力、品牌美誉度、产业规模等方面具有明显竞争优势，已连续多年保持全球最大的瓦楞纸板、纸箱包装机械生产出口基地地位。作为国内纸包装行业的龙头企业，京山轻机不断巩固和强化着国内行业第一品牌的地位，就连全球老大美国兰斯顿公司对京山轻机也不敢小觑，成为其稳定的战略合作伙伴。

"谋势"扩张，增强综合实力

既要稳健，又要创新，这可谓企业发展的一对矛盾。清醒务实的李健明白，创新与多元化扩张充满变数，多年来，有很多企业步入多元化扩张的陷阱，为数不少的上市公司因此而倒闭，甚至有些全球性的大公司也未能幸免。

然而，随着全球经济进入大整合时代，提高企业资源整合程度成为企业战略价值创新的关键要素。"谋势"与"谋子"成为企业战略棋局的选择。李健意识到，机遇总是与挑战并存，不改革，毋宁死。勇于接受挑战的李健开始尝试布局以扩张经营为模式的企业转型，并以全新的整合理念进行企业版图扩张，以期建构全新的企业竞争格局。"谋势"之后尚需"谋子"。李健扩张战略布下的第一颗棋子是打造湖北"一袋米"。

京山是举世闻名的屈家岭文化发源地，4 500多年的稻米文化是其最为引人瞩目的特色，京山产的大米古代便是进贡皇帝的“贡米”。

李健认为，自己的企业具有整合这一资源的独有优势。2001年，李健刚到京山轻机，正值京山轻机接手已破产的国宝桥米公司，通过不断努力，一步步将其打造成“中国名牌”“中国驰名商标”。但国宝桥米公司经过快速扩张后，在2008年时遇到瓶颈。当时作为总裁助理的李健多方调研后，决定开发高端客户，往上游发展，建立自己的种植基地，掌控粮源，生产有机稻米，卖给中高收入人群，开拓新的市场空间。为加强智力支持，国宝桥米与水稻育种专家、武汉大学朱英国院士合作，共建“院士专家企业工作站”，共同研发水稻最新优质品种，主要以国宝现有优质品种种植为主，保证国宝高档优质稻的原料供应和新品种推广，国宝桥米基地成为全省最大的农业展示园区，该公司也被国家八部委认定为国家级农业产业化重点龙头企业。

2006年，李健扩张战略布下另一颗重要棋子——与全球最大的蓄电池生产企业之一的雄韬电源合作，强强联手，成立湖北雄韬电源科技公司，开始向新能源领域进军。如今这家企业已呈现出良好的市场前景和发展势头，成为公司发展新的增长点。

2011年，李健再度出击，向新产业领域延伸。总投资达10亿元、年产20万吨精密铸件项目一期工程投产。同年，京山轻机与省内重点汽车零部件企业东骏集团完成项目合作，组建“湖北京峻汽车零部件有限公司”，瞄准汽车零部件市场，配合精密铸造项目，迈出搏击汽车产业“大蓝海”关键性一步，预期项目投产后将实现年销售收入20亿元。

挥师武汉，打造设计之都，则是李健战略扩张的最新举措。如今位于江汉经济开发区的“汉口国际企业中心”，定位为武汉设计之都。该项目概念规划设计方案得到武汉市政府肯定，拟打造成江北高品质办公和配套服务的示范性产业园区。李健说，大武汉拥有百万余名在校大学生，有着丰富的智力、人力、资本、创意资源，依托这些要素，武汉京山轻机公司责任重大。

如今，李健靠他的稳扎稳打、步步为营的“谋势+谋子”的策略，扩展企业版图，李健掌管的湖北京山轻机集团已成为湖北省颇具实力的综合性科技企业集团，其旗下企业已达十几家，总资产达数十亿元，企业综合实力和抗风险能力大大增强。

“谋势”实现了企业战略价值的创新，李健并没有沉醉于过去的成就，作为延续着梦想与信念、承载着引领行业发展战略使命的新一代企业家，李健对未来发展充满信心。他说，我们一定要不断拓宽市场领域，提升企业核心竞争力，加快国际化步伐，巩固和强化京山轻机在中国包装机械行业第一品牌的地位，使之成为业内有全球影响力的标杆性企业。

相信这位稳健务实又具有创新精神的年轻新锐企业家，一定会带领他的企业创造出无愧于时代的新辉煌。

（《湖北日报》2013年1月26日）

神雾，打造中国节能环保第一品牌

——访北京神雾集团董事长吴道洪博士

当今世界，资源与环境问题，已经成为困扰人类社会与经济发展的最大难题，中国的国情更是如此。尤其近年来，大气雾霾问题更是成为社会舆论关注的焦点。

2013年9月，国务院发布了《大气污染防治行动计划》。今年2月12日，国务院总理李克强主持常务会议再次强调，将打好防治大气污染的攻坚战和持久战，作为推进我国生态文明建设的重大任务和改善民生的当务之急。

正是在这种背景下，一个节能减排的高新技术企业进入人们的视线，这家快速崛起为国内行业领袖的企业就是北京神雾环境能源科技集团股份有限公司。

前不久，笔者来到坐落在中关村国家自主创新示范区昌平园的北京神雾集团，采访了该公司董事长吴道洪博士。面对这位侃侃而谈、质朴而又不失儒雅的专家型企业家，你能强烈地感悟到他的理念和激情，感受到他的梦想和创新。

燃烧激情，点亮人类梦想

众所周知，人类始祖的“钻燧取火”打开了人类文明一扇新的大门。然而火的发明与运用，在极大改善人类生活的同时，也打开了潘多拉魔盒——今天人类面临的所有大气污染均与燃烧不无关系。可以说，没有燃烧，就不会产生大气污染，包括当今在我国大面积蔓延且很难治理的雾霾。

如何让“燃烧”在服务于人类的同时又不污染大气环境，成为世界上众多科学家追求的梦想。吴道洪博士无疑是这样的追梦人之一。

1984年，吴道洪以优异的高考成绩考入国防科技大学固体火箭发动机专业，四年后保送本校液体火箭发动机专业读硕士，在此期间由于成绩优异、学业突出并发表了十几篇论文，深受导师们的欣赏与器重。后来他考入北京航空航天大学航空发动机专业并获博士学位。可以说，从本科到博士，吴道洪一直都是在系统地研究

"燃烧"，尤其在读博士这段时间，他接触到的都是国际国内顶尖级的专家教授，了解的都是最前沿最尖端的科技信息，这让他看到了燃烧技术开发应用在节能降耗、减排环保方面巨大的市场潜力。在此期间，他还研究出了中国烧嘴式蓄热高温空气燃烧技术，这一技术成为应用在石油化工、钢铁冶金、电力能源、陶瓷玻璃等领域节能减排的"抢手货"。这无疑成为点燃吴道洪"玩火"激情与创业梦想的第一缕希望之光。

1994年从北京航空航天大学航空发动机专业毕业并获博士学位后，1995年吴道洪进入中国石油大学重质油加工国家重点实验室从事博士后研究一年，毕业时创办了北京神雾集团，任董事长至今。

按照人们说的，吴道洪一直都在"玩火"。吴道洪说，他的"玩火"说白了就是一直在进行"清洁燃烧革命"的研究。他认为，燃烧革命可以点石成金、变废为宝，燃烧革命将改变整个世界。他告诉笔者，神雾"高温、高效、低碳、清洁"的燃烧技术运用，不仅可以减少大气环境污染，还可以开发新的能源，节能和节省成本，效果惊人。

作为第三代燃烧技术的引领者，吴道洪经过近20年"激情燃烧岁月"的冶炼和积累，带领自主创新团队，自筹资金5亿多元，在中关村科技园建成了全球唯一的化石能源节能与低碳技术大型实验室；多年来他们的研究成果一直引领着中国先进节能燃烧技术的发展方向，已在化石能源与矿产资源高效清洁利用领域开发出多项全球首创或国际领先的高效节能、低污染的颠覆性新工艺，为我国化石能源的节约和大气污染的治理发挥着重要的作用。

作为企业的"灵魂"和"精神领袖"，在谈到他个人的作用时，吴道洪则显得低调谦逊。他认为，神雾集团所取得的成就得益于拥有一个和谐、奋进、开拓的领导集体，一套规范科学的创新管理模式，一批高端和顶尖级的外脑群体，一群高水平能力强的科研团队和一支高素质的员工队伍。

毫无疑问，这位承载探索环保产业变革使命的"玩火者"，在低碳环保、节能减排服务领域"玩"出了非凡的成就和大气的格局，点亮了人类新的梦想。

技术创新，缔造竞争实力

吴道洪认为，企业要强化市场竞争力，必须要有自己的核心竞争力和持续创新的能力，才能立于不败之地。吴道洪十分自信地透露，神雾的所有技术都是全球领先并不可复制的。

吴道洪说："要从根本上解决大气污染物排放问题，必须靠市场化科技创新的成果，否则二十年、三十年很难解决。"神雾集团通过多年的实践，已经拥有三大平台、八项核心竞争力。三大平台即系统的研发和科技创新平台，该平台专注于化石燃料的高温高效燃烧和低碳清洁应用；完整的工程设计平台，用于将研发成果进行快速的工程转化；自成体系的特种节能装备制造平台，能促使神雾的科技创新迅速产业化。神雾集团目前拥有的八项核心技术分别是：①蓄热式高效节能低污染燃烧新技术；②神雾低阶粉煤气化—蓄热式锅炉技术；③神雾火电锅炉脱硝节能一体化新技术；④有色金属矿的转底炉高效清洁冶炼新工艺；⑤氢气竖炉直接还原炼铁新工艺；⑥褐煤、长焰煤、油页岩的热解提炼、提质新工艺；⑦生物质、生活垃圾热解新技术；⑧神雾蓄热式高温电石生产技术等。多项工艺及装备被权威学术机构鉴定为"国际领先水平"，相对于传统的工艺，这些技术大多属于"颠覆性"的，几乎都是全球领先和填补国内外空白的，这些技术的运用不仅可以减少90%以上的大气污染物的排放，还可以节能和节省成本20%至30%甚至更多。他们的研究成果并非单项和局部性的，而是全局性的和全产业链条式的，且应用领域十分广泛。

2008年，神雾集团获批设立北京市企业技术中心。2009年，投资近5亿元建成的国内唯一、国际领先的大型节能减排科研基地，已建成18套应用于冶金、化工、电力等行业节能环保技术研究的国际领先的大型中试试验平台，能够进行化石能源、矿产资源与可再生资源三大领域的科研攻关工作。

如此强大的全球领先的创新平台，如果没有强大的科研团队作后盾支撑将是不可想象的。神雾企业技术中心拥有一支240余人的多学科交叉融合、年龄和知识结构合理、创新开发能力和技术协作精神很强、极具国际竞争力的高水平科研队伍，拥有博士后4人、博士36人、硕士76人，高级工程师14人，享受政府津贴专家3人；是"北京市企业技术中心""北京市劣质铁矿石综合利用工程技术研究中心""北京市低变质煤与有机废弃物热解提质工程技术研究中心""蓄热式高温空气燃烧技术北京市工程实验室"、国家级博士后工作站。

神雾集团多年的创新和实践，得到了政府、社会和企业的广泛认可，是国家发改委首批认证的节能服务公司和国家技术创新示范企业。集团自成立以来，先后获得"国家火炬计划重点高新技术企业"，"中国清洁技术企业20强企业"第1名，"十大绿色创新企业""国家技术创新示范企业"等国家、省部级各类荣誉、奖励或称号50多项，承担国家、省部级科技课题23项，拥有国内国际专利102项，正在审批的专利113项。

吴道洪说："较强的科研实力和持续创新能力，为公司市场竞争提供了强有力的战略支撑。”

战略引领，铸就第一品牌

吴道洪认为，世界能源与环保战略方兴未艾，节能减排高新技术一直受到全球的追捧和青睐。尤其在世界进入“后哥本哈根时代”后，以节能减排技术创新为代表的环保产业再次成为时代与市场的新宠儿，也成为众多环保企业抢占未来市场先机的战略制高点。国内坏保企业更是风起云涌，竞争加剧。

如今，北京神雾集团由于公司在市场化运作和资源整合，科技创新的迅速产业化能力，技术人才储备，新技术、新工艺、新专利所需要的关键设备的开发设计和集成能力，品牌美誉度及产业规模等方面，均具备无可比拟的强大竞争实力，成为国内行业当之无愧的第一品牌。

目前，北京神雾集团已经成为针对全球化石燃料（煤炭、石油、天然气及衍生燃料）节能环保与低碳应用技术解决方案提供商，是我国目前最大的专业从事化石能源、矿产资源及可再生资源高效利用，新技术研发及产业化实施的高新技术企业之一，在冶金、石油化工、煤化工、化石燃料高效高温和低碳应用等领域，具有咨询、设计、承包、施工、系统集成、新技术转化以及关键设备制造能力。集团注册资本3.6亿元，截至2013年年底，实际资产总额已达到55亿元，并拥有8家控股子公司，2 800余名员工；拥有8家全资子公司，并拥有占地6.6万平方米的节能减排科研基地、1.5万平方米的大型节能与低碳技术联合实验室、2万平方米的设计大楼、30万平方米的核心节能装备制造基地。多年来，神雾一直蝉联“中国节能服务产业十佳品牌企业”；2012年12月，德勤在上海发布“2012中国清洁技术企业20强企业”，神雾排名第一；2013年7月，生态文明（贵阳）国际论坛上发布的“2013中国节能服务公司百强榜”，神雾排名第二。

公司目前已在非常规化石能源、非常规矿石资源和可再生资源三大领域，二十六个高效节能工艺技术及装备上取得重大突破，引领着我国工业节能环保技术和资源综合利用技术的发展方向，并为大气雾霾防控治理提供了强力支撑。

神雾集团如今提供过产品和服务的企业已经达到3 000多家，近年来在一批国家标志性、示范性工程和重大工程的招投标中屡屡夺魁，业内鲜有竞争对手。2010年主营业务收入13.95亿元，同比增长18%，实现净利润1.44亿元；2011年主营业务收入18.34亿元，同比增长31.47%，实现净利润2.09亿元；2012年全年节能技术订单52亿元，市场占有率稳居首位，主营业务收入24.85亿元，同比增长35.5%，实现净利润2.35亿元。

因此，神雾集团凭借其在行业领域的显赫地位、技术垄断以及庞大的市场规模，受到社会的广泛关注，党和国家主要领导人也曾多次到集团调研和考察，并给予高度评价。

践行使命，再创卓越辉煌

在接受采访的过程中，深沉内敛的吴道洪博士总是十分低调，而一谈到企业未来发展前景，这位专家型的企业家则显得信心百倍，滔滔不绝。

作为国家新兴战略性产业，节能环保、低碳应用技术市场蕴藏着巨大商机。吴道洪给我们算了一笔账，仅以2012年中国煤炭消耗总量为36.2亿吨标准煤计算，如果全部利用神雾技术，可从开采的煤炭中每年提取近7亿吨以上人造石油、人造天然气资源，可缓解我国石油、天然气供应过分依赖进口的局面，实现我国的能源独立，从根本上保障我国的能源安全。作为在这一领域掌控众多核心技术的神雾集团，发展前景无疑十分广阔。

吴道洪认识到，改革开放后，中国经济发展速度举世瞩目、成就卓著，但环境的污染破坏一直与中国经济发展如影随形，如今我们也付出了惨痛的环境代价，已经背负着沉重的环境包袱。治理污染是个大课题，关系着民生，也关系着政府的责任和形象，目前我国的大气雾霾污染问题更是成为社会各界关注的焦点。神雾自主创新的节能减排技术在实现显著节能的同时，还可大幅度地减少大气雾霾污染物的排放，对中国大气雾霾治理工作意义不言而喻，在市场上拥有广阔的发展空间和应用前景。

吴道洪说："在整个中国节能低碳环保战役才刚刚打响的今天，神雾理应承担更多的责任。由于国内受污染面积大、范围广，低碳环保产品和服务在国内的推广任重道远。作为一家承载着节能减排、低碳环保使命的企业，神雾有决心、也有能力为践行国家战略使命做出更多贡献。"

谈到集团未来的发展定位，吴道洪博士告诉笔者，神雾集团的目标是跻身世界500强。尽管神雾集团一直以惊人的速度快速发展，但要想进一步做大做强，启动资本战略是重要步骤，应通过兼并、重组、上市、租赁融资等多种手段，不断提升企业核心竞争力，巩固和强化企业的龙头地位，以进一步加快企业发展。吴道洪博士还透露，除此以外，根据神雾的企业特点、技术储备和中国国情，在未来几年，神雾集团将以探索新的商业模式为转型发展的切入点，实现创新技术的自主研发、自主设计、自主运营和自主管理，在为国内外耗能客户提供神雾核心技术的同时，也进行节能环保项目的投资和参与运营管理，以模式创新与资源整合为策略，在节能减排领域进行集团化、多板块、全产业链布局。目前这种商业模式正在从规划走向实施，并已经开始着手勾画宏伟的战略版图，在国内外进行布局。

强者卓识今日，智者远见未来。目前，已经彰显“王者之势”的神雾集团及其领军人吴道洪并没有沉湎于现有的成就，这群立志将“玩火”进行到底的人，已经再次点燃创新激情，并以“进军世界500强”为新的战略目标，以为全国乃至全球的节能环保、大气雾霾治理、资源综合利用领域提供重要的技术支撑为己任，并向全球顶级的尖端技术再次发起冲刺，致力打造“具有国际竞争力的世界级领军品牌”。

（《每日经济新闻》2014年5月20日）

深国商，战略转型蓄势待发

——访深圳市国际企业股份有限公司董事长郑康豪

近日，深圳市国际企业股份有限公司（以下简称“深国商”）非公开发行A股股票的举措，在资本市场引起了较大的关注度。记者了解到，深国商这个转型中的老牌上市公司前一段时间面临较大的困难，经过近年实施战略转型的努力，公司股权已经稳定，历史遗留问题也得以解决。经历了低谷与蜕变，深国商未来战略基本确定，借此次非公开发行股票的机遇，公司将迎来新一轮战略机遇。9月8日，记者采访了深国商董事长郑康豪先生。

核心资产凸显优势，产业转型夯实基础

曾几何时，深国商陷入经营困境，被戴上ST的帽子，几度重组迷雾重重，股权也是多次更迭。2010年8月终于尘埃落定，郑康豪获得公司控制权入主深国商，将皇庭广场作为核心资产注入公司。公司自重组以来开始战略转型，经过几年的努力，其核心项目皇庭广场已于2013年年底开业，目前已形成较完善的商业运营模式，拥有良好的合作伙伴资源，立足于上市公司良好的资本运作平台，形成了核心的商业管理团队。至此，深国商主营业务方向已转型为商业地产运营。

皇庭广场由深圳市皇庭地产集团和深国商投入巨资倾力打造。皇庭集团为深圳知名地产企业。公司是主营业务涉及地产开发、商业经营管理、五星级酒店管理、投资管理等的大型企业集团，代表作品有皇庭港湾、皇庭玺园、皇庭翡翠湾、皇岗商务中心、皇庭威尼斯人广场、皇庭御龙湾等。皇庭集团是众所周知的实力企业。深国商则于1983年创建深圳市国际商场，是零售商业类唯一一家同时发行A、B两股的上市公司；曾创下了“国门第一商”“深圳橱窗”的称号，对深圳乃至中国的零售商业产生了重要影响。2013年年末，公司开发的位于深圳市福田中心区的核心项目皇庭广场正式开业，标志着公司实现了由传统零售百货向大型购物中心运营的

战略转型，公司经营进入了新的发展阶段。位于深圳福田CBD中轴核心位置的皇庭广场由于地理位置优越、市场定位准确，吸引了众多商家，一批国际大品牌和主力商家纷纷抢滩进驻。目前皇庭广场已经汇聚了国际一线奢侈品牌、国际流行品牌旗舰店、次主力店、高端餐饮、时尚潮流品牌、精品超市等。另外，公司结合皇庭广场的经营，围绕提升商业运营能力进行上下游行业的拓展。郑康豪说，皇庭广场是深国商的核心资产，深国商一直以长远的眼光及超高标准的要求来建设皇庭广场，下定决心将皇庭广场建成最具体验感和先锋性的购物中心，为深圳CBD打造一张亮丽的名片。

高度决定视野。作为具有国际化水准的高端商圈，国际大品牌的引进及奢侈品的经营成为消费者关注的重点。皇庭广场在首层引进意大利奢侈品百货蔻莎（COSCIA），面积达6 400余平方米，填补了深圳中心区商圈高端奢侈品市场的空白，促进了皇庭广场与中心区会展、酒店、商业板块的联动效应。意大利奢侈品百货蔻莎的引进，也从竞争战略上体现出皇庭广场的差异性。皇庭广场还巧打文化牌，不管是时尚发布、品牌推广，还是产品促销、体验参与，都巧妙注入了传统与时尚的文化元素，以增强皇庭广场的吸引力和感染力，进一步体现出差异化竞争，营造出高端消费市场的独特氛围和超凡魅力。郑康豪表示："作为CBD大型购物中心，仅仅有奢华的外表是不完全够的，必须有低调奢华的文化内涵才能聚集人气。将皇庭广场打造成为深圳CBD标志性具有文化艺术气息的高端购物中心，也是我们追求的目标之一。"

目前，作为深国商优质资产的皇庭广场的经营已步入正常轨道，为公司积累了全面的商业地产改造提升经验，也为公司未来的扩张战略夯实基础。

商业模式路径清晰，战略整合蓄势待发

战略决定成败。资本战略作为深国商未来总体发展战略的重要一环，在未来扩张与产业链延伸中起着至关重要的作用。深国商作为资本运作的平台，本次定向增发完成后，公司的资产负债率将从55.56%降低到 28.46%，同时可大幅减少公司财务费用，提升公司未来的盈利能力。此次定向增发，不仅有利于公司优化资本结构，提高抗风险能力；有利于拓宽融资渠道，降低财务费用，减少经营性亏损；而且公司资本实力和市场影响力将进一步增强，盈利能力将得以提升，更有利于公司进一步做大做强，为实现公司发展战略和股东利益最大化的目标拓展更大空间打下坚实基础。另外，在此次深国商定向增发中，尤为值得投资者关注的是控股股东的

现金增持。作为实际控制人和公司董事长，郑康豪控制公司的股权比例也由原来的20.87%提高至49.58%。这也充分体现了他看好公司未来前景的信心，除了给投资者带来信心外，还十分有利于公司持续稳定发展。在本次定向增发对象中，更加引起投资者关注的是，深国商引进了国内赫赫有名的九鼎投资作为有潜力的战略投资。九鼎投资在业内素以投资凶悍、收益颇丰而著称，曾在中国私募股权投资机构综合排名中位列第一，并荣膺过“中国最佳私募股权”，具备丰富的相关行业运作经验。深国商通过定向增发引入消费品投资领域名列前茅的战略投资人，长期持股，充实公司资本金，优化资产负债率，释放盈利。郑康豪告诉记者，九鼎投资的进入能与深国商未来发展战略相融合，将来可在多方面展开深度合作，延伸公司的产业链，提升公司的资源整合能力。同时可利用战略投资人在消费品领域的专业投资能力，为上市公司打造消费品投资的第二产业。上市公司自有资本以控股消费品企业为主，力争三年内完成2~3家品牌消费品企业的控股投资。

众所周知，中国目前已成为全球零售业最具发展潜力的国家之一，国内购物中心已进入爆发期。对此，郑康豪认为，未来深国商的战略发展将定位于商业运营管理和商业资产管理，其思路是以商业资产管理为核心，实现轻资产整合扩张，通过股权收购市场上经营不善但有提升潜力的商业地产项目，借助公司自身优势资源和能力，进行改造、招商、运营提升、退出项目，挖掘全价值链每个环节的盈利潜力。该模式循环滚动发展，实现轻资产整合快速扩展，提高公司经营规模和品牌效应。同时建立消费品投资专项基金，利用上市公司转型契机和战略投资人的专业投资运作能力，面向社会资本募集消费品投资专项基金，主要用于消费品、消费通路和消费服务等领域，专注于对休闲食品、高档鞋服、母婴用品、连锁零售、垂直电商、文化消费产业等消费领域进行参股投资。海外消费品的并购投资，需要在全球挖掘品牌消费品企业的控股机遇，实现国外品牌在中国市场的快速发展。

在谈到公司的未来发展战略及产业转型时，郑康豪认为，国家对未来城镇化发展的规划和国内居民消费升级的趋势，将给商业经营和品牌消费品发展带来广阔的增长空间，而商业地产经过近几年只重开发而运营能力不足的野蛮扩张后，经营不善但具有提升空间的商业项目将会不断涌现，为公司未来商业运营和商业资产管理业务发展提供了巨大的市场机会。公司拥有商业改造提升经验，纵向整合商业运营相关产业，横向并购商业物业项目，输出公司成熟的商业改造运营提升经验，实现专业化的全价值链整合。公司转型成为资源整合型的轻资产公司、利用杠杆放大投融资规模的类金融型公司，上市公司平台也将得以充分利用，市值规模会获得快速提升，为公司的投资者带来丰厚的价值回报。公司将逐步发展成为具有一定规模和较强品牌影响力的商业地产运营商及商业资产管理者，同时通过引进战略投资者，打造消费品投资控股平台，进一步建立品牌和渠道的对接，树立良好的“大消费领域投资控股公司”的资本市场形象，未来3年力争公司市值有一个大的突破。

（《每日经济新闻》2014年9月24日）

十年磨一剑

——访深圳市普路通供应链管理股份有限公司董事长陈书智

2015年6月29日，深圳市普路通供应链管理股份有限公司（以下简称“普路通”）成功登陆深圳证券交易所中小板，应该说，这是普路通发展史上最重要的里程碑之一。

陈书智，普路通公司的创建者，湖北京山雁门口人，华中科技大学供应链管理专业博士研究生毕业。这位京山老乡的创业经历与传奇一直为老乡们所称道，并鼓舞着很多正在广东打拼创业的老乡。

12月11日，笔者来到位于深圳中心区的国际创新中心的普路通公司，访问了这位老乡兼校友。陈书智是个相当随和的人，随着交流的不断深入，他的创业发展历程也渐次呈现在我们的眼前。

积水成渊，厚积薄发

陈书智：“现代企业竞争，早已不是企业间的单体竞争，而是涉及品牌建设、产品运作及物流整合多个方面，‘专业人做专业事’的精神决定了供应链企业的存在，也造就了今日的普路通公司。”

陈书智在业界打拼了二十年，经历过许多岗位的历练，他才最终选定供应链领域作为自主发展的方向。

1988年，获得电力及管理工程研究生两项文凭的陈书智只身奔赴正处在改革开放热潮之中的广东省。他的第一份工作是在佛山市星河电子总公司从事电脑、音响的生产管理及研发管理工作，期间由于表现优异，获外派到日本皇冠电子公司进行进修学习的机会。1991年，陈书智转战深圳市康佳电子总公司担任品质管理经理，此后数年内，他历任深圳市深飞激光光学系统有限公司销售部经理、深圳中航集团天科机电有限公司总经理、TCL集团电脑科技有限公司显示事业部经理、西安交大博通资讯股份有限公司副总经理、深圳市联维尔实业发展有限公司总经理、深圳市怡亚通供应链股份有限公司副总裁等职务，直到2005年创建普路通公司并担任公司董事长。

战略决定成败。陈书智在创业伊始，就给自己定下了战略目标，成为中国最贴近客户的供应链管理合作伙伴，并将“协助客户创造并保持竞争优势，成我卓越的智慧供应链管理服务平台”作为企业使命。

十年磨一剑。陈书智于2005年12月创立普路通，至今已经走过整整10年的历程，公司已经成为业内有影响的品牌企业，并成功登陆资本市场。目前，普路通的供应链管理服务主要集中于电子信息行业，随着公司的长足发展，涉猎范围也越来越广，现已包括了医疗器械、食品、红酒等行业的代理、进口等业务，并成为境内供应链管理服务行业的领先企业之一。连续数年，公司营业收入和净利润保持持续稳步增长态势，业务也从单纯的供应链领域逐步迈向多元化的现代领域。目前，公司在北京、上海、武汉、广西北海及香港等地区均设有分支机构。

百川赴海，激流奋进

陈书智：“竞争关系的实质形态是，整个贸易的过程不是公司与公司之间的竞争，而是供应链之间的竞争，每个企业都是供应链中的一个环节，角色不同，分工不同。”

陈书智创造的服务理念与模式，一直为业内所称道，也为同行所瞩目。

根据公司战略发展定位及服务理念，普路通自成立以来，一直致力于通过提供执行供应链与智慧供应链等服务，创新性地为客户提供包括物流、商流、资金流、信息流和工作流等“五流合一”的多元化方案并协助其执行，为客户提供包括供应链方案设计及优化、采购分销、库存管理、资金结算、通关物流以及信息系统配套支持等诸多环节在内的一体化供应链管理服务。

陈书智同他的名字一样，不仅从读书中获得智慧，而且不断在实践中探索并获得成功。他孜孜以求，不断学习当今世界先进的物流及供应链管理理论，并在实际经营中逐一实践。短短数年，普路通品牌在业内便享有广泛的知名度和美誉度。公司在未来几年将继续开展普路通品牌的建设和推广，发挥目前已有的客户美誉和品牌效应，结合公司发展目标，将普路通供应链管理服务推向全球，努力培养新的忠实客户群体，将普路通打造成为国内外知名品牌。

在陈书智的创导下，普路通创造了“五流合一”的供应链集成解决方案，并对更适合客户的供应链进行改进并协助执行，真正体现了公司宗旨，协助客户创造并保持竞争优势，成为智慧供应链管理服务平台。另外，普路通致力于四大平台体系的建设，即全国保税物流平台、全国营运平台、物流服务平台、信息系统平台，使公司业务整合能力大幅度提升，为公司赢得了市场认可度。经过多年的努力，普路通这个品牌终于在业界有了重要的地位，获得了同行及社会的肯定和尊重，各种荣誉和光环纷至沓来。

2015年9月8日下午，广东省委副书记、深圳市委书记马兴瑞到普路通进行参观考察。陈书智带领来访领导参观了普路通深圳总部的办公区域，对公司发展历程、近三年业绩以及业务平台等情况进行了全面而具体的介绍。马兴瑞书记对普路通“五流合一”的系统整合技术与未来全球交付平台的发展理念给予了充分的肯定。

中流砥柱，击水三千

陈书智：“管理学是博大精深的，真正的管理不是拍脑袋管理，而是系统学科，通过理论研究以及工作中的实践，我尝到了科学管理的甜头。”

陈书智明白，要在市场立于不败之地，必须以创新精神倾力打造企业的核心竞争力。

为此，普路通依托标准化和个性化相结合的服务模式、稳健进取的营销策略、强大的供应链管理支持、良好的银行信誉支持和稳定且富有创造力的管理团队等优势构建了全国物流报税平台、全国营运平台、物流服务平台、信息系统平台四大平台，以充分发挥出产业理解及创新能力、独特的业务扩展及风险控制能力、敏捷的组织及商业流程服务能力、战略资源规划及整合能力。通过发挥这些能力，公司能有效围绕供应链管理的五流核心——商流、资金流、物流、信息流、工作流为客户提供和执行智慧供应链管理方案。历经数年的实践，这些方案已被证实能够给客户带来减少投资、降低成本、敏捷反应的物流、安全的信息平台和快捷的资金流服务等商业价值。

陈书智在企业文化方面也卓有建树，他创造了“六享八赢”理念：“六享”即与员工共享成果、与客户共享成功、与公司共享成长、与社会共享和谐、与供应商共享知识、与伙伴共享经验；“八赢”即员工赢、股东赢、客户赢、公司赢、供应商赢、伙伴赢、银行赢、社会赢。普路通坚持“以客户为中心，大规模、个性化定制的智慧供应链服务”作为企业经营理念；从广度和深度两个方向深化供应链服务战略，兼顾社会责任、利益相关者和企业自身三大利益的平衡策略。同时以“六享八赢”的分散式共同创造的企业文化为背景，以海纳百川的人力资源管理为核心，培养四大能力，即产业理解能力及创新能力、独特的业务扩展能力及风险控制能力，敏捷的组织及商业流程服务能力和战略资源规划及整合能力（包括物流能力）。

智者卓见未来。陈书智“六大智慧”的智慧策略赢得了公司内外的广泛认同。“六大智慧”，即：①团队、共享的人力资源机制。集行业人才、供应链管理人才（金融、物流）为知识团队，持续解决激励机制，吸纳优秀人才成为合作伙伴，慎用人，用好人，成为能人的创业平台，实现个人与公司的同步成长。②以客户为中心的倒三角构架的组织模式。③稳健进取的营销策略。④以客户为中心的渐进式创新模式。⑤将企业运作知识固化为公司强大信息系统的能力。⑥华中科技大学、香港理工大学、利丰研究所等提供智力支持的外脑智库。

陈书智关于企业核心理念的确立和企业文化的建设，使企业的管理水平实现了质的飞跃，效益也随之大幅提升。

乘风破浪，直挂云帆

陈书智：“人生意义就在于寻找新的挑战，只有不断挑战自己才能获得成功。”

尽管公司飞速发展，但陈书智没有沉湎于已有的辉煌，而是面向未来，深谋远虑，长远规划，制定了公司新的发展目标。普路通将在立足现有供应链管理服务模式基础上，密切关注市场信息及客户需求，快速开发市场需求产品，为客户提供优质的智慧供应链管理服务；公司以其卓越的创新能力，深化服务产品的功能，不断开拓新行业、新领域，实现深度供应链管理和多行业供应链管理服务的并行发展；继续秉承“为客户创造最大价值是我们存在的唯一理由”的信念，巩固和强化“最贴近客户的供应链管理合作伙伴”的地位。

谈到公司未来的发展战略，陈书智告诉我们，普略通将继续建立以客户为中心，规模化、专业化的智慧供应链的服务理念；以供应链管理服务产品的开发与创新为驱动力，以智慧供应链管理服务平台为公司的主要方向和品牌内涵，突出专业化、集成化的特点；进一步整合、优化公司现有资源，大力拓展IT、通信、医疗设备等领域，实现多行业发展，重点开拓台式电脑整机及组件、笔记本电脑、服务器整机及组件、手机整机及组件、电子零部件、医疗设备等；积极探索资源类产品企业的供应链管理服务。

普路通的上市是公司发展的重要里程碑，不仅标志着公司进入资本市场，而且以全球化的视野跨入一个全新的战略时代。陈书智认为，公司上市是机遇也是挑战，普路通的目标是搭建一个最强的全球交付平台，如何抓住机遇，如何应对挑战，是公司未来发展至关重要的战略。他告诉我们，普路通未来发展将持续不断地拓展服务行业，完善服务模式，强化公司供应链管理综合服务能力，使公司成为一个跨职能、跨地区和跨商业合作伙伴的更具整合、优化、协作特点的供应链服务商，成为经营稳健、管理有序、服务创新、持续发展、基业长青的行业领先者之一。

我们期望，陈书智这位睿智的老乡，带领他创建的普路通公司，在激烈的市场竞争中，在深圳这片创业的热土上走得更稳更远。

（《好男好女》杂志2016年1月）

第二辑

上市公司系列报道

邯郸钢铁股份有限公司系列报道之一

希望之光

——邯郸钢铁股份有限公司资本之路纪实

邯郸——一座具有3 000多年历史的古城。悠久的历史和源远流长的文化，给这座中国历史文化名城积淀了厚重的底蕴。

蓝天，白云；树茂林荫，花木扶疏；艺术雕塑，大型壁画；橙黄色的厂房，碧幽幽的草地。邯郸钢铁股份有限公司厂区里这生机盎然的景象，为古城邯郸增加了更多的亮色。

然而，这里真正突出的亮色应当是邯郸钢铁五年资本之路所创造的新辉煌。

背景篇：探求发展思路

邯钢是1958年建厂的企业，靠小高炉、小烧结等小设备，普通建筑钢材等大路货起家。1991年，邯钢创造并推行著名的模拟市场核算，实行成本否决机制，取得了显著的经济效益和社会效益。之后的5年间，邯钢实现效益和钢产量超过了前32年的总和。1995年在全国同类型企业可比的40项指标中有26项进入全国前三名，在全国45家钢铁企业综合排名中位居第二。1996年，邯钢集团被评为全国质量效益型先进企业。邯钢集团还曾获得“全国优秀企业金马奖”和“中国企业管理杰出贡献奖”等多项荣誉。

1996年1月，国务院号召全国学习推广邯钢经验。邯钢经验被誉为国有企业改革和发展的希望之光，邯钢因此成为中国工业战线的一面红旗。

进入20世纪90年代后期，邯钢的发展也进入一个拐点。邯钢虽然是全国国有企业的典范，但在1996年全国红红火火学邯钢时，邯钢也同全国很多钢铁企业一样，可仰仗的家底并不厚，装备档次还比较落后，产品也是线材、槽钢、螺纹钢等普通建筑钢材，没有什么高、精、尖品种，企业综合效益难以突破，缺乏发展后劲。作为传统产业，它面临的最大问题就是技术改造和装备进一步升级，而资金匮乏又成为最大的难题。作为中国国有企业的先进典型，邯钢也曾对是否进入资本市场有过一些犹豫。但邯钢的决策者最终清醒地认识到，不能仅仅满足于已有的成绩，只有向世界一流钢铁企业靠拢，实现装备大型化、工艺现代化和产品结构优化，才能创造新的发展优势。资金匮乏怎么办？不能等靠要，只有跨入资本市场借助资本市场的外力支持，才能推进产品结构调整。如果错过了这一轮机遇，邯钢势必会丧失原来的竞争优势。

历史创造机遇，思路决定出路。邯钢决策层突破原有的思维定式，探求新的发展思路，毅然走进了资本市场。邯郸钢铁股份有限公司于1998年1月由邯郸钢铁集团有限责任公司独家发起，以其所属焦化厂、烧结厂、炼铁厂、一炼钢厂、型棒材厂、中板厂等生产厂的优质生产经营性资产投入，采用募集方式设立。1998年1月22日，邯郸钢铁股份有限公司在上交所上市，发行A股3.5亿股，募集资金26亿元；2000年又配股融资5.6亿元。

发展篇：实现三次飞跃

资金是企业运转的血液。而资本市场的资金，正犹如源源活水，不断注入了邯郸钢铁。连同本次发行可转债，邯郸钢铁共在资本市场上进行了三次募资，同时公司也实现三次发展飞跃。

第一次飞跃，上市募集资金投资项目使公司初步实现了工艺现代化和装备大型化。

1998年邯郸钢铁将首次募集资金投入到炼铁系统改造项目中。公司从德国引进2 000立方米高炉，从卢森堡引进400平方米烧结机及建设两座6米45孔大焦炉。其中，焦炉是目前国内最大、最高的焦炉之一，它具有污染小、产量高、焦炭质量稳定等特点，整体装备居国内先进水平；400平方米烧结机为我国目前面积最大的烧结机之一，其工艺、控制系统属国际九十年代先进水平；2 000立方米高炉采用的燃气轮机鼓风机为当今世界先进的节能型鼓风机，在国内尚属首次使用。募资项目已于2000年上半年全部建成投产。炼铁系统改造完成后，公司初步改变了装备水平较低、工艺结构不合理的状况，向装备现代化、大型化迈出重要一步。特别是铁烧焦系统大型化、现代化装备的建设，大大提高了公司的产能、质量，并且改善了公司各项经济技术指标，增强了公司的市场竞争力，实现了上市以来的第一次飞跃。

第二次飞跃，配股资金项目使公司产品档次大幅提升。

2000年6月，邯郸钢铁将配股募集资金5.6亿元全部投入到国家重点建设项目120万吨薄板坯连铸连轧工程，并与集团公司共同出资成立邯钢集团板材有限责任公司。板材被誉为万能材，市场广阔。公司的薄板连铸连轧工程，引进德国西马克公司的先进技术和核心设备，其控制系统代表了世界冶金工业自动化的最高水平。该工程的建成也是公司实施产业升级和产品更新换代的重大战略举措。板材公司的投产，填补了邯钢热轧薄板的空白，不仅改善了产品结构，还大幅度提升了产品档次，也为公司酸洗镀锌生产线、冷轧生产线提供了原料保障，真正实现了第二次飞跃。

第三次飞跃，转债募资项目将使公司向国际水平的优质板材生产基地迈出重要一步。

邯郸钢铁投资43.9亿元的冷轧薄板工程，对于改善中国钢铁工业产品结构具有重要意义。邯郸钢铁本次发行20亿元可转换公司债券的募集资金，将投入这项年产130万吨冷轧薄板项目，其中包括30万吨热镀锌板和10万吨彩涂板。该项目的生产工艺和技术达到世界先进水平，标志着公司向着建立国际水平的优质板材基地迈出重要一步。资本之路给邯郸钢铁创造了新的发展优势。公司目前已经初步实现了由普通建材为主向以高技术含量、高附加值板材为主的重要转变。冷轧薄板项目建成后，将为公司产业结构升级打下坚实的基础，公司也将成为国内产品结构较为完善的钢铁企业之一，能够生产从高端到低端所有领域的大部分产品，核心竞争力必将得到大幅度提升，邯郸钢铁将实现第三次飞跃。

目前，公司的强劲竞争力已经初步显现，三峡工程、西气东输、西电东送、南水北调、黄河小浪底等20项国家重点工程纷纷采用了邯郸钢铁的产品。

效益篇：培育滚滚财源

通过资本之路实现的结构效益，给邯郸钢铁创造了滚滚财源。在资本市场，邯郸钢铁也成为令投资者瞩目的绩优蓝筹股。

在上海证券交易所挂牌上市的邯郸钢铁，股票代码600001，总资产由1997年年末的58.5亿元增长到2003年中期的111.3亿元，净资产由39.5亿元增加到68.9亿元，各项经济技术指标在上市公司中保持了较好的水平，连续五年进入沪市上市公司50强行列，连续四次入选深沪二市上市公司50强，现为上证180指数指标股和美国道琼斯中国指数成分股。2002年公司实现销售收入78.8亿元，主营业务利润9.6亿元，净利润4.8亿元，每股收益0.326元。2003年上半年，邯郸钢铁又实现利润3.23亿元，同比增长30.8%。上市5年来，公司累计分红超过13亿元，给投资者带去了丰厚的利益回报。邯郸钢铁的财务安全性在行业中非常出色，其资产负债率一直处于行业最低水平。

邯郸钢铁的良好效益除了企业自身发展的因素外，国内市场的产业环境也提供了有利的支撑。随着中国经济的持续快速发展和工业化进程的加快，我国钢材市场保持了强劲增长的态势，作为国民经济基础行业的钢铁产业，展现出美好而又广阔的发展空间。毋庸置疑，邯郸钢铁也会受益颇多。

邯郸钢铁股份有限公司还将逐步收购邯钢集团培育的优质资产。已经完成的板材公司和正在进行的三炼钢资产收购，将极大地增强公司竞争能力。公司在提高主营业务盈利能力的同时，还积极探索资本运营的新思路、新方法，充分利用其管理优势、资金实力、较高的信誉和知名度，向其他高科技行业渗透，为公司培育新的利润增长点。

资本之路提升了企业战略发展的引擎动力，使邯郸钢铁驶入发展的快车道。过去的5年，资本运作已经成为邯郸钢铁发展的重要动力，也必将成为公司未来发展的重要优势。

（《中国证券报》2003年11月25日）

邯郸钢铁　管理为魂

几千年的历史蕴含，古城邯郸的魅力正在于她流淌不息的文化之河。而今天，邯钢人创造的管理魅力，也正是这种文化底蕴的传承和延续。

邯郸钢铁是中国国有企业的先进典型，它以“模拟市场核算，实行成本否决”机制闻名全国，邯钢经验被誉为国有企业改革和发展的“希望之光”。

管理之魂——创新无限

新的时代，新的舞台，演绎着新的历史。

尽管邯钢的管理经验享誉国内，但是管理创新却始终贯穿在公司的发展过程中。正如邯郸钢铁董事长刘如军所说：“管理是企业永恒的主题，管理创新是企业发展的灵魂。我们必须不断创新管理理念，创新管理模式，创新管理手段。”

2002年，公司进一步深化完善了“模拟市场核算”，推行“全面预算管理”制度。全面预算管理是将生产过程的成本控制拓展到公司经营的全过程。该方法是一种以成本控制为基础，以目标利润为导向，以现金流量为主线，以集中管理为重点，以全员参与、全面覆盖、全程控制为特点的现代化管理方法。推行全面预算管理是邯郸钢铁实现企业管理创新的又一重要措施，它充分体现了邯郸钢铁“企业管理以财务管理为中心，财务管理以资金管理为中心”和“企业以盈利为目的，经营以预算为核心”的管理思想。在实施全面预算管理的过程中，公司对各有关部门的费用进行层层分解，制定了一系列的考核措施，实行费用归口管理，并切实加强领导，层层落实责任，健全保证体系，逐步将全面预算管理纳入制度化、规范化的轨道之中。这为邯钢经验赋予了新的内涵，公司管理优势得到了进一步的提升。

2002年1月公司开始实行内部经济合同制。内部经济合同制侧重于引入市场法则，在所有管理环节之间、所有工序之间甚至岗位之间谋求建立诚实可信的“谐振统一体”，为完善每一环节的产品和服务质量、提高生产工作效率和控制工序成本提供保证条件。内部经济合同制在各二级单位间和二级单位内的工序间，以经济合同的形式明确责、权、利关系，由于一方工作失误造成另一方损失的，应该按合同规定给以经济赔偿，构筑起“亲兄弟明算账，诚实守信闯市场”的新型内部市场。

管理创新为“邯钢经验”注入了新内涵，全面促进了企业的降本增效。2002年，邯郸钢铁可比产品成本降低率为7.7%，吨材成本比上年同口径降低178元。

管理之道——以人为本

现代化的技术是由人来掌握的，只有发挥每一个人的积极性和潜能，才能适应公司整体的科研创新体系。因此管理之道也要体现以人为本。

薄板坯连铸连轧生产线采用了德国西马克公司技术，具有当今世界先进水平，是技改项目的重中之重。为了确保CSP生产线达产达效，邯郸钢铁打破原有的用工制度，提前组织了大规模、高层次的技术培训，陆续派出4批技术人员前往德国、西班牙等国接受技术知识、岗位技能和外语等方面的强化培训。这一举措，为邯郸钢铁培养出一批懂技术、懂专业、懂外语的技术骨干。CSP生产线创造了建设工期最短、投资最少、达产速度最快、事故率最低4个世界第一。

为了适应企业的科技进步水平，推动职工由“体力型”向“智力型”转变，近几年来邯郸钢铁先后与河北经贸大学等高校联合举办12期工商管理培训班，对千余名科级以上干部和技术管理骨干进行了培训；还与北科大等高校联合，培养了71名工程硕士和5名MBA硕士；选送技术骨干赴韩国留学，攻读硕士学位。

通过一系列措施的实施，公司最大限度地把人才资源优势转变为经济优势，使邯郸钢铁产品在质量稳步提高的同时，生产成本大幅度下降，市场竞争力显著提高。

管理之核——科技进步

众所周知，企业进步和发展是以科技创新为核心的。随着科技创新体系逐步健全，以“科技进步”为核心的管理水平也必须不断提升。

为此，公司组建成立了省级技术研究中心，形成了强有力的技术创新管理体系，明确了由现场技术人员组成的基础层、技术中心和博士后科研工作站组成的核心层与大专院校和科研所组成的外协层三个技术创新层次，并按照“权、责、利”

相统一的要求，推行了技术课题攻关负责制，建立了“产、研、销”一体化的新产品开发体系。

在技术创新工作中，公司以市场为导向，依靠科技进步，结合企业实际，充分利用本公司的人员及设备资源，紧紧围绕公司的新产品开发，新工艺、新技术、新材料的推广应用，引进技术的消化吸收等重点工作组织课题攻关，同时有力推进了知识产权保护工作，全力维护了广大工程技术人员的智力劳动成果。一方面，公司加强技术储备，加大科技投入，提高研发能力，开发出一系列市场前景广阔的新产品；另一方面，由于实行自主研究开发和引进移植并举，不断利用高新技术和先进适用技术对传统工艺装备进行技术升级改造，稳步提高产品质量，大幅度降低能源和原材料消耗，公司在各个技术领域完成了多项科研成果，解决了诸多关键技术难题，科技进步取得累累硕果。仅2002年内就完成科研成果30项，如“一炼钢大板坯连铸机技术改造”“轧辊技术的开发与应用”等，同时还形成了一批拥有自主知识产权的专利技术。由于全方位加大技术攻关力度，公司技术经济指标全面跃上新台阶。今年1~6月，在公司确定的69项可比指标中，有33项进入全国同行业前三名，占47.8%。

管理之方——整体协调

尽管邯郸的历史构筑了燕赵文化豪放粗犷的思想基调，但今天的邯钢人，在现代企业的管理思维中体现出的却是博大精深和缜密细致。

管理是一门精深的学问，它涉及企业的方方面面。公司的决策者明白，管理只有在企业的各个方面、各个环节都精细体现出来，才能发挥出整体协同效应。因此，公司重点抓了以下几方面的管理：

第一，加强了企业资金流和物流管理，促进信息化建设。邯郸钢铁的企业财务管理正在由核算型向监督管理型职能转变。通过严格执行财务物资检查、物料平衡和以质论价制度，公司加强了对物资购销业务的监督和管理，规范了招标采购和比价采购的管理办法，控制了各种原燃料、辅料、备品备件等物资的采购成本。另外邯郸钢铁还加强对能源和废钢铁及含金属物料的管理，使企业的资源得到了更充分、更有效的利用。通过以上措施，邯郸钢铁大大降低了生产成本，为企业的产品成本竞争奠定了坚实的基础。邯郸钢铁通过企业信息化建设，带动了各项工作的创新和升级，全面提高企业管理水平。

第二，积极开展以客户为中心的市场营销工作。邯郸钢铁积极开展以客户为中心的市场营销工作，目前已基本建立了一整套完善的、适应竞争需求的市场营销体系。公司在加强市场调研及预测的同时，注意适时调整营销策略，不断完善销售网络，充分发挥联销、直销、零销等销售主渠道的优势，扩大市场占有率，保证了目标利润的实现。公司通过不断完善“工资同销量挂钩，奖金与利润挂钩”的销售奖励政策，充分调动了销售人员的工作积极性。

第三，实施精品战略，改善产品质量。公司通过在企业中贯彻“下道工序是用户”的思想，深入贯彻ISO9000质量管理标准，提高了各工序质量保证能力；同时实行完善质量异议和质量事故责任追究制度，对每起大宗废品和每件质量异议都认真分析原因，落实责任，严格考核，达到减废减损的目的。公司还确立了“精料、精炼、精轧、精整”方针，推动企业走精品之路。

第四，在环境保护方面，公司实施了“绿色邯钢”战略。首先，公司强化了环保管理，严格考核，充分高效利用现有环保设施，特别是重点抓好环保项目的工艺优化和设备优化工作；其次，还积极开展ISO14000环境管理体系认证工作，在企业内推行清洁生产，整体规划，分布步实施，搞好绿化美化建设，增强企业的可持续发展能力。

先进的管理必定带来良好的经济效益。2002年，公司实现主营业务利润9.6亿元，净利润4.8亿元；2003年上半年，邯郸钢铁又实现利润3.23亿元，同比增长30.8%。

现代化的企业呼唤卓有成效的管理者。只要不断地开拓创新，在现代化钢铁企业管理中就必将形成科学合理的管理新模式，谱写出更加辉煌的篇章。

（《中国证券报》2003年11月25日）

邯钢，倾力打造优质板材基地

邯郸钢铁是全国百万吨以上的钢铁企业中第一个实现全连铸生产的企业；

薄板坯连铸连轧工程，系引进德国西马克公司的先进技术和核心设备，其控制系统代表了世界冶金工业自动化的最高水平；

邯郸钢铁年产50万吨的热轧薄板酸洗镀锌工程，是我国第一条以热轧薄板为原料的酸洗镀锌生产线，备受全国冶金行业关注；

邯郸钢铁正在开工建设的年产130万吨的冷轧薄板工程，对于改善中国钢铁工业产品结构具有重要意义。该项目的建成，标志着公司向建立世界级板材生产基地迈出重要一步。

进入新的世纪，中国钢铁工业的飞速发展吸引着全世界的目光。在面向未来的新一轮产业竞争中，中国钢铁企业更是开始了愈加激烈的角逐。

在这场重构格局、再写版图的竞争中，邯郸钢铁崛起了。

邯郸钢铁从成立之初，就开始着手培育自己的核心竞争力。经过五年多的产业结构调整和产品结构升级，时至今日，邯郸钢铁的发展脉络越来越清晰。正如公司董事长刘如军说："我们的目标就是尽快把邯郸钢铁建设成为以优质板材为主，优质建材为辅，具有较强竞争力的国际化、现代化钢铁企业。"

工艺技术装备脱胎换骨

邯郸钢铁股份有限公司决策层意识到，要在未来竞争格局中找到自己合适的定位，必须充分把现代高科技融入传统企业经营管理和发展之中，开发具有核心竞争力的产品，才能增强发展后劲。

提高工艺技术装备水平是钢铁行业实现产品结构调整的关键。邯郸钢铁坚持先进、经济、适用的原则，经过国外引进、消化吸收、创新技术和自主研究开发，目前已拥有包括国家级、省部级技术成果在内的80余项科研成果，为邯郸钢铁的装备升级打下了雄厚的基础。

1998年开始，邯郸钢铁以调整结构为主导，投巨资建设400平方米烧结机、2 000立方米高炉、两座6米45孔焦炉和薄板坯连铸连轧等技改工程。

2000年，技改项目全面竣工，邯郸钢铁令人刮目相看。400平方米烧结机是国内最大的4台烧结机之一；2 000立方米高炉采用的燃气轮机鼓风机为当今世界先进的节能型鼓风机，在国内尚属首次使用；焦炉为国内最大的复热式6米焦炉；生产最终产品热轧薄板的薄板坯连铸连轧生产线，是当今世界钢铁工业发展中的一项重大高新技术，与传统工艺相比，这种新工艺流程短，设备简化，成材率高，能耗低。工艺流程可以短到从钢水进薄板坯连铸机到被轧为薄板、卷曲成捆，全过程约为30分钟走完435米距离。

邯郸钢铁曾是全国百万吨以上的钢铁企业中，第一个实现全连铸生产的企业；炼钢生产实现了炼钢—精炼—连铸三位一体的先进工艺；轧钢生产线全部实现了一火成材；从炼钢到轧钢建成了四条热送热装生产线；轧钢加热炉全部实现了以气代油、油气混烧；炼铁高炉喷煤比进入全国先进行列。

生产装备和技术工艺水平的全面提升，使邯郸钢铁产能大幅度提高，产品结构获得突破性调整。市场广阔的薄板和中厚板成为主打产品，型材、线材、棒材等普通建筑钢材退居次席，邯郸钢铁实现了以普通建材为主向以板材为主的转变。同时，一批落后装备退出舞台，邯郸钢铁实现了脱胎换骨的巨变。

打造优质板材基地

近年来，国内市场需求增长最快的是热、冷轧薄板，需求巨大而国内生产能力又严重不足，需要大量进口。邯郸钢铁的目标正是打造中国优质板材基地，板材将成为公司今后的主打产品，这是邯郸钢铁适应市场需求不断做大、做精、做强主业的优势之所在。

1. 中国的高附加值板材市场需求巨大

目前我国钢铁工业的总体形势是结构性供需失衡，即普通钢材产量过剩，而高附加值钢材产量严重不足。2002年我国的板管比（板材、管材总产量与钢材总产量比）只有40%左右，低于世界平均水平，而国外发达国家的板管比大多在70%以上。这说明我国产品结构还处于低档次水平，不能完全适应国内经济发展的需要；部分高档钢材产品国内市场占有率比较低，国内市场急需的热轧薄板、冷轧薄板、不锈钢板、冷轧硅钢片等高附加值、高技术含量产品的生产仍然不能满足市场需要，需大量进口。从2002年我国钢材的进口情况分析，进口产品中板管材比重已经达到92.06%，并且两类产品的增长的速度明显高于我国钢材的消费速度，尤其是高附加值的板材市场需求巨大。

2. 邯郸钢铁的板材生产线拥有众多优势

邯郸钢铁的板材生产线与国内其他同行业的企业相比具有众多的技术优势，这也决定了公司的产品具有更大的质量和成本优势。目前公司产品的双标率达到100%，符合国际先进标准的产品比例达到67.5%以上，其造船板通过了中外6国船级社认证。

邯郸钢铁引进德国西马克公司关键技术和设备建设的薄板坯连铸连轧热卷板生产线，目前产能已达到250万吨。这项工程的先进技术和核心设备，代表了世界冶金工业自动化的最高水平。与传统工艺相比，具有流程短、设备简化、成材率高、能耗低等特点。该种生产线国内仅有三条，其中邯郸钢铁的产品规格最薄、机时产量最高。

今年年初，邯郸钢铁经过国际招标引进韩国浦项建设公司两条彩涂板生产线，年底就可以建成投产。这两条彩涂线，设计生产规模均为12万吨。其中15%的产品为高技术的印花板，产品主要用于建筑业和家电行业。据了解，以镀锌板为基板的彩涂板，除有锌保护外，锌层上的有机涂层可起到覆盖隔离的作用，防止钢板生锈，使用寿命比镀锌板长50%。

现已竣工投产的邯郸钢铁年产50万吨的热轧薄板酸洗镀锌工程，是我国第一条以热轧薄板为原料的酸洗镀锌生产线，其产品一投放市场，立即赢得了用户的青睐。

2003年4月18日，投资43.9亿元的冷轧薄板技术改造工程破土动工。有关专家认为，这项国家重点技术改造项目，对于中国改善钢铁工业产品结构具有重要意义。该项目的建成投产不仅缓解了国内市场高质量薄板供需紧张的矛盾，也标志着邯郸钢铁向着建立世界级板材生产基地的目标迈出了重要一步。德国西马克·德马格公司执行副总裁哈通博士说，这项工程的技术装备将扩大邯郸钢铁在世界范围内的影响，世界上没有一家冷轧厂的原材料几乎完全来自自己的连铸连轧厂，而邯郸钢铁在这项工程竣工投产后就能做到这一点。

3. 发展优质板材是适应市场需求，实现可持续发展的关键

针对我国钢铁工业大而不强的状况，国家自1999年起对钢铁行业实施总量控制、结构调整、提高效益的方针，并推行淘汰落后工艺、加快产业升级的发展战略。发展高质量的冷轧薄板已被列为我国冶金工业“十五”期间产品结构调整的重点之一。

市场需求决定产业发展方向。邯郸钢铁打造世界优质板材基地的目标的实施适应了我国钢铁行业的发展趋势，这将使邯郸钢铁进一步实现产业升级，公司高技术含量、高附加值的板材产品的比重将得到大幅度提升。完善的产品结构将全面提升公司的核心竞争力。

目前邯郸钢铁正朝着打造中国优质板材基地、建设具有国际水平的现代化钢铁企业的目标稳步迈进。公司总经理徐志刚兴奋地说：“到2005年，邯郸钢铁将形成集热轧板卷、热轧酸洗板卷、热轧镀锌板卷、冷轧板卷、冷轧镀锌板卷、彩涂板卷和中厚板等多品种的系列板材结构，板材年生产总量达到320万吨，板材比超过65%。”完善的产品结构将成为公司核心竞争力的重要体现。如今，公司的产品结构优势已经初步显现，邯郸钢铁的板材已经挺进设备制造业、汽车业、家电业、建筑业等众多的领域。公司已与长春一汽、东风二汽、山东时风集团等一大批国家知名企业成为战略伙伴。其产品大量应用于西电东送、西气东输等国家重点工程。

不断追求的板材化正在给邯郸钢铁创造滚滚财源，邯郸钢铁适应市场需求的完善产品结构将为公司插上再次腾飞的翅膀。

（《中国证券报》2003年11月25日）

招商轮船系列报道之一

打造巨轮　领航未来

——招商轮船股份有限公司探访录

招商轮船股份有限公司是目前国内最大的远洋能源运输企业，经营和管理着中国历史最悠久、最具经验、国内运力最大的远洋油轮船队；公司拥有的油轮运输船队和散货船队营运管理国际化程度高，具备较强的国际竞争力；此外，公司还在组建中国第一支具有国际管理经验的液化天然气运输船队。

历史篇：百年基石，传承伟业

600年前，中国人郑和率领一支船队，远征西洋，构建起一条“海上丝绸之路”。华夏民族的璀璨文明、中国人的聪明才智震惊了西方世界。

100多年前，西方列强凭借坚船利炮，从海上侵入中国，给中华民族带来深重的灾难和无尽的耻辱。在晚清志士“打破列强垄断中国江海航权”的期望中，负载“承运漕粮”的最初使命，1872年，招商局在国人期望的目光中诞生，次年便扬帆出海，从上海首航赴港，拉开了中国百年航运史的大幕。

作为中国近代史上最早的民族航运企业，招商局成立至今已经走过130余年历程。同时作为新中国航运事业的奠基者，其生命航程也是一部联结了三个世纪的中国近代百年航运史，见证了中华民族的兴衰。

回眸之际，人们领略到的是一张张深邃而又厚重的非凡影像——

1872年，肩负振兴中华民族的历史使命，招商局成立；

1873年，招商局“伊敦”号货轮从上海首航赴港，从此拉开了中国近现代航运史的序幕；

1877年，招商局收购实力雄厚的美资旗昌轮船公司，彻底打破了外资洋行垄断中国航运的格局；

1910年，招商局开办四条水陆联运线，首开中国近代水陆联运记录；

1949年，香港招商局起义，奠定了新中国航运业发展的基石；

1980年，香港明华船务有限公司成立，组建散货船队；

1990年，收购香港董氏集团油轮，组建油轮船队。

百年航运史，千秋伟业功。

时光进入2004年12月，招商局开始实施大手笔的战略布局。这年12月，招商局集团整合旗下资产，携手中石化集团、中化集团、中远集团及中海油四家，发起并设立了招商轮船股份有限公司，注册资本22.33亿元。五大巨头强强联手，国内最大的远洋油轮运输企业应运而生。

近年来，随着中国经济的高速增长，国内能源需求不断加大。在国家石油安全体系中，石油运输是连接海外资源和国内生产、消费和储备基地的中间环节，运输安全也就成为国家能源战略无法回避的问题。在国家能源运输安全战略导向之下，中国油轮船东预计将承担2010年及其以后年度进口原油50%以上的运量。

业务篇：架构独特，主业突出

作为目前国内最大的远洋能源运输企业，招商轮船股份有限公司的主营业务包括油轮运输、散货船运输、液化天然气船运输，涵盖了能源运输的主要货种，形成了以油轮运输业务为核心、LNG运输为新的利润增长点、散货船运输为补充的组合经营模式，三大业务板块具有不同的风险收益特征，构成了良好的业务组合和盈利模式。

远洋油轮运输业务——国内运力最大的远洋油轮船队

招商轮船股份有限公司旗下的海宏轮船（香港）有限公司经营和管理着中国历史最悠久、最具经验、占国轮远洋原油运力28.2%的国内运力最大的远洋油轮船队，是目前国内最大的远洋油轮运营者。

海宏公司成立于1993年，拥有40多年的油轮管理经验，是招商轮船油轮运输业务的核心载体。其前身金山轮船公司由已故香港“船王”董浩云先生创办，是将超级油轮（VLCC）引入亚太地区的先驱之一，与国际大型石油公司建立了长期合作关系，其管理的油轮船队规模曾经领先于世界，包括迄今为止世界最大的56万载重吨超级油轮。40多年来金山公司及海宏公司取得的管理业绩和持续保持的安全记录被业界广为认可。

目前招商轮船旗下油轮船队由6艘超级油轮、1艘苏伊士型油轮及7艘阿芙拉型油轮组成，总载重吨为256万吨。根据发展计划，公司将在大约三年内新建或购买14艘油轮，使公司油轮船队规模扩充一倍。

招商轮船2005年的原油运输量为2 957.4万吨，主要为日本、韩国、东南亚及美国等国家和地区客户提供原油运输服务。在公司国际业务客户名单上，不乏埃克森美孚（EXXON-MOBIL）、壳牌石油（SHELL）、英国石油（BP）、加德士（GSCALTEX）等全球著名石油公司。

在大力巩固国际业务的同时，随着中国进口原油的快速增长，公司也在加紧开拓国内油运市场。公司近年来承运“国油”的比例不断上升：2003年、2004年、2005年及2006年上半年承运中国进口原油分别为公司当期总运量的8.60%、18.30%、19.04%及29.4%。

散货船运输业务——较强的国际竞争实力

招商轮船股份有限公司的干散货船队全部由旗下的香港明华公司经营，经营范围覆盖全球，并与世界各地的广大客户建立了广泛的业务联系，具备较强的国际竞争实力。

明华公司成立于20世纪80年代，拥有一支具备多年国际航运经营管理经验的专业人员队伍和高素质的船员队伍。20多年来秉承“安全第一、服务第一”的宗旨，明华公司注重对公司和船队实行科学的管理，重视和追求高标准的企业管理水平和优良的服务质量，此外还建立了一套科学、系统、高效、规范的管理体系，配置了先进的计算机系统和通信系统，24小时不间断地调度和监控航行于世界各港的船舶。

公司散货船队由12艘4.2万至4.9万载重吨的大灵便型船和2艘7.3万载重吨的巴拿马型船构成，总载重吨70万吨。12艘大灵便型船舶全部配备30至35吨克令吊和大容量抓斗，船舶自装自卸能力强，是该船型中较具规模的专业化船队。所有船舶全部是20世纪90年代日本建造的现代型船舶，船龄较年轻，船型整齐，具有设备先进、载重吨位大、吃水浅、船速快、油耗低等特点，市场声誉良好，深受租家欢迎。

公司的干散货运输主要运送铁矿石、煤和粮食到东南亚、中国、日韩、北美洲和非洲等需求地。2005年干散货总运量超过580万吨。公司干散货运输业务收入稳定，是公司主营业务收入的重要组成部分，2005年这一比例达34%。2003年、2004年、2005三年及2006年上半年，公司散货船队运量分别达到525万吨、624万吨、582万吨和286万吨。

LNG运输——中国唯一的一家国际化专业LNG运输公司

伴随国际油价的不断走高，能源多元化日益受到重视。针对我国政府所实施的液化天然气发展计划，2004年4月，招商轮船股份有限公司通过下属的明华公司联合中远集团成立了我国目前唯一的一家集LNG运输、投资、管理等综合功能的国际化专业LNG运输公司———中国液化天然气运输（控股）有限公司（简称“CLNG”），其中明华公司投资50%。液化天然气专用船有25年的长期租赁合同，收益稳定，有利于稳定本公司未来的盈利水平。

CLNG主导了我国第一个LNG进口项目运输的投资和管理公司的筹备和运行，取得了广东进口液化天然气运输项目和福建进口液化天然气运输项目的经营权，目前公司参与的上海、浙江进口液化天然气项目造船招标工作近期已完成，等待国家审批。

此次招商轮船股份有限公司登陆中国A股市场，标志着公司进入了一个全新的发展阶段。公司拟发行不超过12亿股A股，募集资金主要用于扩建油轮船队，在未来三年左右时间新增6艘超级油轮、2艘苏伊士型油轮、6艘阿芙拉型油轮，将使油轮船队在现有规模基础上翻一番；同时，部分资金用于正在建造的5艘液化天然气专用船。

在积极介入资本市场的同时，招商轮船还在着眼长远，积极规划未来：

第一，继续将大型油轮运输业务作为业务发展核心，重点发展亚太地区的原油进口运输业务，特别是中国的原油进口运输。第二，积极开拓国内进口液化天然气专用船运输业务，争取发展成为国内最大的液化天然气专用船队及管理公司；第三，根据未来国际航运市场形势，继续在现有规模上经营散货船业务并伺机发展。

恰逢好风凭借力，正待扬帆远航时。招商轮船是招商局继金融、地产、港口业务上市之后，另外一块登陆股市的核心业务。

招商轮船作为中国最大的油轮运输企业，不仅仅是一家运输企业，更承载国家能源运输安全的使命。面对风云变幻的国际能源运输市场，招商轮船将以全球化的视野、创新的管理思维及专业化的管理机制，努力将自身打造成为国际能源运输的品牌航母，在为股东创造价值的同时，继续为保障国家能源战略的安全发挥重要作用。作为行业龙头，这艘领航中国能源运输市场的航母正在全力加速，乘风破浪，不断驶向新的彼岸。

（《证券时报》2006年11月13日）

多元竞争优势　凸现投资价值

——招商轮船股份有限公司市场前景及财务状况透视

随着中国经济的强劲增长，能源运输市场前景广阔，中国已成为世界上重要的原油消费国和进口国。巨大油运需求和国家能源运输安全战略为公司提供长期增长前景；规模优势、管理优势、效率优势凸现公司投资价值。

公司的财务状况稳健，主营业务的盈利能力强。过去三年中，盈利能力持续向好，毛利率呈上升趋势，净资产收益率保持较高水平，偿债能力突出，现金流充沛。

中国能源运输业面临广阔的发展空间

中国自1994年成为石油净进口国以来，原油进口量不断加大，由此带动油轮运输业务同步增长，持续向好。

第一，中国原油进口仍将快速增长。过去10年由于中国的经济高速增长，中国原油消费的年复合增长率为7.3%，而同一时间我国原油产量的年复合增长率只有1.6%，巨大的消费缺口导致原油进口需求逐年快速增长，目前的进口依存度超过40%。由于目前输油管道运送原油非常有限，进口需求中约93%是通过海运完成的。根据预测，中国原油的净进口需求在未来10年，将按年均10%的速度增长，至2010年将超过2亿吨。

第二，“国家能源运输安全战略”赋予中国船东巨大的发展机会。在国家能源运输进口安全战略导向之下，到2010年，进口原油50%以上的运量由中国的油轮船队来承运，这将带动国内油轮运力需求迅猛增长。而目前我国原油进口量只有约12%由中国的油轮船队来承运。这一数字距“国油国运”的发展目标相去甚远。

第三，运距加长将进一步增加海上油运需求。目前距离遥远的中东仍然是中国原油最重要的进口来源地，在2005年整体原油进口量中的占比接近一半；西非和南美的运距较中东更长，所占比重呈上升趋势。因此运距加长将进一步提高中国对油轮尤其是超级油轮的需求。

在中国巨大的原油运输需求和能源安全的政策下，招商轮船的长期发展规模和持续效益能够得到很好保障。

五大优势凸现公司竞争力

雄厚的竞争实力使招商轮船股份有限公司在国内能源运输市场优势尽显。

第一大优势：公司的运输业务包括油轮运输、散货船运输、液化天然气船运输，涵盖了能源运输的主要货种。这三类业务具有不同的风险收益特征，构成了多元的业务组合，有利于稳定本公司的经营业绩。

第二大优势：公司油轮船队是目前国内运力规模最大的远洋油轮船队，油轮船队结构多元，规避单一市场波动风险能力相对较强；公司营运管理的国际化程度高，拥有一支具备多年国际航运经营管理经验的专业人员队伍，其管理业绩和持续保持的安全记录被业界广为认可。

第三大优势：招商轮船长期向世界级石油公司埃克森美孚（EXXON-MOBIL）、壳牌石油（SHELL）、加德士（GSCALTEX）和英国石油（BP）等提供优质服务，建立了稳固的合作关系。同时，中石化集团、中化集团及中国海洋石油总公司等中国主要石油进口企业已直接或间接在公司参股，与公司建立了战略合作关系。这些合作关系的建立，为公司油轮运输业务的稳定发展提供了坚实的基础。可以预见，未来公司的中国进口原油运输业务市场前景广阔。

第四大优势：公司散货船队船龄较年轻，船型整齐，营运管理的国际化程度高，收入相对稳定。该项业务收入是该公司主营业务收入的重要组成部分。

第五大优势：目前国内多个沿海省市都在筹建进口液化天然气项目，中国进口液化天然气运输业务前景广阔。招商轮船股份有限公司下属公司香港明华与大连远洋运输公司合营的CLNG公司是目前中国唯一的投资并经营管理进口液化天然气业务的公司，液化天然气专用船有25年的长期租赁合同，运输收益稳定。该项业务的开展将有利于稳定公司未来的盈利水平。

六大亮点彰显优质财务质量

良好的经营状况成就骄人的效益与业绩。招商轮船股份有限公司的财务状况稳健，主营业务的盈利能力总体趋好。过去三年中，公司盈利能力持续向好，毛利率呈上升趋势，净资产收益率大幅度提升，偿债能力突出，现金流充沛。效益显著的经营状况和财务亮点使公司投资价值提升。

亮点之一：资产状况良好，负债比例均衡。截至2006年6月30日，公司总资产达到79.47亿元，由于公司从事的远洋油轮、散货船运输，属于资本密集型行业，因此固定资产占总资产的比重较大，达到了88.3%。其中，油轮和散货船净值合计约占99.3%，资产状况良好；总负债为33.82亿元，流动负债和长期负债约各占总负债的一半，流动负债和长期负债的比例比较均衡。

亮点之二：资金周转能力较强，应收账款周转天数短，且回收状况良好。公司的客户大多财务实力雄厚，资信优良。截至2006年6月30日，公司应收账款中，1年以内的应收账款余额为1.25亿元，占比为99.40%；1~2年的应收账款余额约为71.13万元，占比为0.57%；2~3年账龄的应收款余额约为3.84万元，占比为0.03%。发生的少量应收账款大多在客户定期结算过程中形成，应收账款周转期短，回收情况良好，发生坏账的可能性较小。

亮点之三：主营业务结构合理，盈利能力突出。① 主营业务结构合理。公司的主营业务收入主要为油轮运输收入和散货船运输收入。2005年油轮运输收入及散货船运输收入占主营业务收入的比例分别为66%和34%。超级油轮运输收入对公司主营业务收入的贡献最大。② 油轮运输收入逐年递增。2003年，公司油轮船队的运输收入为13.94亿元，2005年则达到了17.49亿元，2006年上半年度油轮运输收入为8.85亿元。公司油轮船队包括超级油轮、苏伊士型油轮和阿芙拉型油轮三种船型，结构相对多元化，有利于规避单一船型市场风险。③ 散货船经营收入快速增长。2003年至2005年，公司散货船队的经营收入分别为3.8亿元、6.7亿元和9.0亿元，实现了快速增长。

亮点之四：成本相对稳定，成本占收入的比重持续下降。2003年度、2004年度、2005年度及2006年1月1日至6月30日，公司的主营业务成本分别为11.17亿元、12.08亿元、12.20亿元和6.21亿元，变动幅度较小，其中油轮营业成本平均约占77%，散货船营业成本平均约占26%。从成本构成来看，业务成本主要是折旧、燃料消耗和船员费用，其他成本包括船舶入坞修理费、注册费、吨税、港口费及运河通行税费等。近年来，公司一直加强成本控制，成本相对稳定，成本占收入的比重持续下降。

亮点之五：总体上看，毛利率上升，净利润稳定增长。2003—2005年综合毛利率从2003年的37.5%提高到2005年的54%，提高了16.5个百分点，经营效率不断提高。毛利率的提高除了运价水平上涨的市场因素外，一方面是由于公司通过加强了航线和运力的经营调度，不断提高载重量利用率和船舶营运率；另一方面，则得益于公司继续加强对燃料费、港口费、修理费、人工费等主要成本的控制。2003年度、2004年度、2005年度，公司的净利润分别为4.29亿元、12.06亿元、13.44亿元。

亮点之六：经营活动现金流充沛。公司经营活动创造现金流的能力强，2005年度、2006年上半年度经营活动现金流净额与净利润之比分别为1.5、1.6。

以上市为契机，壮大船队规模

规模优势、效率优势和管理优势，使公司具备了卓越的持续盈利能力和回报水平，投资前景看好。目前远洋运输需求不断增长，给我国远洋运输业带来巨大的商机，国内运输巨头纷纷加速企业扩张，为提高运力纷纷购入大型干散货轮和大型油轮。但由于航运是资本密集型产业，规模扩张对航运企业的资金实力提出了更高的要求，一般的融资手段已不能满足现有企业需求，走进资本市场成为远洋能源运输企业的必然趋势。为了进一步增强公司实力，更好地服务国家能源安全战略，招商轮船股份有限公司敲开了国内A股资本市场的大门，资本引擎必将为公司增添源源不断的发展动力。以此为契机，公司将投资扩大能源运输船队的规模，现正在建造5艘液化天然气运输专用船，并计划在三年左右新增6艘超级油轮、2艘苏伊士型油轮及6艘阿芙拉型油轮。公司通过这些投资项目的实施，扩大公司资产规模，增强在全球能源运输领域的竞争力，提高盈利能力。

展望未来，任重道远。招商轮船股份有限公司一贯重视市场开发与营运成本控制；良好的公司治理、独特的价值创造模式和40多年的国际化油轮管理经验为公司带来持续发展和盈利能力。在国家能源运输市场前景十分广阔的今天，公司将充分把握好各种市场机遇，以上市为契机，扩充油轮船队，打造天然液化气船队，使公司能源运输有一个规模和质量上的新提升。公司将巩固与国际石油公司的传统合作，发展与中国大型原油进口商的战略合作关系。公司还将进一步完善治理结构，在已建立符合国际标准的管理体制的基础上，不断发挥自身优势，提高营运效率，在实施国家战略的同时，实现公司收益最大化和股东利益最大化。

（《证券时报》2006年11月14日）

招商轮船系列报道之三

招商轮船：老牌中国船东　高水准国际化管理

远洋运输业是国际化程度极高的行业，招商轮船股份有限公司旗下全资船舶管理公司以国际领先的管理水准、优异的安全记录与良好的船队形象在国际航运界赢得广泛的赞誉。公司船队长期为埃克森美孚（EXXON-MOBIL）、壳牌石油（SHELL）、英国石油（BP）和加德士（GSCALTEX）等全球著名石油公司提供国际一流水准的原油运输优质服务。

一流的国际化服务，是公司竞争力的保障

招商轮船股份有限公司拥有一支具备多年国际航运经营管理经验的专业团队和高素质的船员队伍，国际化程度高。旗下的香港明华公司、海宏公司都是中资在香港的企业，长期在香港这样一个市场机制发育充分和国际航运业比较发达的环境下成长，一开始就是完全在国际市场中参与竞争，拥有多年的国际化运输管理经验，积累了丰富的客户资源，因此具备了较强的国际竞争实力。

海宏轮船（香港）有限公司［Associated Maritime Company（HongKong）Limited，缩写AMCL］是招商轮船的全资子公司，经营和管理着中国历史最悠久、最具经验、国内运力最大的远洋油轮船队，其前身金山公司是将超级油轮引入亚太地区的先驱。金山公司由已故香港“船王”董浩云先生于20世纪60年代创办，是将超级油轮引入远东地区的先驱。20世纪80年代，招商局收购了董氏的油轮船队。海宏公司继承了金山公司油轮管理的资源和经验，开始活跃于国际油轮运输市场，是中资企业中第一家也是唯一一家拥有超级油轮经验、广为业界认可的专业油轮管理公司。海宏公司以良好的安全记录、管理与服务树立起了高水平国际化油轮管理公司的形象，成为享誉全球的油轮经营和管理公司。

香港明华公司经营着干散货船队，其船舶航行区域涉及世界各主要港口。其散货船管理团队拥有平均超过20年的国际市场运作经验，香港明华公司一直以来也以

良好的安全记录、服务与管理水平在散货船市场享有良好声誉，在国际散货船市场尤其是大灵便型细分市场有相当的影响力。

中国液化天然气运输（控股）有限公司（简称“CLNG”）是招商轮船通过下属的香港明华公司联合中远集团针对我国政府所实施的液化天然气发展计划，于2004年3月共同投资（香港明华船务有限公司投资50%，大连远洋运输公司投资50%）成立的，负责液化天然气（LNG）船的资产经营、船舶管理项目的投资、运输项目公司（单船公司）的经营管理和运输项目投资的咨询服务，是目前国内唯一一家从事运输进口液化天然气业务的国际化专业公司。

敏锐的市场嗅觉，源于优秀的管理经验

改革开放以来，远洋航运管理水平业已发生了质的变化，从过去单一的运输生产管理发展成为生产经营、管理运营、资本运营紧密结合的管理体制。招商轮船悠久的历史和管理团队平均超过20年的从业经验，使其与国内其他远洋航运船东相比拥有更多的优势。

第一，油轮运输行业的风险特征，造就了公司较高的专业化程度。油轮运输行业具有对原油开采及石化行业依赖度高、受油轮运价波动影响大、海上特殊风险等特有的风险性，但招商轮船股份有限公司拥有丰富的运营经验，在油轮运输所涉及的基本客户、航行航线、操作规范、经营管理等方面具备了较高的专业化程度和抗风险的能力。

第二，合理的业务架构，充分展现了公司专业的运营模式。招商轮船根据不同的市场环境采取不同的经营方式，使得公司油轮和干散货船舶利用率一直高于行业平均水平，主要原因就在于它通过准确判断市场走势从而进行运营模式的最佳配置，降低运价波动影响；同时经营油轮和干散货运输，有效降低了因两个市场运价波动的方向和程度不同而造成的市场风险。

第三，先进的经营理念，有效对抗市场波动，运营效益不断提高。世界原油需求的总量变化、原油需求的季节性变化、地区突发事件以及主要国家原油库存量的变化等引起油轮运价的波动。为此，招商轮船为适应新的市场竞争环境，适时调整经营理念：公司安排合理的购建计划，使之与市场船价与运价走势、可预计的市场需求、长期合约的支持紧密结合，有效降低整体经营成本；同时采用更加灵活的市场策略确保市场份额，获得长期合同，从而大大改善了公司的竞争力和盈利能力。

第四，多种经营方式的合理部署，有效规避了行业的周期性风险。油轮运输行

业是随着海上石油贸易的兴起而发展起来的，而石油需求的变化又会影响油轮运输行业。从过去几十年来观察，油轮运输行业呈现周期性特征。同时，一些突发性的非经济因素也会带来显著影响，表现为短期市场供求关系的变化导致油轮即期市场价格的波动。

针对油轮运输行业的这一特点，招商轮船一方面与国际大型石油公司建立了稳固的业务关系和与国内大型原油进口商建立了长期稳定的战略伙伴关系；另一方面，公司研究市场变化规律，利用运价的波动，准确把握时机，科学合理搭配程租、期租的比例，有效降低了市场波动风险。从过去几年的经营情况看，公司经营利润的波动均远小于同期市场指数的波动。

第五，优秀的人才，是公司发展的坚实后盾。招商轮船拥有一支具备多年国际航运经营管理经验的专业人员队伍，他们不仅熟悉国际航运市场的操作惯例和船舶管理知识，还具有敏锐的商业判断力和良好的沟通协调能力，为公司在激烈的竞争环境中提供了坚实的后盾。公司建立了一整套科学的考核激励体系，以提高管理层和员工工作热忱和积极性。同时，为了加强管理、留住人才，公司加强了与船员雇佣有关的合同管理。公司对外派员工也有独立的管理权。

另外，公司建立健全了法人治理结构和内部经营管理机构，独立行使经营管理职权，在业务、资产、人员、财务、机构方面与控股股东和实际控制人分开，保证了资产的完整性和面向市场自主经营的能力。

质量、安全和环保符合国际惯例

质量、安全和环保是航运企业生存和发展的根本，油轮安全更是整个安全工作的重中之重。公司决策者深刻认识到安全工作来不得半点马虎，建立了一整套科学、系统、高效、规范的管理体系，配置了先进的计算机系统和通信系统，24小时不间断地调度和监控航行于世界各港的船舶。

随着船舶大型化、国际化步伐日益加快，公司树立符合国际惯例的安全管理理念，狠抓船舶安全基础工作，特别是在建立科学的长效安全管理机制上狠下功夫，努力完善船舶安全管理体系。公司所属所有的船舶都已按照《国际安全管理规则》（ISM）的规定，取得了安全管理证书。公司下属的香港明华公司和海宏公司作为船舶管理公司，完全按照ISM建立了质量安全管理体系，并获得了安全管理证书和符合证明。此外，上述质量安全管理体系，均达到国际标准，并通过了ISO质量管理认证，获得了ISO9001：2000证书。2006年海宏公司通过了ISO环境管理认证，获得了ISO14001：2004环境管理证书。公司在利比里亚注册的船舶具有利比里亚海事监管机关派出机构在美国的总部直接签发的国际船舶安全证书（ISSC）。公司在香港注册的船舶也获得了中国船级社签发的ISSC证书。

公司还十分重视船员的培训和任职证书管理，所有在公司油轮和散货船上工作的船员都具有符合STCW公约规定的任职证书。公司油轮和散货船登记的船级社包括中国船级社、美国船级社、挪威船级社、日本船级社、英国劳氏船级社、法国船级社等。美国的《21世纪船舶质量》对质量要求甚严，90%的外国船舶都难以获得在美国码头的停靠资格，而公司散货船队所属的14艘船有10艘到过美国，均受到"免检"的礼遇。公司安全纪录良好，未出现过海上运输事故。这些均标志着公司船队的质量、安全、环保管理工作具有当今世界的最高水准。

重视企业文化建设，建立内部科学管理

全力打造世界级油轮船队，一个很好的切入点就是企业文化建设。要结合油轮公司自身的行业运输特点，抓发展文化建设、管理文化建设、安全文化建设，把企业文化具体化，增强员工的向心力和凝聚力。公司秉承百年招商局"爱国、自强、开拓、诚信"的精神和"团结、严谨、务实、高效"的作风，不断传承和延续着招商局所固有的文化基因。随着油轮远洋运输的发展，公司在严格的管理中，逐步造就了一支业务精、能力强、作风硬、年富力强、善打硬仗的管理精英团队。由于传统文化的积淀和现代经营理念的融合，公司人文荟萃，积极向上的文化氛围业已形成，公司"安全、管理、服务、效益"的经营管理理念不断得到强化。

此外，公司已在投资管理、财务管理、人事管理、岗位责任考核、对外信息披露及行政管理等方面建立了有效的内部控制制度。其目的在于保证业务活动的有效进行，保护资产的安全和完整，防止并及时发现、纠正错误及舞弊行为，以及保证会计资料的真实性、合法性、完整性。同时，公司管理层将根据公司发展的实际需要，对内部控制制度不断加以改进。与此同时，公司不断完善、深化企业分配制度，在公司效益稳步增长的前提下使职工收入水平不断提高。

身为中国目前最大的远洋油轮船东，招商轮船成立之日就因其独特的渊源实施着高水准国际化运营。完整的科学管理体系、丰富的行业运营和管理经验是招商轮船较之行业内其他船东的一项重要优势，彰显着招商轮船引人瞩目的竞争实力和发展潜力。

（《证券时报》2006年11月15日）

深康佳系列报道之一

深康佳股权之争云谲波诡　未来或陷巨大漩涡

近几天，康佳股权之争的新闻在市场引起强烈反响。5月28日，深康佳董事会成员选举结束，由中小股东提名的2位董事、2位独董，成功控制了康佳董事会，打破了大股东华侨城一家独占7个席位的格局，央企痛失控制权。有媒体称，这也是中国证券史上，首次出现由中小股东成功逆袭央企大股东的案例。

众所周知，在二十余年的中国证券市场，大股东与中小股东的矛盾始终存在，而中小股东一直处于弱势地位，更遑论话语权的掌控。中小股东在这次康佳股权之争中的胜利无异于是一场"庶民的胜利"，更有人称之为资本市场的又一声春雷。因而这一案例在资本市场颇受关注，并且引发热议。尽管众说纷纭，莫衷一是，但就个案分析，更多的专业人士并不看好深康佳股东这次的所谓"成功逆袭"，并表现出对康佳未来的深深担忧。

大股东华侨城盲目自大痛失控制权，处境尴尬

长江证券的一名研究人员认为，这次事件是央企首次在与小股东的资本斗争中失利，作为"一股独大"的华侨城，当然不想失去控制权，这次的偶然"失手"并非有些媒体所说的是华侨城真正"开明"，而是由于华侨城盲目自大、根本不把中小投资者放在眼里所造成的。

5月28日深康佳股东大会投票的结果显示，在公司董事会4个非独立董事和3个独立董事共7个席位中，小股东提名的候选人总共获得了4席，另获得1个监事席位，而大股东华侨城仅获得3个董事会席位和1个监事席位。在中国证券市场历史上，几乎闻所未闻。事实上，华侨城控股比例约为30%，中小股东25%~28%。总投票比例为57.8%。在这种情况下，华侨城提名了"4+3"，而且采用平均投票的方式。按照中国证监会有关规定，上市公司在董事的选举过程中，应充分反映中小股东的意见。股东大会在董事选举中应积极推行累积投票制度，控股股东控股比例在

30%以上的上市公司，应当采用累积投票制。不过，对于大股东持股比例在30%以下的上市公司，无论证监会文件还是公司法都没有硬性要求董事会选举必须采用累积投票制。按照持股比例，在此次股东大会审议候选董事上，在华侨城集团控制下的深康佳完全可以不采取“累积投票制”，而采取大股东胜算更大的“直接投票制”。因为采取“直接投票制”并不违背证监会及《中华人民共和国公司法》的相关规定。尽管近几年中国证监会不断出台政策保护中小股东的合法权益，但在涉及公司治理问题与维护自身权益上，绝大多数中小股东常常当逃兵。华侨城估计这次应该也不会出现“意外”，所以这次大股东华侨城显得似乎很自信、很“开明”，结果却适得其反。尽管如此，在这次的深康佳A董事会换届选举股东大会上，中小股东弃权的仍占绝大多数，否则华侨城会败得更惨。有关人士认为，大央企老旧的思维模式也是造成这一现状的重要原因。对于此次的失误，具有央企背景的华侨城显然大大出乎意料，陷入十分被动的尴尬境地。深康佳A大小股东之间的矛盾由此更加激化和表面化，目前形成的现状是大股东控制股东会，而小股东控制了董事会。毫无疑问，在这种股权状况和决策权分歧、分散的背景下，未来大股东与小股东意见相左将成为常态，公司所有重大事项议题将无法顺利通过，比如中小股东设想的引进战略投资者等重大战略决策根本难以实现。

据接近深康佳的市场人士透露，大股东华侨城面对由于自己的疏忽和愚蠢造成的这种被动局面，开始着急，并主动与中小股东代表沟通，双方能否顺利签署一致行动人协议，协商结果尚未可知。显然，深康佳A未来发展存在巨大的变数和不确定性，尽管深康佳A已经停牌，双方开始紧锣密鼓地进行磋商，但结果如何尚难预料，相信整个证券市场正拭目以待。

中小股东的“庶民胜利”或许已经埋下祸根

中小股东合力推翻了大股东，而且是具有央企背景的大股东，这应该是中国证券市场近期爆出的有影响的新闻。不难发现，在各主流财经媒体的贴吧里，很多股民和中小投资者对此额手称庆，更有人将这次深康佳的股权之争结果称之为“庶民的胜利”。当然，任何事情都有它的两面性，很多业内人士则对此表示不同的看法。一位知名财经作家对这个看似正面的结果保留了悲观预期。他说，李大钊当初在《庶民的胜利》一文中质询：“我们这几天庆祝战胜，实在是热闹得很。可是战胜的，究竟是哪一个？我们庆祝，究竟是为哪个庆祝？”

这位知名财经作家认为，应该说，这次央企华侨城痛失深康佳A控制权，看似资本市场常见的股权之争，但在资本市场无疑具有其积极意义，非国有股东（尤其是小股东）的代表进入董事会，可以增强非国有股东参股国有企业的动力，也符合国企改革的精神。但是根据深康佳的经营现状、公司新董事会及其治理结构，这次股权之争看起来也远非理论上分析得那么简单，深康佳说不定已经就此埋下祸根和隐患。无疑，未来双方所有矛盾将会围绕利益展开博弈，会陷入“三人当家，七扯八拉”的管理困境。第一，虽然小股东合力推翻了大股东，但小股东是一个松散的利益结合体，不是单一的利益体。各个股东间的利益诉求并不一致，有长远布局的，也有短期的，有实业诉求的，也有资本诉求的，更有供应商、分销商参与其中。如此一来，小股东与上市公司的各种矛盾错综复杂，各种冲突也将会频繁出现，深康佳将成为双方投掷的“火药桶”。第二，小股东的利益诉求主要集中在市值，按照他们的思路，康佳未来将从一个重业务、重经营的公司转变成为一个重题材炒作的公司，未来康佳将会出现题材满天飞，而可能无一能落地的情况。中小股东谋求互联网转型是为了实现股票的收益，他们会超出常规地加快进度，但这种进度，目前条件下的康佳在财力、人力、物力上能否承受？不难判断，如果一旦失败会导致现有业务的崩溃，如引进互联网巨头的想法，会稀释大股东的控股比例，大股东也会坚决抵制。长此以往，三年后留给华侨城的康佳将是一个空壳。第三，此次深康佳的中小股东能够控制董事会已经大大超出了他们的预期和最初的设想，是否会引起他们信心的爆棚、利益的扩张乃至谋求康佳的人事变动也未可知。剧烈的人事动荡，对业务造成的恶劣影响也将是不可估量的。中小股东可见的掌权未来不会超过三年，在有限的时间内，这些新来的管理团队是否能够坚守他们的职业操守，是否能够为康佳的长远战略发展考虑，都会打一个大大的问号。在过度竞争的彩电行业，一旦市场份额丢失，将是无法挽回的损失。当年，所谓的资本大鳄张海就是以此方式几乎搞垮了中国民族品牌健力宝，资本投机者顾雏军也用此方式将科龙电器送上不归路。

再者，还有媒体分析，对于近年来业务处于下滑之中的康佳集团，相当比例的中小股东选择持有康佳的股份，并不是看好康佳彩电业务的未来发展前景，而是看中了康佳总部厂区和地块改造所带来的巨额利润和回报，希望借此争夺康佳集团和华侨城的利益分配。对善于市场投机的资本客来说，在资本市场关心的并不是康佳未来的发展，而是集中精力争夺具有争议的地块，以期分得最大规模的蛋糕。而这些小股东们一旦进入董事会，康佳股东之间将会产生更大的争斗和内耗。

一位接近媒体的人士认为，这么多不同的利益诉求纠集在一起，构成了此次康佳股权争斗云谲波诡的复杂性。不管怎样，上述分析应该给争斗的双方以警醒，如果出现这种局面，不管是大股东还是中小股东都会陷入“双输”境地，代表中小投资者利益的中小股东董事也将会更加欲哭无泪。所以获胜上位的中小股东董事应该尤为清醒地认识到：“我们究竟为哪个庆祝？”

由上述分析不难看出，深康佳或已陷入巨大的危机漩涡。

股权之争在资本市场留下败绩的上市公司不是个案

可以说，在中国证券市场，股权之争一直是常态，熟悉中国证券市场发展脉络的投资者对此不难体味。而因为盲目的股权之争，或者盲目引进战略投资者，在资本市场留下败绩乃至消失的上市公司不是个案。

与康佳同行业的兄弟企业厦华电子，也饮下盲目引进战略投资者的苦果。厦华的历史曾经十分辉煌，曾是福建最大的电子企业，是我国第一台等离子电视的制造者，也是国内第一家率先从CRT电视转型为平板电视的企业，还曾是国内最大的彩电出口企业之一，一度将如今活跃于国内的彩电品牌TCL、创维、长虹、海尔、海信包括康佳等远远地甩在身后。由于扩张失误和经营管理不善，厦华后来背上沉重的债务负担，期望通过引进战略投资者改变公司的经营状况。十多年前，作为全球第5大液晶面板生产商的中华映管（也是其所属行业龙头企业）入主厦华，成为其第一大股东。控制企业的中华映管也不熟悉终端电子市场，经营不善，厦华再度陷于连续亏损境地，几番濒临退市边缘，如今厦华电子早已远离消费者的视线，并逐渐退出主渠道，ST帽子一戴多年，无奈的大股东中华映管也早就“去意已决”，如今一直停牌待重组，未来之路在哪里也不可知。但是这个曾经的“中国驰名商标”“中国名牌产品”的民族品牌被“雨打风吹去”已经成铁的事实，早已远离消费者的视线。厦华电子引进战略投资者后的十年风雨飘摇路让人唏嘘不已。

同样命运的还有昔日的中国洗涤之王活力28，也是因为引进战略投资者，导致当时痛失控股权，资本投机者将其变成自己手中的玩物，也最终让这个民族品牌之花凋谢枯萎了。

从近两年资本市场股权之争到控制权之争的案例看，大小股东的分歧与争斗，对企业发展与经营产生的不利影响也都是十分致命的。如东方银星两大股东上海杰宇通与豫商集团的内斗堪称激烈，两大股东的股权之争持续一年有余。去年“最著名”的上市公司内斗事件发生在西藏药业的华西药业与新凤凰城两大股东身上。华西药业为上市公司第一大股东，但二股东新凤凰城却控制了董事会。在两大股东度过了一段的蜜月期后，后来开始爆发内斗。股东内斗的结果，往往会两败俱伤，也影响到上市公司的业绩以及大、中小股东各方的利益。

笔者采访康佳一位工作人员，他认为，康佳不能重蹈厦华电子和活力28的覆辙。他对此次的中小股东上位表示担忧，中小股东很多都是资本客，他们会把康佳带往什么方向，会不会是无尽的深渊？如果是那种结局，将会是35年民族品牌康佳的悲哀。他说，康佳不想沦为资本市场的玩物，更不能成为个别资本大鳄们的饕餮盛宴。

双方理性让步，找到利益平衡点是关键

事实上，康佳近年的业绩并不理想。2014年，康佳销售收入194.23亿元，同比下降2.92%，归属母公司所有者的净利润5 262.35万元。去年国内彩电市场出现30年来首次负增长，康佳坦言，互联网公司跨界切入也加剧了彩电业竞争的激烈程度。2015年 季度，康佳营业收入45.7亿元，同比增长12.8%，但净利润却同比下跌18.59%至775万元。一位熟悉康佳内部经营现状人士告诉笔者，康佳的境况远比想象中的严重，资产负债率高达75%，已经接近警戒线，如果超过警戒线将无法获得贷款；另外，目前康佳的净资产仅42亿元，是同行业的三分之一乃至四分之一，目前的资产经营业务已经捉襟见肘，是否会成为小马拉大车的第二个厦华也未可知；几项主业均处于亏损状态，2014年主营业务亏损4.7亿元，这时候如果董事会、管理层、核心骨干员工动荡，人心惶惶，更会对康佳雪上加霜；还有，时下康佳股价已达24元，其业绩已经远远不能支撑其股价。如果建立在空中楼阁的股价泡沫破灭，潜伏其中的资本大鳄悄然撤退，最后受损的依然是处于弱势地位的中小投资者。

深康佳陷入如此不堪的境地，大股东华侨城负有不可推卸的责任，国有旧体制的弊端也无疑成为影响康佳经营的重要原因。此次的中小股东“逆袭”并非无理取闹。据某财经媒体报道，康佳作为全国有影响力的企业，经营管理没把它的价值充分发挥出来。小股东认同康佳的价值潜力，希望投资改组康佳董事会，使康佳的经营管理得到改善。虽然华侨城在康佳中所持股比不多，但是华侨城希望能够合并康佳的财务报表。康佳的利润虽然一般，但营收规模、现金流都能给作为央企的华侨城带来价值。如果小股东推荐的代表人当上了康佳的董事，华侨城不能在康佳董事会中拥有过半数的席位，那么可能华侨城将不能再合并康佳的财务报表，也会放松对康佳的管控，有利于康佳的运作更加市场化。这也是这次深康佳小股东成功“逆袭”的积极意义。不过，在康佳的公告中，华侨城认为，适当增持康佳的股权，有

利于进一步巩固大股东的控制力，也有利于提振市场信心，维护全体股东的利益。因康佳的A股和B股之间存在一定差价，为实现增强控制力之目的，收购康佳集团的B股在经济上更可行，所以华侨城通过全资子公司嘉隆投资适度收购康佳的B股。如果今后再增持，会按程序公告。

还有媒体分析，曾在20世纪90年代问鼎中国彩电冠军的康佳，经历过去一段时间的曲折，2014年起提出“易战略”，2015年继续加快向互联网转型，并力求提升利润水平。也许这个共同的目标，能让康佳的大股东与小股东找到协调矛盾的平衡点。作为大股东华侨城，要放下姿态，改变一股独大时代留下的这种治理心态。到了投资主体多元化的时代，上市公司的治理结构已经发生变化，有很多的投资主体已经进入到上市公司，原来华侨城是一股独大的，是绝对控股的，可以对公司资源进行任意的调配，从法理上来说是合理的，但是有了其他的投资者之后，华侨城就不能再这样做了，在公司控股形态上尽可能保持相对控股，以实现股东之间的相互制衡。华侨城通过此次教训，应该改变思维模式，完善公司治理结构，充分尊重中小股东的意见，考虑中小投资者的利益，这样一定会获得中小股东的信任和尊重，对公司的发展将会十分有利。

对于在争夺股权中获胜的深康佳中小股东来说，切不可盲目地被胜利冲昏头脑，凭一时的热情去简单构想、谋划一个上市公司的未来；每个公司都有不同的发展脉络和轨迹，都有自己不同战略思维和经营特色，切不可盲目地套用别人的模式，盲目引进所谓战略投资者，否则将会品尝到“消化不良”的苦果；同时也要充分认识到上述专家们分析到的，中小股东掌握话语权后会出现的种种弊端。尤其在过度竞争的中国彩电市场，现有代表中小股东的董事们能否担当得起重整旗鼓的重任，究竟适不适合引进战略投资者等，这些都是要冷静思考的问题。同时，中小股东更应该借此机会积极与大股东华侨城沟通，对大股东的诉求，做出理性让步，积极探讨一致行动人协议条款，切实保证各方利益，保证公司尽快走上正常经营的轨道，使公司恢复生机和活力。事实上，在维护上市公司利益与自身利益问题上，不一定要控制董事会，资本市场上，中小股东发出声音甚至决定相关议案命运的案例也比比皆是。

对康佳现状十分熟悉的武汉大学宏观经济学博士、深圳某金融公司总经理晏金发认为，如果深康佳这次事件处理不好，康佳也许会面临灭顶之灾；如果处理得好，将会成为中国市场的经典案例。他说：“上市公司的矛盾焦点，主要是大股东与小股东（包括股民）之间的利益关系。如何正确处理大股东与小股东之间的利益关系，既是解决当前我国证券市场上的一个突出的矛盾，更是构建和谐股东、理顺大股东与中小股东之间利益关系、促进证券市场健康发展的需要。希望这次康佳股权之争对中国证券市场带来积极影响，大股东华侨城和中小股东借此机会坐在一起，互相让步，积极寻求双方利益平衡点，积极探求、谋划公司的未来发展，达到双赢的目的，相信处理得好，也将会为中国证券市场写下具有积极意义的一笔。”

（2015年6月4日）

深康佳系列报道之二

深康佳股东争斗持续上演　新董事会治理能力遭质疑

停牌一周的深康佳A于6月5日发布公告，公司6月4日召开的第八届董事局第一次会议，选举张民为公司董事局主席。根据该选举结果，中小投资者提名的董事超过了深康佳董事局成员的一半，这意味着大股东华侨城已经彻底失控深康佳A。此则消息的发布，给市场带来不小震动。

股东争斗持续上演

实际上，随着华侨城与中小股东明争暗斗的逐步升级，直至演绎出这次的董事会之争，大股东华侨城几乎完败。

有熟悉内幕的人称，康佳中小股东成功逆袭大股东华侨城并非偶然，而是经过了严密预谋的。作为资本炒家的某些中小股东早就开始布局并大量增持深康佳，其目的无疑是为了操纵市场，取得超高额回报。当大股东华侨城发现这些苗头后，希望挽回局面时，显然为时已晚。据某财经媒体报道，华侨城集团曾与中小股东代表多次协商，曾希望以16元的价格回购部分股票，让中小股东放弃争权，但被拒绝了。面对不肯罢休的中小股东，华侨城集团也尝试过反击，采取了增强控股权的行动，开始大举增持公司股份。今年5月5日至7日，以及8日至12日，康佳的股价曾两次连续三个交易日收盘价涨幅累计超过20%。业内人士分析主要是由华侨城对康佳的增持行动引起的。据5月19日公告称，华侨城集团通过子公司嘉隆投资在二级市场斥资7.5亿元增持深康佳B股3 912.16万股，占比3.25%。至此，持股比例达到25%。但华侨城的反攻仍不足以抵抗中小股东。事实上，此次选举结果也超出了中小股东的意料，更出乎华侨城的意料。

深康佳A近年业绩不尽人意，为何许多投资者还如此青睐深康佳？实际上，部分精明的中小股东投机客觊觎的无疑是深康佳另一块肥肉。深康佳A原总部厂区地块当初由华侨城划给康佳，没有作价，如今已成为深圳市中心，其土地开发价值不言而喻。也有市场人士指称，作为央企背景大股东的华侨城，由于对康佳增持不力，不仅失去控制权，而且还受到指责，当初在深康佳股票价格还很低时，未积极主动地有计划增持，为了争夺控制权，在股票接近高位时，才在二级市场疯狂扫货紧急增持，显然这种被动行为，不仅未能把控企业，还导致了国有资产白白流失，难怪市场对华侨城颇有微词。

面对市场的指责，华侨城虽然追悔莫及，显得有些无奈，但据有关人士分析，一贯央企做派的华侨城绝不会善罢甘休。他们明白，资本大鳄布局康佳，只会让康佳营造赚钱概念，不会关心企业的未来发展，华侨城当然不希望看到自己一手托大的深康佳毁在资本投机客手中。比如，对于中小股东们提出的引进互联网巨头合作、改变公司现有商业模式的诉求，华侨城断难满足，而由此引发的其他分歧将会大大加剧，不完全排除华侨城还会使出大量减持的“杀手锏”。

不难判断，将来深康佳股东内斗必然加剧，在无尽的内耗中康佳不仅将失去市场，也将失去转型的机会；同时，股东内斗加剧无疑会造成两败俱伤的双输局面。

新董事会治理能力遭质疑

有媒体称，中小股东代表控制着深康佳A的董事会，也更有利于保护广大中小股东的利益。因此，深康佳A中小股东代表“控制”董事会，既有个体上的意义，也有标杆式的意义。

尽管如此，人们还是对深康佳新的董事会治理能力提出质疑。市场人士担心，一方面是对不熟悉家电市场的董事局主席能否力撑危局挽狂澜存疑，一方面是担心资本投机者兴风作浪钻空子。

据康佳一位内部人士透露，康佳的境况远比想象中的严重，资产负债率已高达75%，已经接近警戒线；另外到今年年底，康佳的巨亏或将成定局，康佳的前途可谓岌岌可危。

康佳新的董事会产生，新的董事长走马上任，并非意味着深康佳前景可期，相反，市场表现出的担忧成分居多。一位熟悉家电市场经营的人士表示了对康佳未来的担忧，新任董事长对家电市场如此陌生，在国内同行业几乎未曾有过。公告资料显示，张民过去与彩电行业毫无交集，1967年出生的张民毕业于武汉大学计算机软件专业（学士）和会计专业（硕士），曾任深圳市罗湖区审计局干部，深圳市罗湖区房地产开发公司总经理，深圳市经济特区证券公司营业部总经理、财务总监，担任过恒立实业独立董事，现任自贡市信用投资担保有限公司总经理。从履历上看，新董事长张民没有任何家电行业的从业背景，国内其他家电企业如创维、TCL、海信、长虹、海尔的当家人几乎都是熟悉家电市场的实干型企业家。深康佳独立董事张述华也认为，康佳董事局主席应该熟悉彩电行业。

在中国证券市场和企业界，这种由“外行”领导决策导致的企业悲剧没少发生。昔日，顾雏军将科龙电器送上了不归路；作为民族饮料品牌旗帜的健力宝也被不懂饮料市场的资本投机客张海差点搞垮。这两个人最后都以锒铛入狱为结局，企业与人物命运让人唏嘘不已。

另外，不排除中小股东中潜藏有部分资本大鳄，他们的诉求就是营造概念，炒高公司股价然后悄然撤退，留给市场一个毫无价值的空壳，最后受损的依然是企业和欲哭无泪的中小投资者，这当然也是大股东最不愿意看到的。

市场人士的担心不是没有理由的，研究中国企业发展史的知名财经作家吴晓波在他的大量著作中，曾披露过众多类似案例，这些经典案例难免让人们记忆犹新，触景生情，同时也对深康佳未来表示深深担忧。

投资者看空深康佳未来

5日深康佳发布公告开盘至中午收盘，由大涨8%到跌2.08%，振幅高达13.25%，有股评人士怀疑，可能有庄家已经开始出货。

面对未来可能发生的股东持续争斗以及其他巨大不确定性，看空深康佳的投资者越来越多。在近两天深康佳的股吧里就有大量“这种窝里斗，将来能有前途吗？让人担心！”“搞得我也没信心了，出货吧！”等类似的帖子。

毫无疑问，深康佳正面临一场生死考验。有专家分析，随着下半年深康佳经营状况的持续恶化，2015年的半年报、年报公布的数字将会十分难看。大股东华侨城一旦将康佳这个“烫手的山芋”彻底摒弃，华侨城所拥有的其他中小股东不可比拟的诸多优势也将会随之消失殆尽。据了解，康佳目前之所以能获得银行大量的授信额度，正是依托了华侨城的央企背景，未来康佳在没有业绩支撑的情况下，中小股东是否有能力争取银行的继续支持将打上大大的问号。如果没有银行的支持，目前康佳40多亿元的净资产将难以支撑康佳未来的业务发展（目前康佳的主营业务基本都是资金占用型），甚至存在资金链断裂的风险。

虽然目前市场上对中小投资者获得康佳董事会控制权一片叫好，但有金融专家判断，如果公司大中小股东之间的矛盾继续深化，不能满足基本诉求的华侨城在不久后抛弃深康佳或是大概率事件。如果形成这样的结局，深康佳中小股东发起的这场“革命”，也许革掉的不仅是企业的“命”，也将是不少散户的“命”。

（2015年6月8日）

深康佳系列报道之三

深康佳新任总裁刘丹任职遭质疑

8月30日，深康佳半年报出炉，上半年亏损近3亿元。尽管深康佳在7月底就发布过业绩预亏的公告，但这样的巨亏半年报一出，还是让很多投资者难以接受。此前的6月12日，深康佳以筹划股权激励为由停牌至今，因此，深康佳何时复牌也一直备受投资者关注。

8月18日，康佳智能家居战略发布会召开，康佳新经营班子首次对外亮相，新任总裁刘丹也正式登台，并首次提出涵盖彩电、手机、冰箱、洗衣机等家电在内的智能家居战略，宣布“易战略”升级到“易战略2.0”。

深康佳曾在6月5日发布公告，公司6月4日召开的第八届董事局第一次会议，选举张民为公司董事局主席。根据该选举结果，中小投资者提名的董事超过了深康佳董事局成员的一半，这意味着大股东华侨城已经对深康佳彻底失控。紧接着，新的董事会选举公司独立董事张民为公司新的董事局主席，刘凤喜任总裁。此后，关于深康佳中小股东内斗升级的新闻屡见于报端，公众一直在质疑新董事会主席的任职资格，以深康佳的独立董事的身份当选董事局主席，这不仅在中国证券市场闻所未闻，在法理上更是站不住脚。《上市公司治理准则》规定：“独立董事应独立于所受聘的公司及其主要股东。独立董事不得在上市公司担任除独立董事外的其他任何职务。”张民以独董的身份担任董事长，就失去了独立董事的独立性。因为按照康佳的章程，董事长不仅仅是董事会的召集人，还是公司的法人代表，是实际职务，而且张民已经实际参与到公司的管理和决策。显然，按照法规和惯例，张民任董事局主席既不合理，更不合法规。后来通过重新选举，张民不再担任董事局主席。

第一次选举张民为董事局主席后，由于张民不了解康佳，也不了解彩电行业，公众也提出了质疑。当时为了消除公众质疑，董事会出人意料地请回了康佳“老人”刘丹，拟任新总裁。公司新一届的董事会经过第二次选举，刘凤喜当选为董事局主席，刘丹正式被聘为公司总裁。据了解内情的人士透露，这样也是中小股东内斗产生的结局。

刘丹作为康佳的“老人”，曾任过公司副总裁。由他出任总裁后，了解内情的市场人士对其也有过质疑，而质疑最多的还是来自康佳内部的大部分员工。记者手中有一封最近康佳员工写给有关部门的信，该信除了披露出资本投机客与康佳内部人互相勾连，操纵股票，有资本投机客成为实际控制人等大量内幕外，还表达了对新任总裁刘丹的强烈不信任感。员工们在信中说，由刘丹担任总裁，他们感到既震惊又愤怒，同时也非常失望。信中还列举了不信任刘丹任总裁的理由：第一，刘丹在康佳是众所周知的败军之将，他在担任多媒体平板事业部负责人时，使康佳的液晶平板市场占有率从40%降到了10%，是康佳在平板时代的一大“罪人”，当时他是黯然离开康佳的；第二，刘丹离开康佳后成了职业跳槽经理人，去了冠捷、惠普、京东方、惠科等多个公司任职，最长的3年，最短的几个月，基本上没有业绩与建树。所以，不管是从哪方面分析，刘丹是最糟糕的人选，他根本不可能给康佳未来经营带来转折和任何希望。

在深康佳刚刚公布巨亏消息且准备复牌之际，又爆出这样的新闻，不免让人感觉到，康佳中小股东的内斗已经更加白热化，其内幕更让人感到云谲波诡。一位市场人士分析，康佳复牌后的走势及未来前景实在不妙，难免让人感到深深的担忧。

（2015年9月2日）

深康佳系列报道之四

华侨城迎来“段时代”　深康佳结束“小时代”

9月10日晚间，深康佳发布公告，宣布暂停刘丹担任上市公司总裁职务，由董事局主席刘凤喜暂代总裁一职。这一消息的发布又一次在市场引起波澜，关于深康佳中小股东内斗的老话题再度引起关注和热议。

笔者注意到，就在同一天，华侨城集团及旗下的另一上市公司华侨城A也出现人事调整。华侨城A召开董事会会议，审议通过了《关于聘任公司总裁的议案》。公司董事、总裁侯松容因个人原因向董事会提交了辞职报告，申请辞去在公司担任的一切职务。同时，公司聘请王晓雯担任公司总裁。此外，会议还审议通过了《关于增补公司董事的议案》，同意增补段先念、王晓雯为公司第六届董事会董事候选人，并提交股东大会选举。

笔者判断，深康佳与华侨城A几乎同时发生的人事变动应该不是巧合，梳理深康佳前些时候的股东内斗到今天的人事变动，无不与华侨城集团有着千丝万缕的联系。

深康佳的人事变动与大股东华侨城集团有着千丝万缕的联系

华侨城发展至今，原总经理任克雷可谓居功至伟，说任克雷是“华侨城之父”，应该没有任何异议。任克雷主导华侨城集团进行的现代企业制度改革，使华侨城集团公司由一个传统的国有企业发展成为一个现代投资控股型集团公司，确定了持续至今的三大主业：旅游、地产和电子。

2013年，任克雷因为年龄原因从华侨城集团总经理位置退下来以后，段先念从西安市副市长调任接替任克雷成为华侨城集团总经理。有业内人士表示，有着红色背景的任克雷成就了华侨城，但也让华侨城的发展始终覆盖在任克雷个人风格的面纱之下。在强势的任克雷淡出后，段先念与新华侨城不会马上就进入“蜜月期”，而会是一个不短的“震荡期”。事实上，从2014年开始，华侨城及其子公司华侨城

A、康佳集团的人事变动趋向频繁，董事长、总裁、董事多个职位大调整。

今年5月28日举行的深康佳2014年度股东大会，诞生了中国证券史上，第一家中小股东实现“逆袭”、入主董事会的案例。在当日的董事会换届选举中，中小股东提名的董事一举拿下4席，宋振华、靳庆军、张民、肖祖核均成功当选。而大股东华侨城集团所拥有的董事局席位，则从原来的7席，退为3席。这个选举结果，让证券市场一片哗然，也让曾经“一家独大”的华侨城始料不及。有熟悉华侨城的人士对记者表示，中小股东能够出人意料地拿下康佳董事会，正是趁着华侨城大局未定，段先念立足未稳的时机，甚至不排除有华侨城内部人员参与其中。

据该位知情人士透露，段先念对华侨城丢掉康佳控制权非常震怒。事实上段先念从上任伊始就数次到康佳调研，在他的调研报告中，对康佳的发展的定位是非常高的，数次提出康佳必须重返消费类电子第一集团军。可以看出，康佳在段先念对华侨城的布局中占据重要地位。

在国务院发布《关于深化国有企业改革的指导意见》前夜的9月10日，华侨城集团乃至旗下的上市公司华侨城A和深康佳A的变革之举也随之浮出水面，两家上市公司的人事变动，拉开了华侨城集团大刀阔斧改革的序幕。

有资深媒体人士分析，华侨城集团与深康佳几乎同时的人事变动，标志着华侨城集团的“后任克雷时代”结束，迎来了“段先念时代”，而深康佳也结束了张民、宋振华一派中小股东控局的“小时代”，进入了大股东与中小股东共治的时代。

从上述分析来看，深康佳此次和华侨城集团同时的人事变动绝非巧合，而是华侨城集团从进入“段先念时代”伊始，为谋求这两家上市公司未来发展的一次联动行为。

刘丹“百日维新”之败有伏笔，任职总裁早遭到质疑

另外，刘丹的被免职成为关注深康佳的投资者的热门话题。实际上，刘丹今天的结局，早在三个月前就已经埋下伏笔，他注定是一个“过渡性”的人物。

今年5月28日，康佳董事会换届选举，中小股东的代表一举拿下4个董事会席位，而大股东华侨城只有3席，失去了对康佳的控制。据知情人士透露，这样的结果似乎也超出了中小股东自己的意料，对此他们明显有些准备不足，而这主要体现在他们的用人选择上。首先，他们事先并没有准备好合适的高管人选；其次，在人选上两派中小股东存在争议；最后，留给他们的时间并不多。

由于准备严重不足，接下来一系列的人事动荡就并不意外了。

在6月4日康佳集团董事局主席选举中，没有彩电行业背景的张民被中小股东推举为董事长，然而仅过两周，这位被称为“康佳发展史上任职最短的董事局主席”便宣布辞职。

6月18日晚间，康佳集团发布公告称：“独立董事张民先生在特殊时期担任本公司董事局主席的职务，目前已完成特殊时期的主要任务，已选定经营班子的主要成员，已稳定本公司的整体形势，但是考虑到其独立董事的身份，张民董事辞去董事局主席的职务。”

接替张民担任康佳集团董事局主席的，是现任康佳集团总裁刘凤喜。与此同时，刘凤喜辞去总裁的职务，由康佳集团的老将刘丹担任。据了解，中小股东选择刘丹也属无奈和仓促之举，因为刘丹在康佳的口碑并不好，他在担任多媒体平板事业部负责人时，康佳的液晶平板市场占有率从40%降到了10%，当时他是黯然离开康佳的；刘丹离开康佳后成了职业跳槽经理人，去了冠捷、惠普、京东方、惠科等多个公司任职，最长的3年，最短的几个月。据一位接近中小股东的人士透露，刘丹有冲劲、有激情，但不具备当总裁的能力，不过刘丹是当时唯一一个了解康佳又马上愿意来的人选。

在刘丹上任后，新官上任三把火，发起了“百日维新”，但公司内外的多重质疑也随之而来。

据知情人士透露，自刘丹上任之后，人事方面剧烈动荡。在任职不到3个月的时间里，刘丹发动了人事大清洗，发布了上百个人事调整，公司上下风声鹤唳，公司经历了空前的离职潮，大量人才流失，离职率为之前的几倍。不仅如此，刘丹用人风格也摇摆不定，说上就上，说下就下，让人摸不着头脑。他亲自任命的多媒体事业部总经理周剑宏，上任不到2个礼拜就被调离了，而事业部副总经理程智，上任1个多月也被免职了。

除此之外，经营上的短视、务虚也遭到外界诟病。为了配合中小股东炒股价的目的，新管理层挖空心思造概念，讲故事，不顾企业的实际情况，在组织架构上搭了很多“高、大、上”的空架子。8月18日，康佳在深圳举办康佳智能家居战略发布会暨2015年十一新品发布会，但让人意外的是，此次发布会的重点，并没有放在“金九银十”销售旺季的主打产品上，而是空谈发展战略，这对于以产品销量为生存命脉的家电企业来说，无疑是致命伤。

人事的动荡以及经营管理的混乱，使康佳陷入了巨亏的泥潭。8月28日，深康佳发布2015年半年度报告，报告显示，公司上半年实现营业收入89.45亿元，同比增长6.61%。但归属于上市公司股东的净利润却亏损2.97亿元，同比下滑768.90%。随着经营状况的持续恶化，据康佳内部人士透露，康佳7月、8月的亏损面在6个亿以上。如果不进行大调整，今年康佳的巨亏将成为定局，康佳的前途可谓岌岌可危。

在这样的形势下，刘丹的“黯然下课”似乎就不足为奇了。对于大股东来说，如果任由小股东推荐的总裁刘丹继续任职，那康佳下半年甚至明年的业绩只会更加堪忧。与此同时，原来“铁板一块”的中小股东内部也出现分化，这从董事会的投票结果中能窥探一二。据公告显示，康佳董事会以5票同意、0票弃权、2票反对审议通过了《关于暂停刘丹担任的康佳集团总裁职务的议案》，这与之前3：4的格局比，发生了很大变化。据传，与刘丹同一阵营的那派中小股东，也早已流露出对刘丹没有稳住康佳局势的不满，他们甚至已经在指派他们阵营的另外一名董事寻找新人接替刘丹的位置。遭受内外夹击的刘丹，在9月10日这天被正式宣告暂停总裁职务。

股东内斗结束，深康佳谋求变革未来可期

众所周知，近两年深康佳无疑是中国家电业高管“最动荡”的公司，尤其是今年上半年中小股东的持续内斗，使这个企业雪上加霜。不过随着大股东华侨城内部的稳定，康佳的持续动荡将会告一段落。

随着大股东重新掌控康佳，一位行业人士表示，大股东华侨城拥有其他中小股东不可比拟的诸多优势，康佳的发展离不开大股东的支持。在国企改革号角下，华侨城也在推进深层次的变革，是国企混改的先锋之一。随着华侨城和康佳的动荡告一段落，华侨城除了在资源上支持，也会拿出足够的气力来解决好康佳目前在机制等方面所面临的诸多问题。

（2015年9月16日）

深康佳系列报道之五

深康佳股东“窝里斗”内幕揭秘

日前，随着大股东华侨城集团重掌深康佳董事会，沸沸扬扬近半年的深康佳股东内斗最终尘埃落定。这无疑表明，深康佳已经形成大股东与中小股东协力共治公司的崭新格局。

早在今年5月28日举行的深康佳2014年度股东大会上，诞生了中国证券史上第一个中小股东实现“逆袭”、入主董事会的案例。随后，深康佳中小股东内斗持续上演，经营管理陷入一片混乱。在深康佳基本面持续恶化、业绩巨亏的情况下，其股价却诡异上升，深康佳由此引发市场和媒体的密集关注；9月11日，深康佳宣布在停止筹划股权激励计划复牌后，其股价连续跌停，又再一次引起证券市场价的关注和热议。

如果说，近两年是深康佳高管动荡最为频繁的两年，那么2015年则注定是深康佳的又一个多事之秋。

很多投资者十分关心康佳的未来，也希望了解事件背后的真相，记者经过多方采访，关于深康佳股东内斗和股价异动的台前幕后的故事线索终于渐趋明朗清晰。

痛失康佳控制权，大股东华侨城为何大意失荆州

在5月28日的董事会换届选举中，中小股东提名的董事一举拿下4席，宋振华、靳庆军、张民、肖祖核均成功当选。而大股东华侨城集团所拥有的董事局席位，则从原来的7席，退为3席。这个选举结果，让证券市场一片哗然，也让曾经“一家独大”的华侨城始料不及，颜面尽失。

中小股东能够出人意料地拿下康佳董事会，也有其深层次的体制背景原因。康佳身处一个完全竞争的行业，在这样的行业环境下必须有灵活的、市场化的体制，纯粹按国有体制经营是不切实际的，推进混合所有制改革是大势所趋。在纯国有体制下，康佳难以在激励机制、决策机制、员工思想上进行激活，难以适应现在激烈

的市场竞争要求，这也导致了康佳近几年在经营上无法跟上其他竞争对手的步伐，在业绩上表现不理想。因此，广大的投资者、康佳的员工对推进混改的预期是非常强烈的。

作为大国企旗下的深康佳的这个弱点，是中小股东能在董事会换届选举中赢得多数席位的重要原因。正是因为对康佳在现有的国企体制下发展现状的不满，广大投资者和康佳员工都希望康佳引入新的资本力量，改变深康佳的机制，使深康佳在经营管理上更加市场化和去行政化，从而激发企业的活力。无疑，一度操控深康佳董事会的资本投机者正是利用了这一点。

另外，深康佳的这种结局，与大股东华侨城集团有着千丝万缕的联系。2013年，任克雷因为年龄原因从华侨城集团总经理位置退下来以后，段先念从西安副市长调任接替任克雷成为华侨城集团总经理。有业内人士表示，有着红色背景的任克雷成就了华侨城，其强势的个人风格也一直影响着华侨城。在强势的任克雷淡出后，段先念与新华侨城在短期内不可能有大的作为。事实上，从2014年开始，华侨城及其子公司华侨城A、康佳集团的人事变动趋向频繁，董事长、总裁、董事多个职位大调整。华侨城虽然在深康佳股东大会之前临时增持康佳，但是却采用了平均投票制，最终大意失荆州，痛失康佳控制权。

由于任克雷时代过于保守稳健，华侨城虽然创立了“旅游+地产”的独特模式，但是华侨城的规模一直没有大的突破，企业规模目前在央企排位靠后，面临着发展的瓶颈。因此华侨城对保持并扩大自身规模的愿望非常迫切，尤其是段先念到华侨城之后，更是希望迅速壮大华侨城规模。段先念也对康佳寄予了非常高的期望，希望康佳能重回家电一线阵营。这足以说明，华侨城不可能放弃对康佳的控制权。有熟悉华侨城的人士对记者表示，华侨城因为内部不团结，有人参与了康佳的股权斗争。

显然，大意失荆州，中小股东能出人意料地拿下康佳董事会，也正好利用了华侨城大局未定、段先念立足未稳的时机。

“黑衣骑士”现身，深康佳股价异动云谲波诡

有熟悉内幕的人称，康佳中小股东成功逆袭大股东华侨城并非偶然，而是经过了严密预谋的。随着后来康佳股东内斗事件的逐渐升级，深康佳股价异动的幕后神秘推手逐渐浮出水面，并从幕后走向前台。据康佳内部员工提供的消息称，一位“神秘人物”一度完全操控深康佳。

作为资本投机者，这位“神秘人物”根本算不上是资本大鳄，为何能进入深康

佳成为幕后操控者？据深康佳员工写给有关部门的一封信中反映，种种迹象表明，“神秘人物”是通过勾结康佳“内鬼”，非法获取商业机密，进而操纵深康佳股票而成为康佳股东的。信中还揭露出，深康佳某位中层管理人员泄露商业机密，成为与“神秘人物”沆瀣一气、非法牟利的“内鬼”。此人是康佳一位中层管理人员，曾是康佳与阿里巴巴合作项目的主要洽谈人。2014年12月，康佳与阿里巴巴刚开始洽谈合作时，“神秘人物”等资本投机客就开始加仓深康佳；在2015年3月，康佳与阿里提出具体合作方案（包含阿里巴巴定向增发方案）时，华润深国投信托—非凡17和18号信托又大举加仓深康佳，共计占深康佳股份4.8%。由于“神秘人物”系华润深国投信托—非凡17和18号资金的控制人，由此不难看出，“神秘人物”是一位居心叵测的“黑衣骑士”。随后“神秘人物”就成为幕后人，基本操纵控制了深康佳，深康佳新一届董事会第一次当选的董事局主席张民就是“神秘人物”的“资深密友”兼多年的属下，足见其活动能量。

随后，“神秘人物”等资本投机者利用与阿里巴巴合作的“互联网+”的概念开始炒作拉升，深康佳股票一路高歌，从3月份不到10元一直涨到停牌前6月11日的30.20元。尤其是深康佳在基本面持续恶化、股东内斗持续上演且升级的状态下，深康佳发布公告因筹划股权激励停牌的前三天，股价连续三天异动，6月9日至11日三天累计涨幅达25.83%，在很多市场专业人士大呼看不懂时，一位长期跟踪研究深康佳的股评人士分析，不难看出，随着深康佳背后推手的兴风作浪，一部分不明真相的股民一步步被资本投机者引入歧途并且深陷其中，害苦了不明真相跟风而上的小散户。康佳A股票于9月11日上午开市起复牌至今，已连续多个跌停板，股价从30元跌至12元左右，让深康佳的投资者尤其小散户欲哭无泪。

时至今日，昔日的“黑衣骑士”无疑也在搬起石头砸自己的脚。

资本投机客恣意妄为，深康佳经营管理陷入混乱

中小股东虽然合力推翻了大股东，但其无疑只是一个松散的、利益临时结合的“草台班子”，因而这个资本结合体资本实力弱，不具备长期的投资意愿，更没有产业背景和经营团队。而在其中占主导地位的是以“神秘人物”为代表的资本“炒家”，他们的真正目的是营造概念，炒作康佳股票。由于目的不同，中小股东在取得康佳经营权后也出现了一系列非常严重的问题。

首先是野心欲望不断膨胀，他们没有把主要心思放在业务上，而是进行了频繁的组织架构和人事调整，意图将公司完全换成自己人，从而再不受任何约束。

在张民担任董事局主席前后，“神秘人物”就已经直接从幕后走上前台，任意干涉康佳的日常经营管理，频频约谈康佳高管，并不时以辞职和解雇相威逼，搞得管理层人心惶惶。尽管后来改选董事长，张民不再担任康佳董事长，但“神秘人物”的行为并未有所收敛。事实上，由于“神秘人物”的恣意操控，深康佳的经营管理一度乱成“一锅粥”。

中小股东推选的总裁刘丹虽然是曾经在康佳任过职 “老人”，但也是康佳人众所周知的“败军之将”，他在担任多媒体平板事业部负责人时，使康佳的液晶平板市场占有率从40%降到了10%，是康佳在平板时代的一大“罪人”，当时他是黯然离开康佳的。刘丹离开康佳后成了职业跳槽经理人，去了冠捷、惠普、京东方、惠科等多个公司任职，最长的3年，最短的几个月，基本上没有业绩与建树。在他新任康佳总裁不到3个月的时间里，发动了人事大清洗，发布了上百个人事调整，公司上下风声鹤唳，公司经历了空前的离职潮，大量人才流失，离职率为之前的几倍。不仅如此，刘丹管理思维混乱，决策摇摆不定，让人摸不着头脑。他亲自任命的多媒体事业部总经理周剑宏，上任不到两周就被调离了，而事业部 位副总经理，上任仅一个多月也被免职。这些调整严重冲击了康佳的组织体系，造成了康佳在内部治理上的严重混乱。

为了配合中小股东炒股价的目的，新管理层挖空心思造概念，讲故事，不顾企业的实际情况，在组织架构上搭了很多“高、大、上”的空架子，但是几乎没有一项能落到实处，这也无疑造成了公司资源的极大浪费，也破坏了康佳的企业形象。公司经营情况也极度恶化，今年1~8月公司累计亏损8.9个亿。

华侨城挥就三板斧重掌深康佳

据深康佳内部人士透露，大股东华侨城痛失深康佳控制权，不排除华侨城集团内部有人策应。段先念对华侨城丢掉康佳控制权非常震怒。事实上段先念从上任伊始就数次到康佳调研，在他的调研报告中，对康佳的发展的定位是非常高的，数次提出康佳必须重返消费类电子第一集团军。由此看来，大股东华侨城一直以来就没有打算放弃深康佳。

既然如此，大华侨城断然不会善罢甘休，事实上较量反击早在暗中展开。

反击的第一板斧——华侨城的增持战。当华侨城发现有资本投机者恶意增持的苗头希望挽回局面时，显然为时已晚。某财经媒体报道，华侨城集团曾与中小股东代表多次协商，曾希望以适当的价格回购部分股票，让中小股东放弃争权，但被拒绝了。面对不肯罢休的中小股东，华侨城集团断然采取了增强控股权的行动，开始大举增持公司股份。今年5月5日至7日，以及8日至12日，康佳的股价曾两次连续三个交易日收盘价涨幅累计超过20%。业内人士分析这主要是由华侨城对康佳的增持行动引起的。据5月19日公告称，华侨城集团通过子公司嘉隆投资在二级市场斥资7.5亿元增持深康佳B股3912.16万股，占比3.25%。至此，华侨城集团持股比例达到25%。但华侨城此役的反攻仍不足以抵抗中小股东。

反击的第二板斧——夺回董事局主席位置。公司6月4日召开的第八届董事局第一次会议，选举张民为公司董事局主席。张民董事局主席的任职资格则受到很大质疑，一位熟悉家电市场经营的人士表示了对康佳未来的担忧。张民过去与彩电行业毫无交集，对家电市场如此陌生，在国内同行业几乎未曾有过。另外张民以深康佳的独立董事身份当选董事局主席受到资本市场更大的质疑，独立董事“不独立”，这不仅在中国证券市场闻所未闻，在法理上也站不住脚，不符合《上市公司治理准则》规定。张民以独董的身份担任董事长，就失去了独立董事的独立性。因为按照康佳的章程，董事长不仅仅是董事会的召集人，还是公司的法定代表代，而且张民已经实际参与到公司的管理和决策。显然，按照法规和惯例，张民任董事局主席既不合理，也不合法规。

由此，公司新一届的董事会经过第二次选举，刘凤喜当选为董事局主席。这意味着大股东华侨城从中小股东手中夺回了董事长的位置。有关人士分析，这是大股东华侨城与中小股东相互博弈而妥协后产生的结果。

反击的第三板斧——重掌深康佳董事会。尽管新任董事局主席刘凤喜是大股东的代表，但中小股东掌控深康佳董事会的局面并未得到根本改善，在中小股东推选的总裁刘丹的治理下，康佳进一步陷入危局。

对于大股东来说，如果任由刘丹继续任职总裁，那康佳下半年甚至明年的业绩只会更加堪忧。与此同时，原来“铁板一块”的中小股东内部也出现分化。据传，与刘丹同一阵营的那派中小股东，也早已流露出对刘丹没有稳住康佳局势的不满，他们甚至已经在寻找新人接替刘丹的位置。9月10日深康佳发布的公告显示，康佳董事会以5票同意、0票弃权、2票反对审议通过了《关于暂停刘丹担任的康佳集团总裁职务的议案》，这与之前3∶4的格局比，发生了很大变化。刘丹在“百日维新”后黯然下课。总裁一职由董事长刘凤喜兼任。

这一变化无疑表明，大股东华侨城三板斧奏效，对以资本投机客为代表的中小股东反击战已经取得全面胜利，重新执掌了深康佳董事会，康佳进入了大股东与中小股东共治的时代。

投资者拭目以待深康佳未来

随着大股东重新掌控康佳，许多人担心康佳会走回头路，已经发起的市场化改革会戛然而止。

事实上，大股东华侨城和康佳新的董事局也对康佳此次股权纷争的教训进行反思，国有股东完全控制董事会会给人以口实，成为攻击对象。因为以完全的国有体制管控的上市公司，在公司治理上难以规范运行。

深康佳一位高管也认为，这次由中小股东意外控制董事会，中小股东中的某些资本投机者完全控制公司经营，只是为了个人的欲望，漠视法律法规、操纵上市公司的行为，显然也不是混改希望达到的目的。康佳谋求未来变革的脚步不会停止，并会坚定不移推进国企混改。

目前从绝对人数来讲，现在的康佳董事会仍然是中小股东代表占主导地位，而投资者希望未来的康佳能够形成大股东和中小股东合作共赢的局面，华侨城集团和中小股东能够达成共识，并在目前康佳董事会结构下，共同支持康佳做强做大。而公司治理多元化有利于公司建立一个良好的激励机制和市场化的经营管理体制。

一位行业人士表示，大股东华侨城拥有其他中小股东不可比拟的诸多优势，康佳的发展离不开大股东的支持。在国企改革号角下，华侨城也在推进深层次的变革，是国企混改的先锋之一。随着华侨城和康佳的动荡告一段落，华侨城除了在资源上支持，也会拿出足够的气力来解决好康佳目前在机制等方面所面临的诸多问题。

9月16日晚间，深康佳发布公告称，与浙江天猫技术有限公司就互联网电视业务发展达成共识，双方签署了电视商务合作协议，携手打造互联网电视产业链，构建互联网电视生态圈。仅此一项深康佳3年有望获10亿元分成。有媒体评论称，康佳结盟阿里巴巴，康佳阿里电视生态圈获得互联网电视牌照，打通了阿里巴巴家庭娱乐平台，完成硬件到内容、渠道、平台的搭建，实现牌照、平台、硬件一体化，以“客厅经济”坐实智能转型。

诸多消息表明，深康佳已经拉开了大刀阔斧改革的序幕，其“互联网+”也从概念营造真正升级到战略转型，相信投资者也不难看出大股东华侨城为挽救深康佳危局的决心，深康佳大股东和中小股东合作共赢治理公司的局面，也让人们看到了深康佳重现生机的希望之光。

（以上关于深康佳股权之争的系列报道发表于2015年6月4日至9月16日）

皇庭广场差异化竞争凸现优势

位于深圳CBD中轴核心位置，竞争优势无可替代

皇庭广场位于深圳福田中心区，属于上市公司深国商的核心资产。众所周知，深圳市中心区凭借地理优势和规模效应，现已成为珠江三角洲城市群最重要的功能区，同时也成为华南乃至全国对海外联系的核心区域之一。作为国际化的象征，中心区商业以高档商业为主，现已初步形成具有国际水平、代表了深圳城市商业形象的标志性商圈。

近年来，随着“商业综合体”在深圳的崛起，福田、南山、宝安、龙岗等区相继出现一批商业综合体。2013年，海雅缤纷城、欢乐海岸购物中心、万科广场等相继约有十个大型购物中心投入使用，从几万平方米的MINI型综合体到几十万平方米的巨无霸，可谓百花竞放，各具特色。而于2013年年底开业的皇庭广场大型购物中心可谓独树一帜，引人关注。皇庭广场位于深圳福田CBD中轴核心位置，周围汇集深圳超过70%的顶级写字楼及诸多奢华五星级酒店，处于超区域时尚生活中心。皇庭广场对面的深圳会展中心，每年超过百场的国内外大型会展在此举办，给CBD带来强劲人流及高端商圈消费力。皇庭广场由于市场定位准确、地理位置优越、极高的商业价值以及高端商圈无可替代的软硬件配备，吸引了众多商家，招商工作有声有色，一批国际大品牌和主力商家纷纷抢滩皇庭广场。

国际领导品牌主力店入驻，填补中心区奢侈品体验空白

作为具有国际化水准的高端商圈，引进国际大品牌及如何经营奢侈品成为消费者关注的重点。皇庭广场在首层引进意大利奢侈品百货蔻莎（COSCIA），面积达6 400余平方米，填补了深圳中心区商圈高端奢侈品市场的空白，促进了皇庭广场与中心区会展、酒店、商业板块的联动效应。意大利奢侈品百货蔻莎的引进，也

从竞争战略上体现出皇庭广场的差异性。蔻莎主要经营阿玛尼（ARMANI）、迪奥（DIOR）、古驰（GUCCI）等十多个世界知名品牌，引领高端奢侈品一站式消费体验；蔻莎皇庭广场旗舰店拥有约700平方米的VIP客户服务室，设置了VIP独享试衣间、茶点区、亲子区和红酒雪茄吧；皇庭广场为蔻莎百货专门设置了15个VIP停车位用来提供私人停车服务，颠覆了原有传统高端消费模式，引领消费者掌握最新时尚元素的搭配风格及时尚潮流，给消费者带来真正意义上的高端购物体验。

影院别具特色，餐饮新潮时尚，人气火爆

电影院和餐饮历来是购物中心汇集人气的最佳业态。皇庭广场位于B1层的博纳影院依托实力雄厚的博纳影业集团，自开业至今几乎每个月都有首映礼及明星见面会，不乏陈慧琳、谢霆锋、梁家辉、郑伊健、王晶等大腕莅临，其影响力不仅傲居福田中心区，在全深圳也属独执牛耳。

记者现场走访皇庭广场的“港丽餐厅”“南小馆”“和民”“元气寿司”“炉鱼”等人气餐饮后，不得不用“火爆”二字来形容已经开业的餐饮商家。皇庭广场餐饮所代表的时尚、个性、品味，深获市场认可，故一到就餐时间，各大餐厅无不排起长队。加之星巴克旗舰店、LAVAZZA乐道咖啡、MIDI-ANGEL咖啡等各具特色的咖啡休闲类品牌餐厅的开业，丰富了餐饮类的业态，可充分满足消费者的各种需求。不难想象，皇庭广场作为未来时尚消费聚集之地的引领作用将会愈加突出。

中庭经济彰显文化效益，营造独特消费氛围

皇庭广场，顾名思义，其中庭应该富有皇家气派，皇庭广场在这方面可谓名副其实，做足了文章。对于大型购物中心来说，一个布局合理的中庭对活跃空间气氛、丰富空间层次、调节空气流通、提升空间质量及档次，具有非常积极的意义。随着电商迅速发展，购物中心更需凸显“购物体验”功能。中庭为购物中心提供了固定及足够大的场所举行活动、布置景观、展示文化，是凸显“体验”的绝佳载体。

皇庭广场面积广阔的中庭引入了自然光线，成为各类品牌推广、新品发布之首选。皇庭广场中庭前期承办了文博会专项活动“霓裳史诗”、国学文化主题展、R-16Korea2014韩国首尔街舞大赛中国区决赛等。

皇庭广场市场部的工作人员告诉记者，打好中庭这张牌，人气和经济效益双

收，势必成为皇庭广场在竞争激烈的中心区脱颖而出的利器。今后皇庭广场将利用中庭巧打文化牌，不管是时尚发布、品牌推广，还是产品促销、体验参与，都将巧妙注入传统与时尚的文化元素，以增强皇庭广场的吸引力和感染力，进一步体现出差异化竞争，营造出高端消费市场的独特氛围和超凡魅力。

（新浪网等2014年7月9日）

皇庭国际（深国商）系列报道之二

低调奢华　特色鲜明

——皇庭广场招商彰显集聚效益

位于深圳福田CBD中轴核心位置的皇庭广场因地理位置优越、市场定位准确，吸引了众多商家。由于其招商工作有声有色，彰显集聚效应，一批国际大品牌和主力商家纷纷抢滩进驻。目前皇庭广场已经汇聚了国际一线奢侈品牌、国际流行品牌旗舰店、次主力店、高端餐饮、时尚潮流品牌、精品超市等。

股东背景实力深厚，打造CBD亮丽的名片

皇庭广场以独一无二的礼盒设计理念，采用外墙中空夹膜玻璃技术，宛如巨大华丽的水晶盒，镶嵌深圳CBD中轴核心。皇庭广场由五层空间构成，其内外人流动线设计完美，是盖在1号、4号地铁线上的物业，整体建筑面积约13.6万平方米。项目共有五层，采用下沉式设计，拥有近800多个停车位。

皇庭广场由深圳市皇庭地产集团有限公司和深圳市国际企业股份有限公司（深国商）投入巨资倾力打造。皇庭集团为深圳知名地产企业。公司是主营业务涉及地产开发、商业经营管理、五星级酒店管理、投资管理等业务的大型企业集团，代表作品有皇庭港湾、皇庭玺园、皇庭翡翠湾、皇岗商务中心、皇庭威尼斯人广场、皇庭御龙湾等，是众所周知实力企业。深圳市国际企业股份有限公司（深国商），于1983年创建深圳市国际商场，是零售商业类唯一一家同时发行A、B两股的上市公司；曾获得“国门第一商”“深圳橱窗”的称号，对深圳乃至全国的零售商业产生了重要影响。

公司董事长郑康豪先生提出，深国商一直以长远的眼光及超高标准的要求来建设皇庭广场，下定决心将皇庭广场建成最具体验感和先锋性的购物中心，为深圳CBD打造一张亮丽的名片。

空间开拓，低调奢华，构筑特色鲜明的商业典范

皇庭广场由著名的美国RTKL进行最初的建筑规划设计，英国顶级商业建筑设计公司Benoy，携香港圆方Benoy原班设计团队对项目进行了商业规划设计。外部空间是下沉广场和屋顶花园的设计，给顾客提供了足够的户外休闲场所，使室外空间与商场室内空间有机地结合在一起，相辅相成。下沉广场设计了丰富的绿化植被、水景、喷雾降温系统等。在交通方面，增加自动扶梯直通街面与下沉广场，使市民更加方便到达。

皇庭广场汇聚了国际一线奢侈品牌、国际流行品牌旗舰店、次主力店、高端餐饮、时尚潮流品牌、精品超市等，是一家集餐饮、购物、娱乐、休闲、旅游为一体的高端购物中心。

内部的业态规划特色鲜明。L2层属于国际顶级品牌汇集之地，国际一线大牌旗舰店，有顶级时装、化妆品、饰品以及时尚精品店；L1层为时尚前沿品牌，有国际快速时尚时装品牌、高品质概念店、中高端特色/商务餐厅等；G层属于潮流地带，以国际现代服装、知名国内服装品牌、主题餐厅以及精品店为主；B1层为生活娱乐服务空间，有国际星级影城、特色餐饮、儿童服饰用品、美发沙龙、书店以及精品超级市场。目前，皇庭广场在首层引进意大利奢侈品百货蔻莎，面积达6 400余平方米，填补了深圳中心区商圈高端奢侈品市场的空白；并依托实力雄厚的博纳影业集团的博纳影院人气爆棚；还有已经进驻的“港丽餐厅”“南小馆”“和民”“元气寿司”等品牌餐厅也是生意十分兴旺。

联动推广，提升文化内涵，招商集聚效应显现

CBD大型购物中心，仅仅有奢华的外表是不完全够的，必须有低调奢华的内涵与文化才能聚集人气。皇庭广场在这方面下足功夫，功效卓著。开业以来，皇庭广场已举行大大小小的各种活动和文化艺术沙龙不下数十场。博纳国际影城开业暨梁家辉、陈慧琳、郑伊健《盗马记》明星见面会、春·赏2014时尚新品发布会、“地球日”献爱地球少儿创意绘画、猫电影文化节、“燃料行动”大型公益活动等大型活动的举行，导致商场客流明显增加，商场与商户联动推广，销售业绩较前期有大幅提升。

除此以外，皇庭广场还抓住社会整体消费文化升级的机遇，在所有活动和沙龙中适时注入传统文化与时尚文化的元素，营造、培育和提升消费的文化氛围，以

增强皇庭广场的吸引力和感染力，吸引更多的消费者。如今年5月底举办的“国学文化系列活动”，通过书画、剪纸、茶艺、捏泥人、彩陶作品展，展示丰富多彩的中华文化。现场书画表演、茶艺表演、亲子现捏泥人、DIY彩陶、剪纸课堂的互动，增进市民对于国学的体验和认知，弘扬国学文化及民间文化。还如今年文博会期间举办的“2014中国女装30年发展巡礼活动”更是产生了深远影响。这项活动借政府文化产业宣传之力，以国家级的文化产业博览交易为平台，借助获奖服装作品，联合深圳市本土知名服饰品牌，开展2014中国时装30年发展巡礼展，展现中国时装发展变迁，弘扬中国时尚文化，探讨中国时尚文化的变迁。皇庭广场充分发挥举办各种活动的优势，使购物中心的丰富功能得到进一步开发，同时也促进人气集聚效应，商业效益和社会效益日渐显现，由此带来的是招商效应。据悉，皇庭广场即将迎来星巴克中国旗舰店、TAKE海鲜餐厅、贡茶、卡尔丹顿、宾度（J.Banato）、1720、LILY、天嘉丽、联通以及H&M中国最大旗舰店等商家的开业小高潮。

（《中国日报》2014年7月11日）

深国商定向增发　九鼎投资赫然现身

近日，深圳市国际企业股份有限公司（以下简称“深国商”）定向增发方案揭晓，在本次定向增发对象中，国内赫赫有名的九鼎投资作为战略投资者被深国商引进，引起普通投资者更大程度的关注。

众所周知，九鼎投资在业内素以投资凶悍、收益颇丰而著称，曾在中国私募股权投资机构综合排名中位列第一，并荣膺过“中国最佳私募股权投资机构”，具备丰富的行业运作经验。据悉，九鼎的投资、风控、投后管理等业务流程都由不同的合伙人负责，合伙人之间相互协作，已经形成了流水化作业的模式。其中负责投资的合伙人分管不同的行业，而研究团队则是按网络、区域分配管理。九鼎的投后管理部门的作用是协调合伙人资源、行业资源、全国各地业务总监等资源，并把所有的资源整合在一起，给企业提供所需的帮助。对于这家著名的PE投资机构为何选择深国商，投资者倍加关注。

深国商证券部人员对记者表示，九鼎投资的进入能与深国商未来发展战略相融合，将来可在多方面展开深度合作，延伸公司的产业链，提升公司的资源整合能力。深国商通过定向增发引入战略投资者并长期持股，对于充实公司资本金、优化资产负债率、释放盈利具有重要作用；同时利用战略投资者在消费品领域的专业投资能力，为上市公司打造消费品投资的第二产业，力争三年内完成对2~3家品牌消费品企业的控股投资。

（北青网等2014年8月25日）

深国商连续涨停　非公开发行亮点频现

近日深国商（000056.SZ）披露非公开发行股票预案，并在8月19日开市复牌后迎来连续两个涨停，表现抢眼。

公开资料显示，深国商本次非公开发行股票不超过人民币31亿元，其中股权认购部分的预估值不超过11亿元，扣除发行费用后可募集现金不超过20亿元，募集现金将用于偿还约17亿元借款，其余募集现金全部用于补充流动资金。

2013年年末，公司开发的位于深圳市福田中心区核心项目皇庭广场正式开业。皇庭广场为公司的核心资产，也是未来公司现金流和利润的主要来源，目前由公司的控股子公司融发投资负责运营。位于深圳福田CBD中轴核心位置的皇庭广场由于地理位置优越、市场定位准确，吸引了众多商家。由于其招商工作有声有色，彰显集聚效应，一批国际大品牌和主力商家纷纷抢滩进驻。目前皇庭广场已经汇聚了国际一线奢侈品牌、国际流行品牌旗舰店、次主力店、高端餐饮、时尚潮流品牌等。尽管如此，融发投资在皇庭广场建设工程中，投入资金较大，且主要以债权方式进行融资，导致财务费用巨大，营运资金不充足，不利于公司未来的发展和战略规划的实现。因此，公司迫切需要通过股权融资的方式降低财务费用，补充流动资金，从而改善优化公司的财务结构，继而提高公司的财务支付能力和盈利能力。

据证券市场资深人士分析，深国商此次非公开发行股票事项亮点频现，尤为值得投资者关注的是控股股东的现金增持，实际控制人郑康豪先生控制公司的股权比例将由原来的20.87%提高至49.58%。实际控制人通过非公开发行股份的方式向公司提供长期资本，体现了控股股东看好公司未来前景的信心，有利于公司持续稳定发展。

另一引起投资者高度关注的亮点是，国内赫赫有名的九鼎投资在本次深国商定向增发对象中现出身影。以投资凶悍、收益颇丰著称的九鼎投资在业内可谓赫赫有名，曾在中国私募股权投资机构综合排名中位列第一，并荣膺过“中国最佳私募股权投资机构”，具备丰富的相关行业运作经验。作为有潜力的战略投资者，九鼎投资的进入能与深国商未来发展战略相融合，将来可在多方面展开深度合作，延伸公司的产业链，提升公司的资源整合能力。另外，本次深国商非公开发行股票的又一特点是公司未来的融资能力大大增强。截至2014年3月31日，发行人归属于母公司股东权益为21.98亿元，本次非公开发行完成后，归属于母公司股东权益将提高到约53亿元，净资产将大幅增加，资金实力得到增强，抗风险能力和持续融资能力得到提升。

除此以外，深国商通过此次非公开发行股票，不仅将有利于公司优化资本结构，提高抗风险能力；有利于拓宽融资渠道，改变债务结构，降低财务费用，减少经营性亏损；而且公司资本实力和市场影响力将进一步增强，盈利能力将得以提升，有利于公司进一步做大做强，为实现公司发展战略和股东利益最大化的目标拓展更大空间，夯实坚实基础。

（新华网等2014年8月21日）

皇庭国际（深国商）系列报道之五

深国商更名皇庭国际　战略转型的新起点

9月17日晚间，深国商（股票代码：000056）发布公告，公司中文全称由“深圳市国际企业股份有限公司”变更为“深圳市皇庭国际企业股份有限公司”。

记者了解到，深国商创建于1983年，由经营零售商业起步，曾经是深圳零售业高档商场的领跑者。公司以卓越的品质及业绩表现，获得了“国门第一商”“深圳橱窗”的美誉，并于1993年改组为股份公司，成为深圳本地唯一一家零售商业类A＋B股上市公司，20世纪90年代开始，公司进入地产开发经营领域。曾几何时，深国商这个转型中的老牌上市公司曾一度面临较大的困难，陷入经营困境，甚至被戴上ST的帽子，一度陷入股权之争。

2010年8月终于尘埃落定，郑康豪获得公司控制权入主深国商。公司自重组以来开始战略转型，经过几年的努力，其核心项目皇庭广场已于2013年年底开业，目前已形成较完善的商业运营模式，拥有良好的合作伙伴资源，立足于上市公司良好的资本运作平台，形成了核心的商业管理团队。目前，皇庭广场运营经验日趋成熟，2015年半年报显示，皇庭广场已有将近80%的商铺开业运营，招商签约率约为95%。目前皇庭广场客流量明显加大，商场销售额均逐月增长，经营能力得到极大改善，未来将为公司带来稳定的现金流。

公司于2014年8月开始实施非公开发行股票方案，2015年9月定向增发完成后，公司的资产负债率大幅下降，公司也迈入了百亿市值的上市公司行列。股权结构更加稳定，大股东郑康豪及其控股的公司合计占比达48.90%，第二大股东和瑞九鼎占10.42%。该次定增主要募集涉及的现金部分为20亿元，其中的17亿元现金主要用于偿还贷款，降低资产负债率，改善财务结构，大幅减少公司财务费用，提升公司未来的盈利能力。定增完成后，公司整体实力和核心竞争力得到极大提升，更有利于公司进一步做大做强，为实现公司发展战略和股东利益最大化的目标拓展更大空间、打下坚实基础。

另外，在此次皇庭国际（深国商）定向增发对象中，更加引起投资关注的是，深国商引进了国内赫赫有名的九鼎投资作为有潜力的战略投资。九鼎投资在业内素以投资收益颇丰而著称，曾在中国私募股权投资机构综合排名中位列第一，并荣膺过“中国最佳私募股权投资机构”，具备丰富的相关行业运作经验。公司引进九鼎投资作为战略投资者，主要看中其有丰富的项目资源储备以及投资经验，有利于优化上市公司股权结构和治理结构，有利于公司长期发展和提升企业价值。由于双方未来发展战略相融，可在多方面展开深度合作，延伸公司的产业链，提升公司的资源整合能力。

据皇庭国际（深国商）近日公告，公司正在与九鼎投资筹划成立并购基金，并购基金整体规模为10亿元人民币，并购基金投资方向主要围绕公司的产业整合思路，投资领域包括但不限于国内外的消费服务和金融服务等相关产业项目，投资方式为参股投资或者控股投资。公司此次投资是根据未来战略规划的需要，通过设立产业整合的平台，开拓公司投资渠道，合理降低投资整合可能存在的风险，实现公司的长远发展规划；同时借助专业的战略合作伙伴的经验和资源，推动并购基金的良好运行，有助于形成公司新的经济增长点，使公司获得外延式发展。

深国商正式更名皇庭国际后，更能充分体现公司经营范围和主营业务特征，符合公司未来发展战略方向。与九鼎投资的战略整合，无疑将会重塑皇庭国际商业模式，逐步推动公司战略转型。

（2015年9月23日）

皇庭国际战略转型迈出新的步伐

1月16日，深圳市皇庭国际（000056）企业股份有限公司（以下简称“皇庭国际”）发布一系列公告，除了公司下属全资公司深圳市皇庭基金管理有限公司（以下简称“皇庭基金”）拟与北京睿信投资管理有限公司成立一支为本公司进行商业地产行业产业整合的专项并购基金外，还发布了两项对外投资与合作的相关公告。公告内容无疑表明，皇庭国际横向整合、纵向拓展商业运营和商业资产管理的运营管理服务战略迈出新的步伐。

此次拟签署《关于深圳市皇庭国际企业股份有限公司及深圳市皇庭基金管理有限公司与北京睿信投资管理有限公司设立商业地产并购基金之合作框架协议》。本基金总规模人民币10亿元，将主要围绕本公司的产业整合思路进行投资并购。在此基础上，此次设立的天津睿信皇庭并购基金股权投资中心（有限合伙），主要是为落实公司发展不动产运营管理服务战略，围绕公司的产业整合思路，投资拓展国内外的商业地产等相关产业项目，利用公司在商业运营方面的运营能力和经验，对投资标的进行价值提升；同时充分利用合作方商业地产并购方面的资源和经验，协助公司开展产业整合，合理降低公司因并购整合可能存在的风险，加快发展整合的步伐。

另据公告称，皇庭国际下属公司深圳市融发商业管理有限公司拟与北京王府井（600859）购物中心管理有限责任公司出资成立合资的深圳皇庭王府井购物中心管理有限公司。王府井管理公司系上交所主板上市公司北京王府井百货（集团）股份有限公司之参股公司，其核心管理团队具备丰富的商业运营资源和较强的商业管理经验。该公司的设立，主要是为落实皇庭国际发展不动产（商业地产）运营管理服务战略，整合利用合作双方在商业客户、品牌、人才、管理经验等方面的资源，加速推进公司在商业购物中心运营管理行业的发展；同时将皇庭国际位于深圳市福田中心区的皇庭广场购物中心打造成引领深圳乃至全国的标杆性购物中心。

另外，根据皇庭国际新的发展战略，未来公司将以轻资产模式为导向，主要布局高端消费及服务、不动产运营管理服务、金融服务等业务板块。此次同时设立的深圳皇庭盛立商业文化投资有限公司，主要是为落实公司发展消费服务及不动产运营管理服务战略，进一步提升公司商业运营能力，主要布局于商业运营的内容投资，重点投资于儿童主题、娱乐主题、时尚生活方式及相关内容等商业项目；同时为商业运营管理服务的商业管理项目提供场景体验性、互动性及参与性强的商业业态内容支持，并致力于建成商业运营、内容投资相结合的商业投资平台。

有证券市场专业人士分析，皇庭国际发展不动产（商业地产）运营管理服务战略引擎已经启动，此举将会延伸公司的产业链，增加公司营业收入，提升公司的资源整合能力和综合竞争力，标志着公司战略转型进入新的阶段。

（《今日经济报道》2016年1月18日）

皇庭国际获大股东支持　业务发展不断夯实

近期，深圳市皇庭国际企业股份有限公司（以下简称“皇庭国际”）发布关联交易公告，公司第七届董事会审议并通过了《关于与控股股东下属公司签订物业服务合同暨关联交易的议案》。公告称，本次关联交易有利于本公司拓展不动产管理服务业务，预计将增加公司营业收入和利润，提升公司综合竞争力。

本次交易中，皇庭国际下属全资公司深圳国商物业管理有限公司拟分别与公司实际控制人郑康豪先生实际控制的深圳市皇庭商业管理有限公司及深圳市皇庭房地产开发有限公司签订《物业服务合同》，对深圳市皇岗商务中心（除皇庭V酒店外）、岗厦皇庭大厦提供物业服务。此举表明了大股东对上市公司的全力支持，且未来还会不断继续扩张，有利于公司长期发展。

本次管理的物业皇岗商务中心和岗厦皇庭大厦处于深圳中心区核心地段，本次合计管理物业面积约20万平方米，预计每年将给上市公司增加几千万元的营业收入，持续产生稳定利润来源。皇庭国际前几年主营业务主要系租金收入，旗下的皇庭广场购物中心开业两年以来，营业收入和利润稳步攀升。本次公司拓展物业服务管理业务，将在继续夯实商业出租运营业务之外，增加公司新的业务利润增长点。未来公司将围绕不动产管理服务业务，择机继续输出物业服务管理模式，进行轻资产管理的复制和扩张，给公司经营带来稳定。

（和讯财经2016年1月20日）

皇庭国际（深国商）系列报道之八

皇庭国际多维度谋篇　战略布局向纵深拓展

新年伊始，深圳市皇庭国际企业股份有限公司（简称“皇庭国际”）连续发布系列公告，一系列全新的战略举措新鲜出炉，引起资本市场的高度关注。尤其是收购同心基金股份阔步进入金融领域的举措，迈出了战略转型的关键性步伐。皇庭国际致力于全方位打造黄金架构高端服务体系的举措，标志着公司纵深战略发展的多维度谋篇布局正式拉开帷幕。

横向整合、纵向拓展商业运营和商业资产管理服务

1月16日，皇庭国际发布一系列公告，除了公司下属全资公司深圳市皇庭基金管理有限公司（简称“皇庭基金”）拟与北京睿信投资管理有限公司成立一支为本公司进行商业地产行业产业整合的专项并购基金外，还发布了两项对外投资与合作的相关公告。公告内容无疑表明，皇庭国际横向整合、纵向拓展商业运营和商业资产管理的服务战略迈出新的步伐。

此次拟签署《关于深圳市皇庭国际企业股份有限公司及深圳市皇庭基金管理有限公司与北京睿信投资管理有限公司设立商业地产并购基金之合作框架协议》。本基金总规模人民币10亿元，将主要围绕本公司的产业整合思路进行投资并购。在此基础上，此次设立的天津睿信皇庭并购基金股权投资中心（有限合伙），主要是为落实公司发展不动产运营管理服务战略，围绕公司的产业整合思路，投资拓展国内外的商业地产等相关产业项目，利用公司在商业运营方面的运营能力和经验，对投资标的进行价值提升；同时充分利用合作方商业地产并购方面的资源和经验，协助公司开展产业整合，合理降低公司因并购整合可能存在的风险，加快发展整合的步伐。

另据公告称，皇庭国际下属公司深圳市融发商业管理有限公司拟与北京王府井（600859）购物中心管理有限责任公司出资成立合资的深圳皇庭王府井购物中心管

理有限公司。王府井管理公司系上交所主板上市公司北京王府井百货（集团）股份有限公司之参股公司，其核心管理团队具备丰富的商业运营资源和较强的商业管理经验。该公司的设立，主要是为落实皇庭国际发展不动产（商业地产）运营管理服务战略，整合利用合作双方在商业客户、品牌、人才、管理经验等方面的资源，加速推进公司在商业购物中心运营管理行业的发展；同时将皇庭国际位于深圳市福田中心区的皇庭广场购物中心打造成引领深圳乃至全国的标杆性购物中心。

此次同时设立的深圳皇庭盛立商业文化投资有限公司，主要是为落实公司发展消费服务及不动产运营管理服务战略，进一步提升公司商业运营能力，主要布局于商业运营的内容投资，重点投资于儿童主题、娱乐主题、时尚生活方式及相关内容等商业项目；同时为商业运营管理服务的商业管理项目提供场景体验性、互动性及参与性强的商业业态内容支持，并致力于建成商业运营、内容投资相结合的商业投资平台。

另外，皇庭国际下属子公司与集团旗下其他公司签订合同，对深圳市皇岗商务中心（除皇庭V酒店外）、岗厦皇庭大厦提供物业服务，此举有利于本公司拓展不动产管理服务业务，预计每年会为公司增加营业收入数千万元。

强强联手，收购同心基金，阔步迈进金融领域

1月22日，皇庭国际再次发布公告，其下属全资公司深圳市皇庭基金管理有限公司于近日与雅尔德投资顾问（深圳）有限公司等16家公司或个人分别签订了《股份转让协议书》。转让方将其合计持有的深圳市同心投资基金股份公司（以下简称“同心基金”）50 000万股股份（实际缴纳股本出资额人民币23 600万元）转让给皇庭基金，占同心基金总股本的17.006 9%。

同心基金致力于打造服务民营经济的金控平台。同心基金成立于2013年7月，股东涵盖金融业、物流业、生物医药等支柱产业，致力于在股权投资、融资担保、互联网金融等领域提供全方位金融服务。目前核心业务为再贷款及互联网金融业务。具体来看，第一，旗下同心小额再贷款公司（拥有深圳首张再贷款牌照），主要从事对深圳小额贷款公司提供再贷款业务，累计放款金额超20亿元，未来将通过打造“小贷行业全方位服务平台”“融资和债权交易一体化互联网金融服务平台”，逐步成为全国标杆性金融资产管理服务运营商；第二，旗下同心科创金融服务公司是线上P2P金融服务平台“E路同心”运营方，截至2015年年末，资本规模位于全国同类机构前十，自2015年4月正式上线以来累计交易额突破14亿元，注册用

户超过17万人；第三，同心基金还取得融资担保业务经营牌照，发起设立深圳市同心文鼎基金、深圳市同心联科信息科技公司、深圳市同心行供应链管理公司等5家子公司，涵盖金融类、投资类及产业类等领域，已成为深圳最大的民营实体基金之一。在财务方面，截至2015年11月30日，同心基金总资产21.62亿元，净资产16.04亿元；2015年1—11月营收5.44亿元，净利1.52亿元；2014年同心基金营收23.45亿元，净利1.38亿元。按照该基金的发展战略，同心基金未来将通过打造“小贷行业全方服务平台”“融资和债权交易一体化互联网金融服务平台”“民营小微集合类资产管理平台”，逐步成为全国标杆性金融资产管理服务运营商。据悉，皇庭国际本次对外投资投入资金全部来源于公司自筹资金，预计对公司未来的财务状况、经营成果、业务布局会产生积极而又深远的影响。

有市场专业人士分析，此次的合作系强强联手。据悉，同心基金的股东背景是同心俱乐部。该俱乐部现有的100多位成员，是在深投资的二十多位全国政协委员和全国人大代表，均为深港工商界中经济上有实力、政治上有影响、社会上有贡献的精英人士，其中绝大部分是所在行业的领军人物，长期以来为深圳的经济发展和深港合作做出了突出的贡献。

黄金架构的高端服务体系形成，未来发展可期

皇庭国际新年伊始实行的系列举措，无疑是落实公司发展战略向纵深拓展的全新谋篇布局。

去年5月，皇庭国际的前身深国商成功完成一次定向增发，引进了国内赫赫有名的九鼎投资作为战略投资人。九鼎投资在业内素以投资凶悍、收益颇丰而著称，曾在中国私募股权投资机构综合排名中位列第一，并荣膺过“中国最佳私募股权投资机构”，具备丰富的相关行业运作经验。九鼎投资的进入与深国商未来发展战略相融合，将来可在多方面展开深度合作，延伸公司的产业链，提升公司的资源整合能力。

2015年9月，深国商正式更名皇庭国际，挥手阔别旧的“深国商”，正式开始重塑商业模式，致力于推动公司战略转型。根据公司发展战略，未来公司将以轻资产模式为导向，主要布局高端消费及服务、不动产运营管理服务、金融服务等业务板块。

本次投资同心基金，是公司为落实公司发展金融服务业的战略规划的重要布局，整合利用同心基金在基金管理、小额再贷款、P2P、创业投资等方面的资源，

加速推进公司在金融领域的布局。此外，皇庭国际未来将推动支持同心基金利用其自有平台，申请获取更多金融牌照，致力于成为提供综合金融服务的金融控股公司，有助于未来发展金融业务，实现公司长期健康可持续发展。

有证券市场专业人士分析，皇庭国际一系列里程碑式的动作充分表明，公司全新的发展战略引擎已经启动，其“以轻资产运营模式”在“高端商旅服务、不动产管理服务以及金融增值服务”实现较快复制和扩张的战略也拉开序幕。无疑，未来公司的产业链将会不断延伸，营业收入也将会大幅增加，预计其未来四年业绩将实现几何级数增长，公司的资源整合能力和综合竞争力也将大大提升。这一切标志着公司黄金架构的高端服务体系基本形成，战略转型向纵深拓展进入全新阶段。

（新浪财经等2016年1月23日）

奇正藏药上市系列报道之一

奇正藏药，中国传统医药的奇葩

神秘美丽的西藏，一直是令人神往的无垢之境——那片离天空和太阳最近的高原，拥有古朴圣洁的自然风光，更有着博大精深的传统文明。

藏医学作为一门独特的民族医药学，凝聚了高原民族的千年智慧，并融合了印度、波斯和中医学的主要精髓，是中华民族医药学宝库中弥足珍贵的文化遗产。藏医学有两千多年的历史，早在吐蕃时期已形成体系，不仅出现了藏民族自己的医学家，而且有了藏医药学理论著作《四部医典》。《四部医典》由玉妥·云登贡布在八世纪末整理编纂而成，历经后世藏医药学家的修改、增补、注释而愈趋详细完整，成为学习藏医学的必修课本，在国内外影响极大。

正是因为深深着迷于藏文化，感佩藏医藏药文明的神奇魅力，一位毕业于西安交通大学的女物理学家——雷菊芳，扎根西藏，用16年的漫长光阴潜心治学、创新求变，打造了一个闻名遐迩、流芳中华的藏药王国——西藏奇正藏药股份公司（简称“奇正藏药”）。

藏药龙头，行业领先

奇正藏药的前身是西藏林芝奇正藏药厂，成立于1997年12月31日，2007年8月更名为西藏林芝奇正藏药厂，同年10月，整体变更为西藏奇正藏药股份有限公司，注册资本3.65亿元。

公司专业从事民族医药藏药的研发、生产和销售，拥有贴膏剂、软膏剂、橡胶膏剂等多种剂型的外用止痛系列产品及传统藏药丸剂、胶囊剂、颗粒剂等。作为藏药龙头企业，公司拥有7种剂型的GMP生产线、68个药品生产批准文号、5个国家中药保护品种（其中1个为独家保护品种），9种药品被列入《医保目录》，远远走在行业的前列。

藏医药在治疗疼痛领域有独特优势，公司的主导产品奇正消痛贴膏属于国家保密品种，市场地位非常突出。该产品近三年及一期的销售收入占公司同期主营业务收入的比例分别为98.62%、95.94%、87.19%和86.32%，销售毛利占公司同期销售毛利的比例分别为98.99%、97.18%、88.66%和87.10%。奇正消痛贴膏配方独特、技术新颖，该产品在全国数千家医院得到广泛应用，通过数万名不同病例的临床应用研究表明，奇正消痛贴膏对急、慢性扭挫伤，风湿及类风湿，肩周炎，骨质增生等疾病疗效显著。

目前，我国外用止痛贴膏形成十分明显的三梯队竞争格局。第一梯队内部呈现奇正消痛贴膏、天和骨通贴膏和羚锐的通络祛痛膏三足鼎立的局面，2007年三者销售额均超过了2亿元，三者的市场占有率之和达到了45.98%。其中，奇正消痛贴膏销售额达到3.944亿元，市场占有率达到20.51%，在行业中居领导者的地位。

奇正藏药配合创新型营销管理理念，构成三线营销体系，即商务线、医院线、零售线，推动着藏药产品走向更为广阔的市场。奇正消痛贴膏在零售和医院市场都处于领跑地位。奇正消痛贴膏在零售市场的销售额为3.103亿元，市场占有率达到19.94%。产品在医院市场的领先地位相对稳固，市场占有率达到22.97%，远远领先于天和骨通贴膏9.87%的市场份额。公司医院市场占奇正消痛贴膏整体销售额的21.33%，高于天和骨通贴膏14.43%和通络祛痛膏13.54%的水平，也高于行业平均的19.11%水平。这说明公司的发展战略是符合行业的发展趋势的，在医院市场的开拓方面远远领先于主要竞争对手，取得先发优势，领跑地位得到巩固。

传承创新，打造民族药精品

悠久的历史让藏医药充满神秘魅力，而今天的奇正藏药正是通过不断创新，撩开了它神秘的面纱，赋予其新的内涵。

藏医药材都是生长在海拔较高的高原地区，这在无形之间就形成了一种相对资源垄断优势。奇正藏药地处西藏，区位优势明显，采用的原材料为天然药材，地道纯正，有效成分活性高，独特的炮制加工工艺保持了产品的强劲疗效。在这个基础上，公司一直致力于传统工艺的创新，吸收应用先进科学技术的成果和方法，创制符合市场需求的现代民族药品，希望通过标准化、现代化、产业化发展，提升藏医药产业整体核心竞争能力。

有医药行业分析师曾经详细分析过奇正藏药后认为：“民族药，如藏药、苗药等的很多产品是具有很强竞争力的。奇正藏药的主导产品奇正消痛贴膏属于国家保密品种，采用先进的真空冻干技术和透皮吸收技术，可以保证药物安全有效地抵达病患部位，最大限度减少对人体的刺激。专业化的学术推广模式，使奇正藏药实现了对目标市场牢固的控制；另外，实行预算制下的营销控制体系，也确保了企业的营销成本控制，同时公司身处西部的西藏地区，享受免税政策，这都是公司的优势所在。”

创新的根基源于文化的传承。在西藏，医生被尊称为济世太医，藏医伦理要求行医者真诚平和，善待他人，具备慈悲为怀、悬壶济世的心肠。藏医藏药是拥有独立医疗理论的系统医学体系，推广藏药，不仅能为更多的人解除痛苦，也是一个很有发展前途的事业。奇正藏药董事长雷菊芳坦言：“藏医藏药的发展潜力非常巨大，投资者赋予奇正的希望可能远多于一般性质的上市企业，这使我们深感荣幸，但也深知任重道远。我们希望，在人类日益强调回归自然、追求生态平衡的今天，藏医藏药能够重新焕发光彩，连同神奇的文化背景，一起走向国际。”

（2009年8月）

奇正藏药上市系列报道之二

专注疼痛市场　铸就核心优势

——奇正藏药致力于锻造核心竞争力

在我国医药行业竞争日趋激烈，而藏药还尚未形成产业优势之际，奇正藏药作为我国西部的一支藏药产业生力军，异军突起，以其拳头产品“奇正消痛贴膏”雄霸国内市场，成为国内专业从事民族医药藏药的研发、生产和销售的藏药龙头企业。

治疗疼痛领域是藏药的独特优势之一，奇正藏药致力于用现代医药科技去弘扬和发展传统的藏医药，聚焦外用止痛领域，引领藏药的产业升级，铸就核心优势，展现出广阔的发展前景。

产品优势——奠定竞争基础

奇正藏药的主导产品奇正消痛贴膏是专门针对人类疼痛而研制的知名产品，属于国家保密品种，市场地位非常突出。

奇正消痛贴膏技术先进、配方独特，功能上确保安全有效，契合药物透皮吸收给药系统的发展方向，保持了“外用给药系统”与“天然药物”相结合的竞争优势，被权威专家学者誉为“外用膏药史上的一次重大变革”。奇正消痛贴膏对急、慢性扭挫伤，风湿及类风湿，肩周炎，骨质增生等疾病疗效显著。目前，奇正消痛贴膏年销售额接近4亿元，占中国外用止痛贴膏市场份额的20.51%。

奇正生产的同类产品还有青鹏膏剂、铁棒锤止痛膏、伤湿止痛膏等外用止痛产品群，从而不断巩固奇正藏药在外用止痛领域的市场优势。奇正依靠创新科技生产的新型经典藏药洁白丸、流感丸、二十五味珍珠丸、二十五味松石丸等品种已经具备了良好的市场基础，销售不断提升。

研发优势——引领藏药革命

目前，中药的传统药方开发深度和广度都很大，已无秘密可言，而藏药传统药方的开发力度却远远不足，潜力巨大。奇正藏药股份有限公司于20世纪90年代初就进入西藏，拥有丰富的藏医药专家资源，得到大批国家级藏医药专家的支持，在藏药开发领域占有先机。

公司一直聚焦外用止痛领域，形成核心技术优势，通过经皮给药系统平台的搭建和完善，在该领域内逐渐形成了外用止痛药物领域主要剂型——贴剂的深度开发能力，以及软膏、油剂、气（喷）雾剂等系列外用剂型的技术开发能力，为巩固公司外用止痛市场领导地位奠定了技术基础。

公司的研发策略是“传承创新，二次开发”，不仅符合卫生部“注重经典药的二次开发”的新药研发思路，更是契合了藏药开发的客观要求，能够把还未开发的藏药经典处方通过剂型创新带出西藏，走向全国。公司的研究团队在剂型创新方面有很强的实力，奇正消痛贴膏独特的湿敷贴片就是其突出的研究成果，获得“国家二级中药保护品种”和“秘密级国家秘密技术”称号。

丰富的藏医药专家资源、准确的研发定位和出色的剂型创新能力为公司新药的持续开发、丰富的产品储备提供了保证，公司成长性良好。

营销优势——保持市场领先

有别于传统藏药的小规模、低传播度的模式，奇正藏药非常重视市场拓展。公司在全国31个省市均设立了办事机构，拥有一支500 多人的专业化销售管理和推广队伍，实行分线管理，打造了覆盖医院、OTC和第三终端市场的销售队伍。这个规模对于非专业医药商业公司来说实属不易。专业化的销售队伍深入学习了藏药的科学体系和理论基础，把产品销售和藏文化推广结合起来，公司的产品成为藏文化的载体，深邃博大的藏文化成为产品销售的独特支持力。

在营销战略上，公司利用突出的市场地位加强品牌建设，推行文化营销和学术营销。公司的产品进入卫生部医师培训的传统药物课程，同时，公司定期邀请医院专家进入西藏地区了解藏药文化和公司产品，加强同各医院的联系，提高产品在医师心目中的地位，为产品销售开路。公司在OTC市场的成绩同样不菲，公司凭借独有的文化优势——藏药概念开拓市场，在消费者心中打造来自青藏高原的止痛良药品牌，市场占有率傲视同行。

营销优势还源于优质的药材资源及其成本优势。公司药材的采购对象分为农户和药材供应商，公司非常注重加强和药材种植农户的联系，并对其提供药材种采植等方面的技术指导，保证公司的药材供应。公司也因此形成较强的议价能力，在原料药和中药材价格高企的2007年，公司的药材采购价格基本平稳，低于相关药材的平均市场采购价格，保证了公司的高毛利率水平。

奇正藏药此次谋求上市，募集资金投资项目仍是围绕公司主营业务进行，公司在未来2～3年，将继续聚焦疼痛药物市场，专注于外用止痛领域，建立中国疼痛药物市场的优势品牌，确立在藏药产业的主导地位。随着全球人口持续老龄化，加上慢性疼痛疾病影响范围的扩大，全球疼痛治疗药物市场将继续稳步增长，而奇正藏药必将在国内外疼痛医药市场占据重要位置。

（2009年8月）

奇正藏药上市系列报道之三

藏药龙头　现金取胜

——奇正藏药现金流分析

巴菲特说："现金流是一家公司的血液。"

怎样成为优质上市公司？从不同的角度观察和分析，可能会有很多种不同的标准，但是，几乎所有的分析方法，都会看重公司的业绩增长以及现金流情况。从这个意义上说，即将上市的西藏奇正藏药当属个中翘楚。

为了便于理解，我们不妨将复杂的企业运营过程做个简化：假设一家企业购买任何东西都需要支付现金，同时对于它销售的任何产品，也都要求其购买者支付现金。那么这家公司手中的现金余额，就是它售出产品所得现金和它为生产这些产品必须支付给原材料提供者和劳动提供者的现金的差值，也就是它的利润。企业得到的全部现金在其资产负债表上就体现为它的现金流。当然，这一指标还应该计入企业的初始投资。

透过这个简单的例子，我们可以得出结论：一家企业如果能够创造正数的现金流，就说明它的运营是有利可图的。

按照以上分析，奇正藏药是一家非常强势的公司。根据奇正藏药的招股说明书，公司近年来一直存在着大量的现金（货币资金+应收票据）。这主要是因为，公司作为藏药的龙头企业，在治疗疼痛领域一直拥有独特优势，奇正消痛贴膏的市场占有率高达20.51%，在行业中居领导地位。从销售渠道看，公司在零售市场和医院市场方面也都远远领先于主要竞争对手，取得先发优势。因此，公司的应付账款差不多都是欠上游供应商的钱，盈利能力强，现金状况一直非常良好。

截至2008年6月30日，奇正藏药账上的货币资金和应收票据分别达到1.81亿元和1.21亿元，合计3.02亿元，占公司同期总资产的60.52%。同样，2005年、2006年和2007年，奇正账上的现金分别为4.05亿元、3.98亿元和3.39亿元，分别占同期总资产的79.72%、67.34%和78.64%。

公司应收账款周转率也保持较高水平，这主要是因为公司严格管理应收账款，并采取了灵活的收款方式，包括接受银行承兑汇票等方式，加快了资金的回笼速度。

奇正藏药没有银行借款，其负债主要由应付账款、预收款项、应付职工薪酬、应交税费、应付股利和其他应付款构成。其中，2007年，其他应付款达到0.72亿元，2006年应付股利达到0.84亿元，使公司这两年的资产负债率变得稍高。

从IPO招股书上看，奇正藏药的年净利三年以来都高度平稳地增长。公司的综合毛利率基本稳定在80%左右，并略有上升，高于同类可比上市公司云南白药和羚锐股份。从毛利率组成结构看，消痛贴膏毛利率上升了3%左右，这是因为奇正消痛贴膏的销售价格在2007年略有上升。青鹏膏的销售价格保持稳定，毛利率上升归功于有效的成本控制。

据一家证券商分析，以奇正藏药目前的盈利能力和经营能力看，公司如果上市，将为市场中优质上市公司队伍添加新的血液。一家PE公司人士这样形容："奇正的盈利状况和它的现金流状况是相对应的，一般来说，不缺钱的公司都是经营业绩不错的公司，这些公司如果能够上市，对于提高A股市场上市公司的整体质量非常有好处。"

另一方面，对于一个现金流如此充沛的公司想要谋求上市的举动，市场也有疑惑，认为"既然不缺钱，何必上市募集资金呢？"奇正藏药董事长雷菊芳女士针对此说的回应非常坦然，她说："公司上市的目的是多种多样的，奇正希望做优质的上市公司，借助资本市场这一更高的平台提高知名度，进一步扩大市场份额，并把管理水平与国际接轨。"

（2009年8月）

北京神雾集团系列报道之一

中关村建成全球最大的大气雾霾治理技术实验室

近日获悉，一直致力于先进燃烧技术研究的中国节能减排行业的领军企业——北京神雾集团，历时4年、耗资5亿元在中关村昌平园区建成了全球最大的大气雾霾治理技术实验室。

该实验室占地2.5万平方米，展示了多项在全球具有颠覆性的治理大气雾霾、节约化石能源的核心自主创新技术。目前，此实验室已经承接了多项国内外工业领域治理大气雾霾、减少能源消耗的委托科研及商业化应用任务，并获国内外专家的高度评价。

众所周知，没有燃烧就不会有雾霾的产生。神雾集团的这一实验室，实验项目十分广泛，几乎涵盖所有与燃烧有关的技术和项目，共拥有18套应用于冶金、有色、化工、燃煤锅炉、城市垃圾处理等行业节能环保技术研究的大型中试试验平台，能够进行化石能源、矿产资源与可再生资源三大领域的科研创新研究。

最近，我国对大气雾霾治理的力度进一步加强，一系列法规政策相继出台。4月24日，修订后的环保法出台，并将于2015年1月1日施行。修订后的环保法在明确政府责任、加大对违法排污的惩罚力度、加大信息公开等方面有重要突破；同时新修订的环保法还建立了“黑名单”制度，将环境违法信息记入社会诚信档案，并将向社会公布违法者名单，同时还明确对企业违法将“按日计罚”，对违法企业的处罚力度大大加强。而在此前不久，环保部受国务院委托起草的《大气污染防治行动计划实施评估考核办法》已获环保部通过，并已提请国务院审议，有望年内出台。这就意味着治霾考核风暴即将席卷国内各地政界。由此表明，随着国家对大气雾霾治理力度的进一步强化，北京神雾集团已建成的大气雾霾治理技术实验室的作用将会更加突显。

目前，北京中关村这座全球最大的大气雾霾治理技术实验室已开始为我国治理大气雾霾、实现资源环境的和谐发展提供技术支撑。据悉，该技术实验室近年来承担了国家、省部级科研课题20余项，其中承担科技部科技支撑计划项目3项、工信部重大科技成果转化项目2项、北京市科技项目10余项，承担自选研究课题30余项。

（《中国新闻》2014年5月12日）

北京神雾集团系列报道之二

磨砺二十年　今朝试锋芒

——北京神雾集团异军突起成为国内节能环保领军企业

最近，一家节能减排的高新技术环保企业异军突起，引起国内外的广泛关注。这家已成为国内行业领袖的企业就是北京神雾集团。该公司所拥有的8项核心技术在节能减排环保领域获得颠覆性突破，均为全球首创。由于其具备无可匹敌的竞争实力，现已成为当之无愧的国内行业领军企业。党和国家主要领导人多次到该公司进行调研和考察，并给予高度评价。

成立于1995年的神雾集团是一家针对全球化石能源（煤炭、石油、天然气及衍生燃料）节能环保与大气雾霾治理技术解决方案的提供商，是目前我国专业从事化石能源、矿产资源及可再生资源高效清洁利用、新技术研发及产业化实施的龙头企业。截至2013年年底，该公司资产总额已达55亿元，拥有8家控股子公司，2 800余名员工，是国家发改委首批认证备案的节能服务公司，是工信部、财政部认定的国家技术创新示范企业。

通过多年的探索与创新，神雾集团已拥有系统的研发和科技创新平台。该平台专注于化石能源的高效清洁燃烧及大气雾霾治理技术的研究。该公司拥有三个北京市工程技术研究中心，一个北京市工程实验室。近年来承担了国家、省部级科研课题二十余项，其中承担科技部科技支撑计划项目三项、工信部重大科技成果转化项目两项、北京市科技项目十余项，承担自选研究课题三十余项。神雾集团已拥有国内外授权专利一百二十七项，正在审批的专利一百三十余项。神雾集团已制定行业标准一项，联盟标准两项，企业标准十三项，正在制定的国家标准一项。神雾集团的这些节能减排科研成果，分布在：蓄热式高效节能低污染燃烧，蓄热式低阶粉煤气化锅炉，火电锅炉节能脱硝一体化，劣质黑色、有色金属矿的转底炉高效清洁冶炼，氢气竖炉直接还原清洁炼铁，褐煤、长焰煤、油页岩的热解提炼、提质，城市生活垃圾热解，蓄热式燃气高温熔融电石生产等八项颠覆性节能环保新技术领域。2009年以来，神雾集团投资5亿元建成了占地2.5万平方米，国内唯一、国际领先的大型节能与大气雾霾治理技术实验室，拥有18套应用于冶金、有色、化工、燃煤锅炉、城市垃圾处理等行业节能环保技术研究的大型中试试验平台，能够进行化石能源、矿产资源与可再生资源三大领域的科研创新研究。

该公司通过市场化运作和资源整合，拥有完整的先进节能环保技术工程设计和工程转化平台。该平台拥有两个国家甲级工程设计院和一个窑炉工程专业一级设计资质，同时具有石油化工、煤化工甲级咨询资质、冶金甲级咨询等资质。通过自身拥有的三大设计院，神雾集团的自主创新研发成果可以进行快速的工程转化及产业化。

为实现科研成果的产业化，神雾集团拥有自成体系的核心节能装备制造基地。该基地投资4亿多元，占地30万平方米，专门用来制造神雾集团新技术、新工艺、新专利所需要的核心装备。

经过近20年的创新和实践，神雾集团得到了政府、社会和企业的广泛认可。自成立以来，集团先后获得国家、省部级等各类荣誉、奖励或称号五十多项。曾获得冶金科学技术进步二等奖一项、北京市金桥工程二等奖两项、北京市科技成果二等奖两项、中国机械工业科学技术一等奖一项、中国机械工业科学技术二等奖一项；有四项核心装备被评为“北京市自主创新产品”，三项技术被列入《北京市2011年节能低碳技术产品推荐目录》，两项技术获得中关村国家自主创新示范区新技术（新产品），一项技术获得“国家重点新产品”称号，一项技术获得“中关村十大创新成果”，两项技术被列入“中国环保产业可持续发展重点推广项目”。

近来，我国对大气雾霾治理的力度进一步加强，一系列法规政策相继出台。这些法规对政府和企业在环保方面的作为，提出了更严格的要求。随着国家对大气雾霾治理力度的日益强化，作为国家新兴战略性产业，节能环保、低碳应用技术市场凸显出更大商机。神雾集团董事长吴道洪博士在接受记者采访时说：“由于国内受污染面积大、范围广，低碳环保技术和服务在国内的推广任重道远。作为一家承载着节能减排、低碳环保使命的企业，神雾集团有决心、也有能力为践行国家战略使命做出更多贡献。”

据悉，在未来几年，神雾集团将以探索新的商业模式为转型发展的切入点，实现创新技术的自主研发、自主设计、自主运营和自主管理，在为国内外耗能客户提供核心技术的同时，也进行节能环保项目的投资和参与运营管理，以产业整合与模式创新为策略，在节能减排领域进行集团化、多板块、全产业链布局。目前神雾集团已开始着手构划全球性产业整合的战略版图。

（新华网2014年5月14日）

北京神雾集团系列报道之三

洁净燃烧　还原蓝天

——我国探索出大气雾霾治理新路径

近年来，北京神雾环境能源科技集团股份有限公司投资5亿元进行节约化石能源、减少大气雾霾的大型中试试验研究和创新，目前已开发出治理大气雾霾的4项技术，可在帮助高耗能企业显著提高经济效益的同时，解决其所造成的大气雾霾污染。专家们普遍认为，神雾集团探索出了一条独特的代价小、效益好、排放低的可持续大气雾霾治理的新路径。

自去年冬季以来，大气雾霾问题就成为社会舆论关注的焦点。综合目前国内主流的对大气雾霾成因的分析认为：没有燃烧就不会产生雾霾，其中70%以上的大气雾霾污染都是由钢铁、有色金属、火力发电、垃圾和秸秆等领域的燃烧造成的。也只有依靠这些传统领域的转型升级、能源利用方式的变革及经济发展模式的转变等举措，才能根本性地解决我国的大气雾霾污染问题。

神雾集团是我国专门从事工业领域先进节能燃烧技术研发的领军企业，近年来自主开发的多项核心节能减排燃烧技术，已成功应用于国内外多个重污染、高能耗工业领域，已开始取得显著的节能降耗和环境减排的效果。我国著名化学工程专家、中国工程院院士、清华大学教授金涌在访问神雾集团后赞赏道："你们的视野很宽，所取得的科研成果令人振奋。"

4项新技术全部由神雾集团自主开发，其自主创新的颠覆性、革命性和不可替代性，为国内治理大气雾霾探索出新的路径。

一、全球炼铁工艺的新革命——氢气竖炉直接还原清洁冶炼新技术。该技术是用清洁环保的氢气与普通铁矿石发生还原反应生成铁水，既不使用昂贵的焦炭和进口优质铁矿石，也没有焦化、烧结、高炉等高耗能高污染设备，生产过程的能耗可下降20%、成本可下降30%以上，二氧化碳、氮氧化物、硫氧化物、PM2.5等大气污染物排放可降低90%以上。经专家测算，此项技术应用于京津冀地区钢铁企业传统工艺的转型升级改造，每年至少可为该区域的钢铁企业带来940亿元以上的经济效益，而目前该区域的钢铁企业几乎都正在面临全面亏损的局面。钢铁生产有4道工序（炼铁、炼钢、轧钢、热处理）。有分析认为，未来国家在钢铁产业规划中，要将污染最大的炼铁工序逐步集中布局在沿海一带，既降低了钢铁原料的高额运输成本，又转移了内地重大的大气污染源，再加上神雾氢气竖炉直接还原炼铁工艺90%的大气污染物减排量，从而彻底从源头消除了钢铁冶金行业的大气雾霾污染物排放。目前神雾集团正在山西左权、山东青岛、内蒙古通辽等地建大型氢气竖炉直接还原清洁冶炼示范生产线，首个示范项目有望在2015年建成投产，业内权威人称，这无疑将是全球炼铁工艺的一次革命。

二、全球火力发电技术的新革命——火电锅炉节能脱硝一体化技术。我国火力发电严重依赖煤炭，火电锅炉在燃煤过程中，会产生大量的硫氧化物、氮氧化物、二氧化碳和重金属粉尘等大气污染物。目前的全球火力发电锅炉脱硝工艺都是只花钱不产生经济效益的。而神雾的“火电锅炉节能脱硝一体化技术”是通过对传统的火电锅炉进行改造，实现节能与脱硝的一体化完成，在节约燃煤3%~8%的同时，还能将烟气中90%以上的氮氧化物脱除；以京津冀地区为例，神雾技术对现有火电锅炉进行改造后，不仅可以减少火力发电大气雾霾的排放，还能每年为区域内的火电厂因节能而多实现60亿元的节能效益，实现火力发电行业环保和经济的双重效益。大唐集团一位资深专家认为，这一技术的实现无疑又将是全球火力发电技术的一次变革。

三、垃圾无害化、资源化处理的革命性突破——生活垃圾热解技术。该项技术是通过低温热解技术将低热值的垃圾变成高热值的石油、燃气、煤炭，可以有效改变我国现有城市垃圾处理主要依靠填埋和焚烧发电的传统处理方式。一方面，该技术的应用避免了目前垃圾处理后对土壤、地下水和大气环境产生的二次污染；另一方面，对比目前垃圾发电不到22%的能源转化效率，神雾垃圾热解处理技术的能源转化效率可达80%以上，真正实现垃圾处理的“减量化、无害化、资源化”应用。这项技术在处理农村农作物秸秆及动物尸体和粪便方面也具有显著的环保和经济效益，京津冀地区每年产生5800万吨的秸秆，为防止农民随地焚烧，在秸秆收集过程中，专家建议采取“回收付费”的方式，让农民觉得这是“人人参与、人人受益”的好事，从而消除农作物秸秆随地焚烧的现象。这些秸秆经过神雾的技术进行处理后，变成了大量高热值的石油、燃气、煤炭，每年可创造309亿元的产值、68亿元的效益。

四、燃煤锅炉改造的福音——蓄热式低阶粉煤气化锅炉新技术。我国目前在用的燃煤工业及民用锅炉达50万台以上。针对我国工业及民用锅炉的污染问题，神雾推出的这项技术秉承“用煤不烧煤、清洁又节能”的理念，只需用市场上廉价的低阶粉煤作为原料就可生产清洁煤气，并可用来完全替代价格昂贵的天然气，将大气污染物排放减少90%以上；同时，在比目前的天然气锅炉燃料费用节省一半以上的基础上，将效率提高20%以上。

去年9月，中央财政决定安排50亿元专项资金，用于京津冀及周边地区大气污染治理，这无疑是一个积极的信号。对此，有专家建议，用50亿元来弥补给环境造成的损失只是杯水车薪，政府的治霾资金应起到“杠杆”的作用，以此推动并鼓励那些能快速产生经济效益的治霾新技术尽快完成示范项目。还有专家认为，治理大气雾霾，只有政府主导促成长效机制，激发社会各方的参与热情，形成“政府政策引导、企业主动参与、社会积极推进”的良性循环，才能真正地推动传统高耗能、高污染行业的快速技术转型升级，实现产业结构调整。

（《21世纪经济报道》2014年5月19日）

北京神雾集团系列报道之四

热解技术新突破带来的能源革命

据悉，一项新型煤热解技术——“无热载体蓄热式旋转床热解技术”由北京神雾集团开发成功。该技术的特点是除了实现传统污染物的近零排放外，还能通过完全隔绝空气加热煤料使其完成低温干馏过程，得到人造石油、人造天然气和提质煤炭三相产物。该项技术的突破，将为保障我国的石油、天然气的安全供应，实现我国能源独立，带来革命性的新曙光。

提升劣质能源利用率，实现污染物接近零排放

北京神雾集团开发的这项蓄热式旋转床干馏技术的主要工作原理是，将原煤破碎、筛分、干燥、再筛分，然后通过进料系统布入旋转床干馏炉内，经预热区、反应区最终被加热至500~700℃，热解生成人造石油、人造天然气和提质煤炭。无热载体蓄热式旋转床热解技术的推广，实现了劣质能源的综合利用，提高了劣质能源利用率，降低了大气污染，实现了传统污染物的近零排放。据了解，该技术集成了辐射管加热、蓄热燃烧、高温旋转床等先进技术，通过数十项专利技术研究，完成核心装备“旋转床热解反应器”开发，构成满足煤热解特性和工艺需求的整体工艺。

大规模使用煤炭已成为我国最突出的污染特征，如何全面提升治理环境污染的能力，较大幅度降低煤炭使用过程中二氧化碳等温室气体的排放量，切实推进煤炭的洁净、高效利用是一个亟须解决的问题。神雾集团该项科技成果于2007年年底在神雾集团内部立项。在立项之初，神雾集团针对国内外现有褐煤及低变质烟煤热解技术中存在的能耗高、装置大型化困难等世界难题，进行了大量的基础理论研究、应用研究及大型中试试验研究。通过多年的技术研发，神雾集团将神雾自主研发的蓄热式辐射管燃烧技术与旋转床热解装置集成，创新了辐射管内置分区布置技术、热解过程分区分段加热控制技术及油气多通道快速导出技术，开发出了具有自主知

识产权的旋转床热解关键技术与装备，建成了煤处理量3t/h的中试试验装置。目前中试试验平台已经对山西平朔气煤、内蒙古鄂尔多斯长焰煤、内蒙古锡林郭勒盟褐煤、新疆褐煤、印尼褐煤、澳洲褐煤等数十个煤种分别进行了连续运转大型中试试验，获得可靠的专业数据：蓄热式辐射管热效率达到86%以上，排烟热损失小（温度约180℃），通过后期烟气显热回收，最终热效率可达到90%，同时可以使用低热值煤气（700 kcal/Nm3以上）作为燃料；整体热效率高，节能减排效果显著，整体工艺能源转化效率可以达到86%以上。

实现我国能源独立的新曙光

中国是一个主要依靠煤炭资源来保障未来能源供应的国家。未来，此项技术的推广应用，将可有效地减少我国对进口石油、天然气的过分依赖。据有关专家测算，2012年我国煤炭消耗总量为34.2亿吨标准煤，如果应用神雾集团的“无热载体蓄热式旋转床煤热解”工艺，每吨中低变质煤可平均产生20%以上的石油、天然气资源，即当年就可以从我国开采的煤炭中提取6.8亿吨以上的石油、天然气资源。而中国2012年全年的石油、天然气资源消耗总量为5.3亿吨，其中55%还依赖从国外进口。

纵观世界，前些年美国的技术进步和创新让美国页岩气开采领域出现了一场革命，既减少了美国对外国石油的依赖，又使美国的能源价格大幅度地降低，同时也使美国有机会把对外政策的重点从中东转向了亚太地区。从我国石油、天然气长期依赖于国外的局面来看，通过应用神雾集团对中低阶煤炭的热解提取石油、天然气，我国是完全能够做到自给自足的，是完全有能力解决我国的石油、天然气安全问题的。

目前，相关的商业性示范项目也即将在我国煤炭资源丰富的新疆及内蒙古竣工投产。

（第一财经、凤凰财经等2014年5月19日）

北京神雾集团系列报道之五

我国电石生产工艺获颠覆性突破

4月19日上午，笔者来到坐落在中关村国家自主创新示范区昌平园，采访了北京神雾集团。据悉，该公司研发的蓄热式电石生产新工艺，将煤炭热解工艺与电石反应工艺相耦合，不仅成功破解了电石生产高能耗和高污染的难题，而且解决了电石生产成本居高不下的问题。国内权威专家认为，神雾集团的这项技术是颠覆性的。

众所周知，乙炔被国际上称为“现代有机合成工业之母”。它能与许多物质进行化学反应，衍生出几千种有机化合物，如聚氯乙烯、醋酸、醋酸乙烯、丙烯酸、丁二烯、氯丁橡胶、三氯乙烯、四氯乙烯、乙炔炭黑等。在我国，生产乙炔最重要的原材料则是电石，而电石在生产过程中要消耗大量的电和煤炭，并向环境中排放大量废气、粉尘等污染物。

中国是一个煤炭资源十分丰富的国家，随着近年来国际油价的不断攀升和石油深加工产品成本的持续上涨，电石法聚氯乙烯和其他电石下游产业有了较大的发展，电石产能迅速增长。2013年我国电石产能约3 200万吨/年，成为世界上电石产量和消费量最大的国家。根据中国的国情和行业特点，国内生产乙炔的主要原材料为电石，而要解除电石生产的高能耗和高污染，并解决其成本居高不下的瓶颈，最重要的就是要对电石生产的传统生产工艺进行颠覆性的革新。

经过多年的科研攻关，神雾集团研发的蓄热式电石生产新工艺成功破解上述难题。该生产工艺具有以下特点：①采用神雾特有的高温原料热送进料工艺，电石生产的电耗进一步降低；②生产过程中不需焦炭、半焦、无烟煤等优质资源作为原料，只需使用廉价的低阶、粉状煤炭资源；③传统电石生产工艺的反应温度高达2 100℃以上，而神雾蓄热式电石生产新工艺的反应温度只需1 900℃左右，极大地降低了反应电耗；④生产过程中副产大量的人造石油和人造天然气资源；⑤生产过程中能够脱除煤炭中约55%的硫化物；⑥整个工艺氮氧化物、硫氧化物、PM2.5等大气雾霾污染物的排放量可减少80%以上；⑦1吨电石的电能消耗可从目前的3 150度以上下降到2 400度以下。

从上述特点不难看出，神雾集团的这一技术及生产工艺除了节能减排、高效环保外，还能大量节省成本。专家们普遍认为，该技术具有颠覆性和不可复制性。

另外，该技术工艺节能效益也十分显著。在过去几十年里，由于一些国家和地区的石油、天然气非常廉价，全球电石法乙炔化工的下游产品，受到了廉价的乙烯、丙烯等原料的巨大冲击。如果以神雾技术生产出来的电石作为下游产品生产的原材料，随着产业链逐步向末端延伸，其产品的成本节省将会几何级地呈现。随着全球石油、天然气资源的日益枯竭及价格上涨，以及神雾集团颠覆性的电石生产新工艺带来的电石生产成本的大幅度下降，电石需求量也将会在现有规模上大幅度攀升，并逐渐取代目前乙炔下游产品的份额。不难预见，未来电石法乙炔的化工将在现代石油化工和现代煤化工中发挥显著的竞争优势，并具有十分广阔的发展前景。

国内电石企业大多数为中小型企业，装备水平相对落后，技术力量薄弱，再加上资金困难，在很大程度上影响了神雾集团电石生产新工艺的推广。而专家们认为，随着能源供应日趋紧张，环保要求将会愈加严格。无论从外部经济运行方面，还是从行业可持续发展方面考虑，电石行业都迫切需要加强节能减排工作，积极采用先进、节能、环保的技术和装备，提升自身能源利用水平，减少废弃物排放量，走一条科技含量高、经济效益好、资源消耗低、环境污染少的发展道路。

根据现实情况和客观要求，神雾集团制定了以促进整体电石行业的可持续发展为目标，以提高能源资源利用效率为核心，以新型电石生产新工艺的推广为己任，以模式创新与资源整合为手段的战略计划。

于是，一场由神雾集团主导的、着眼于全国范围内的大手笔的电石制造产业整合，已经悄然拉开了周密酝酿的帷幕。

（东方财富、网易财经2014年5月26日）

北京神雾集团系列报道之六

天立环保无偿受赠神雾集团领先技术来源

近期，媒体发布公告称，北京神雾集团将其拥有的“神雾热装式节能密闭电石炉”相关的“基于热送的电石制备系统”专利权（专利号：201420201321.3）及基于该专利权已编制完成的针对不同电石炉规格的全系列工艺包无偿赠与天立环保工程股份有限公司（以下简称“天立环保”）。这意味着天立环保的技术实力和产品竞争力会大大增强。

公开信息显示，今年5月，神雾集团通过司法划转而获得天立环保的控制权。神雾集团是一家针对全球化石能源（煤炭、石油、天然气及衍生燃料）节能环保与大气雾霾治理技术解决方案的提供商，是目前我国专业从事化石能源、矿产资源及可再生资源高效清洁利用、新技术研发及产业化实施的行业领军企业。

天立环保是一家以生产电石炉为主营业务的上市公司。在我国，生产乙炔最重要的原材料则是电石。众所周知，乙炔曾被国际上称为“现代有机合成工业之母”，它能与许多物质进行化学反应，衍生出几千种有机化合物。而传统的电石生产工艺技术在生产过程中需要消耗大量的电能和煤炭，并向环境中排放大量废气、粉尘等污染物。在过去几十年里，由于一些国家和地区的石油、天然气非常廉价，全球电石法乙炔化工的下游产品受到了廉价的乙烯、丙烯等原料的巨大冲击。正是因为如此，天立环保遭遇发展瓶颈而陷入困境。

此次天立环保无偿受赠神雾集团的领先技术，无疑在经营上迎来巨大转机。“神雾热装式节能密闭电石炉”区别于传统的密闭式电石炉，实现了热态高温固体物料的直接入炉，从而较大幅度地降低了电石生产过程中的电能消耗。这一技术目前已获得了“基于热送的电石制备系统”的专利。国内权威专家认为，这项技术不仅成功破解了电石生产高电耗和高污染的难题，而且解决了电石生产成本居高不下的瓶颈，有利于提升电石行业的盈利能力和抗风险能力。

依托自身已有的大型密闭电石炉的设计和制造能力，天立环保本次受赠“神雾热装式节能密闭电石炉”相关专利及其工艺包后，将对传统密闭电石炉进行节能化改造，从而获得新一代节能电石炉——“神雾热装式节能密闭电石炉”的设计、制造和推广的能力。随着该节能产品的推出和推广，目前电石企业的平均生产电耗降低约600kwh/吨电石，即每吨电石可减少能耗189 kg标准煤，折合降低二氧化碳、二氧化硫和氮氧化物等排放值分别为495kg、1.6kg和1.4kg左右，不但可大幅降低电石企业生产成本，也能为其创造良好的节能减排效益。

据一位业内人士分析，如果以神雾技术生产出来的电石作为现代石油化工下游产品生产的原材料，用来替代乙烯原料，随着产业链逐步向末端延伸，其产品的成本节省将会是几何级的呈现。随着全球石油、天然气资源的日益枯竭及价格上涨，以及神雾公司颠覆性的新型电石生产新工艺带来的电石生产成本的大幅度下降，电石需求量也将在现有规模上大幅度攀升，并逐渐取代目前乙烯下游产品的市场份额。由此可见，未来电石乙炔法的化工将在现代石油化工和现代煤化工中发挥显著的竞争优势，并具有十分广阔的发展前景。

至此，天立环保将具有在传统电石行业领域具备率先推动节能化、增效化重大变革的能力，公司发展后劲与持续盈利水平得到提升，迎来广阔的发展前景，也给投资者留下无限想象空间。不难预见，天立环保将会一扫以往日渐式微的颓势，焕发持续增长的新活力。

（《证券时报》2014年7月3日）

北京神雾集团系列报道之七

神雾环保：创新商业模式驱动业绩增长

神雾环保（300156.SZ）近日发布公告称，神雾环保技术股份有限公司与内蒙古港原化工有限公司于2014年9月15日签订了《密闭电炉节能技术改造项目合同能源管理项目合同》。神雾环保拟采用近年来已逐步为节能减排市场所推崇的合同能源管理（EMC）节能服务模式，由公司独立投入技改资金1.6亿元，对港原化工正在运行的电石炉生产系统进行节能降耗技术改造。预计改造后每年产生的节能效益总金额可达7 576万元人民币，神雾环保则可分享该项目改造后期限为8年的节能效益，且分享的比例为70%。

据悉，神雾环保推出的新型电石生产新工艺，将煤炭热解工艺与电石反应工艺相耦合，不仅成功破解了电石生产高能耗和高污染的难题，而且解决了电石生产成本居高不下的问题。国内权威专家一致认为，神雾环保的这项技术是具有颠覆性和不可复制性的。目前国内电石行业总产能处于相对饱和的状态，绝大多数电石企业急需通过节能环保的技术改造，改善普遍面临的经营状况不佳、生产高耗能与高排放等问题。而资金资本短缺、技术力量薄弱等客观不利条件，又使得目前大部分电石企业难以通过自身努力彻底解决上述问题。为有效应对电石企业的这种两难局面，最大限度地顺应和释放市场需求，神雾环保及时创新商业模式，充分发挥创新节能技术+合同能源管理（EMC）模式的聚合效应，利用最新的自主创新核心技术，主动出击，主动投资，积极为客户创造节能减排效益并与之分享，努力建构客户与公司的双赢格局。此次，神雾环保采用合同能源管理模式提供节能服务的业主方——内蒙古港原化工有限公司，系原天立环保上市公司的老客户，两家企业彼此了解且对生产工艺系统熟悉，神雾环保以其作为切入点和改造示范项目，并计划在不到6个月的时间内完成技改范围内的全部投资。这不但使得内蒙古港原化工有限公司完全化解了技改资金紧缺，甚至因亏损而停产的矛盾与风险，同时也确保了港原化工在快速引入电石生产新工艺后，能尽快创造出较好的节能减排综合效益，增强了其快速盈利能力和履约能力，进而为神雾环保自身经营业绩的长期稳定增长、新技术的行业转型升级示范作用以及快速推动行业并购整合战略均奠定了非常坚实的基础。

随着全球能源供应日趋紧张，国家和政府层面对高耗能企业的环保节能要求将会愈加严苛。无论从外部经济运行方面，还是从行业可持续发展方面考虑，目前国内电石行业技术改造任务繁重并迫在眉睫。神雾环保期望以此次合作为契机，迅速抢占传统电石生产工艺改造项目的巨大市场，为公司业绩持续增长提供强有力的保障。有专家估计，目前全国电石行业产能已达3 200万吨左右，“十二五”期间，若保守按照每年平均10%的节能技术改造市场需求测算，则每年可由神雾环保独家提供节能服务的“技改蛋糕”达到320万吨；按神雾环保与港原化工签订的合同内容推算，10万吨电石生产线的技改投入约1.6亿元，则320万吨投入约51亿元。以目前神雾环保与港原化工的合作模式，神雾环保每年可分享效益占投资额的比重达33%以上，即未来如果神雾环保每年能够拿到电石技改市场10%的订单，则每年的效益分享额可达到约17亿元，且下一个年度的效益分享额较上一年度呈叠加趋势。这对于2013年实现销售收入仅2亿多元，利润尚处于亏损的神雾环保公司而言，意味着经营业绩将可能出现巨大的拐点，或将迎来爆发式增长周期。

业内人士认为，此项目作为神雾环保将节能新技术+合同能源管理（EMC）聚合运用的推广示范项目，系国内电石行业在承接传统电石工艺改造项目方面所取得的首次重大突破，将对上市公司顺利实施战略转型与商业模式创新，并以突出的竞争优势进一步扩大市场份额意义重大，也更为资本市场投资者期待。不难预见，一场由神雾环保主导的、着眼于全国范围内大手笔的电石生产行业的成本变革与产业整合，已经悄然拉开了帷幕。

（2014年7月15日）

第三辑

品牌公关传播系列

股市与名牌

——名牌跻身股市　股市造就名牌

股海茫茫，浮沉无常。股票一旦上市，股价升跌似乎随市而动与上市公司无关，但细观深沪两地股市，名牌效应清晰可见，股票与名牌之间的关系像两道风景，交相辉映，构成当今中国股市生机盎然的一幕。

名牌圆了“股市梦”，股市圆了“名牌梦”

“天上一轮才捧出，人间万姓仰头看。”每一只新股的上市，自然备受人们的关注和股民的追捧。那些尽人皆知的名牌企业一走进股市，其光彩似乎更加耀人眼目；那些还不是十分知名的企业一旦挂牌上市，便也能在一夜之间红透半边天，声名显赫，跨入“名牌”行列。

股份制改造是中国企业深化改革的重要步骤，国家有关部门对股票上市公司的审批也是十分慎重的。其目的就是扶持证券业健康发展，同时也保护广大投资者的利益。目前，在深、沪两大交易所挂牌上市的企业总共才200余家，而这些企业都是各省、市、自治区顶尖级的名牌企业，尽管有些在全国尚缺乏一定的知名度，但按行业分，其生产、经营及效益也处于整个国家的“排头兵”地位。很多企业在股票上市之前就因其拥有名牌产品闻名遐迩，其经营业绩也远非一般企业所能比。这些企业的决策者们往往不满足于一时的名牌地位，故步自封。恰恰相反，他们面对“复关”和参与国际经济大循环的严峻考验，追求的是走出国门，进入国际市场，争夺霸主的位置。要加快发展步伐，引进吸收国际先进技术，需要大量资金。股份制改造与股票上市无疑是最好的契机，广纳社会资金，让自己的股票尽快上市，成为精明企业家的最大愿望。由于他们拥有众所周知的名牌和不凡的经营业绩，固能使其在股份制改造过程中捷足先登，进入股市。如沪股中的“上海永久”“上海永生”“青岛海尔”“青岛啤酒”“四川长虹”“山西汾酒”“上菱电器”“济南轻骑”等，深股中的“康佳”“飞亚达”“中华”“美的”“美雅”“美菱”“万家乐”“江铃”“猴王”等，莫不是如此。

名牌，使他们圆了尽早进入股市的梦想；股市也捧红了这些名牌。

那些还不是十分知名的企业，一旦在交易所挂牌上市，也能在一夜之间成为赫赫有名的品牌，其原因不言自明。中国的股民到底有多少，关注股票的人到底有多少，从日常生活中可以略窥一二。全国各个大中城市分散着无数的证券营业部，其室内户外，不停显示股市行情的大小电子屏幕、行情看板，又吸引着无数有意无意驻足观看的人们；更兼国内外各级报刊、广播、电视铺天盖地对股市动态与行情的报道，上市企业知名度有多高就可想而知了。

进入股市，圆了很多企业家的“名牌梦”，股市也能捧出名牌。

股市也给名牌尴尬，名牌在风浪中挺立

股市的玄妙及不可言状，也曾给一些名牌不大不小的尴尬。“美菱”可谓声名远播，国人尽知。然而当“美菱股票”去年10月18日在深交所挂牌上市时，头天即跌破其公开发行的认购成本价，这在深交所尚属首次，成为深圳股市中爆出的一大新闻，令人大跌眼镜。与“美菱”良好的经营业绩和名牌地位相比，其上市之际的表现使人甚感意外，个中原因真有些让人说不清道不明。

上海水仙电器股份有限公司以生产“水仙”牌电器闻名，被人们誉为“凌波仙子”的“水仙”确为同行业中的一枝花，占有市场重要一席，属国内名牌。“水仙股票”在其上市前后，曾花大价钱在中央、上海的传媒中大作广告与宣传。去年寒冷的1月6日，凌波仙子“水仙”在上海股市傲然面市，当天股票以14.5元开盘后即向上攀升，1月20日达到16.5元，1月21日又狂升13.03%，名列当日之最，换手率竟达59.6%。“水仙”似乎与它同名的花卉一样受人宠爱，成为人们追捧的对象。然而，具有讽刺意味的是，其股价猛升的原因是“水仙”每股税后利润为0.228元，却被误传成0.80元。后来“水仙”一路下跌，又受冷落。

股市风云变幻，一个小小的误传、一个小小的谣言能令名牌尴尬一阵。

即便是世界最大的名牌，有时难免也受到股市的嘲弄，何况中国的股市正处在发展和成熟之中。面对谣言，股市中的名牌更应注重自己的宣传，提高自己的经营透明度，让谣言止于青萍之末。“美菱”面对一时的处境不卑不亢，并以实际行动进一步扭转其在股民中的印象。美菱人在加大广告宣传的分量和提高广告品位的同时，向更加稳健务实迈出了扎实的一步。正如“美菱”总裁张巨声所认为的，除

了开发高档次的产品外，还要有高档次、高品位、多方位的广告与宣传。仅今年以来，传媒报道“美菱”信誉的内容倍增，“全国畅销商品”“最受消费者欢迎的轻工产品”“中消协推荐产品”等桂冠接踵而至。3月初，“美菱”又传来好消息，与意大利梅罗尼公司合资生产豪华智能滚筒式洗衣机。意大利这家公司拥有九十年代最新的技术，经过八省考察后选中“美菱”。国际名牌如此看好“美菱”是“美菱”的骄傲。不失时机的宣传使股民们又进一步深刻认识了“美菱”。

名牌自有名牌的风采。前面提到的“水仙”，当谣言平息后，在股市中亦有令人满意的出色表现。

股市热心追捧名牌，名牌希望走出国门

为美的代言的电影明星巩俐，以其光彩照人的形象、“一笑百媚生”的魅力，征服了电视观众，使广东“美的”电器一举闻名，成为国人尽知的名牌。当生产“美的”电器的广东美的集团股份有限公司在深圳证券交易所挂牌上市之际，其上市公告书向广大投资者做出了每股税后利润将达0.92元的承诺，再加上其知名度，使其一上市便备受投资者看好，还着实热了一阵子，大约谁也不会否认其中的名牌与明星效应。

生产TCL电话的惠州TCL通信设备有限公司可谓大名鼎鼎。中国每两部电话机中就有一部是TCL的产品，可以说，不管是在办公室、家里，还是电话摊上，TCL无处不在。TCL是惠州市首家中外合资的股份制企业，他们以股份制改造为契机，借目前国家重点扶持通讯业的东风不断发展自己。在去年的全国邮电产品交易会上，TCL以超过7亿元的成交额、480万台电话机的订货量，又刷新了全国纪录。该公司的主要经济指标已连续5年雄居国内之首，多次荣获省、部优产品称号，大名远播，业绩不凡。其上市之际，自然令人不可小觑，一时间成为深圳股市中人们追捧的热门股。“粤照明”被誉为国内光电源行业的“大哥大”，去年11月23日，入市第一天即以开盘25元，成交655万股的杰出表现引人注目。还有如“桂柳工”“美雅”“万家乐”等有口皆碑的名牌都很受投资者所看重，一上市即成为追捧的对象。

武汉凤凰股份有限公司上市不久，交易活跃，交易量曾一度占据深股榜首，海外传媒在报道大陆股市信息时，也以深股排头兵的显著位置报道其股票行情。世界著名证券商、美国梅林公司亚太地区总代表张利平先生对武汉凤凰股份有限公司倍感兴趣，曾先后4次考察此公司，十分愿意将这只股引向国外。

名牌主们当然不满足于股民的追捧，他们最大的愿望莫过于自己的产品、自己的股票能走出国门，走向国际市场。广东美雅集团股份有限公司董事长兼总经理李澄海在其股票上市之际说：“目前，中国特别需要名牌，我们的目标就是要让‘美雅’成为中国名牌乃至世界名牌！”惠州TCL的老总黎健生称：“使TCL产品成为国际知名的产品，这就是TCL的追求。”湖北沙隆达股份有限公司董事长兼总经理罗海章说：“沙隆达要跃上国际大舞台，抢占国际大市场，走跨国公司的道路。”

他们的刻意追求是：创出世界名牌，走出国门争天下。

名牌龙争虎斗，股市尚待完善

去年下半年以来，尽管股市反弹乏力，大势走熊，然而深沪股市中的几家名牌的龙争虎斗掀起了不小的波澜，不仅给沉闷的股市带来了纷纷扬扬的话题，也曾使沪市一度猛力攀升，让一些股民扎扎实实赚了一把。

去年9月底至10月初，媒体大爆新闻，宝安上海公司收购上海“延中”。不管其策划者中国宝安集团出于何种目的，这一事件造成的影响犹如一石激起千层浪，在我国的理论界、法学界、股评界、企业界及广大投资者中引起巨大的震荡，连续几天来几乎天天有大新闻。但是，随着收购与反收购的白热化，“延中”由此从9元一路飙升至42元，又一次创造出股市的神话。尽管如此，宝安上海公司9月30日仍下单扫盘，无论价位多高一律买进。随之其他部分收购概念股也跟着风光，一时间八仙过海，各有不凡的表现。后据媒体报道，中国宝安集团以及其关联企业持有延中19.80%的股票。尽管这种收购行为违反了我国有关股票管理条例和规定，但其带来的影响是不可低估的。最后，中国宝安集团与上海延中实业股份公司握手言和，谋求共同发展的策略。“宝延事件”不仅使“宝安”着实风光了一阵子，也令“宝安”“延中”的知名度更高。

一波未平，一波又起。当沸沸扬扬的“宝延风波”刚刚平息，深圳万科公司于11月10日在上海传媒发布公告，称该公司持有上海申华公司5%的股票，似又有步“宝安收购延中”的后尘之意。

12月，作为上海“飞乐音响”第一大股东的“深圳天极”同“飞乐音响”又展开实质性的“争夺”。12月28日“深圳天极”又宣布其拥有的“飞乐音响”股份增加2%，达到7%，其用意不言自明。

这些由深圳人完成的策划，在社会上引起了很大争议。它向现行的一些粗线条的法规条文提出挑战，这说明经济改革还须向深层次推进，有关法规要进一步完备，市场应进一步完善，股票市场行为须进一步规范，这样才有利于我国证券业的健康发展。

这种风波也会给股市中的名牌企业敲响警钟。上海大众出租总经理杨国平认为“这件事给了每家上市公司一帖清醒剂。它提醒上市公司不能挂了股份制牌子就高枕无忧了”。

股市中这种名牌的龙争虎斗，远不同于“万家乐”与“神州”、“可口可乐”与“百事可乐”那种竞争，仅仅以抢占市场制高点为目的，而这种股权斗争的结果会导致一方被吞并。

如果被“吃”掉，名牌自然也就易主甚至消失了。

警示是现实的，现实是客观的。股市也引导着名牌趋向更加成熟。

（新华社《中国名牌》杂志1994年第2期）

武汉外资企业形象之战

位于“九省通衢”的华中特大城市武汉，借助浦东开发、三峡工程上马、长江开放开发的东风，加大改革力度，开放势头强劲。当境外一些大的财团、公司将眼光从沿海转向内地时，他们首先看好武汉，并纷纷投资这座被称为“东方芝加哥”的城市。

据统计，截至去年底，武汉市累计兴办三资企业2825家，实际进资10.9亿美元，已经有1 030家开业投产，实现营业额、销售收入20亿元，纳税1亿元。

外商涌入后，以其气势不凡的广告大战、独树一帜的形象策略，令武汉的企业界眼花缭乱而又视野大开，拉开了武汉“形象革命”的大幕。

诚信为重，树立信誉形象

商人历来认为诚信无价。深谙国人心理的境外大商家一进入武汉，就表现出肝胆相照、和衷共济的胸怀与气魄，给人留下深刻印象。

1992年年底，香港新世界集团乘“开放先导”之风投资武汉。该集团董事长郑裕彤曾多次向外界宣称：“投资武汉，要么不为，要么肝胆相照！”几年来新世界集团在武汉投资的合作项目几乎是每40天增加一个。在每个项目的合作洽谈中，双方真诚信赖，重互利而不计较小的得失，才使一个一个项目合作成功。新世界集团的大家风范令人赞叹不已。商家不止言商，该集团不是不求利，而是将自身的商业利益与武汉的经济发展需求结合为一体，在武汉人的心目中牢牢树立起自己的形象。

商业信誉直接影响着企业的形象。前不久，美国金霸王电池公司在武汉实施的举措也让人吃惊不小，他们对武汉市的60多家零售商做出规定，其零售价不得高于全国统一定价，即每节6.5元。这一举措遏止了部分代销商“货好抬价销”的行为。武汉市的传媒竞相报道了这一消息，令武汉的消费者大加赞赏。香港嘉美洋参有限公司生产的产品在国内行销5年，深受消费者称道。为了杜绝假冒伪劣，维护其市场形象，该公司甘冒销量减少的风险，在武汉市只选定了14家有良好信誉的商家经销，并颁发“特许经销”的标志，其他店一律不许销售其产品。因此，武汉的消费者尽可放心购买嘉美的产品。

诚信为重，其市场信誉形象自不待言。

广告为先，突出品牌形象

走在武汉的大街上，流动的大型招牌、宽幅的户外广告满目皆是。其中尽领风骚的多是那些来自外资企业的品牌，如“索尼”“松下”电器、“统一”食品、“丝宝”化妆品、“红桃K”保健品饮料，不断冲击着人们的视觉，给人们留下深刻印象。

统一企业集团是台湾最大的食品企业，前年9月，该集团投资4 260万元与武汉市扬子实业集团合资成立武汉统一食品有限公司。该公司的总经理、台商蔡贵荣先生称，他最大的愿望是让“统一”食品在武汉如同在台湾一样家喻户晓。为此，“统一”食品花费巨资投入广告宣传，一时间，报刊、广播、电视、招牌、霓虹灯广告铺天盖地。“统一”企业以一只红色变形飞鸟为标识的品牌形象和“开创健康快乐的明天”的广告语在武汉尽人皆知。蔡贵荣说，台湾统一企业十分看好与湖北人共创名牌的前景，并力图以国际品质、国内价格参与同类国际品牌的竞争。

“呼儿嗨哟，中国出了个红桃K！”当这一句广告语和鲜艳夺目的“红桃K”品牌标志出现在各种传媒上时，简直令武汉人目瞪口呆。中外合资的武汉红桃K集团股份有限公司开发出了“红桃K”快速补血的保健品后，为了打开市场，据说是请著名心理学家策划推出了这个广告语，引起了社会的广泛关注与争议。一方面人们议论纷纷，莫衷一是；另一方面企业我行我素，波澜不惊。面对当今中国保健品市场竞争激烈的态势，更兼广东“太阳神”、沈阳“飞龙”、深圳“太太口服液”等捷足先登、雄霸市场的局面，“红桃K”在形象战略打出的怪招，似乎不难理解。在人们的议论中，“红桃K”广告仍旧铺天盖地，使人们不仅认识了“红桃K”的品牌形象，而且也是实实在在领略了其后来居上的竞争气势。

其他一些海外品牌同样在武汉争奇斗艳，如美国的海昌眼镜、日本丽花丝宝化妆品、百事可乐饮料、美登高食品在品牌形象推广上各有出色表现。

企划为魂，建构独特形象

企业的文化精神和服务特质应是鲜明独特的，如何将之巧妙地传达给社会公众，需要富于创意的企划。外企似乎对此更熟谙，他们往往通过精明过人的策划，让人们认识和理解自己，从而更加提升自己独树一帜的形象。

“凯撒世界”是坐落在武汉市青少年宫的夜总会，由一位外商投资兴办。入夜，这里霓虹灯闪烁，迷人的乐曲弥漫于浪漫的夜色，来这里消费的不仅仅是打扮入时的红男绿女、大腕大款，也有气宇轩昂的艺术家、忙里偷闲的专家学者。这里的吸引力为何胜人一筹？

不久前，这里曾举办过一场别开生面的音乐会。这一场以“春之声”命名的音乐会以弘扬高雅文化为宗旨，给人以耳目一新的感觉，而用武汉市的市歌《武汉之歌》作为音乐会的序曲也大大“取悦”了武汉人。目前，武汉三镇一些夜总会传出的不是卿卿我我的软绵曲，就是震耳欲聋的迪斯科。“凯撒世界”策划的这场以演奏演唱古今中外名曲为主的音乐会，与同行形成鲜明的对比。据悉，他们还将推出“夏之夜”“秋之韵”“冬之情”的音乐会。正是这样的音乐会确立了“凯撒世界”在武汉娱乐行业的地位。《长江日报》这样报道：“这一台小型音乐会像一阵和煦、温馨的春风扑面而来，吹拂江城大地，沁入听众肺腑，让人感佩之至。”无疑，“凯撒世界”已成为武汉最负盛名的娱乐城之一。

台商独资的武汉神州房地产开发公司曾斥几十万元巨资在楚天广播电视台播出两句看似与经营无关的广告语：“漂亮的衣着，入时的装扮，离不开优雅环境的衬托，请您爱护环境卫生——财神广场提醒您。”“为了使我们的城市更美丽，果皮纸屑请扔进垃圾箱——财神广场感谢您。”花数十万元在电台播出一年与公司经营联系不太大的两句广告词，似乎让人不可思议。对此，该公司总经理周青朕先生说得明白：“我们投资武汉，希望武汉容光焕发。”武汉有700多万人口，乱扔果皮纸屑、随地吐痰、乱倒垃圾现象随处可见，财神广场乐意花重金给人们“提个醒”，道出了武汉人的心声。这在众多房地产开发公司中独树一帜的做法，引起人们的共鸣。“润物细无声”，两句广告语不时回响在人们的耳际，神州公司及其开发的主体项目财神广场的形象随之潜移默化于人们心中。

规范为本，展示鲜明形象

外商投资企业带来的不仅仅是现代化的流水生产线，而且也带来了卓越先进的管理，而这种管理首先是以规范企业员工行为为本的管理。

东星集团是英方投资的独资企业，其业务以电子产品、房地产开发、国际贸易为主。东星集团的总经理认为，企业重要的是对人的管理，并把其作为展示企业形象的突破口。这个集团从1991年起就对企业员工进行军训，3次较大规模、较长时间的军训使企业受训员工达90%。由此，培养了企业员工高度整一化精神和团队精神。这种在外企中开先河的做法经传媒的报道，将其形象鲜明地展示了出来。

长江大酒店是武汉市第一家中外合资酒店，武汉人将之简称为“长酒”。现任“长酒”总经理的杨国勋先生十分注重对员工的培训。他从一个脚印、一个茶杯、一块面点、一次电话等细微处入手，严要求、高标准。针对一个“笑”字，他竟抓了3个月，直至中外客人称赞“长酒”小姐变成了“微笑小姐”。难怪香港新世界集团主席郑裕彤发出由衷的赞叹：“‘长酒’，好一个国际化大酒店！”

前不久，记者到湖北丽花丝宝集团公司采访，从这家与日本合资的企业中，我们不难看出企业已将日本人严谨的工作风范及敬业精神带到了这里。作为品牌化妆品公司，他们豪华的室内装修，雅致的办公环境，明眸皓齿的前台小姐，彬彬有礼的保安先生无不给人留下深刻印象。

现代化的管理、高素质的员工，表现了企业孜孜以求的良好风貌。

外企进入中国，为的是抢占市场先机，他们采取的形象策略令人惊叹。面对现实，中国企业界应重新审视自己，重整自己的企业形象、品牌形象，在市场上与国际品牌一决雌雄。

（新华社《中国名牌》杂志1995年第3期）

东风："中国第一"模具

模具工业是汽车工业的基础，汽车工业的大发展需要一流的模具工业。纵观国内汽车模具工业发展现状，人们的目光投向了"东风第一枝"。

东风第一枝

东风冲模厂，是一座具有国内一流规模和水平的现代化大型模具制造工厂。工厂党委书记黄传智告诉记者："如今的冲模厂技术实力雄厚、产品质量一流，已牢固树立了在国内模具行业的领先地位。"

可以说，东风冲模厂在建厂一开始，就站在了中国汽车模具工业发展的高起点上，它聚焦了中国模具工业的骨干精英，聚集了中国模具工业的新工艺、新设备，同时又引进了一批国外的高、精、尖设备。正因为"东风"系列车型模具领先国内水平，因此才有了东风汽车"中国卡车之王"的美誉。

目前，该厂从车身设计、冲模设计到冲模制造的一体化的计算机网络已经形成，引进了一台台凝聚了世界高科技结晶的德国数控龙门机床和仿型铣床，日本全电脑控制的1 300吨双动油压调模机，瑞士数控精冲机床，匈牙利五轴数控龙门铣床。尤其是1991年，东风冲模厂从美国、英国引进了全套计算机辅助设备和制造模具系统。在多次的国际模展中，东风模具屡屡抱回组委会颁发的最高奖——优质特奖。1992年投入大批量生产的"六平柴""八平柴"的模具设计与制造，更是他们创造的中国汽车冲模的奇迹，堪与进口车媲美。正因为如此，东风模具才能——市场竞风流。

市场竞风流

"占领国内市场，进军国际市场！"这是东风冲模厂厂长祝树青在接受采访时说的一句话。早在1979年5月，冲模厂与日本五十铃公司签订了制造10套模具的合同，将信将疑的日本人在验收了东风冲模厂为之设计制造的模具后宣布，对东风冲模厂提供的模具一律实行免检，冲模厂因此而声誉鹊起。日本富士铁工所、三菱汽车公司、西德大众汽车公司、法国雷诺汽车公司等外商纷至沓来，其中作为日本三大专业模具厂家的富士铁工所与东风冲模厂分别签订了3批冲模的制造合同，同时他们还承制了美国福特汽车公司的随车工具等模具的设计与制造。近几年来，他们先后向美国、日本等国家出口了40多套模具。

1990年，东风冲模厂承接了为沈阳金杯汽车设计与生产近600套汽车冲模的项目。这也是一批高起点的模具，金杯汽车公司将用来制造从日本引进的可与轿车通用的豪华型面包车底盘和内饰件。这批模具精度要求高、技术难度大，且对方提供的资料不全。面对重重困难，厂长祝树青说："没有困难，怎么能显示我们的技术水平和实力比别人强。"当冲模厂一丝不苟、严而又严地将模具交付金杯公司后，连与金杯公司合作的日本方面也大为惊叹。

高精度、高质量的产品获得广泛好评。尽管如此，决心勇擎中国汽车模具工业大旗的东风冲模人没有裹足不前，而是面向二十一世纪——迎接新挑战。

迎接新挑战

"赶超世界一流水平，瞄准当今国际先进模具制造技术是我们矢志不渝的追求目标。"冲模厂总工程师、国内知名模具专家朱培玉对记者如是说。面对中国模具工业落后的现状，面对加入世界贸易组织的严峻形势，决策者们认识到，必须引进一流的技术设备，建设一流的阵地，使冲模厂成为中国一流的模具中心。冲模厂以惊人的胆略和气魄，投资近2亿元，抓了"八·五"三大项目的建设。

东风模具中心投资9 580万元，新建了一个功能齐全、设备一流的模型、检具制造车间；一个高水平的汽车大型覆盖件模具制造车间；一个配有6台大型压床的覆盖模具制造车间；一个具有提供多品种车身焊装调试功能的焊装夹具车间。该中心首先建成由主模型—冲模—检验夹具—焊装夹具—焊调出白车身的一条龙生产阵地，开创我国汽车史上在模具厂焊装出白车身的新纪元。

精冲模具中心总投资6 000万元，引进世界一流的瑞士精冲模具制造技术和成套模具精密加工、检测设备及精冲压力机械，形成完整的精冲模具制造和精冲件生产阵地。全部投产后，将形成每年200套精冲模具、500万件精冲零件的生产能力，为全国汽车行业提供精冲模具和精冲零件，从而填补国内一项技术空白。

CIMS单元技术应用示范工厂已全面投入使用。这个项目从美国、法国、英国引进的模具CAD/CAM软、硬件，一个加速车身设计、模具制造一条龙、数据一体化的计算机软件系统已在冲模厂建成。

三大中心的建成，将使模具生产周期大大缩短，汽车改型换代速度大大加快，技术水平也由仿型加工提高为实现数据一体化、DNC加工，同时也具备了设计、制造包括轿车在内的所有汽车模具的能力。

轿车模具因其技术要求高而成为汽车模具工业的高层次追求，代表着汽车模具工业的最高水平。总工程师朱培玉满怀信心地宣称："我们已向轿车模具制造发起冲刺，我们完全有能力设计出高质量、高精度、高品位的轿车模具。"目前东风冲模厂已承担了神龙富康轿车第一批20个汽车零件、69套模具的设计制造。

（新华社《中国名牌》杂志1995年第5期）

马应龙：老品牌演绎新传奇

马应龙制药创立于明朝万历马年间，距今已有413年的历史。它最初是以制造和销售眼药而成名的。

创始人马金堂，经过长期的临床实践，大胆创新，反复试验，自制成药，取名“定州眼药”。原料名贵，制作精心，为其发展奠定了基础。马金堂的承继者马应龙，将“定州眼药”更名为“马应龙定州眼药”，正式投放市场。马应龙的后裔马万兴更加雄心勃勃，他决心开辟更大的市场，拓展“马应龙眼药”的市场。清道光年间，他带家人，领着帮工来到了北京，在客商如云的北京前门外摆上了马应龙眼药柜台；然而，由于初来乍到，名声不响，马应龙眼药并不畅销，药店几乎倒闭。马万兴没有却步，而是积极开展义诊，赠送药品，经过一番艰苦卓绝的努力，马应龙眼药赢得了北京顾客。

20世纪初，马氏第12代传人马歧山来到武汉开设分店，虽然时局动乱，经营历经风险，但马应龙眼药还是在南方市场建立了信誉，延续至今成为武汉马应龙药业股份有限公司。

长期以来，马应龙眼药均选用名贵的中药材，诸如牛黄、麝香、梅片、琥珀、珍珠等，制作工艺也严格遵守传统的工艺规范，因而也保持了其独特的疗效和经久不衰的市场地位。

马应龙不仅在国内享有盛誉，而且远销海外。马应龙眼药是现代中国最早出口产品的四大厂家之一，产品自1936年起行销东南亚等国，在泰国、缅甸、越南等地均有相当大的市场。在与英国“沃古林”眼药水、日本“老笃”“大学”等眼药水的竞争中，“马应龙眼药”以它疗效可靠、适应症广泛、剂型独特等特色，保持了它在国际市场的一席之地。

1982年，马应龙制药厂的马氏第13代传人马惠民先生和厂工程技术人员，根据祖传秘方结合痔疮病理的特点，研制出了“马应龙麝香痔疮膏”作为新一代的马氏产品。它一问世就打入了国际市场，1983年以来大量出口加拿大、美国、德国、新加坡、中国香港等国家和地区。

“马应龙麝香痔疮膏”作为马应龙制药厂的拳头产品，其开发研制具传奇色彩。20世纪80年代初，中国农村缺医少药，山区农民在痔疮发作时，也将“马应龙”八宝眼膏涂在患部“应急”，不想效果良好，便纷纷写信称赞此药。于是，厂里便组织科研人员和马氏后裔科研攻关，研制开发出了这一独特良方。

马氏产品的神秘与传奇色彩引起了广泛的关注和兴趣。日本东京华光医院的川源丰先生根据产品的起源、成分、临床试验效果、国内外销售情况等整理出一套资料，并向日本有关部门申报进口。美国前总统尼克松访华期间特地打听北京西河沿马应龙药店，传媒报道后，世界各地曾掀起了“马应龙热”。新加坡、捷克、波兰、美国、德国、瑞典、丹麦等国的患者、商人纷纷写信求购此药并要求经销马应龙药品。

长期以来，由于旧中国生产力水平低下，马应龙眼膏的生产都是局限于作坊生产，全靠手工操作，产量很低。随着经济发展，传统的生产方式越来越不适应日益增长的市场需求。改革开放以后，厂里自筹资金500余万元，于1989年建起了符合GMP要求的综合制剂大楼，有8条软膏生产线，可年产软膏3亿支；引进的意大利PVC包装生产线，口服液包装水平在国内处于领先水平，可年产口服液1亿支；从美国惠顿公司引进了全套药用塑料瓶5 000万套。

同时工厂制定了严格的质量管理体系。通过质检，马氏历代传人积累了一整套行之有效的方法，到了马氏14代传人马彩丽这一代，这套方法更是炉火纯青。选材唯真唯优，炮制极为考究，并通过“看、闻、摸、尝”，观其色、辨其香、别其细、品其味，完全合格后方可投放市场。但转入大规模的生产后，一个关卡出了问题便会导致大批成品报废。所以厂里要求将传统的“看、闻、摸、尝”与现代完备的科学检测手段结合起来，严把质量关。厂里购置了大量现代化科学检测仪器，并严格检验。多少年来，“马应龙”系列产品从未出过质量问题，产品合格率一直是100%。

为了适应市场需求，“马应龙”开发了大量新产品。“马应龙麝香痔疮膏”自1983年问世以来，其产销量在同类药品中独占鳌头，并被全国肛肠学会认定为“非手术性治疗痔疮首选药物”；“复方甘草合剂”属于国家定点厂家生产产品；近年来推出的国家级新药“吡拉西坦口服液”，是改善脑功能代谢的治疗型药物。现在，马应龙的产品有软膏、片剂、液体制剂、胶囊剂等13种剂型，200多个品种。

“马应龙”这一古老的品牌正在演绎着新的传奇。

（新华社《中国名牌》杂志1996年第1期）

“一致药店”的示范效应

在深圳，无论是繁华路段，还是偏僻街区，人们都能见到一个清新的“启明星”门店标志，这就是以“一致的品牌、一致的配送、一致的价格、一致的经营管理、一致的服务规范”著称的“一致”连锁药店。一年多来，它已从最初的25家门店发展到101家，使一个曾经陷入困境的国有企业成为医药市场上的“启明星”，也由此在医药流通领域中引发了强烈的反响。

统一经营的市场优势

几年前，我国医药市场出现“百业经药”的混乱局面，不法厂商乘机制售伪劣药品，有关部门屡禁不止。在深圳可以出售药品的诊所、药店有2 000多家，在市场无序竞争面前，国有药店一度处于劣势。1995年，深圳市医药总公司下属药店大多不景气；1996年，800多人被迫下岗，公司亏损1.58亿元。

“求生欲”和“责任感”迫使深圳市医药总公司不得不寄望于依靠改革闯出一条新路。新上任的总经理刘晓勇琢磨：公司包袱重，亏损大，但它有一整套管理机构，有长期形成的信誉，有大量的专业人才和众多的门店，这是国有企业的优势，是其他经济成分不具备的优势。总公司领导层经过一年多的调研、酝酿，提出了“统购分销、连锁经营”的改革方案，以“紧密型管理、集约化经营”的思想，对深圳国有医药流通体系动“大手术”。由此推出了以“一致”品牌为核心的医药连锁销售方式。

去年3月，统一形象的25家“一致药店”出现在深圳街头。“一致”是“医治”的谐音，代表红十字又似“启明星”的标志昭示着这一新生事物像新星一样。“一致药店”登场就给深圳市民一个精彩“亮相”。经过一年的稳步发展，目前已有101家“一致药店”，它的“五个一致”和“三项承诺”（绝不出售假药，严格执行国家物价政策，热情接待每位顾客）在消费者心中扎下了根。

记者就近采访了“一致药店”华丽分店，得知它是“一致经营模式”的典型受益者，原来的310平方米营业面积变成了“一致”面孔，售货员由51人变成26人，营业额由40多万元变成80多万元。店主任告诉记者：“现在的管理方式，使员工的精神面貌变化很大，谁都能做到热情待客、主动服务，现在大家努力做的是让顾客获得意外的满意。”

在一致药店八卦三路分店，面对顾客的是摆设讲究的店堂，有柜台服务，也有自选市场，各种药品琳琅满目，店主任介绍，由于硬件和软件都有了改观，销售额不断增长。

在一致药店的“经营链条”中，总公司统购配送中心这个环节的作用尤为突出。中心负责人李广川告诉记者，过去，每年4次的全国医药订货会，总公司“各方面军”都参加，少则十几人多则几十人，每人每年开支要2万元。现在实行统一购配，每次订货会只需4个人参加，仅此一项公司每年就节约几十万元。由于减少了无序竞争，药品的购进价比原来平均降低2%。

正如深圳市领导所评价的，这项改革真正做到了“市民高兴、企业盈利、政府满意”。

品牌连锁的市场效应

创办连锁经营的“一致药店”能否在市场上站稳脚跟？人们也曾有过怀疑，担心万一一个店经营不当会导致其他店的连锁反应。一年的实践证明，依靠品牌连锁才有规模效应。“到一致来，买放心药”成了许多深圳市民的选择。“一致”在深圳家乐福超市开设了药店，营业初期由于没有来得及挂上“一致”招牌，日营业额只有两三千元。“一致”招牌一挂出，顾客纷至沓来，日营业额升至7 000元左右。统一鲜明的店面形象，整洁清新的店内环境，统一的品牌知名度，使所有的一致药店都共享由此得来的效益。

品牌识别方便了市民购买。深圳过去尽管也有一些声誉较好的国有药店，但是由于整个医药市场各自为政、管理不严，顾客不知到哪里能买到放心药，“一致”的面世改变了这种局面。记者在华兴百货大厦“一致”药柜边与一位孕妇聊天得知，她花了一个多小时，找了三条街到这里买西洋参，图的就是“一致”这个品牌。信誉产生的效应使很多香港、澳门的客人也慕名而来。

依靠品牌实现了低成本扩张，拓宽了国有主渠道。深圳一致药店面世时，只有25家，其品牌形象及市场地位确立后，社会上多种经济成分和商场纷纷加盟一致药店的连锁业，一致药店福华路分店原来是一个个体承包性质的药店，在“形势”

的逼迫下加盟了"一致"。原来的店主、现在的分店主任钟振雄告诉记者："我们不加盟'一致'，生意根本没法做下去。"像钟振雄这样奔着"一致"的品牌而来的，有40多家，每一个加盟店面都要严格按"一致"形象自投资金重新改造。

品牌战略给企业带来了可观的经济效益，也赢得了顾客的信赖。据调查，深圳市80%的市民购药都选择"一致"，101家药店家家盈利且利润月月增长，整个深圳市国有医药商业显示出了前所未有的生机与活力。

医药业呼唤健全的市场体系

最近，深圳市医药总公司向同行提出了"集团强强联盟、区域配送联手、终端市场联动"的"三联"倡议，得到不少省市医药集团公司的响应。总经理刘晓勇在接受记者采访时说："'一致'的初步成功使我们认识到，品牌叫响了，市场效应就大。我们正思考以'一致药店'为龙头带动公司其他产业，开发'一致'系列产品，组建'一致集团'，希望利用市场契机和'一致'品牌的影响，寻找向全国拓展的切入点。"

"一致"的改革经验引起了国内同行业的关注和兴趣，先后有20余个城市派人来考察学习，有的干脆提出，将"一致"连锁店开到他们那儿去，联合起来干。

近日，记者欣喜地获悉，重庆、广州、沈阳、南京等地区医药集团的代表完成了考察使命之后，与"一致"签订了市场联盟协议。一位参加考察的专家说："只要国家宏观管理部门重视，各地方政府支持，企业步调一致，努力探索，全国医药流通市场将会前景灿烂。"

（《人民日报》1999年5月12日）

一个“美丽的传说”

——深圳市美丽集团与特区共发展纪实

8月24日，“深圳经济特区30年30家杰出贡献企业”和30名“行业领军人物”提名名单在媒体上公示。在深圳数十万家企业中，经过多轮推选，最后由80多名专家评委评审产生，深圳美丽集团有限公司名列“杰出贡献企业”提名名单第24位。

创业梦想，深圳情结

从1994年到2010年，16年间，作为一家民营企业，深圳市美丽集团有限公司从无到有，从昔日一个名不见经传的小企业，发展成为今天的集商业地产开发、优质自留物业租赁经营、股权投资等于一体的综合性大型民营企业集团，总资产达到数十亿元，年均创利税过亿元，实现了其非凡的美丽嬗变。

然而很多人都不会想到，美丽集团仅起步于创业者6 500元的转业费。从6 500元到数十亿元，一幕属于深圳的创业传奇在美丽集团董事长欧阳祥山身上得以充分演绎。

深圳经济特区建立已经30周年，欧阳祥山来到深圳也有33年。欧阳祥山不仅是特区的一代“拓荒牛”，还属于置身于特区最底层的一块“奠基石”。欧阳祥山回忆说，33年前，他坐了三天三夜的闷罐火车，来到了广东省军区独立师步兵三团的平湖镇新兵营，这里当时是一片荒凉的小渔村。

1980年深圳经济特区建立，欧阳祥山被直接调到了深圳武警边防第七支队。为了建设“二线关”，欧阳祥山和他的战友们住茅棚，开山辟路，建设二线，白天酷暑难当，晚上蚊虫叮咬，难以入眠。茅棚一住就是四年，这正是欧阳祥山日后能经受创业磨砺的最坚实“垫底”。

此后，深圳作为改革开放的特区和窗口城市，汇聚了来自全国各地的无数淘金者，他们无不是带着美丽的憧憬和梦想才开始创业的，这些创业者也为特区的发展和建设做出了巨大贡献。这一切无时无刻在感染着、激励着欧阳祥山。

1994年，经历17年的军旅生涯，欧阳祥山即将从部队转业，由于这些年他目睹了特区的巨大变化，特区浓厚的创业气氛深深地吸引着他，他发现自己是如此深深地眷念这一片创业的热土，他感觉到自己已经离不开深圳。尽管当时面对很多不错的去向，他却毅然选择了投身商海，成为广东武警系统第一位放弃公职、自谋职业的军转干部。

开弓没有回头箭。当时的深圳特区已经是富翁云集，区区6 500元转业费能干啥？如今人们怎么也不会想到，欧阳祥山当初的第一次创业竟然是开小卖部。他明白开小卖部是绝对不能实现自己创业梦想的，后来他又相继开过铸造厂、面包厂、印刷厂等，接着又创办过商业地产公司、电子公司、金融投资公司等，大大小小创办过30多家企业。从创业伊始到今天为止，无数的辛酸和泪水伴随着他，压力从来没有减轻过，虽然历经无数困难，但他从没有想过要放弃，军旅生涯锤炼了他的坚强意志，他走过了一条常人难以想象的创业之路。

华丽转身，完美蜕变

当历经艰辛获得原始积累后，欧阳祥山开始华丽转身，介入房地产行业。从1997年开始，欧阳祥山与人合作投资，开发的房地产面积从几千平方米到几万平方米，再到数十万平方米；从不起眼的单体建筑到小有名气的社区，再到多个有影响力的明星楼盘。

速度就是效益。“深圳速度”在美丽集团的一个个项目上体现得淋漓尽致。欧阳祥山的性格是不服输、敢打硬仗，加上几乎所有楼盘他无不是亲力亲为参与，他的精神感染着也影响着他的同事，因此美丽集团的部分楼盘在国内创造了建筑时间最短，销售速度最快的“美丽传说”。

现在，走在龙华大街上，随便问一个路人，他或许都会搬出“美丽365”“美丽家园”这样的龙华地标建筑来为你指路。2009年，美丽集团在坂田开发和正在销售的“十二橡树庄园”由高层和多层组成，该楼盘为深圳高端市场贡献了一种前所未有的产品类型，其多层住宅从开工到封顶仅用了短短63天，可谓是特区三十年“深圳速度”新的美丽写照。如今，龙坂片区已成为深圳市CBD圈的后花园。在福田中心城上班，到龙坂片区居住，成为不少在深圳中心区上班白领的生活写照，当年“郊居化置业”的梦想已经照进现实。一位在美丽置业的业主对记者说，“美丽”帮我们在深圳实现了居家梦想和财富梦想。

企业转型，续写新篇

深圳特区30年，产业转型升级迈出新步伐，作为深圳本土崛起的民营企业，美丽集团站得更高、看得更远，视野早已超越城市与行业的局限，并一步步实现着自己的战略构想，向实力更强的综合性企业集团转型。

在商业地产方面，成功打造了被誉为“中国区域型购物中心样板”的龙华商业中心。该项目由龙华·花园街、园中园主题商场、商务酒吧街、华润万家主力店及甲级商务写字楼五个部分有机整合而成，是集购物、餐饮、娱乐、休闲、办公等为一体的一站式大型商业中心。

位于清水河附近凤仪山南麓的“中国饮食文化城”，曾是华南地区最大的一座仿古建筑群，被一些人戏称为“阿房宫”。美丽集团经过新的概念设计，赋予它新的生命——深圳“东方古玩城”。目前“东方古玩城”已进入装修阶段，建成后它将成为中国单项面积最大的书画、珠宝、瓷器、雕刻等艺术品的展销中心、鉴定中心和拍卖中心。毋庸置疑，“东方古玩城”未来将会成为深圳市文化产业新的亮点。

股权投资是美丽集团的又一战略举措。集团与中铁大桥工程局合作投资了部分项目。随着国家区域经济振兴规划的实施，铁路基建领域将迎来更大发展机遇，美丽集团参与其中，将为国家基本建设做出更多贡献。美丽集团还参股了深圳航盛电子股份有限公司，该企业是深圳市国资委与东风集团等单位合作投资的股份制企业，作为新能源汽车的GPS、倒车雷达、门控、汽车音响等关键零部件生产商，也属于国家与深圳大力扶持发展的新兴产业序列，公司前景看好。

在中国经济转型的背景下，作为大型民营企业集团，美丽集团多元化、综合性经营的发展新标签也越来越受瞩目。按照欧阳祥山的设想，美丽集团要做基业长青的百年老店。目前，美丽集团已经形成了以商业地产开发和高科技产业为主，房地产相关配套产业为辅的综合性发展模式，涉足文化产业、大型商业、风险投资、汽车电子、教育领域、旅游、酒店、包装、物业管理等行业，并取得了不俗的业绩，获得了社会的广泛赞誉。

人们看到，一个多元化、综合性的民营企业集团正在阔步迈向未来。

感恩社会，回报桑梓

稳健扎实，不事张扬，是美丽集团董事长欧阳祥山的一贯风格。

由于美丽集团此次名列“杰出贡献企业”提名名单，更多的人开始关注美丽集团。美丽集团的员工在报上看到这一消息后无不激动万分，一名保安对记者说：“身为‘美丽’的一员我深感荣幸，我不仅自己要投我们企业一票，还要叫我的朋友们也为美丽集团投票。”由此，公司的企业文化和凝聚力可见一斑。当记者好不容易采访到欧阳祥山，要他谈谈企业发展的经验时，他摇摇头说：“美丽集团与其他一些企业相比，还有很大差距。一个企业的能量不是无限的，在美丽的发展和成长过程中，兄弟企业给了我们很多的经验和参照，我们只不过是复制了他们经验和借鉴了他们的模式。”他还说：“美丽集团能有今天，要感谢改革开放的好时候，感谢特区的创业环境和氛围，感谢各界朋友的支持与关照。一个人的能力和精力也是非常有限的，所以还要感谢在职和曾经在公司工作过的所有同事的不懈努力。”如此质朴而又平实低调的回答，虽然有些出乎记者的意料，但这也正是特区第一代创业者的精神写照和性格特征的典型反映。

欧阳祥山在深圳已经度过了漫长的33年，将自己的青春年华献给了特区，至今他不仅始终保持着在部队和创业初期的那份刻苦与坚韧，而且更没有忘记自己作为企业家的社会责任。正因为怀着一颗感恩社会、回报桑梓的拳拳之心，所以多年来他不断为家乡建设和贫困地区的教育尽心尽力。除了捐资4 300多万元为家乡修建公路，改造电网，帮助家乡建起了云梦公园和云梦博物馆外，还为自己原服役过的部队捐资捐物800多万元；另外还通过中华基金“育才图书室”工程给西藏、内蒙古等边远省区的100多所中小学送去近10万册图书和数百台电脑。

如今的欧阳祥山，还是湖北省政协委员、湖北省工商联（总商会）副会长、广东省湖北商会会长、中国管理科学研究院客座教授。他还曾获得过“华商之星”“湖北光彩事业特别贡献奖”等数十项殊荣。

（《深圳特区报》2010年9月1日）

赏东方文化神韵　阅世界建筑精华

——文博宫古玩艺术品国际交易中心揭开神秘面纱

文博宫的经营范围与形式紧紧围绕深圳市文化创意产业这个中心，成为深圳文化创意产业园的又一新生力量。

话题缘起：在深圳布吉的西环路上，一直有着一座神秘的仿古建筑群，这座具有东方神韵的宫殿一直受到人们的关注和种种猜测。直到最近，它的神秘面纱才慢慢被撩开。

位于布吉西环路、停工搁置多年，原名为“中国饮食文化城”的仿古建筑群现更名为文博宫，并进入了最后装修阶段。

据悉，文博宫是目前国内单项面积最大的古玩珠宝艺术品交易中心，并定于明年 4 月正式营业。届时，文博宫将成为航母级文化旅游休闲购物公园和世界级的文化缩影，亦将成为深圳市文化产业未来的闪亮名片和国内文化产业的最新亮点。

完美蜕变，涅槃重生

文博宫是中国南方最大的仿古集群式建筑群，坐落于深圳罗湖周边的凤仪山南麓，前身为“中国饮食文化城”，曾是龙岗区的“十一五”重大工程项目，因规划而停工搁置多年，被人戏称为“阿房宫”。今年9月，深圳美丽集团大贸股份有限公司经过全新规划设计，让这个项目重新绽放生命——文博宫古玩与艺术品国际交易中心。

重生后的文博宫经营业态定位于古玩珠宝、玉器、陶瓷、书画、家具、铜器、杂项及艺术品等，以高端化、精品化、国际化为经营策略，打造集展销、鉴定和拍卖为一体的国际性古玩艺术品交易平台，涵盖“文化＋科技”“文化＋旅游”和“文化＋金融”的文化创意新模式，打造文化创意、工艺制作、艺术沙龙、创作体验、展示交易、休闲旅游为一体的综合性文化产业链。

文博宫预定在2011年深圳市文博会期间正式面向全世界开放。文博宫现正处于装修阶段，整体工程正紧锣密鼓地进行中。在各级政府领导、顶级商家、市民群众的期盼关注下，这里时刻上演着“深圳速度”。

作为文化产业中的古玩行业与艺术品行业，文博宫的经营范围与形式都紧紧围绕深圳市文化创意产业这个中心，为深圳“文化立市”添砖加瓦，文博宫无疑会成为深圳文化创意产业园的又一新生力量。

文化创意，创新模式

文博宫是深圳美丽集团大贸股份有限公司的最新杰作。

改革开放30年来，随着中国经济的崛起，人们的物质生活水平飞速提高，而精神生活水平却无法跟上人们的物质生活水平，整个中国文化市场一片方兴未艾的景象。

随着越来越多的人开始接触古董收藏，古玩市场成为人们的关注之地。同时，随着深圳“文化立市”的政策根本，深圳已成为全国文化产业发展浪潮中的先锋城市。近年来，深圳文化产业迸发出创新力和竞争力，随着文化产业以跨越式发展跻身四大支柱产业，深圳市扶持文化产业的力度不断加大。美丽集团大贸股份有限公司在整个古玩行业突飞猛进的发展宏观背景下，为满足市场需求，满足人民精神生活的需要，及时开拓了文博宫这一航母级文化项目。

在深圳特区建立30年，整个城市产业转型升级迈出新步伐之际，作为深圳本土崛起的民营企业，美丽集团站得更高，看得更远，大跨步地实现着自己的战略构想，向水平更高的综合性企业集团转型。在这样的突飞猛进中，美丽集团荣获了深圳市“杰出贡献企业”这一殊荣。

作为大型民营企业集团，深圳市美丽集团已发展成为集高科技产业投资、文化创意产业、大型商业服务、股权投资、物业管理、旅游商业经营、教育投资等于一体的综合性大型民营企业集团，实现了跨越式发展，并取得了不俗的业绩，获得社会的广泛赞誉。

目前，美丽集团正在加速企业转型，开始向“文化＋科技”“文化＋旅游”和“文化＋金融”的文化创新型企业迈进，文博宫是美丽集团的转型之作。考察过文博宫的专家们都一致认为，文博宫将会形成国内同行业创新发展的新模式，更将成为国内、东南亚乃至全球最具影响力的高端古玩珠宝艺术品交易平台。

文化为本，优势尽显

文博宫环境依山傍水，风景迤逦，内有特色鲜明的元明街、明代石坊、清阁、水街以及三百六十行壁画和风格各异的亭榭楼阁。无论是前门广场的大气磅礴、入门大厅的气势恢宏，还是多功能厅的高档典雅均为国际一流；每条购物街景绿树成荫，古韵悠长，细节更是细致入微，灯光、水景设计亦是国内乃至世界同类市场的突出亮点，让游客、来宾不仅能置身美轮美奂的购物环境中，更能享受宫殿级的购物体验。文博宫作为古玩与工艺品的交易中心，不管是占地面积、建筑面积还是建筑风格和特色，在国内同行业中开了先河。由于文博宫装修档次、藏品类型和经营模式将会在国内独树一帜，建成后无疑会是深圳市文化产业的新亮点和新名片。

文博宫周边山清水秀，景色诱人，融自然景观和人文景观于一体，拥有得天独厚的原始生态的自然景观，使未来“文化＋旅游”的发展潜力巨大。美丽集团大贸股份有限公司已经开始规划兴建的“美丽193之国”建筑群，以世界193个国家最具代表性的建筑为原型摹本。根据规划，这里将真正成为全球的“万国建筑博览群”。届时，该建筑群将成为国内乃至全球最具特色的旅游文化大街，更与文博宫浑然一体，成为国内独树一帜的“文化＋旅游”的创新产业模式，无疑会对众多高端买家产生巨大的吸引力，前来文博宫游览、观光和购物。

理念创新，吸引客商

文博宫以“精诚共创，商机共赢”为经营理念，以“人性化酒店式尊贵服务”为服务理念，其安保以军事化管理为营运核心，并辅以“5A自动化”的先进管理技术，开创了行业营运的全新模式。

文博宫承诺以只租不售的合作方式与商家共担市场风险，为商户提供更优越和永无后顾之忧的完美服务。

文博宫的文化论坛、艺术讲座、专题鉴赏、合璧展览、拍卖活动将会长年不断，以绝对高端和文化深度聚焦业内关注，建树话语权威。文博宫将成为文博会指定分会场，定期举行“国际古玩文化节”“艺术品收藏交流会”，打造永不落幕的文博盛会，并以每年巨额的广告推广费用投入，构建国际文化行业龙头品牌。

由于地理位置的优越，建筑风格的独特，旅游配套的完备，文博宫受到了广泛关注。最近，北京、西安、郑州、武汉、深圳、广州以及珠三角其他城市的古玩与艺术品经营者络绎不绝地前来考察，近百位经营者签订了租赁合同。一位来自于香港的林姓神秘收藏家一下子就签订了2 000平方米的合约。据他自己介绍，文博宫定位高端，规划缜密，购物环境无与伦比。对于文博宫未来的前景，他充满了信心。

（《深圳特区报》2010年11月19日）

文博宫：建构“中国文化产业第一园”

“南国有宫，名曰文博。”一首大气磅礴、气势恢宏的《文博宫赋》是这样开头的。

在深圳罗湖与龙岗交界的布吉，耸立着一座巍峨的宫殿，这就是目前中国长江以南最大的仿古建筑群，也是国内单体面积最大的古玩珠宝艺术品交易博览中心——文博宫古玩艺术品国际交易中心。

走近文博宫，记者立刻感觉到一份历史的厚实与凝重：新建的牌楼气势恢宏、高大宏伟，门楼上端“文博宫”三个镏金大字洒脱遒劲，在朝阳的映衬下闪耀着熠熠光芒。徜徉于这片跨越秦、汉、唐、宋、元、明、清七个朝代的仿古建筑群，仿佛穿越1 200多年的历史时空，文博宫内特色鲜明的元明街、明代石坊、清阁、水街以及三百六十行非遗画廊、各类雕塑和建筑风格各异的亭榭楼阁，令记者目不暇接。

打造文化产业“航母”

文博宫是中国南方最大的仿古集群式建筑群，也是国内外唯一跨越秦、汉、唐、宋、元、明、清七个朝代的建筑融合体。占地面积16万平方米，建筑面积13.3万平方米，投资额近20亿元。共包括了3条主题购物大街，26个精品艺术馆，6个展览大厅。其中1号馆是最大的，内设可容纳1 000多人的多功能厅；1 218间商铺；配套设施包括艺术酒店，富有民族特色民宗百艺馆，一个地下大型美食广场及1 850个停车位。

文博宫以高端化、精品化、国际化为标准，除了涵盖传统的古玩珠宝、书画、玉器、翡翠、陶瓷、家具、铜器、紫砂、茶艺、杂项等现代艺术品外，注重非物质文化遗产的弘扬，将“非遗”实态化、产品化和产业化。营造出集创作研究、展览交易、鉴赏体验、旅游休闲、科技创新、艺术金融为一体的综合平台。文博宫作为深圳新崛起的文化产业园，在一年前刚刚开业时，就成为最抢眼的亮点分会场及深圳大运会期间重点旅游景点，所有门面均被抢租一空，装修的商户入驻率已经达到100%。

文博宫的投资公司深圳美丽集团董事长欧阳祥山在接受记者采访时说：“投资近20亿元的文博宫只是美丽集团进军文化创意产业的起点。我们进军文化产业，打造成为世界级的文化产业‘航母’。”欧阳祥山介绍说，文博宫二期项目则是深圳美丽集团的又一个“大手笔”，目前该项目正在加紧建设，有望成为深圳的又一文化亮点、旅游景点。该项目占地3 600亩（1亩≈667平方米），将以世界上最具代表性的建筑为原型摹木，囊括世界建筑精华，连缀成800多米长的一条大街，成为全球唯一的“万国建筑博览会”，同时形成世界非物质文化遗产集散区。其中在凤仪山南麓将建旅游景区，景区内规划兴建的国际性大酒店将是深圳最大、最豪华的酒店，也是亚洲最大的星级酒店之一。不久的将来，这里将会成为国内乃至全球最具特色的文化旅游大街。

文博宫迅速发展成为深圳文化产业的一道亮丽风景，在全国引起广泛关注。原中共中央政治局常委李长春、现中共中央政治局常委刘云山、中共中央政治局委员汪洋、全国政协副主席厉无畏、国家文化部部长蔡武等领导，先后考察了文博宫，对文博宫的文化产业新模式都给予了很高评价。

大手笔凸现新魅力

去年以来，文博宫一系列新的大手笔再次吸引了不少眼球。新建的牌楼巍峨耸立；修缮一新的主力馆1号楼大厅格调高雅，尽显气派；民综百艺馆餐饮演艺精彩纷呈，独具特色的民俗表演受到热捧，尤其是祥山艺术馆二楼美术馆设施国内一流、名家大师的精品力作陆续展出……

近一年来，投巨资进行改造和装修的文博宫，又呈现了引人瞩目的10大新亮点：增加投资682万元，新建了40米长、25米高的牌楼，古色古香门前牌楼巍峨耸立，气势雄伟，成为文博宫一道新的景观；市政府投入巨资，对文博宫进行“穿衣戴帽”工程，使周边环境焕然一新；新投资560万元，按照国家画院标准装修的文博宫美术馆正式启用，短短时间就成功举办了多届全国性画展，吸引了一大批中国美协会员和有实力、有影响的艺术家。民俗非遗百艺馆开馆，精彩纷呈的系列节目和独具民族特色的“民俗表演”备受追捧；商户结构逐步调整向高端化转变，一批有实力的品牌商家陆续进驻。目前文博宫出租率已达100%；文博宫385公交总站及五大公交线路开通，长龙地铁近在咫尺，并与16家旅游公司签订了合作协议，已经形成“文化＋建筑＋旅游＋休闲＋购物”的经营特色，文博宫人气越来越旺；银行、民俗非遗馆、餐饮、小食、茶馆等陆续进驻，文博宫配套功能日趋完善；作为国内第一个跨越七个朝代古建筑群和艺术品经营相结合的传统文化产业基地，摄影协会、艺术品协会、影视传媒、拍卖鉴宝等21家机构扎堆文博宫，文博宫的品牌知名度大大提升。

今后，文博宫将定期举行“国际古玩文化节”“艺术品收藏交流会”活动，长年不断举行文化论坛、艺术讲座、专题鉴赏、合璧展览、文物拍卖，打造永不落幕的文博盛会。

文化创新走向未来

战略决定成败，思路影响出路，创新引领未来。

目前，无论从建筑风格、经营面积、产业规模、装修档次还是藏品品位、业态规划上，文博宫都在国内独树一帜。但欧阳祥山认为，仅仅靠这些是远远不够的，只有创新模式，文化产业园才能持续稳定发展。致力于打造中国新型的文化产业第一园，创新是唯一出路。

怎么创新？何为新型文化产业园？“新型”二字何以体现？欧阳祥山自有他的看法。他认为，现有的文化产业园的条件和标准早已不能适应时代发展的要求，国内各地的文化产业园的条件和标准是多年前制定的，很多已不能适应时代发展的要求。文博宫的投资额度、产业模式、业态组合、购物体验、环境要素和模式创新，已远远超越了原有文化创意产业园的标准，在此基础上，文博宫提出了要在国内率先打造“新型文化创意园”。相比于原来的文化产业园，从内涵到外延，文博宫对“文化创意产业园”的概念已经有了全新的诠释。

文博宫主要在“文化＋金融”“文化＋科技”和“文化＋旅游”等多方面进行盈利模式的创新。文博宫在同行业首创的金融创新，探索了艺术品证券化细分的一系列模式，为艺术品的收藏与投资提供了更多的机会和平台。由于该模式在国内同类文化艺术市场系首创，不仅能促进艺术品的流动，而且风险小、回报高，盈利前景可期，吸引了国内外一大批收藏家与艺术品投资人。中国银行、中国工艺美术协会和深圳文交所等国内外10多家机构与文博宫签署了战略合作协议，就艺术品金融化展开深度合作。

“文化＋旅游”重在体验，完美的体验来自于建筑风格和配套环境。欧阳祥山介绍，除购物体验外，文博宫还给予入住商户和艺术家最大的自由。他说，对艺术家来说，最具有诱惑力的条件是，提供创作的空间，使其能够专心进行艺术创作、从事艺术活动以及开展广泛的艺术交流。建构集工艺制作、艺术沙龙、创作体验、展示交易、休闲旅游为一体的综合性文化产业链，这才是一条持续性发展的道路。

欧阳祥山对文博宫的未来充满了信心，他满怀信心地宣称："我们决心深入谋划，加大投入，加倍努力，将文博宫打造成为中国新型文化产业第一园，使之成为深圳文化产业的一面旗帜，成为广东省乃至全国文化产业的一面旗帜。"

（《香港商报》2014年5月）

万洲：品牌造就强势

——访襄樊万洲电气集团有限公司总裁赵世运

全球经济一体化趋势和科学技术的飞速发展，给中国电气产业带来空前的发展机遇。在面向未来的竞争中，襄樊万洲电气集团有限公司创造出了一个民营企业高速成长的奇迹，它作为中国机电行业的骄子之一，正继续以不断创新进取的精神，在中国高新技术发展历程上留下坚实的足迹。

今年8月，本刊记者采访了襄樊万洲电气集团有限公司总裁赵世运先生。

丰碑诉说历史

襄樊万洲电气集团有限公司是以原襄樊万州电气制造有限公司为核心企业、于2004年9月7日正式组建的一家集科研开发、生产经营为一体的科技型股份制集团公司，辖珠海万州光电科技有限公司、襄樊万洲环保科技有限公司、襄樊万洲节能工程有限公司、襄樊万洲机电技术有限公司、襄樊万洲机箱结构有限公司、襄樊万洲工业电气成套设备有限公司六家子公司，为襄樊市成立的首家民营科技企业集团。公司大部分员工为具有大专以上学历的专业技术人员，既有很强的科研开发能力又有敏锐的市场意识。公司通过不断探索，逐步建立了适合企业自身特点和不同发展阶段的现代企业制度，始终坚持以市场为导向，以当代国际国内先进的高新技术为依托，致力于各种新型工业控制电气设备、机电一体化成套设备、智能测控仪表及传感器的开发、设计、制造与推广应用，已形成工业控制电气设备、环保设备、节能设备、机电一体化工程、光电子微波通信、传感器仪表六大类23个系列、五十多个品种、处于国内领先水平的高新技术产品。尤其在大中型电机的起动、补偿、节能、调速、控制方面已形成自身的产品优势和市场竞争优势，销售网络遍布除港、澳、台外的全国每个省、市、自治区，部分产品远销东南亚。万洲产品在建材、化工、冶金、矿山、汽车、市政、电力、家用电器等诸多行业领域得到广泛应用。

2002年12月，公司在珠海投资创办珠海市万州光电科技有限公司，正式拉开了企业向集团化发展的序幕。2004年9月，襄樊万洲电气集团有限公司的正式成立，则标志着万洲电气正式进入多元化快速扩张期。

2003年，万洲电气集团荣获湖北省科技厅授予的“全省优秀民营科技企业”称号；2004年11月，万洲电气集团在北京人民大会堂“2004年中国优秀民营科技企业”表彰颁奖大会上，荣获了“中国优秀民营科技企业”奖。

随着几年的快速发展，万洲集团用短短6年的时间从成立到现在发展成襄樊市首屈一指的规模化民营科技集团公司，其发展之快成为襄樊电气行业公认的奇迹。因产品市场的急速扩张，现集团总部厂区已经不能适应万洲集团的发展，扩产搬建势在必行。新厂区奠基的正式启动，标志着万洲集团发展又迈进了更坚实的一步。

丰碑诉说历史，万洲电气集团不断迈上新台阶。

品牌造就强势

万洲电气在企业成立之初就坚持品牌战略，以“造品牌产品、创品牌服务、做品牌企业”的经营理念作为企业发展核心内容，融合现代企业开放性经营管理思路，致力于为用户提供优质的产品和服务。公司成立以来，万洲电气坚持以产品研发技术的高新尖为起点，已走出了一条自主经营、自主开发、自我约束、自我发展适应高新技术企业发展且具万洲特色的成功之路，并迅速发展成为同行业经济效益和企业规模名列前茅的民营高新技术企业。同时，公司“始终追求领先一步”的开发战略，集中精力在产品性能、服务质量和科技创新方面形成自己的竞争优势，从而使公司很快在静止式进相器这一产品和技术方面建立了自己的霸主地位，形成了极具市场竞争力和影响力的“万洲品牌”产品体系。

公司坚持以人为本，尊重知识，尊重人才，注重员工培训和企业文化培育，形成了具有万洲特色的企业文化，造就了一支高素质的员工团队。企业综合素质不断提升。携品牌优势和技术优势，万洲电气产品的市场竞争气势咄咄逼人。2001 年被认定为国家高新技术企业，同年通过 ISO9001 质量体系认证，2002 年获“市民营企业优秀新产品”奖，2003 年被评为“湖北省优秀民营科技企业”。企业经济效益快速增长。2004 年销售收入将突破亿元大关。

至此，万洲电气从一个名不见经传的小小民营企业，一跃成为同行业中经济效益和企业规模名列前茅的民营科技企业。

科技提升优势

赵世运总裁认为，面对经济全球化的竞争形势，为了在日趋激烈的竞争环境中引领潮流，把握未来，他们始终以技术研发为动力，不断加大科研投入，通过科技创新系统工程建设，形成了有竞争力的产品结构。因此，万洲电气坚持以产品研发技术的高新尖为起点，已走出了一条自主经营、自主开发、自我约束、自我发展适应高新技术企业发展具万洲特色的成功之路，并迅速发展成为同行业经济效益和企业规模名列前茅的民营高新技术企业。

2001年5月被省科技厅认定为高新技术企业，2001年9月正式通过ISO9001质量体系认证，到目前为止已有7种产品获国家专利，3项产品获省科技厅重点推荐，多项产品获得行业殊荣；WP系列静止式进相器被国家经贸委认定为2001年度国家重点新产品；WDJ智能电机节电器被列入2003年度湖北省重点新产品计划；WDJ多功能节电器被列入2003年度湖北省火炬计划；WP系列静止式进相器、WYQ系列液体电阻调速器、WYQ系列鼠笼电机起动器等4个产品被中国水泥协会在全国水泥行业进行了重点推荐。目前该公司所生产的产品已涉及全国水泥、化工、冶金、粮食、汽车、石油等多个行业领域，销售网络遍布全国各大省、市、自治区，部分产品已远销东南亚。

在万洲电气集团，科技创新早已不是梦想。

战略引领未来

面向未来，万洲电气不会沉湎于过去的辉煌。赵世运总裁告诉我们，万洲集团制定了长远的发展战略，今后将继续立足于科技创新与新技术、新产品的开发、推广和应用，以科技为先导，以市场为导向，以管理为基石，发展万洲品牌。充分利用集团公司多元化、专业化有机结合的优势，调整产品结构和市场发展方向，力争在多个领域形成自己的产品优势，在最短的时间内，使企业做大做强，尽快使企业发展成为中等规模的科技型企业，并积极开拓国际市场，真正实现“植根万里神州，志在世界各地”的企业理想。

谈到公司的发展，赵世运总裁说：“万洲电气所取得的成就得益于拥有一个强有力且团结奋进的领导班子、一支高素质的员工队伍和一套科学规范的管理模式；得益于过硬的产品质量、完善的产品服务、优秀的人员素质，是企业对技术和产品奉行的‘至臻完美’之目标和不断自我完善、自我突破、自我超越的精神的集中体现。”

赵世运说：“我们相信，只要我们这个具有创新智慧、充满工作热情的团队一如既往地坚持实实在在做事、堂堂正正做人的原则，秉承万洲精神，与所有关注万洲电气的朋友一起共同努力，我们就一定会拥有万洲电气更加美好的明天。”

（《华商财富》杂志2006年6月号）

三九酒业：酿造气质天成的品牌文化

进入21世纪以来，中国白酒业面临发展瓶颈。湖北襄樊三九酿酒厂以其独特的品牌文化战略脱颖而出，这个默默无闻的中型企业做到了许多鄂酒企业想做却又不敢做的事。

品牌文化之魂，一脉相承

襄樊三九酿酒厂位于湖北具有2 800年历史的古襄阳城内，曾是当年刘备马跃檀溪、三顾茅庐、诸葛孔明躬耕之地。

2 800年的历史蕴含，古城襄樊的魅力源于她流淌不息的文化之河。而今天，襄樊三九酒业创造的文化魅力，也正是这种文化底蕴的传承和延续。

湖北襄樊三九酿酒厂成立于1956年，距今已有50年历史，它的前身是国营襄樊酿酒厂。几十年的历史积淀，该厂先后推出的“襄江”“演义”“诸葛酿”“襄阳人家”系列酒以“风格典雅、口感舒适、饮后口不干、不上头”等特点，为当地几代消费者所钟爱。正是因为拥有襄樊当地的稳固市场，三九酿酒厂过去的品牌意识较为淡薄，不要说挖掘诸葛亮故乡的历史文化赋予到产品上，甚至在当地也很少投入户外广告。品牌投资革命的一声炮响，三九集团给襄樊酿酒厂送来了品牌扩张主义，让这个企业和它的领军人物马永富萌生了让“诸葛酿演义”品牌走出楚天的想法。

营销界有一句时髦的话：卖产品赚的是一分一分的钱，卖服务是赚的一毛一毛的钱，卖品牌赚的是一元一元的钱。在市场卖酒不打造品牌是难以培养忠实消费者的，也是难以有持久的销量的。品牌为王，必须全力打造“诸葛酿演义”品牌。

正如当年未出山前勤学苦练、隐姓埋名的诸葛孔明一样，虽然襄樊三九酿酒厂拥有优秀的品牌，但是一直以来潜心修身却未走出过古城。然而，市场是残酷无情的！只要不积极参与竞争，就将有被市场淘汰的可能，哪怕你系出名门正派。湖北襄樊是诸葛亮文化及诸葛酿酒原产地，襄樊在三国时称之为襄阳，是当时南方的政治、经济中心和军事重地。诸葛亮出山之前的学识与谋略皆来自对襄阳文化的研习和与襄阳才俊的交流。

找到诸葛亮原产地这个文化富矿，三九人便提炼出“义”字这个诸葛酿演义酒的品牌灵魂。然后在这个灵魂的基础上，经过三年时间研发出"诸葛酿演义”酒这个载体。这个产品从包装到酒体完全是针对不同的市场而设计的，比如广东市场就是以33度为主打的铁盒包装，而在湖北则是以42度的纸盒包装为主打。细分市场，分众营销才能满足不同地区消费者的需求，好比诸葛亮对周瑜与曹操所用策略是不同的，一个要“激”；一个要“诱”。

三九人坦言，三九酿酒厂将始终恪守诚信的企业理念，这个理念将力助“诸葛酿演义”跻身华夏名酒的行列。

品牌文化之道，战略为先

在刘备三顾茅庐时，诸葛亮提出了经过深思熟虑的战略性主张《隆中对》。

一个优秀的企业决策者，也必须像诸葛亮那样，善于掌握和分析总体形势，做到全局在胸，才能在宏观决策时选准本企业的经营战略。马永富在他关于酒业的《新隆中对》提出的战略也即“冠盖荆楚，三分天下”。

狼烟四起，短兵相接。近年来，白酒企业市场竞争的惨烈程度已远远超出人们的想象，近距离的搏杀中，多少品牌沉浮。三九酒业“三分天下”战略的提出，表明了三九酒业在瞬息万变的市场打天下的雄心壮志。

三九酒业在演绎现代版的“三国演义”时，制定了“三级跳”发展战略。第一跳：以襄樊为中心，周边15个地区为辐射半径，确保年销售额在1.5亿元以上，从而使“三九”的产品在襄樊及其周边地区居于酒类产品销售的霸主地位。第二跳：寻求省会中心城市，集中优势兵力，打赢漂亮的局部战争，力争销售额达到3亿元，再造一个“襄樊市场”。同时打造四个“一”：一个优秀品牌；一支过硬的营销团队；建立一片忠诚度高的网络资源，并进行个性化管理；完善一套适应市场发展需要的营销机制，充分累积人力、市场、品牌、网络、信誉度等资源，在一定程度上提高产品的核心竞争力。第三跳：回师武汉，开拓武汉市场。对于武汉市场他们是志在必得。

在此同时，完成企业两大改革课题。第一，企业产权制度改革，建立并完善符合市场经济体制和发展需要的现代企业制度和运行机制；第二，寻求高端财源支持，争取战略投资者加盟，为未来发展打下坚实的经济基础，使“诸葛酿演义”

系列酒真正“冠盖荆楚”，成为名副其实的湖北楚天名牌。

品牌文化之根，诚信载道

关注口碑，建立诚信一直是三九酿酒厂的原则。三九酿酒厂是2004年国家级重合同守信誉企业。在招商工作中，湖北襄樊三九酿酒厂始终坚持三个“认可”：要让经销商认可企业，三九酿酒厂已经有50年酒业生产历史的品质保证；认可品牌，襄樊是诸葛亮的成名地和诸葛亮文化的发源地，因此，湖北襄樊是“诸葛酿演义”酒的原产地，具有真正的诸葛亮文化的底蕴；认可企业的先进营销理念和实践这个营销理念的人，三九酿酒厂以“诚信”二字当先，对经销商进行全程全方位的支持，做到利润留给客户，风险厂方承担。

市场经济是法制经济，也是契约经济，更是讲诚信的经济。在我国目前的经济生活中，合同欺诈、制假售假、恶意拖欠等不守信用的行为时有发生，严重影响了正常的经营活动和市场主体的相互信任。市场信用的缺失已成为制约经济发展的瓶颈。襄樊三九酿酒厂，一家有着50年历史的老字号企业，在全国白酒行业普遍不景气，产量、利润继续下滑的尴尬状况下，注重发挥信用在生产经营中的作用，自觉增强信用观念和信用防范意识，走诚实信用之路，树立了良好的企业信誉和形象，实现了经济效益的持续增长，在市场竞争中立于不败之地。

在市场竞争日益加剧的今天，商家之间的竞争手段层出不穷，有些企业靠广告轰炸、概念炒作、价格鏖战，甚至虚假宣传、以次充好，商业欺诈，虽然在短期内能蒙蔽消费者的眼睛，获得一时的经济效益，但这种急功近利的思想，最终要受到市场规律无情的惩罚。现代社会是诚信需求日益增长的社会，就个人而言，诚信是高尚的人格魅力，是立身之本；就企业而言，诚信是宝贵的无形资产，是立业之本。要做好酒，先做好人。“堂堂正正做人，老老实实做酒”，这是湖北三九酿酒厂在市场经济下以不变应万变的法宝。

三九酒业的决策人分析，现阶段的通路仍然是企业营销的主要手段之一。因此，如何强化网络通路管理，培植一批忠诚的网络客户，进而深化厂商命运共同体的建设，就显得尤为重要了。酒厂在对现有客户全面分类排队、划分信用等级、实行分级管理的基础上，建立健全了客户档案，并根据客户经营业绩实行动态管理，调整提升客户待遇。同时，他们利用政策优势，提高客户的凝聚力和向心力，出台并兑现了客户激励政策，使广大客户与企业长期合作而无后顾之忧。由于酒厂始终坚持“致力于客户利益体现”的价值观，极大调动了客户与企业长期合作、荣辱与共的积极性，使得客户理解、支持酒厂，销售产品不遗余力。

品牌文化之本，谋略创新

众所周知，诸葛亮的文化就是谋略文化。在竞争日趋激烈的白酒市场，如果没有谋略是难以打下一片疆土的。马永福的谋略就是营销策略的创新——建立厂商合作新模式：在企业形象、品牌形象方面狠下功夫，打造企业的品牌文化。

三九酒业决心要将“厂商合作新模式”的营销理念继续推行下去，人才资源是第一位的。人力资源建设是企业发展的基石，拥有人才就等于占领了市场竞争的制高点。在用人方面，三九酒业主张“非常人做非常事”。人才机制的建立，是为了更加完善管理。因此，三九酒业不惜花重金聘请人才加入到三九的团队中来，并针对快速发展的销售公司进行战略规划和组织机构调整，为下一步落实“冠盖荆楚，跻身十强，三分天下”的战略做准备工作。

企业管理者就是谋略家，必须给人才创造一个充分展示他们才华的舞台，不要怕投资去培养人才，人的潜力是无限的，通过企业的培养，人才的能力提高了，企业也发展了，舞台也有了。条件好了，他们能尽情发挥自己的优势，为自己创造更多、更大的人生价值，就不怕花钱培养的人才流失。我们就要学习诸葛亮善用、妙用人才。三九酒业的谋略家们明白，要想在品牌如林的白酒中脱颖而出，就必须把酒消费者眼中陌生的品牌变为知道的品牌、熟悉的品牌，最后成为忠诚的品牌，这是打造品牌的三步棋。为此，三九酿酒厂从墙体广告、报纸、杂志，从候车站广告到终端POP、DM单等，凡是可以动用的广告宣传手段都动用，经过一段时间的眼球吸引战役，让经销商和消费者看到了、听到了“诸葛酿演义”酒的名字和声音。

酒类市场的开发与维护，已由传统的广告营销战、终端争夺战、营销组合战，逐渐规范并进入资本运作的第四代营销时代。在竞争相对激烈的市场和区域，营销者必须采用强势入市的资本运作方式，这是市场拓展成功的保障。而进入整合营销的资本运作年代，整合资本才是关键。为此，三九酿酒厂提出了“厂商合作”的新模式。使厂家与经销商的关系由“交易型”向“伙伴型”转变，有利于联合做大市场。与经销商的合作，缔造厂商合作新模式，这种模式用差异化渠道、差异化服务的理念作为支持，还要求与之合作的经销商资源对等，即厂商共同投入、共享利润，在保证商家利益的前提下，风险由厂方承担。让商家（经销商）真正看到厂家的利益分配透明、务实，参与性大大增强。厂家把自己的部分既得利益转让给商家，实现真正意义上的厂商合作新模式。利益均沾，风险厂家担。

与经销商合作，三九酿酒厂提出：①如果经销商做到三个“认可”，便可与厂家共同约定一个固定的年度投资回报率，并以正式的合同确定下来，让经销商放心、放胆、放手去做市场。做到一个区域只有一家区域代理，以严格的市场价格体系和完善的产品策略，确保经销商长期稳定的收益。②零风险操作。该模式指只要经销商按照厂家的销售政策操作市场，合作期一年内的跑单风险由厂家承担。在未损坏包装的前提下，厂家将无条件退货，同时提供6个月的市场铺底货支持。这一系列举措透出三九酿酒厂在市场战略中的谋略。

品牌文化之光——冠盖荆楚

刘备三顾茅庐请出诸葛亮，并在之辅佐下，形成了三分天下的格局。

面对未来日趋惨烈的竞争，襄樊三九酒业制定出的“冠盖荆楚，跻身十强，三分天下”的企业目标正在逐步变为现实。

在新的时期，湖北襄樊三九酿酒厂正努力建设优秀的襄酒企业文化，以“新襄酒、新文化、新形象、新未来”的崭新风貌展现给世人。湖北襄樊三九酿酒厂将致力于建设历史文化酒厂，打造现代一流企业，创造湖北襄樊三九酿酒厂的美好前景。

襄樊三九酒业总结出了“挑战、协作、坚韧、创新”的企业精神。在激烈的市场竞争中发展，靠的是什么样的精神？靠的是不畏强手，敢向权威发出挑战的过人胆识，靠的是襄樊三九人的团结协作，靠的是独特的睿智和谋略，靠的是他们坚忍的意志、创新的胆略。

俗话说：“好酒不怕巷子深。”只要酒的质量真正做好了，老百姓都爱喝了，销量也自然不用发愁了。为了打造基业长青的酒业企业，襄樊三九酒业树立了新的质量观：酿造成功，滋润生活，彰显口碑。马永富认为，酒好不好，喝酒的人最有发言权。广告做得再好，如果消费者喝着不满意，认为口感不好，质量平平，最后也必定没有市场。所以，针对不同消费群体的喜好，在质量上下功夫，酿出消费者最爱喝的酒，使消费者喝了我们的酒之后，都成为我们的宣传员，推销员。这样的观点才会挖掘出质量的深层内涵。

马永富说：“好酒需要酿造，成功也需要我们酿造，我们的成功，就是襄酒酒业一代代好酒的诞生和延续，好酒滋润生活，给人们带来愉悦，这就是我们的价值，这就是我们的口碑。”

五十年风雨岁月，襄樊三九酿酒厂进入了发展的黄金年份。为了未来的发展，襄樊三九酿酒厂勾画了新的未来图景，设计了新的形象，其标识造型独具匠心，其中蕴含的故事栩栩如生，给人历史厚重、品味悠久之感。标识整体为一饱满圆形。在这圆里，企业所在地襄樊特有的三国时期“三顾茅庐”的历史典故被形象展现——古旧的茅庐、羽扇纶巾的诸葛亮和志在必得的刘备跪坐在茶几的两旁，开始“隆中对”……

（《华商财富》杂志2006年6月号）

海元：打造中国最具合作价值的物流平台

物流春天，民营物流企业命运危机

随着中国经济的快速发展，中国迎来了物流的春天，整个行业欣欣向荣，生机无限。然而随着中国市场经济发展，技术的不断进步，价值观念的变化和市场竞争的激烈，传统的运输行业受到极大的威胁，有些甚至面临着被淘汰出局和倒闭的命运，中国物流业面临重新“洗牌”的格局。

广东的物流业在国内起步较早。20世纪90年代初，随着广货的走俏，广东货运企业的足迹就开始遍布全国各地。当时的物流企业大部分集中在货运领域，被称为“做货运的”，其中95%是民营企业。他们基本的经营模式是以专线为主，从广州至某省或从广州至省内某市进行货运。第一代货运人见证了广东货运行业的发展，为当时广货全国性销售立下了汗马功劳。

进入21世纪，物流企业开始遭遇到前所未有的冲击。一是来自行业内部的竞争（据2003年的最新数字统计，2003年广州有170多家物流企业注册成立，即平均两天就成立一家物流企业）。二是受到无证无牌货运的强烈冲击。目前中国不合法货运企业的数量已远远超过合法的货运企业。这些不合法货运企业成本低，经营方式多变，占领了中国货运市场一部分的份额，严重扰乱了市场，冲击了合法市场业户经营的积极性，是造成货运市场不公平竞争的根源之一。这些企业一旦出了问题就难以解决，不是推延就是一走了之，严重侵害货主或承运人的合法权益，对整个货运市场造成极恶劣的影响。政府相继采取了措施，使不合法货运在一段时间内得到遏制，但在有的地区依然存在。三是客户要求的不断提高而造成的压力。客户需要供应链解决方案，从传统运输服务平台提高到现代物流服务平台。物流企业应顺应经济市场发展需求，以现代物流理念为客户服务，朝现代物流企业方向迈进。WTO的正式缔约，国外同行大规模的业务介入，他们拥有雄厚的资金和先进的技术，而这正是第一代货运人最缺乏的。面对货运行业的巨大变革，他们的生存空间越来越小，对于多年苦心经营的运输专线，他们感觉到从货运领域转向现代物流行业是一个很艰难的过程。

随着中国物流市场的全面开放，无疑将无情地考验着与它有关的人与企业。届时已经进入中国市场的国际物流企业将迅速扩张，在中国多层次、全方位地发展物流业务。正在发展中的广东物流市场已经成为国外物流企业的必争之地。“小、少、弱、散”，占95%的民营物流企业何去何从？这是摆在我们面前的一个重要话题。

“海元模式”，尽显中国民营物流魅力

面对激烈的市场环境，和大多数民营物流企业一样，海元物流也处于历史的十字路口，如何适应市场变化满足客户不断增长的业务需求，如何由传统的运输企业向现代物流企业转型，陈建君看在眼里，急在心中。

重组！只有重组！外部市场资源整合和内部结构调整才是民营物流的发展途径。

2001年，海元物流的重组方案正式出台：联合业内有实力的专线运输企业，组建新的海元物流集团，组建一个覆盖全国范围的物流配送实体网络。

同样的市场压力，同样的发展需要，海元物流集结了行业内著名的18家专线运输公司，共商发展大计。经过详细的策划，各公司对海元整合概念表现出高度的一致，一个覆盖全国的物流配送实体网络也形成了。经过一年的磨合，海元内部相互之间加深了了解，业务方面进行了彻底的流程改造。

“‘海元’是‘联邦制’。海元将大家联系在一起的那根纽带就是巨大的市场和经济利益，海元的‘成员’既有自己的‘自留地’，还可以享受‘最惠国待遇’。”陈建君如是说。

“自留地”的意思是集团成立后，海元各成员企业仍然可以独立经营一到两条自己最擅长的专线，彼此的专线互不重复，避免集团内部冲突。在当其中一条专线需要其他专线来配合时，他便可以享受兄弟企业的优质服务，还能有九折优惠，这正是他们的“最惠国待遇”。

2002年年底，海元集团浮出水面。陈建君被推选为海元集团的董事长。

重组使海元集团的规模化和信息网络化有较大的发展，集团总部则承担起管理和协调的工作，成员企业的客户、营业网点等都要纳入集团的统筹方案中，接受统一调配。现在海元在全国拥有了31家分公司、376个营业机构。目前，海元有40%运力是自有资产，50%是通过租用获得，剩下的10%则来自于短期租用。与此同

时，他们还在原有优势资源的基础上延伸了支线运输、末端配送，并自行研发了海元物流信息系统。

充分利用各专线资源，优势互补，激发各自的潜能，组建成一个更为庞大的干线运输网络群。网络群的建立使之在可发挥原有资源优势的基础上延伸了支线运输、末端配送和信息网络，从而大大提高了综合物流服务平台功能。另外，集团通过日渐形成的品牌优势逐步加强自己的营销功能，从而使企业在物流领域实现了质的突破，形成一个高层次的物流服务平台与完善的物流网络体系。

海元目前经营的京广物流带、广沪物流带、广渝物流带等区域示范网络群，带动了整个海元物流网络的全面铺开，使海元逐步从“点线”模式发展到“点线面”模式。海元的整合使之更具经济实力和操作实力，使海元能够自运输行业向物流业快速转型，这无疑是货运行业向现代物流业转型的一条捷径。实力的提高使海元有足够的能力在较短时间内配备了先进的计算机信息平台和语音呼叫中心，服务功能迅速提高。

物流业是新兴的黄金朝阳行业，也只有能够真正介入其中的企业才能体会它的魅力所在。物流讲究三流一网，即物资流、信息流、资金流和一个实体配送网络，其中最难建的是实体配送网络，因为它涉及的面比较广，资金投入巨大，并且充实业务的时间漫长，网络维护成本极高，海元的物流配送网络在某种程度上解决了这一大难题，使之在进入物流业之初就抢占了制高点。

面对众多的国内外同行，海元人走出一条属于自己的道路，虽然尚不完全具备国有企业的强大后盾，但他们有根深蒂固的市场基础；虽然尚不完全具备外企的先进技术和理念，但他们有足够的行业经验并已将其升华为海元思想的独特创意。一个独具中国特色的民营物流企业形成了他们特有的模式，该模式必将更深层次地带动整个货运群体向更高的平台转进。

“不经历风雨，怎能见彩虹？”重组后的海元展现出惊人的合力，业务的高效和统一，使之提高了营运的时效，成本在重组后得到了有效的控制，整合的力量尽显无疑。

海元的资源整合很快有了回报。中国人民保险公司将目光转向了重组后的海元，感觉到他们重组后体现出来的规范经营、具体实力等，以及其可持续发展的前景，为他们量身定做了货物运输统保方案。

“贯穿整个重组方案的是诚信，各专线公司之间的高诚信度是海元成功的基础。”陈建君如是说。也正是对诚信在这个行业里的重要性认识上的高度统一，形成了“诚信，铸造未来”的海元企业理念。

采访中常常被“海元人”的自信和豪情感染，海元人对企业自身的发展充满信心，努力创造一个最有合作价值的物流企业。正是“海元人”的这种团结奋斗、诚信实干精神使海元这个集体更具魅力和竞争力，以重拳之举展示在2004年物流业的舞台上。

陈建君说：“‘海元模式’这种既松散又紧密的合作关系，使得这些过去本是‘冤家’的货运企业们结成了‘亲家’，他们都希望通过兄弟企业的辅助服务让订单完成得更漂亮。”由于少了单枪匹马作战的辛苦和风险，这些企业都非常愿意把自己的优势和成功经验拿出来让大家分享。“海元现象”顺应了中国目前现代物流发展形势，重组后的海元物流接单能力成倍增长，品牌效应明显，从而吸引了更多的优秀人才，促使其物流服务技能充分发挥，为中国中小型民营物流企业的发展提供了一个很好的借鉴。

铸造品牌，建构中国最具合作价值的物流平台

“21世纪是品牌构架的时代，在未来市场的竞争中，仅有好的价格优势和配送体系是远远不够的，随着服务需求的不断提升，企业品牌才是永恒的旗帜。要在未来市场立于不败之地，必须创立知名品牌，做中国最具有合作价值的物流伙伴。”陈建君说。

当谈到海元创品牌，做中国最具有合作价值的物流伙伴的目标时，健谈、乐观、睿智的陈建君显露出深沉与坚定的表情。

他说：“人的生命只有一次，企业的生命也只有一次。海元人已经抱定了将以不断的创新精神来永续企业的生命，做中国最具有合作价值的物流伙伴的企业。海元人的创业是用全部的心血在做服务，是在用企业的生命搏市场。”

“海元”在风浪搏击中，始终注重引导员工先做人，后做事，倡导一种个人、企业、社会三者之间比较和谐的价值取向。因为只有不断为社会提供利益的企业，才能有生命力。

陈建君深有感触地说：“未来的市场竞争 ，将主要是服务水平和质量的竞争。创建一个良好品牌，做中国最具有合作价值的物流伙伴企业，是一个综合性很强的系统工程，创品牌、树形象不仅是从运输、仓储、配送、价格到服务质量全过程的控制结果，更体现着经营者与社会的价值取向理念，是一个企业综合管理素质的集中体现。也许，创建物流行业中国品牌第一的路还很漫长，但是我们的决心已定，不论时间有多长，代价有多大，我们将勇往直前！”

中国市场在呼唤着品牌，海元人始终专心致志地为用户创造优质、廉价的服务品质，矢志不渝地打造自己的品牌。

在广州这块充满生机和适宜创业的热土上，陈建君更加“野心”勃勃，他攀登行业地位的终极目标是：广州第一！中国知名！

整合资源，折射民营物流企业发展之路

“海元模式”为中国民营物流企业的发展探索了新的途径。

中国民营物流仍处于起步阶段，发展还不平衡。社会化、专业化服务将成为物流企业的发展趋势。当今国际上先进的供应链系统的物流模式，可以降低成本、提高服务质量和增强竞争能力，要采用发达国家的先进管理机制来开发适合中国国情的物流体系，引导民营物流企业在现有的基础上向信息化、网络化、规模化、多元化方向发展。据报道，日前在北京、上海、天津、广州、深圳、沈阳、武汉等中心城市，许多实力雄厚的跨国企业已经逐步利用了中国第三方物流，一些国内企业加入了国外跨国企业的供应链联盟。中国加入WTO后，服务贸易进一步开放，物流业潜在的巨大市场定会为国内外企业提供最广阔的发展空间和良好的机遇。

中国民营物流企业像“海元”一样正在逐步发展，但其在成长过程中也面临较大的压力，亟须深层次的碰撞、交流。实行民营化，由政府全面管理转向依靠市场机制或混合机制是一种全球趋势，其结果将是大部分物流业务的发展由生产者推动转变为由消费者推动。这种变革意味着民营部门在物流业中的作用更大，而政府部门在物流业中的作用将发生重大转变，即由直接的行政指导转变为行政的引导与监督。

有关专家已经指出，发展国有物流业要与发展民营物流业相结合，当前的重点要扶持民营物流业的发展。作为国民经济的命脉和支柱产业，缺少国有物流业是不行的，深化国有物流业的改革，必须转换机制，增强实力，加速市场化进程，发挥以干线运输为主体的国有物流业的主导和示范作用。但同时，还要制定相关政策，鼓励支持民营资本、民营企业进入物流业，特别是在资金、税收、土地征用等方面要予以政策倾斜。要形成国有物流业、民营物流业与外资物流业三足鼎立，互相补充、互相竞争、相互制衡、共同发展的市场格局。

无疑，在这种大环境下，“海元模式”将凸显其特有的价值。

（《华商财富》杂志2004年8月号，与邱一鸣、杨瑞秋合作）

“济三”品牌之谜

——济三煤矿创建“中华第一矿”品牌

兖州煤矿集团品牌运作的大手笔

2001年年底，中国煤炭系统立井开拓井型最大、产量最高、装备最优良的现代化特大型煤矿——兖矿集团济三煤矿在兖州矿区正式投产。2001年12月18日，济三煤矿顺利实现产煤500万吨，盈利2亿元，当年投产、当年达产、当年盈利的目标，创造了国内外煤炭建设史上的奇迹。

2003年12月26日，山东兖矿集团济三煤矿年产煤突破1 000万吨大关，成为世界上第一个实现年产煤1 000万吨的井工煤矿。这不仅是中国煤炭工业史上的一个壮举，也是世界煤炭生产史上的一个奇迹。济三煤矿堪称“世界立井第一矿”。

这是兖州煤矿集团将目标瞄向世界一流企业书写的大手笔。

济三煤矿系国家“八五”重点建设项目，年设计生产能力500万吨，矿井服务年限81年。煤矿位于山东济宁微山湖东侧。该矿面积110平方千米，煤矿地质储量8.8亿吨，可采储量5.35亿吨。其中三层煤4亿吨，占可采储量的74.7%。煤种主要为优质气肥煤，低灰、低硫、低磷，发热量高、挥发份高，既是良好的炼焦配煤，又是适合造气化工和制造水煤浆的良好原料。济三煤矿瞄准世界最先进的科学技术水平，先后引进国外高度自动化的大型提升绞车、无轨胶轮车、综采设备……此外，科学的通风系统、排水系统、供电系统的先进设备配置，也为日后煤炭生产的安全、优质、高效提供了可靠保证。济三煤矿是中国第一个集煤、电、港于一体的现代化综合性企业。

现在，济三煤矿年产煤已达到1 000万吨，创造了在全国煤炭系统赫赫有名的“济三速度”。

兖矿集团济三煤矿位于微山湖畔，该矿在全国创了“三个之最”：一是全国目前设计生产能力最大；二是技术装备水平最高；三是建设速度最快。年产500万吨的规模，于当年投产、当年达产、当年盈利，一举打破了国内同类新建煤矿从投产到达产需3~5年的常规建设。

三年来，该矿生产原煤2 300多万吨，五年规划三年完成；销售收入40亿元，实现利税18亿元，经济运行质量显著提升；安全生产持续健康发展，累计百万吨死亡率为0.053，居国内同类煤矿领先水平；初步形成了科技创新工业园、高效生产工业园、煤炭旅游观光工业园，安全型、环保型、效益型“三园三型”绿色生态矿井，改变了人们对煤矿“脏、乱、差”的传统印象，展示了21世纪中国煤炭工业的发展方向。

“三年三大步”，铸就了令人称赞的“济三”品牌。

品牌的规模效益，从500万吨到1 000万吨

品牌理论认为，品牌的规模效益应该是大大领先于同行的。

采矿业的资深人士认为，一座年产能力300万吨以上的特大型矿井，如果在3至5年内完成投产到达产，也就创造了国内立井煤炭生产的最好水平。然而，济三煤矿的人们以科学的态度、昂扬的斗志、优异的业绩打破了这一结论。

济三煤矿作为兖矿集团最年轻的矿井，作为全国立井开拓设计能力最大、装备水平及技术含量最高、发展前景最好的现代化特大型矿井，从筹建之初就坚持用大思路、大气魄、大手笔设计未来，建设未来，确立了“中国第一、世界一流”的目标，按照“高境界、高标准、高水平、高素质”的要求，要把济三煤矿建成技术装备、管理水平、经济效益、综合形象“四个一流”的现代化矿井。

2000年12月28日，济三煤矿投产之日就提出了“三年三大步”的发展战略：2001年实现当年投产、当年达产、当年盈利；2002年原煤产量突破800万吨；2003年达到年产1 000万吨的生产规模。

一个刚投产的特大型井工矿井，第三年产量就要实现翻番，达到1 000万吨生产规模，不仅在国内前所未有，在世界采煤史上也未有耳闻。

作为一个新投产的矿井，配套工程尚未完工，规章制度尚未健全，人员素质参差不齐，要想“三年三大步”，其困难可想而知。全矿上下没有被困难吓倒，而是以敢为人先、舍我其谁的气魄，勇挑重担，无私奉献，以超人的毅力投入到矿井生产建设中去。

济三煤矿有70%以上的煤田在微山湖下开采，地质条件异常复杂。一是断层密度大。二是矿井水害对生产影响严重。2003年出现较大的突发涌水4次。其中，

6302工作面最大涌水量430立方米/小时，1304工作面最大涌水量127立方米/小时，尤其是6300工作面最大涌水量460立方米/小时，造成工作面停产7天。

2003年以来，面对千万吨硬仗，他们坚持以煤炭产量的增加确保经济效益增长的原则，科学高效地组织煤炭生产，设立生产目标台阶奖，重奖生产区队有功人员。突出生产重点，成立专业包保小组，现场跟班指挥；精化系统检修，日检旬检相结合，灵活调控检修时间，提高检修质量；增强压力和责任，强化原煤生产系统管理，加大监督考核力度等特殊保证措施，有序推进了煤炭生产建设，确保了千万吨奋斗目标的完成。

三年梦圆，铸就辉煌。2001年，济三煤矿产煤510.8万吨，实现了当年投产、当年达产、当年盈利2亿元，创出了中国煤炭生产史上的奇迹；2002年，全矿年产煤803万吨，比设计产量超出了300万吨，等于再建了一个特大型煤矿；2003年，年产煤突破1 000万吨大关，开创了世界煤炭立井开采年千万吨生产的先河，塑造了中国煤炭业品牌新的闪光点。

生命重于泰山，视安全为品牌的至高原则

安全不容半点马虎，安全不容片刻懈怠。煤炭业要打造品牌，应该视安全为至高无上的原则。

2002年6月，全国安全万里行代表团来到兖矿集团济三煤矿，作为全国煤炭系统唯一受检查的代表，济三煤矿受到了代表团的高度评价。

济三煤矿是中国第一座立井开拓、设计年产500万吨的特大型煤矿，2003年原煤产量突破了1 000万吨，成为世界上第一个实现年产1 000万吨的井工煤矿，成绩令世人惊讶。而最让济三人自豪的，是济三煤矿近年来实现了安全产煤1 900万吨，创出了中国煤炭安全生产史上的奇迹。

济三煤矿坚持以人为本，抓教育培训，依靠科技和强化管理，增强了避险抗灾能力，安全生产管理达到了国际先进水平。这些使之成为中国煤炭企业先进生产力发展方向的代表。

走进济三煤矿采区办公楼，就见门上镶嵌着八个金光闪闪的大字：安全责任重于泰山。这几个字是每个煤矿工人从内心深处喊出的真切之语。

久在煤海搏击的济三煤矿领导班子对煤矿安全有着刻骨铭心的认识：产量再高，质量再好，只要安全有问题，肯定“一票否决”。所以，济三煤矿以泰山般的责任感对安全高起点规划、精细化落实，立志在全矿上下形成一种既要

做建设“世界级高产高效”水平矿井的功臣，又要争做煤炭行业安全生产排头兵的共识。

矿决策者把安全生产提升到从维护国家及全矿干部职工的根本利益出发，以“为党分忧、为国争光、为民族行业争气”为己任，坚定不移地把安全生产工作作为稳定发展的最基础、最重要的保障来抓，不断提炼与升华企业安全管理理念。同时，围绕矿井总体战略目标的稳步推进，他们居安思危地进行反向激励，不断拓展丰富“安全就是生产力”的安全理念，从强化“一条街、一条巷、一走廊、一园地”安全建设等基础工作入手，集中全力抓好安全生产基础建设。

以提升全员安全思想境界为着眼点，济三煤矿不断深化煤矿安全文化建设，致力打造驱动持续安全生产的人文环境。

有规矩才能成方圆。济三煤矿立足于管理创新，在矿级领导班子、基层区队长、班组长中按责任交纳安全风险抵押金，在广大职工中推行月度安全保证金制度，视安全状况对等奖罚。专职安监员工资奖金与生产脱钩，只与安全挂钩，切实提高了执法力度。各单位之间实行安全生产联保联挂和安全逐级承诺，事故处理实行安全责任追究，突出重奖重罚。只要安全成绩突出并能完成考核任务，职工就能得到“看得见”“摸得着”的好处。而出现安全问题的人员，不但要“交票子”“丢面子”，还要“换位子”。这样不仅使遵章守纪者得到了安全的实惠，使违章者受到了不讲安全的惩罚，也使旁观者感到只有搞好安全生产才能得到最大的效益。在现场安全生产中，创新使用“三镜”工作方式，即排查现场隐患时用“显微镜”，在抓好重大隐患排查治理的同时，决不放过任何细小事故苗头；事故分析处理时用“放大镜”，对影响安全生产的所有事故都进行放大升级处理，以严厉的处罚力度，有效控制各类事故的重复发生；制定安全规划时用“望远镜”，做到部署超前、防范超前，实现安全生产长治久安。

注重品牌核心竞争力，打造科技高起点

现代品牌注重的是核心竞争力，而兖矿集团济三煤矿的核心竞争力则来自于现代高科技。

济三煤矿从投产之日起，就瞄准“三年三大步”的奋斗目标：2001年实现当年投产、当年达产、当年盈利；2002年原煤产量突破800万吨；2003年将实现原煤生产1 000万吨。同时，还创下了投产3年产煤总量突破2 300万吨、事故伤亡人数为零的记录。

这些数字，是济三煤矿运用科技、坚持科技创新的结果。济三人凭着对科学的不懈追求，对技术的精益求精，把济三煤矿打造成了一朵微山湖畔摇曳多姿的奇葩，一颗璀璨夺目的煤海明珠。

矿长李位民是工程技术人员出身，从筹备处设计师到济三煤矿的总工程师，再到矿长，先后为济三煤矿完成大小科技项目和推广应用成果100多项，个人专利4项，其中21项获公司以上科技进步奖。他的进步历程从一个侧面验证了济三煤矿对科技的不懈追求。他说："济三煤矿立志建成'中国第一，世界一流'的现代化矿井，科技兴矿是根本和基础。"

建设之初，济三煤矿就坚持高起点、高标准设计和规划，设计者们紧紧把握科技发展的脉搏，精益求精，仅设计方案就四易其稿，做了两次调整，地下开采全煤巷的设计在当时煤炭界引起了不小的轰动。

济三煤矿是兖矿集团最后在济东煤田建设的最大矿井，它汇集了国内外的核心技术，以一流的装备、一流的技术和一流的创新打造的特大型现代化矿井，代表着中国煤炭工业同类矿井的最高水平。

济三煤矿能有"三年三大步"的业绩，尤其是年产原煤1 000万吨的新纪录，世界一流的装备立下了汗马功劳。

没有高素质的科技队伍，就不可能有科技的领先地位。济三煤矿大力实施人才工程，建造科技"孵化器"，成立科研中心，建立了以总工程师为首的科技管理体系，颁布了《济三煤矿科技工作管理办法》，明确了各级技术负责人在企业技术进步和科技管理中的地位和作用。同时，利用多种形式筹措科研经费，一方面坚持重大项目列入公司科研项目或矿井建设项目；另一方面从科研项目本身带来的经济效益中列支。近年来，全矿在科研项目中投入的资金已有2 000余万元。

济三煤矿的职工主要是由基建队伍就地转业组成，还有不少是从其他矿区抽调来的，人员素质参差不齐。为了整合队伍，提高人员科技素质，该矿制定了多层次、宽领域的培训规划：矿副总以上的领导不定期到国外考察学习；中层管理和技术人员到大专院校进行培训；职工则不时能听到大专院校的教授、专家的现场指导。为了让技术拔尖人才脱颖而出，济三煤矿还每年举行一次优秀设计作业规章评选活动，对创新突出者重奖；每两年举行一次科技成果展，评出一、二、三等奖，进行奖励。攀登科技"制高点"的济三人深深认识到，只有不断迈出科技创新的脚步，才有可能雄居第一。他们凭借完善的科研体制、精良的科研队伍，结合自身实际，不断进行科技创新，科技成果层出不穷，为2003年突破原煤产量千万吨大关创下奇功。

在防治水方面，坚持先探后掘、先探后采的防治水原则，积极采用井下音频电透视测水技术，有效指导矿井安全生产；针对采区无岩集巷、工作面排水困难的特点，对回采工作面设计施工同层泄水巷，有效提高工作面回采期间的防排水能力。近年来，他们先后投入了9 200余万元，对矿井的提升、运输、洗选等系统进行技术改造。济三煤矿坚持科技创新实践，为高产高效矿井建设注入了强大的动力，取得了显赫的业绩：2000年以来矿井先后荣获“太阳杯”“鲁班奖”“中国煤炭科技创新双十佳单位”等多种荣誉称号，其中《高效洁净煤矿安全特大型现代矿井的创建与实践》这项研究成果，荣获全煤科协科技进步特等奖，创出了单个矿井获此殊荣的先例。

（《华商财富》杂志2004年11月号）

品牌不可能一蹴而就

——兼谈品牌滥评定之危害

企业品牌战略是一项系统工程，包括品牌战略目标、长中短期规划，“中国名牌”评选曾经风靡全国，很多企业一直对其趋之若鹜。但是这一项评选也受到了公众的大量质疑，去年国家质检总局毅然宣布停止名牌产品评选。

众所周知，品牌“三度”（即知名度、美誉度、忠诚度）是衡量产品营销的重要尺度，是企业市场竞争的锐利武器。对于我们皮革企业来讲，市场的竞争格局也正在由加工贴牌向品牌竞争转变。在今后，谁塑造的品牌品种新颖，质量可靠，服务优良，并逐步成为市场强势品牌，谁就会形成核心竞争力。

但笔者要强调的是，品牌塑造是企业的一项长期战略，品牌的形成绝非一蹴而就，这是由品牌发展和成长的客观规律所决定的。

品牌战略需要长期规划

“罗马不是一天建成的。”企业品牌战略是一项系统工程，包括品牌战略目标、长中短期规划、品牌理念与文化的提炼与确立、核心竞争力要素的梳理、营销、渠道与服务的策略实施、品牌传播与推广策略等，这些需要有一个长期的系统建构。我们研究国内外著名企业的成功案例，充分说明企业的品牌战略，是需要在长期的品牌创造活动中，不断地总结、积累，才能在风风雨雨、磕磕碰碰中不断成长壮大起来。另外，品牌的形成是循序渐进的，品牌塑造一定要系统化、规范化、持续化，否则再好的品牌也会被无情的时间所摧毁。品牌建设要长期坚持下去，品牌战不是空间战，而是持久战。当你坚持了，你的品牌就离成功更近了一步。

品牌一般很难爆发，而即使爆发的品牌也通常不会受到尊重。一些企业对于产品和品牌缺乏相应的长期战略，这种企业一般很难担负起塑造品牌的责任。如过去的秦池、孔府家、孔府宴等酒类产品，也是短暂的声誉鹊起，结果呢，如今都已经萎靡甚至消失了。由于这些企业的经营者急功近利，单纯地认为只要花巨资打广告就会快速成名，违反了品牌锻造的客观规律，结果受到市场的惩罚，这说明做品牌不仅仅只需要很大的投入，更需要持久的耐力。

品牌发展和成长的规律，决定企业的品牌战略决策行为不可能“一气呵成”。随着市场竞争越来越激烈，环境的改变，不确定性的增加，竞争的加剧，对企业品牌战略决策的长期性和科学性提出了越来越高的要求，所以以往我们“拍脑袋”和“临时抱佛脚”的决策方式是应该彻底摒弃的。

品牌文化需要历史积淀

品牌塑造的关键是品牌文化。从消费者心理学角度来讲，品牌在人们心目中代表了使用者具有的那一类身份、地位和个性。更重要的是品牌可以给消费者一种文化附加值，给社会传播一种观念。消费者购买和消费优质可靠的品牌商品，可使其感受到相应的身份、地位、荣誉和自信，从而获得心理上的某种满足与体验，提升消费者的效用。现阶段，可以说很多消费者对品牌考虑最多的并不完全是质量问题，而是一些感性元素，如品牌个性、品牌价值、品牌气质等。但是这些品牌理念与文化需要时间的考验，才能逐步被消费者认同，才能逐渐从众多同类产品中脱颖而出。

历史成就品牌，也更能考验品牌。纵观国内外的百年品牌，无不是其文化的长期积淀形成的。如美国的福特、中国的老字号同仁堂等概莫能外。奥迪汽车的百年品牌历史积淀了奥迪品牌深厚的文化，奥迪从创立豪华汽车品牌的辉煌起点到二战时期经历的坎坷磨难，再到今天领跑高档汽车市场的百余年发展历程，这不只是彰显了一段汽车工业史上最为跌宕起伏、荡气回肠的传奇历史，更是对奥迪品牌价值和品牌文化理念的深刻阐释。还有其他很多世界顶尖级别的品牌，都经历了上百年的沉淀，积聚了丰厚的文化底蕴。再如皮具行业的香奈尔、路易·威登、登喜路等世界知名品牌都是通过百年沧桑凝练出了恒久弥新的品牌文化遗产，才成为了举世闻名的大品牌。可见，成就品牌是需要一段历史来实现其文化积淀的。

品牌传播需要积累效应

品牌塑造能为企业创造持续、稳定、独有的有形利益和无形利益的竞争手段与优势。品牌忠诚度是企业通过产品和服务与消费者建立的，需要企业主动追求和不断维护与消费者的关系。那么，品牌传播肩负着企业品牌形成忠诚度的神圣历史使命。

当我们很多企业都在羡慕海尔的品牌光环时，还应该注意到海尔的品牌成功是奠定在长期一致的品牌理念传播过程中的，海尔“服务到永远”的理念能深入到中国消费者心中，与其长期一致的品牌传播积累效应有着密切关系。我们大约还记得前些年的“秦池”酒的急功近利的传播方式导致的结果，笔者曾在《争霸中国》一书里有记载：20世纪90年代，“秦池”酒以3.2亿元夺得中央电视台广告“标王”。“秦池”的决策者以为单凭广告的“狂轰滥炸”就能炸出个著名品牌了，结果“秦池”品牌危机公关失误，传媒引导失策，有了知名度丢失了美誉度，招致了最后的市场败局。

品牌形象传播是一个系统的、持续的、不断调整的过程，同时它还需要极高的专业技巧。传播的前提是遵守品牌管理的法则，传播的目的是塑造和管理品牌，品牌的形成是循序渐进的过程，也是一个持续传播的过程。企业如果急功近利，期望“一口吃成个胖子”，就会导致品牌的传播违反系统化、持续化、变动化的传播规律，难以形成优良的品牌形象。所以请企业家们切记，品牌塑造是长期而艰巨的工作，品牌传播效应也是需要长期积累才能形成的。

品牌评选泛滥贻害无穷

10年前，笔者曾在畅销书《中国名牌命运》一书中大声疾呼：名牌不是评选出来的，而是在市场竞争中形成的。并对名牌评比的种种危害进行了切中肯綮的批判。

但是，时至今日，还有很多莫名其妙的机构仍然在巧立名目，花样翻新，进行各种各样的品牌评定和各种“认定”。众所周知的“中国名牌”评选曾经风靡全国，很多企业一直对其趋之若鹜。但就是这一项评选也受到了公众的大量质疑，去年国家质检总局毅然宣布停止名牌产品评选。

叫停名牌评比的原因无外乎如下几种：其一是名牌评选涉嫌违法。有律师曾致函国家质检总局和国家工商总局，表示质检总局该行为违反《中华人民共和国反不正当竞争法》和《中华人民共和国广告法》的相关规定，建议质检总局停止进行名牌评选活动，今后不再直接或间接搞任何名牌评选活动，撤销尚在“有效期”内的各种“中国名牌”“中国世界名牌”产品的相应称号，并废止《中国名牌产品管理办法》及其他相关文件，以及撤销“中国名牌战略推进委员会”。其二，“评选”有损公信力。质检总局2001年开始直接举办“中国名牌产品”评选，每年举办一次。这期间，围绕政府评选名牌的争议和质疑一直没有平息。评选经常出现数据注水、互相告恶状等丑闻。这就使“中国名牌”的权威性遭到质疑，不由得让人怀疑“名牌评比排序”的含金量。其三，“中国名牌”等各种评比危害消费者。前不久爆发的毒奶粉事件引发了业界和消费者对“名牌产品”和“免检产品”的讨论，名牌和免检产品在一些消费者心目中的地位大大动摇。滥“评比”行为已经严重混淆了消费者视听，破坏了健康的消费环境。伪劣产品妄图通过评选笼罩“名牌”的光辉，而优质产品也陷入了名目繁多的评优活动的困扰中，很多好的产品不一定评选的上，但是有的企业出了钱就能够堂而皇之登上“名牌”宝座。不论怎样，最终受害的都是一头雾水的消费者。其四，误导企业，破坏了品牌创造的正常环境和氛围。我们很多地方的行业和部门也上行下效，拾起品牌“评比”这面破旗，招摇呐喊，忽悠一些不明真相或者急于成名的企业。这种行为破坏了品牌塑造的正常环境和氛围，误导企业品牌是可以速成的，摧毁了企业家的传播塑造品牌的正常心态。其五，评比黑幕的背后是“受贿”“非法聚财”等违法行为。前些年媒体爆发出了很多类似的“评选”“认定”黑幕，敛财是一个方面，更有受贿的违法行为。2006年6月，国家质检总局披露了中国名牌评选过程中官员索贿受贿的情况，一名官员在名牌申报当中索贿受贿，被检察机关立案。

塑造品牌已是我们皮革企业的当务之急，也是企业发展的长期战略，只有长期积累品牌知名度，持续精心维护品牌的市场美誉度，才能逐步在消费者心中形成品牌忠诚度，那么品牌就具有了市场竞争优势，企业也就会在未来的竞争中立于不败之地。

（《羊城晚报》皮业周刊“名家一周谈”专栏2009年12月24日）

皮革业的自主品牌之路如何前行

这场金融危机实际上是一次洗牌的过程，很多缺乏竞争力和品牌的小企业会在这轮风暴中被无情地淘汰，剩下的将是有自主知识产权和自主品牌的优质企业。很多品牌企业表现了较强的抗跌性，一些企业甚至逆市上扬，在很多“代工”的“中国制造”纷纷倒闭时，拥有自有品牌和自主创新的企业却傲立潮头，品牌成为这些企业应对危机的“撒手锏”。

中国的皮革业总量很大，是世界皮革生产大国，但不是强国。在过去的三十年里，我们靠低成本，用出口数量增长拉动了产业的快速发展，获得世界皮革生产大国的声誉。尽管如此，中国皮革业的品牌缺失是不争的事实。在国际市场上，我们的皮革制造从来就没有话语权，就是在国内，中国皮革业品牌的主导权也十分微弱，国外品牌已经控制和垄断了中国的皮革消费市场。

因此，我们必须理性面对这次金融危机，积极应对挑战，打造属于中国自己的皮革强势品牌，促进中国皮革制造实现由低端产品向高附加值产品、劳动力密集型向智力密集型的集体蜕变。应当说，在全球金融危机的当前，皮革业的品牌建设正当其时。

为此，我认为中国的皮革业尤其是广东的皮革业，应该抓住机遇，寻求积极应对决策。

第一，政府与行业协会联动，打造皮革品牌之都。广东的皮革业产业度集中，产业链建构完整，完全可以建立“中国皮革品牌建设示范基地”，将培育皮革品牌，发展皮革品牌作为工作重点之一。像国家产业振兴规划一样，地方政府和行业协会也要出台皮革业品牌振兴规划，引导、鼓励企业创品牌，在政策、资金等方面给予扶持，不断总结成功经验，树立品牌建设成功典范，营造品牌成长和相互学习氛围，促进广东皮革企业走自主品牌道路，推动皮革品牌更多、更快、更好地走向世界。

第二，企业要强化品牌意识，坚定不移地走自主品牌之路。美国广告研究专家莱利·莱特有句名言：“未来的营销是品牌的战争——品牌互争短长的竞争。唯一拥有市场的途径就是拥有具有市场优势的品牌。”反观我们皮革企业的成长之路，我们在参与全球分工，在全球产业价值链中，边际利润变得越来越薄，路子越走越窄。很多皮革企业都是靠贴牌生产，这种贴牌式的生产方式在整个产业价值链上处于最低端。遇到这次金融危机，很多接不到订单的企业只好关门。市场上的话语权属于品牌，而不属于制造——这一点相信企业自身有更深刻的体会，这里不再赘述。

第三，加强合作，强强联手，锻造品牌。走向融合，超越竞争，互惠共赢，是市场竞争的至高境界。皮革企业之间，既要有竞争，也要有合作。我们竞争企业之间可能经常坐一起谈行业的未来、产业趋势、共同的问题与机遇、市场变化等问题，但很少谈合作。我认为走强强联手的合作之路也未尝不可。现在，全球都进入整合与并购时代，这是一个大方向。企业之间用资本的方式、并购的方式、资源与渠道的整合方式都可以进行合作。我们很多企业通过多年的奋斗，早已完成了原始积累。我们必须面向未来，摒弃“谁做老大”“谁是董事长”的观念，联手打造属于自己的品牌，做基业长青的企业。

第四，抄底并购国际品牌。我们可以利用金融危机，用资本抄底收购一些处于谷底的国际品牌，以入股或控股的方式夺回中国品牌自己的话语权、定价权。深圳有一家生产投影机的企业——雅图科技，他们利用机会成功收购了全球最大的投影机生产基地、全球排名第一的品牌——美国富可视的子公司SMT，一举跃居行业研发制造世界前三强。这次意义非凡的完美蜕变，促进雅图完成了国际化战略布局，成为名副其实的中国投影行业第一品牌。雅图国际化的成功并购案例对我们也具有很好的借鉴意义。

第五，创新皮革发展的品牌模式。模式的创造可以吸引资本市场目光，以利于品牌的壮大和快速成长。例如传媒业的“分众传媒”、专业网络的“携程模式”，都是用创新的模式快速地成长起来的。对我们皮革业来讲，最具有参照意义的应该是上市公司“美邦服饰”模式。“美邦服饰”没有工厂，只有设计和店铺。1995年，在温州出现第一家美特斯邦威服装专卖店，至2008年年底，美邦的店铺在全国已达到2 698家。其上市以后的飞速扩张让同行业侧目。竞争中，被“美邦服饰”打败的“巨无霸”企业可多了，如上市公司中赫赫有名的美尔雅、报喜鸟、开开、红豆、江苏阳光，至今美邦公司市值已经相当于三个杉杉服饰。品牌模式像魔术一样更能创造品牌奇迹。

创造品牌的路很多，恐怕远不止以上这些，我们的皮革行业与企业只有认真研究，不断强化品牌意识、创新发展意识，才能打造不仅属于我们中国的更是属于世界的行业品牌。

金融危机将是中国品牌复兴的一次前所未有的历史机遇，也是中国皮革企业实现品牌崛起的一次难得的历史机遇，但愿我们广东的皮革企业能抓住这次机遇。

（《羊城晚报》皮业周刊“名家一周谈”专栏2009年12月27日）

品牌规划　七招制胜

笔者在本栏目的开篇之作《品牌并非一蹴而就》一文中就提到：品牌战略需要长期规划。事实上很多企业普遍缺乏品牌战略规划，缺少品牌建设的一致性方向，品牌传播与推广的随意性也往往很大，现在市场上很多品牌失败的案例也大多是由于缺乏品牌战略规划引发的。所以品牌战略规划显得尤为重要。

品牌战略规划究竟是什么？品牌战略规划的具体内容是什么？认清这些问题对品牌塑造的成败具有极为重要的意义。专家们一般认为，品牌战略是建立以塑造强势品牌为核心的企业战略。将品牌建设提升到企业经营战略的高度，其核心在于建立与众不同的品牌识别，为品牌建设设立目标、方向、原则与指导策略，为日后具体品牌建设的战术与行为制定“宪法”。

那么，究竟应该如何进行品牌战略规划？这中间包含的内容十分丰富，不是一篇短文能概述的，但笔者抓住其核心的问题总结了其“7步”基本法则。

第一，确立品牌战略目标——解决“方向性”问题。任何一个企业在制定发展战略时，均要确立企业愿景目标。品牌战略也是要进行战略目标设定的。一个品牌如果没有明确的目标和方向，就像随波逐流的浮萍，很容易在激烈的市场竞争中迷失方向。纵观品牌发展史，成功的品牌几乎无一例外地赢在品牌战略上。比如广州安泰化学有限公司，企业在创建初期就制定了清晰的战略目标——中国第一，世界知名。就是这家当初谁也不放在眼里的民营企业，面对国际强势品牌的围追堵截，一步一步稳健扎实地向着目标奋斗，当国内与安泰同时起步的同类企业因缺乏远大品牌战略目标而深陷漩涡之中时，安泰经过十余年的努力，成为市场竞争的强势品牌，离自己当初制定的品牌战略目标越来越近。

第二，进行品牌定位——解决“卖给谁”的问题。“好的品牌定位是品牌成功的一半。”品牌定位是为了让消费者清晰地识别并记住品牌的特征及品牌的核心价值。在产品研发、包装设计、广告设计等方面都要围绕品牌定位去做。比如劳斯莱斯轿车的品牌核心价值是“尊贵”，近百年来，劳斯莱斯的一切品牌传播活动都围绕“尊贵”展开。还有如舒肤佳的品牌定位就是“除菌”，多年来舒肤佳广告始终是“除菌”，通过一次次加深消费者的记忆，最终留下想“除菌”就选舒肤佳的印象。凉茶饮料王老吉之所以能在竞争激烈的饮料市场脱颖而出，迅速飙红，就是因为提炼出了高度差异化的品牌核心价值——预防上火。以上三个案例是根据产品的功能定位。还有消费人群定位，如“路易·十三”洋酒是奢侈品，定位为富豪消费，可口可乐则定位为普通消费者。此外还有价格定位、市场定位等等。

第三，提炼品牌理念——解决“卖什么”的问题。广东的很多企业家过于务实，往往认为，概念是空的东西。概念规划就是根据品牌战略与品牌定位进行核心理念提炼，这是品牌文化整体理念形成的基础。意大利著名国际品牌卡丹路皮具以其独特的“自然、健康、活力、时尚”的理念，体现出超凡独有的品牌魅力。理念还包括品牌诉求及品牌广告语，如飞利浦的“我们一直在努力”，海尔的“真诚服务到永远”等理念，均赢得了广大消费者的信赖和喜爱。企业的品牌理念突出了品牌的“卖点”，消费者认同后才会购买，在这样的互动中，品牌才有了生命与活力。

第四，设计品牌形象——解决“视觉化”问题。视觉信息一直是人类最主要的信息方式。让品牌视觉说话，是每个企业品牌规划的重要内容。品牌VI主要就是品牌符号与辅助图形，能够很好地起到形象传播的作用。统一品牌的形象视觉系统，具体的手段是通过品牌的系统化设计，以“品牌理念”为导向进行全面的创作，真实、客观地将“品牌理念体系”翻译成最恰当、最具创意、最具美感、最具亲和力的视觉识别，帮助消费者强化产品在消费者心目中的印象，通过视觉刺激直接对销售系统产生强力作用，促进销售力提升。

第五，规划品牌架构——解决“结构性”问题。在规划品牌架构时，究竟是实现多品牌战略还是单一品牌战略？选择制造商品牌还是经销商品牌？是塑造企业品牌还是产品品牌？是自创品牌还是外购或加盟品牌？这些看似不重要的问题，实际上在企业的品牌建设过程中却是经常存在的，很多企业根本搞不明白。企业只有根据品牌架构才能选择不同的品牌管理模式。一个成功的品牌架构，除了非常支持品牌定位和战略外，对于整合有限的资源、减少内耗、提高效能加速累积品牌资产，也是不可忽视的。

第六，确立传播策略——解决“知名度”的问题。科学合理的品牌传播策略是品牌规划最不能忽视的问题。对外传播战略以统一的传播为目标，运用和协调各种不同的传播手段，使不同的传播工具在每一阶段发挥最佳的、统一的、集中的作用。即用一个声音、一个形象说话，打通品牌和消费者之间的每一种可能通道，使产品成为知名品牌。

第七，制定营销战术——解决“怎么卖”的问题。简而言之，前面的6步法则都是为市场营销服务的，所以经常有所谓“销售为王”“终端为王”的说法。营销战略涉及的要素比较多，需要企业对自身资源有十分深入的认识，如果对自身资源比较盲目，就很容易出现营销战略失当，从而导致某一阶段性经营目标成为泡影。所有品牌营销要素中最关键的是营销组织的建立。企业根据自身战略性资源，围绕经营目标而制定组织结构系统，包括人力资源配置系统。销售方式和销售渠道，也是企业制定营销战术的重要元素。此外还有产品组合、产品定价、竞争策略、促销策略等都是营销策略要考虑到的因素。只有将之不断融入到阶段性营销要素中，才能形成品牌与营销互为支撑的整合营销传播体系。

“纲举目张”，只要抓住了以上这几个核心关键要素，就抓住了品牌战略规划的“纲”。只有对品牌战略做出了清晰的规划，才能基本解决品牌经营中的根本问题。

（《羊城晚报》皮业周刊“名家一周谈”专栏2009年12月31日）

第四辑

“老字号”公关系列

历经沧桑　走向辉煌

——凉茶大王王老吉发展史

王老吉作为凉茶大王，被尊为凉茶的始祖。在经历了岁月的沧桑和无数次的沉浮之后，成了最著名的老字号品牌。

时至今日，不管是在东南亚，还是在欧、美华人聚居地区，一提到王老吉，几乎无人不知。一些海外游子路经香港、广州，仍不忘捎一些王老吉凉茶馈赠亲朋好友。

王老吉品牌被誉为凉茶始祖
奇妙茶配方颇具有传奇色彩

王老吉的创始者是清朝道光年间人，原名王泽邦，号吉，人称吉叔，籍贯广东鹤山，初时以务农为生。

有一年，广州城疫病蔓延，王泽邦偕同妻儿上山避疫，在途中巧遇一道士赠与他凉茶药方，上面有10多种药材的名称，并告诉他此方包医百病。

王泽邦拿着药方去药铺抓药，老板说有几味没货。于是，他变卖了家产，辗转至广西等地采购。其间，王泽邦经历了迷路、断粮等艰辛，终于找到了所缺的药材。

王泽邦依照药方配药煮茶，煲出的凉茶甘洌可口，非常好喝。王泽邦将之免费派发给患病的人服用，喝后果然药到病除。

于是王泽邦与妻子索性不再从事农耕，王泽邦将煲的凉茶命名为“吉叔凉茶”，每天清早煲凉茶推车出城售卖。由于药方的效果不错，“吉叔凉茶”可以治病的消息很快流传开去，吉叔的大名也就传遍了岭南。

“吉叔凉茶”出名之后，一度惊动了朝廷。清咸丰二年，吉叔被召进紫禁城，专门为皇家和文武百官煲制凉茶，以预防时疫蔓延。半年后，时疫威胁解除，吉叔便衣锦还乡。咸丰皇帝赐封他为太医院院令，赏白银500两，并由内务府总管大臣亲自送回家。

吉叔因为凉茶而获得了可观的财富，但他并没因为有了钱而放弃对凉茶的热爱，还乡后，吉叔抓住机会，凭借太医院令的封衔，开始做凉茶生意。他在广州城中靖远街开设了一间凉茶铺，命名为“王老吉”——这就是王老吉凉茶名字的由来。

吉叔共有三个儿子，长子贵成、次子贵祥、幼子贵发。当吉叔年事渐长之时，凉茶铺的业务就交由王老吉第二代的三个儿子共同管理。1883年吉叔去世，享寿70。

随着后来的发展，王老吉成为凉茶大王和著名的品牌，也被尊为凉茶的始祖。不过，在经历了岁月的沧桑和无数次的沉浮之后，王老吉凉茶在香港的生意最为火爆，以至于很多后人还以为王老吉起源于香港。

工业化生产奠定发展基石
兄弟们分工实行通力协作

由于王老吉之名家喻户晓，生意日趋蓬勃，每日所煲的凉茶供不应求，于是长子王贵成在店铺对面多租一个铺位，采用初期的工业化生产方式——用纸袋包装凉茶料出售，一家大小通力合作，竟然大受欢迎，其后这铺位命名为“连济堂祥记”。另外，他们三兄弟为了纪念父亲和方便经营，设计了王老吉商标并进行推广。

王老吉凉茶除了在省城内风行之外，在美国市场也十分畅销，其原因与省港澳华人出洋有关，也与凉茶的工业化生产有关。晚清年间，不少中国人被人贩子卖往旧金山或南洋做苦役。那时出洋劳工多，王老吉推出的袋装凉茶大受欢迎，许多出洋华人惟恐水土不服，临行前，均带王老吉茶包以备不时之需，因而王老吉凉茶在美国开始畅销，造就了王老吉事业新的发展。王老吉凉茶因此也在美洲扎下了根，直到今天，一些海外游子路经香港，仍不忘捎一些王老吉凉茶馈赠亲朋好友。

梁启超在1898年至1903年间往美国旅游，期间著有《新大陆游记》，文中记载道：“……有所谓‘王老吉凉茶’者，在广东每贴铜钱二文，售诸西人，或五元十元美金不等云，他可类推。”

后来南洋一带发生大规模流行性感冒，王老吉凉茶也借此而远销南洋。初时凉茶包在广州市销售，渐渐地许多外地客亦慕名而来，而且每次购买量不少，于是贵成几兄弟商量大量生产凉茶包外销各地，但由于药材需由江都运来，颇为费时，他们遂决定两房人往江都开店，兼做茶包，留一房人在省城继续店铺业务。另外，为避免利益上的冲突，王家所有资产亦平分为三份，几房人分工发展，实行松散结合。

王老吉为其后代留下了前生似锦的生意以及“王老吉”这个响当当的牌子。总的来说，王老吉第二代生意做得平平，但他们发明了用纸袋包装凉茶料出售，实现了凉茶生产的工业化运作，使王老吉凉茶能风行海外，不仅为王老吉凉茶百年基业奠定了基石，还为传播凉茶文化做出了很大的贡献。

因势于香港扩张推广各埠业务
借力去伦敦参展占领海外市场

王家第二代三个儿子分工后，分别在江都、澳门和广州开拓业务。后来，贵成及其儿子继续留在江都发展，贵发这一房则迁返省城祖铺，贵祥举家迁往澳门，以“速济堂祥记”注册。后来，幺子贵发又独闯香港。

王老吉的第三代造就了“王老吉”最辉煌的时代，特别是外销生意更是蒸蒸日上，遍及欧洲、英、美、荷兰和南洋各埠。

作为王家的第三代，贵成之子恒利，贵祥之子恒钜和恒新，贵发之子恒裕、恒辉和恒端，在上一代稳固的基础上，进一步把祖业发扬光大。例如把祖铺重新装修，另外在江都一带，四处张贴王老吉的标志和广告，亦把海报派往各阜。

1896年，贵发有意让儿子大展拳脚，恒裕几兄弟随即集资在香港文武朝直街设店开始新的发展。

王贵发于宣统三年腊月在港病逝，之后恒裕几兄弟又在经营上历经沧桑，由于发展的需要，他们的母亲念慈遂于民国元年（1912年）12月24日订立分产合约。合约中第一条是把港店分与长子恒裕，第二条是把省店分与恒辉、恒端继承，并互相订证明确“所有香港界内地俱属港栈生意范围之内”及“所有省城界内地俱属省铺生意范围之内”，第三条又证明“由指定拨分之后，彼此不得侵越范围”，以明确各自的经营范围和责任。

恒裕发妻早逝，续弦再娶之后，王恒裕即偕同继室王庐燕容于港长期定居，并于1915年将王老吉原店从文武庙直街移至中环鸭巴甸街2号A地下。现在香港的王老吉及其后裔，就是源始于王恒裕的。

王恒裕在港生意蒸蒸日上，其中王庐氏的功劳颇大。王庐氏上一代营商，对生意经营自有一套，由于她善于理财，能助夫一臂之力，店铺生意管理得头头是道。

1925年，广州发生“沙基惨案”，王老吉省店生意大受打击，不但外销市场断绝，连本地销生意也成问题，而且鉴于时局不稳，他们亦举家迁往乡间避难。

正当省店被迫停业之际，港店生意却蒸蒸日上。1925年，王老吉凉茶庄被邀请往英国伦敦参加中国产品展览会，展出凉茶包。恒裕取得此机会，凭借的是汕头贸易公司经理江海宏的推荐，因为江父（江逸文）与恒裕之伯父贵成是结拜兄弟。早于1896年中日签定马关条约后，江逸文就于汕头设汕头贸易行，经办王老吉凉茶包出口，由此两人结为好友，后结拜为兄弟。江逸文死后，由子海宏承继父业，在港开设汕头贸易公司，除办其他类货品出口外，也做王老吉茶包出口生意。

伦敦展览会开幕那天，参观者除有英王、公主外，还有著名人物何东爵士及一些名流绅士等。

王老吉参加伦敦的中国产品展览会，使外销生意更上层楼。

日寇侵占外销陷于停顿
假货猖獗生意大受影响

在王老吉的第四代传人中，王豫康是一个突出的人物。王豫康为王恒裕之独子，生于农历1918年5月7日。当王豫康16岁时，其父恒裕病逝家中。后来，王豫康在母亲王庐燕容的安排下，与谢丽琼结婚。

1941年12月8日，日军侵占香港，令香港进入黑暗时期。这段时期，民不聊生，许多商店都被迫关门。王老吉也受战乱的影响，外销贸易陷于停顿。

三年零八个月的日子终于过去，香港得到重光。王豫康立即去函通知海外各埠，谓日战已结束，王老吉凉茶也恢复外销贸易。

鉴于王老吉凉茶包对外销售停顿了三年多，一旦开放贸易，订单便纷纷涌至。豫康于是雇用了大批工人，夜以继日地赶货出口，一时繁忙不堪。鸭巴甸街正店的门市生意也客似云来，每天出售的凉茶供不应求。

王老吉第一、二、三及四支店相继于1946年至1947年开设，与此同时，一种新包装、即冲即饮的新产品也生产出来。那即是凉茶精，是将药料渗透入茶药内，再经过焙干才入袋包装。当需要饮用时，只需要沸水浸几分钟即可，效果与凉茶相同，并且携带方便，因此甚受欢迎。

生意火旺，自然引起不法商人的垂涎，所以假冒或盗用王老吉之名的事情频频发生，时常劳烦警方人员破获冒牌货。1950年11月22日，香港《自然日报》刊登一宗新闻报道，谓警方派队前往“太平行”搜查，搜出呈堂之凉茶160包，当时被告也在场，查询之下，知道该批药乃向药店购回来，然后以每包“三角”的价钱零售。法官表示王老吉正药批发价已是三角，由此可见被告明知是假药也出售，案情颇见严重，最后判罚400大元令其毁掉假货。

当时有关伪制王老吉凉茶的事情屡有发生，令王老吉店务大受打击，豫康一方面要敬告各家，另一方面则查缉假货，十分忙碌。豫康妻谢丽琼这时候也出店助夫一臂之力，而且把公司业务打理得井井有条。

1951年11月15日，豫康在澳门即设分店。其实澳门的业务本由恒新负责，恒新过世后，其两个女儿早已出嫁，而其他子女也无意继承父业，还赴美洲升学，后来他们因无法兼顾店业而将之结束。豫康于是赶紧在澳门的康公庙前地开店。

1956年11月19日，王老吉第三代的中坚人物王庐燕容病逝于香港养和医院，享年80岁。

祖业失而复得重振声誉
传人全力打拼走向辉煌

王老吉凉茶传达室到第三代为最巅峰时期，及至于豫康，生意本来也十分兴隆，可是后来因为被人骗去巨款，以至于祖业也给败去。

王豫康在一次敬老会餐宴上认识一个姓丁的男人，那人从事投递性的斯货炒卖。当时香港的投资风气尚未普及，投资工具不多，并没有期货市场，所谓期货炒卖就是一些货品预斯上升时，便以定金买下该商品，然后在收货后沽出。王豫康被这种炒卖赚钱的方法深深吸引，初时以5万元与该人合股，不到一天便赚了3万元，较之售卖凉茶之利润，实有天壤之别。

于是豫康便成立了一间“宝山公司”，该公司以他的名字独资注册，但公司提货时则全权授予该名姓丁的男人。初时公司运作顺利，相安无事。

可是一次王豫康向法国商行订购了一批留声机及皮草，约值百余万元，先付30万元定金，而该批货却被人以“宝山公司”的公章提货。事后王豫康懵然不知，后来警方颁行封捕令，王豫康才如梦初醒。

为了偿还这笔债项，豫康被迫把王老吉店铺顶让，甚至连商标也出售，加上私人积蓄等，才可以勉强解决问题。此事对豫康打击极大，于是他转换环境，只身远赴美国碰运气。

王豫康除了在美国代理分销王老吉产品之外，还经营饼店业，而且生意蒸蒸日上。他曾写信给妻子，希望她赴美助他一臂之力，但却被她拒绝，原因是谢丽琼买回王老吉店铺，得振声誉，尤其是她知道王老吉四间分店顶手他人之后，已因经营不善而逐间关闭，更激发起她买回店铺的意志。

机会终于出现了，顶让王老吉祖铺的各股东无心经营，有意出售股份，于是谢丽琼便以16万元把店铺再买回来。其时为1971年9月1日。

谢丽琼为此多番去函叫豫康回港，继续重掌凉茶业务。但他却不欲放弃在美国一手创下来的事业。两人十分执著，各不相让，最后由王老吉之第五代的王健龄亲去美国一趟，才终于说服老父回港。可是，谢丽琼却因病于1975年1月1日与世长辞，王豫康未能见她最后一面。1984年，王豫康仙逝。此后，王老吉第五代传人正式入主王老吉凉茶铺。

王豫康共育有七女二子，后来的王老吉生意已由这一代接手，王老吉第五代的传人王健全全力投入家族的生意，由于他难以独力应付公司的业务，因此要求其妹王健仪协助料理，与其妹致力于发展王老吉的事业。

由于商标曾经转让，王老吉凉茶的主要市场如美国、英国、荷兰和东南亚各地区已成冒牌货的天下了。

如何重振昔日雄风？为保障自己的利益，王建仪和王老吉第五代传人在冒牌最盛行的地区重新注册商标。然后他们将突破口放在市场宣传推广上。健仪姐妹往返于各大主要市场之间，积极扩大凉茶市场。王老吉产品多次参加海外展览会，以提高知名度。同时他们掌握市场趋势，开始开发新产品。

在香港，王老吉凉茶经久不衰。20世纪初至20世纪五六十年代，港人热衷于喝凉茶，凉茶铺一度成行成市。著名的凉茶铺有单眼老、双葫芦、廿四味、双鲤鱼、王老吉、万家堂、回春堂等几十家老字号。但时至今日，这些凉茶铺大都关门大吉，而唯有王老吉的牌子仍在，其中很重要的原因就是王老吉开发袋装凉茶，市场不限于香港一地，而是遍布世界。

香港是个自由港，货物进出不受任何限制，使王老吉具备得天独厚的发展条件。王老吉的第三代传人恒裕和第四代传人豫康开发出来的新产品，特点是携带方便。甘和茶即甘味凉茶，去掉苦味，适合小孩饮用。两种产品一度停产，传到王健仪手中后恢复生产。同时由于消费形态不断发生变化，凉茶不再像以前般流行，所以王健仪和王老吉的第五代传人们为了迎合社会和市场的需要，而开始研制健康饮品系列，不断推出新品，先后推出了“王老吉清凉茶”“王老吉菊花茶”和“王老吉盒仔甘和茶”，而且颇受欢迎。后来新创制的产品还有“干笋竹蔗汁”“川贝枇杷蜜”等。

在市场方面，健仪定下两大目标：一是主动开拓海外市场，二是争取更大的本地市场率，并且收回了海外代理权，由公司直接和客户联系，以对抗假货。后来海外市场约占整体营业额的七成。

在本地市场，健仪倾注更大的精力。她们首先开辟新的销售渠道，除药房外，超级市场、学校的小卖部都成了王老吉凉茶的销售点。王老吉的凉茶甚至摆在了屋宇示范单位内，以示凉茶和生活密切相关。此外，王老吉还打进了大型百货公司，例如荃湾和黄埔的八佰伴百货公司、金钟和德福购物广场内，且反应不俗。有人极力反对在旺铺开设凉茶铺，认为凉茶生意利小，在旺铺开店费用过高，不值得去做，健仪的观点是在旺铺开分店有利于提高王老吉的声誉，起到广告宣传的作用。

近年来，凉茶再度风靡香港，凉茶铺越开越多，王老吉一定能借此东风，使这个老字号焕发出更加迷人的光彩。

用石磨起家的工业巨头

——“面粉、棉纱大王”荣氏兄弟创业史

在中国近代民族工业的发展史上，靠几部石磨起家的荣宗敬、荣德生兄弟具有举足轻重的地位，占有重要的一页。由于具有超凡的业绩，他们创办的企业逐渐成为近代中国的面粉工业巨头和棉纱工业巨头，并获得了“面粉大王”和“棉纱大王”的美誉。荣氏企业集团是中国近代史上最具实力、最著名的民族工业集团，以荣宗敬、荣德生为代表的荣氏家族的成功被誉为东方的“洛克菲勒”家族式的成功，荣氏传人的代表荣毅仁被誉为“红色资本家”。

1986年6月18日，邓小平在接见荣尔仁等荣氏后代和亲属时说：“荣氏家族对发展中国的民族工业做出了很大贡献，是有功的。”彭真也表示：“几十年来，我国国民经济有了很大的发展，这里有荣氏家族的成绩。”

人们永远不会忘记荣氏兄弟发展中国民族工业的光辉业绩。

习业钱庄熟身手
设厂自救利国民

自从开展洋务运动以来，中国的社会生产状况发生了很大的变化，现代工业逐渐萌芽和增加，而作为驱动经济的现代贸易有了长足地发展。荣氏兄弟就生长在这个特殊的时代里。

荣氏兄弟是江苏无锡人。哥哥荣宗敬和弟弟荣德生分别出生于1873年和1875年。荣家有两间旧房和十几亩土地，而荣氏兄弟的父亲长期外出谋职。兄弟两人上了几年私塾后，于十四五岁时就先后走上社会，为生计去奔波了。他们先后来到上海，分别在豫源钱庄和通顺钱庄当学徒。由于两人都勤奋好学，很快学会了汇兑批水等业务，为他们日后的事业打下了基础。荣德生三年学徒期满时，适逢其父接任广东三水河口厘金总局账房，需要帮手，他就前去担任助理。

在管理过往货物捐税的厘金局，荣德生发现，外国面粉的输入量不断增加，而通商条约上载明——面粉进口是为了外侨食用，海关不征收关税。可是外侨哪里消费得了这么多面粉，分明是逃避关税，从中牟取暴利。当时，中国正处在维新变革的时代，荣德生来往于广州、香港、上海、无锡之间，沐受新知，逐渐萌发了振兴祖国、挽回利权的强烈愿望。一次在香港，他看到码头工人正在装卸进口面粉，粉屑落满一地，码头上一片雪白，不由得陷入沉思：洋粉这样大量进口，每年不下千万包，中国每年就要损失千万元的利税，长此下去怎么得了啊！中国人只有自己办起面粉加工厂，才能解决民食所需，才能国富民强。想到这里，一个念头油然而生：创办民族面粉工业，奋起挽回利权。

1895年，荣德生随父亲从厘金局离职返回无锡。翌年，荣氏兄弟与人合伙在上海南市开设广生钱庄，两年后改为独资经营。兄弟俩都是钱庄习业出身，熟悉业务，再加上讲求信用，节省开支，几年下来获利颇丰。但是荣德生仍然念念不忘创办民族面粉工业，经常和哥哥探讨这件事。荣宗敬也发现，钱庄汇兑业务中，采购小麦的款项为数甚巨，说明市场上对面粉的需求量很大；面粉加工厂设备比较简单，也易购置；面粉厂的利润远比钱庄丰厚得多。当时正是甲午战争之后，面对帝国主义的经济侵略，一些有识之士掀起了“设厂自救”的热潮。荣氏兄弟也不甘落后，决计创办面粉厂，将钱庄的资金逐渐转到工业上面来，走“实业救国”的道路。

石磨起家办实业
面对阻挠不动摇

那时，中国的面粉厂只有上海华商开办的阜丰和外商开办的增裕等几家。荣德生一一登门求教以吸取经验，可是各厂为了技术保密都谢绝参观。荣氏兄弟经过努力，对面粉机械和面粉厂的基本状况有了一个大致的了解。当时磨粉机器以美国货为最好，但价格昂贵，而采用英国机器与法国石磨搭用的办法，全套还不到2万元。为了节约资金，兄弟俩与刚刚卸任了广东税务局总办的朱仲甫合作，集资3万元，作为面粉厂的创办费。订购机器也尽量从简，计有法国石磨4部、60匹马力引擎1部以及麦筛、粉筛等设备。

他们在无锡西门外太保墩购地17亩作为厂址，于1901年2月开始兴建厂房。正在动工之际，意想不到的麻烦事找上门来。当地人从来没有见过这种大型工厂，一些顽固乡绅出面反对，胡说什么工厂的大烟囱破坏了本地的“文风”，煽动一些农民群起阻挠。荣德生毫不动摇，一边和他们打官司，请官府制止他们的破坏行动，一边加紧施工，工厂于年底落成，取名保兴面粉厂。

翌年年初正式开工，雇用30余名工人，日产面粉300包。面粉生产出来以后，许多面粉积压在仓库里卖不出去，荣德生调查原因，原来是当地顽固乡绅恶意报复，造谣说机粉颜色太白，定是掺有洋药，吃了会中毒，使得一些人宁可贵买土粉，也不吃机粉，销路成了大问题。

荣德生立即采取了措施，一方面派人到无锡各面馆、点心店进行推销，先试用，后给钱，而且每包给予回佣银五分作为酬劳。经过试用，证明粉内并无毒质，且较土粉优良，大家的疑团也就解除了，本地市场的销路打开了。另一方面，北方人大多吃面，北方的市场潜力很大，如能打开销路，对于保兴面粉厂的发展具有重大意义。于是荣德生又积极向北方市场发展，聘请与北方客帮熟稔的王禹卿担任推销，和营口、烟台、天津各帮建立长期联系，不久即把存粉销售一空。

品牌畅销谋求扩大生产
伺机发展享誉面粉大王

1903年，朱仲甫因重入仕途而撤股。荣氏兄弟扩充投资，另招新股，将保兴面粉厂改为茂新面粉厂，荣德生任厂务经理，荣宗敬在上海兼任批发经理。翌年日俄战争爆发，日俄两国都争购面粉，致使东北市场上面粉脱销。这年苏北地区小麦丰收，麦价看跌。荣德生面对原料便宜、产品畅销的形势，深感石磨产量低，成本高，而且质量难与钢磨面粉竞争，于是添置英国钢磨6部，因为资力不足，其余辅助机件自行仿造。新机器投产以后，日出粉800包，连年获利。为了与阜丰、增裕等面粉厂竞争，荣氏兄弟又添置美国钢磨12部，商标改用“兵船牌”，日出粉达3 000包，质量也有明显提高。到1912年，“兵船牌”面粉已与阜丰面粉厂的“老车牌”面粉齐名，售价还高两分，年终盈利十余万两。在这一年，荣氏兄弟和王禹卿合资在上海创办福新面粉厂，荣宗敬任总经理。

第一次世界大战期间，帝国主义国家忙于战争，急需粮食，不仅洋粉在国内市场绝迹，而且国产面粉一度远销南洋、欧洲，民族面粉工业获得巨大发展。荣氏兄弟抓住时机，将盈利全部用于扩大再生产，陆续创办新厂。1919年五四运动爆发以后，荣氏兄弟借着中国人民抵制洋货、提倡国货的东风，进一步扩大企业规模。到1921年，荣氏兄弟拥有茂新四个厂，福新八个厂，分布于无锡、上海、汉口、济南等地，共有粉磨301部，日产面粉7.6万包，在中国民族资本面粉工业生产总数中占

31.4%，如包括在华外资面粉厂在内，也达到了23.4%，在同行业中首屈一指。由此，荣氏兄弟被誉为“面粉大王”。

多种经营，兄弟再夺“棉纱大王”桂冠
创造奇迹，业界崛起“荣氏企业”集团

荣氏兄弟在投资面粉工业的同时，也把一部分资金投向棉纺织业。他们认为，“衣食为人生要需”，中国人口众多，麦棉原料充足，发展棉纱工业和发展面粉工业同样大有前途。尤其是看到进口的和外资企业生产的洋纱充斥中国市场，民族棉纺织工业受到排挤，“痛心之事，无逾于此”，决心向棉纺织工业发展，同洋纱展开竞争。

1907年，荣氏兄弟与人合股集资在无锡创办振新纱厂。创办之初，实权掌握在另一大股东手中，由于经营不善，亏蚀甚巨，引起众股东的不满。1909年，振新纱厂改组，由荣氏兄弟对纱厂进行全面整顿，改进管理，终于使振新棉纱同“蓝鱼牌”日纱同价销售。

辛亥革命以后，民族资本主义的发展有了比较有利的社会环境。荣氏兄弟认准时机，提出以振新纱厂的盈余，增设新的纱厂，但遭到了大部分股东的反对。于是，荣氏兄弟毅然退出振新纱厂，在上海另行招股，创办了申新纱厂。

为了大力扩展棉纱和面粉业务，荣氏兄弟多次分赴天津、蚌埠、郑州、广州、汉口等地考察面粉和棉纱的产销状况，并派员赴欧美考察面粉和棉纱工业。荣宗敬还参加组织了上海面粉交易所和华商纱布交易所。1917年，荣氏兄弟在上海收买恒昌源纱厂，创办了申新二厂。

第一次世界大战结束后，帝国主义经济势力卷土重来，荣氏兄弟的棉纱和面粉企业在外货倾销之下也出现了亏损。面对激烈的市场竞争，荣氏兄弟采取了两种对策：对于在中国面粉工业已经占有举足轻重地位的茂新、福新面粉企业，力求保住“面粉大王”的地位，不再大规模扩展；而对于在同业中还未居于举足轻重地位的申新纺织企业，则“非扩大不能立足”。虽然这一时期申新经常处于窘迫的状态，但是荣宗敬抱着多买一个厂，就少一个竞争对手，多建一个厂，就多一个赚钱机会的宗旨，仍然不惜举债扩充发展，在无锡建立申新三厂，在汉口建立申新四厂。到1931年，申新发展为9个厂，共有纱锭46万枚，占中国民族资本棉纺织工业总数的18.9%，布机4 757台，占中国民族资本棉纺织工业总数的27%。荣氏兄弟又夺得了“棉纱大王”的桂冠。

1921年，荣氏兄弟在上海设立茂新、福新、申新总公司，荣宗敬任总经理，至此，“荣氏企业集团”已极具规模。到1931年，荣氏兄弟掌握的茂福申新企业集团共拥有资本2 300万元，成为中国最大的几个民族资本企业集团之一。荣氏兄弟的投资约占茂福申新企业集团全部资本的3/4。

巧运筹，资金获支持
妙安排，管理增效益

茂福申新企业集团飞速崛起，当时被人们称为奇迹。这个奇迹是怎样创造出来的呢?

这首先可以从荣氏兄弟的资金运筹方法上找到答案。

荣氏兄弟虽然资金微薄，却立志将自己的面粉和棉纱企业发展成为最大规模的民族企业，以抵制洋粉、洋纱的倾销。为此，他们在资金运用方面动了许多脑筋。荣氏兄弟采取了“滚雪球”的资本积累方式，即把企业的利润，采取大部或全部转化为生产资本的方法，连续不断地扩大再生产。

与创办新厂相比、荣氏兄弟更愿意买旧厂，“人弃我取，将旧变新”。因为是在对方比较困难的时候加以收买，可以大大地杀价；可以免除企业初办时期的一系列开支和麻烦；还可以直接利用旧厂的技术人员和熟练工人。

荣氏兄弟收买旧厂的资金，很大一部分是通过向银行举债，或者把旧厂的债务转移过户而取得的。向银行多借债，迫使银行不得不与本企业同呼吸、共命运，平时可以多向银行贷款，困难的时候更可以得到银行的支持。

在旧中国，民族企业要想取得银行的贷款，是很困难的，而荣氏兄弟却能如愿以偿。荣宗敬预先把一些资金分散投资于14个银行和钱庄，尤其在资力雄厚的中国银行、上海商业储蓄银行有较大的投资，并担任这两个银行的董事。所以，荣氏兄弟经常能够及时地取得银行和钱庄的贷款支持。

另外，荣氏兄弟除了巧用资金以外，在生产管理安排方面也总结出了经验：机器新，管理好，成本低，才能赚钱。

荣氏兄弟历来关心国内外有关制粉、纺织的先进机器和技术信息，不仅自己留心研读各种最新资料，而且不断派出工程技术人员去国外考察学习。当初，茂新一厂引进先进机器和技术，创出“兵船”名牌面粉的成功尝试，后来成为茂福申新企业集团扩充发展的重要途径和经验。荣氏兄弟引进先进机器设备以后，都悉心研究其性能，并不断加以改进。这样一来，茂福申新各厂使用的外国机器，都比额定效

率提高了80%左右。这曾使外国面粉工程师惊叹不已。

荣氏兄弟非常关心产品质量，认为这关系到企业的成败，丝毫马虎不得。除了千方百计地改进机器设备，提高粉质外，还特别注意把住原料质量关。1911年麦收季节，无锡地区阴雨连绵，导致存麦变坏，荣德生宁可舍近求远，从外省购运优质小麦。当时无锡又建了几家面粉厂，他们见麦就收。后来这些面粉厂因为粉质不好，销路呆滞，唯独茂新“兵船牌”面粉非常畅销，声誉鹊起。

面粉厂的副产品是麸皮，初期只是把它很便宜地卖给附近农家作为牲畜饲料。到20年代初期，麸皮用途日多，日本需要量很大，于是荣氏兄弟联合同业，制定统一的规格和包装，行销于日本各地，其价格委托华商面粉交易所照市开拍。从此，麸皮列为中国重要出口商品之一，还增加了面粉厂的收入。

荣氏兄弟在开源的同时，也非常注意节流，千方百计地节省开支，降低成本。例如节约用料方面，厂中制定了严格的领用物料制度，使物料在不变资本中所占比重逐年下降。

茂福申新企业集团能够迅速扩展，最重要的原因当推荣氏兄弟的精诚团结。荣宗敬有魄力，颇具冒险精神，在资金运用方面有过人之处；荣德生则比较稳健，踏实苦干，尤以经营管理见长。荣德生处处尊重哥哥，从兄行事；荣宗敬完全相信弟弟，授以全权，充分发挥其才干。两兄弟相辅相成，同心协力地把茂福申新企业集团推向了发展的高峰。

勇挑重担，支援抗日
迎接新生，坚不去国

1937年，日本帝国主义发动了全面侵华战争。茂福申新企业集团各厂也和其他民族企业一样，惨遭浩劫。荣宗敬为逃避日本侵略者的胁迫，避居香港，于1938年2月含恨病逝。荣德生一身挑起千斤重担，他把沦陷区的资金悄悄转移到重庆，把一些企业迁移到川陕等内地，支援抗日大后方的生产建设。

抗战胜利后，已是71岁高龄的荣德生全力投入了企业的恢复工作。他一面修整改装旧机器，一面添购新机器。无锡茂新一厂被日军夷为平地，荣德生在废墟上重建茂新，从英国进口全套最新式粉机，使该厂成为当时中国最先进的面粉厂。荣德生对当局抱有很大幻想，希望通过当局向日本索取茂福申新各企业在战争中的损失赔偿，还想得到当局的帮助，恢复和发展茂福申新企业集团。后来荣德生不但没有得到资助，反而接二连三地受到敲诈勒索。荣德生哀叹：“法之不法，可叹复可

恨！”从此对当局完全丧失信心。

新中国成立前夕，一些民族资本家纷纷逃资迁厂。茂福申新各企业的一些厂长、经理也准备逃往香港和台湾。有人劝荣德生："还是早日去台湾吧，现在走还来得及！"荣德生镇定地说："我非但决不离沪，也决不离乡，希望大家也万勿离国他往。"

新中国成立后，茂福申新各企业获得了新生。荣德生担任了首届全国政协委员、华东军政委员会委员和苏南行政公署副主任等职务，参与了新中国的建设。1952年7月，荣德生病势垂危。他把晚辈们叫到病床边，嘱咐他们写信给尚滞留在香港的子侄们，劝他们从速归来，参加祖国建设。他对孩子们的最后嘱咐是"要积极生产，为祖国效力！"

为了表达对荣德生的怀念和敬意，表彰他为家乡所做出的贡献，家乡人民在无锡梅园为其树立了铜像。1986年6月21日，无锡乡亲和来自海内外的荣氏亲属举行了荣德生铜像揭幕典礼。人们都争相前来瞻仰荣德生的铜像，缅怀这位中国近代民族工业的著名先驱者。

流芳百年是张裕

——张裕酿酒公司及创办人张弼士传奇

“张裕”是驰名国际的中国葡萄酒品牌。烟台张裕葡萄酿酒公司创办于1892年，至今已有一百多年的历史，是中国著名的老字号企业，也是中国最大的葡萄酒制造商。中国葡萄种植、酿酒的历史可以上溯到汉朝，但葡萄酒工业化生产却以著名的张裕公司为开端。张裕是中国近代第一个用科学方法生产、具有完整体系的葡萄酿酒企业，也是远东创办最早的葡萄酒厂，而且也是目前中国乃至亚洲最大的葡萄酒生产经营企业。

中国民族工业史上这一辉煌的篇章，就是由著名的爱国华侨，中国工业化生产葡萄酒的先驱——张弼士先生揭开的。

因家贫，赴海外谋生
善经营，成南洋首富

1841年，张弼士生于广东梅州大埔一个农村塾师家庭。他16岁时，因家贫被迫挥泪告别父母，漂流海外，远走南洋，到印度尼西亚巴达维亚（今雅加达）谋生，以其聪慧勤勉，自学徒逐步发迹。他先做杂工，后来在一家商号里当经纪人和管账先生，由于聪明伶俐、勤奋好学而崭露头角。一家酒店老板见他精明强干，就将女儿许配给了他。酒店老板过世后，张弼士夫妻继承遗产，接手经营酒店，销售各国名酒，业务规模不断扩张，还承包了当地的酒税和典当捐，获利颇丰，逐渐积累了大量资金。

那时，南洋的许多岛屿还是人迹罕至，一片荒芜。张弼士捷足先登，在这些荒岛上大量投资，先后创办了裕和、亚齐、裕兴、笠旺等垦殖公司，种植咖啡、茶叶、橡胶、胡椒等经济作物，还建立了茶叶加工厂，一共拥有职工数千人，取得了很大的成功。

马来亚的雪兰莪等地，很早就是华侨开发的锡矿区。后来，张弼士又投资这里的锡矿，创办了东兴公司。随后他又把垦殖业扩展到马来亚，在槟榔屿开办了万裕兴垦殖公司。张弼士还经营药材业，在新加坡、巴达维亚、香港、广州等地开设药行，组成了一个庞大的药材批发网。

张弼士为了解决各垦殖公司、锡矿公司和药材行的货物运输问题，创办了万裕兴轮船公司，拥有货轮三艘，航行于槟榔屿、亚齐之间。有一次，他想从巴达维亚去新加坡，德国邮船公司歧视华人，拒绝卖给他头等舱票。他非常气愤，遂在巴达维亚创办裕昌远洋轮船公司，在亚齐创办广福远洋轮船公司，开展客运业务，公开声明“我的商船一律不给德国佬卖票”，积极为华人服务，并且同德国邮船公司展开竞争，最终迫使德国邮船公司取消了对华人的歧视性规定，使广大华侨扬眉吐气。张弼士还和友人合伙创办了日里银行，专办华侨信贷汇兑业务，并且开办了南洋和大陆间的电汇项目，侨眷无不称便。

在几十年的奋斗历程中，张弼士从一个小杂工到大实业家，苦心经营垦殖、矿业、药材、航运和金融业，获得巨额利润，资金达八千万银两，还拥有相当多的不动产，成为南洋华侨界首屈一指的巨富。

致富不忘，效力祖国
终身致力，实业兴邦

致富后，张弼士在南洋华侨区兴办学校，创立福利及慈善事业，备受华侨拥戴。

当时南洋荷、英殖民当局看到张弼士辟地兴商，有功于地方，而且在华侨中德高望重，对他礼遇优隆，甚至想给他封官加爵，都被张弼士婉言谢绝。有人问他何故，他回答说：“吾华人当为祖国效力！”他身在异国他乡，时刻不忘桑梓父老，深知华侨的前途是与祖国的命运息息相关的。为了祖国的振兴，他把大量资金转移回国，发展实业。

一次，清政府驻英公使龚照瑗赴任途经新加坡，造访张弼士，接谈之后，非常钦佩张的才干，遂推荐予清政府。清政府借重张的声望，于是委任张弼士为槟榔屿首任领事，旋升任新加坡总领事。后来张弼士奉召回国，历任粤汉铁路帮办、总办、佛山铁路总办、督办铁路大臣等职。在此期间，他上书清政府，建议“招商承办农工路矿，抵制洋货，以商战收回利权”等12条，受到清政府嘉奖，赐赏钦命头品顶戴太仆寺正卿。有一年，黄河决口成灾，张弼士目睹了灾民流离失所的惨状，

回南洋募银10万两赈济灾民，清政府赏建“急公好施”牌坊，竖在他的家乡。

张弼士虽然被清政府委以重任，但是他看透了清朝官僚政治的腐败，而对当时孙中山领导的资产阶级革命给予同情和支持，并资助孙中山先生和革命党人。

辛亥革命后，北洋政府任命张弼士为总统府顾问、工商部高等顾问和南洋宣慰使。张弼士有志于“实业兴邦”。他针对当时中国工业设备落后、技术和人才缺乏的状况，在坚持“主权自掌，利不外溢”的原则下，购买外国机器设备，引进先进技术，聘请外国工程技术人员，先后倾资创办了众多的企业。他还任中国商会联合会会长和华侨联合会名誉会长，推销国货，加强祖国和华侨的联系，以期“唤起邦人振兴国货之思潮”。张弼士在古稀之年，仍风尘仆仆地奔波于各地，积极组织祖国和华侨产品展览会，一直操劳到病逝。他遗言捐赠巨款修建中山大学和岭南大学的校舍楼，临终还念念不忘“为祖国效力”！

选址烟台，创办张裕公司
独具特色，媲美国外名牌

张弼士一直有一个念头：什么时候能经营祖国的葡萄酒？他成了企业家以后，在一次宴会上，听一位法国领事说，法国天主教神父曾在烟台用当地产的葡萄酿造葡萄酒，味道很好。说者无心，听者有意。这句话打动了张弼士的心。他专程跑到烟台做了一番考察，了解到当地有着种植葡萄的悠久历史，土壤和气候都很适宜葡萄的生长，于是当机立断，于1892年向清政府请准在烟台开设葡萄酿酒公司，由李鸿章亲批开办准照。张弼士在国内外独资经营的企业，如裕和、裕兴、万裕兴、裕昌、福裕、裕益等，都有个“裕”字做宝号，取其“昌裕兴隆”的吉兆，因此他将烟台酿酒公司定名为“张裕”，与其他裕字号企业平列为姐妹公司。并请时任户部尚书、军机大臣兼光绪皇帝老师的翁同和挥毫题写门头——“张裕酿酒公司”。

张弼士把烟台的两座石头山——东山和西山买下来，在山坡上挖石填土，硬是把千亩荒山坡开辟成五座葡萄园，还建了一个可容纳500个大贮酒桶的酒窖以及三层楼的厂房和一些附属工厂。

为了酿出能与洋酒匹敌的葡萄酒，张弼士聘请了外国酒师并且数易其聘。外国酒师认为当地葡萄颗粒不丰，出酒率不高，建议移植西方名本。经过几番努力，用国外引进的葡萄苗和本地的葡萄嫁接，栽种在东、西山的葡萄园里。对于葡萄园的土壤调理、肥料施用、品种改良和病虫害防治，均采用新式方法管理，并结合酿酒的要求，对葡萄结粒实行人工控制，分类剪收。经过几年的辛勤培育，终于建成了

占地千亩、有124个品种的葡萄园。收获的季节到了，那些葡萄耐寒、抗虫、色素好、糖度高、出汁多，葡萄家族的长处几乎集于一身，所酿之酒更让人啧啧称奇。

在建园的同时，张弼士还全套引进了国外的葡萄酒酿造工艺和机器设备，终于创办成了中国近代第一个体系完整的葡萄酒酿造企业，也是远东创办最早的葡萄酒厂。他先后共投资三百万两白银，使中国的葡萄酒生产，走上工业化大生产的道路。

张裕酿酒公司投产以后，酿造技术掌握在外国酒师手中，张弼士不甘心酒厂的关键技术长期被外籍酒师垄断，遂经过虚心学习和不断努力，终于又掌握了全套酿酒技术。

张裕酿酒公司的产品，最初为白兰地和红白葡萄酒等10余种。张弼士志在酿造出独具特色的名酒，以求祖国的产品能同欧美的名牌产品媲美。经过一番艰苦的努力，他们选用优质白葡萄，经过发酵、蒸馏、配制及5年以上的窖藏，酿成了色香味俱佳的白兰地；还以自己栽培的良种“玫瑰香”葡萄为主要原料，酿成了色如红宝石、气香味醇、酸甜适口的玫瑰香红葡萄酒；以龙眼、贵人香等葡萄为原料，参照中国传统药酒工艺，加入肉桂、豆蔻、藏红花等名贵药材，酿成了有滋补价值的味美思白葡萄酒（又叫琼瑶浆）。至此，张裕的这些佳酿均已能同欧美的名牌产品媲美。

巴拿马万国商会夺头魁
张裕酒享誉中外获赞美

优质的白兰地和葡萄酒是酿造出来了，但是要想创出名牌，还要在推销宣传方面好好下一番功夫。当时，要想为国产葡萄酒在市场上打开销路，实在是一件很不容易的事情。至于要想使张裕葡萄酒扬名海外，跻身于世界名酒之林，那就更是难上加难了。张弼士利用自己在华侨界的声誉，印制了大量的宣传品，在华侨中广为散发，扩大宣传，张裕酒很快名扬海外。同时，张弼士也积极打开国内销路，在报纸上刊告白，在码头车站树广告，制作带有“烟台张裕酿酒公司”字样的玻璃餐具酒杯，分赠酒楼饭馆。他每去酒楼餐馆，必指名要张裕的白兰地。当侍者把酒送到餐桌上，他便斟上一杯，邀侍者品尝，并说：“我走遍世界，从来未喝过这样好的酒，真是举世无双呀！”等到侍者品尝后连声说好时，他便开心地大笑起来。很快，张裕葡萄酒的名声就在国内传开了。

海外华侨欣闻祖国有了张裕这样一个大型葡萄酿酒企业，纷纷慕名前来参观。为此，张弼士在东山葡萄园里建造一座豪华的别墅，款待华侨人士和国内贵宾。康有为曾在别墅下榻，品尝了张裕葡萄酒以后，诗兴大发，挥毫写下了“浅饮张裕葡萄酒，移植丰台芍药花，更复华法写新句，欣于所遇即为家”的名句。

1912年，孙中山先生到烟台张裕公司参观，题赠“品重醴泉”。名人的言论和行动，具有不同凡响的感召力，张裕酿酒公司的名字不胫而走，张裕葡萄酒的声誉迅速提高。

1914年，南洋劝业会和上海招商会在南京举办商品陈列赛会，张裕葡萄酒获得最优质奖章。然而，张弼士并不因此而满足，他要让自己酿造的名酒与世界上的名酒比个高低！这一天终于来到了。1915年，为庆祝巴拿马运河完工，在美国的三藩市（旧金山）举行了盛况空前的“巴拿马万国商品赛会”。此时，张弼士已是七十多岁高龄老人，但他仍率领中国实业考察团赴美考察，并特地带上张裕葡萄酒去参加巴拿马万国商品赛会。

在赛会上，张裕葡萄酒开瓶了。色泽金黄如桔、清香绵延不尽的“白兰地”，可与宝石媲美。带有浓郁葡萄果香的“玫瑰香红葡萄酒”，带有清淡药香、甜酸适度的“味美思白葡萄酒”，使各国商人为之倾倒，博得了一片赞美之声。比赛结束，张裕白兰地获最优质奖状和金质奖章，其他几种酒也获得奖章。张弼士的愿望终于实现了——中国人第一次拥有了举世公认的葡萄酒。他在颁发奖章的典礼上，抱着红绸裹着的张裕白兰地酒樽，频频亲吻，两眼闪着激动的泪花。这是中国商品在国际上首次获奖，而这里面又蕴藏着张弼士的多少心血啊！

那时张裕获奖的消息引起了轰动，华侨们奔走相告，倍感自豪，还举行了庆祝宴会。张弼士在宴会上激动地说：“在这盛大的酒宴中，一眼望去，锦绣华堂，全是令人自豪的东西：一件是早就世界驰名的中国大菜，一件是享誉全球的中国瓷器，摆满了整个大厅，还有一件是最近获得国际金牌的中国名酒，都是举世无双的东西。唐人是了不起的。只要发奋图强，后来居上，祖国的产品都要成为世界名牌！”这一番话道出了海外华侨盼望祖国繁荣富强的拳拳深情。

张弼士终于创出了世界名牌葡萄酒。从此，张弼士将金质奖章缩印在白兰地商标上，于是，该酒成为驰名世界的名酒——张裕金奖白兰地，张裕品牌成为国际名牌。

酝酿辛勤成美酒
流芳百年是张裕

1916年，张弼士于巴达维亚五知堂去世，终年75岁。

张弼士去世以后，张裕酿酒公司由他的子孙们经营，不断推出新名牌，都获得了国内外的好评。

但是，由于军阀连年混战，捐税繁重，以及贪官污吏的敲诈勒索等原因，张裕公司连年入不敷出，以至于债台高筑。抗日战争爆发后，张裕公司被日本侵略者强行霸占，抗战胜利后又受到当局接收人员的巧取豪夺，到新中国成立前夕，已是奄奄一息了。

新中国成立后，在历任党和国家领导人的关怀下，张裕以及中国的葡萄酒工业都得到了长足的发展。

1954年，周恩来总理参加日内瓦会议期间，用张裕公司的金奖白兰地和贵州茅台酒宴请与会代表。该会专刊《国际杂谈》认为金奖白兰地代表着中华人民共和国科学文化的进步。

1956年，毛泽东主席在看了张裕呈写的《烟台张裕葡萄酿酒公司生产情况报告》后批示："要大力发展葡萄和葡萄酒生产，让人民多喝一点葡萄酒。"后来于1958年成立的张裕酿酒大学，为中国葡萄酒业造就出40余名"拔尖人才"，散向全国后，遂成为中国葡萄酒业的脊梁。

1987年，"国际葡萄酒和白兰地感官品评讨论会"在中国烟台举行。这次品评讨论会将要对张裕历年所产的10余种名优酒做出世界级的品评检验。作为"压轴戏"的张裕XO级陈年金奖白兰地将这次世界级评酒会推向了高潮。评酒开始后不久，一位国际高级品酒大师悄然离去。张裕高品位的金奖白兰地使他产生错觉，他要取一瓶同样高品质的法国白兰地作"对比酒"，结果，这位资历颇深的国际评酒专家仍感困惑：法国酒与中国张裕酒竟然难分高下。几乎所有的国际品酒大师都交口称赞：中国张裕所产白兰地典型性很强，香气沁人，口味柔顺、圆润，酒的质量是非凡的。有的评酒专家私下说："简直难以置信。"

在这一年，鉴于张裕公司对国际葡萄酒事业的杰出贡献，国际葡萄、葡萄酒局将烟台市命名为"国际葡萄、葡萄酒城"，烟台市被接纳为国际葡萄酒局的观察员。

作为中国早期民族工业的产物，张裕并不满足于国内的领先地位，它的宗旨是把中国的葡萄酒摆在与洋酒并驾齐驱的位置。自从1915年在旧金山一举荣获四枚金奖及最优等奖状以来，张裕几代人矢志不渝、苦心孤诣、辛勤耕耘、精心酿制，在近一个世纪的历届中国及世界名酒评比中，张裕产品一直榜上有名，先后获得16枚国际金银奖和20项国家金银奖，奉献出饮誉中外的名牌产品，成为中国同行业中历史最悠久、获金牌最多、实现利税最高和最具实力的一个国际著名的葡萄酒酿造企业。

1992年，时任中共中央总书记江泽民视察张裕公司并题词："沧浪欲有诗味，酝酿才能芬芳。"

1997年，张裕公司上市，成为中国葡萄酒行业第一家股票上市公司。

1999年，时任全国人大常委会委员长李鹏视察张裕并题词："百年酿成美酒，香飘四海九州。"

目前，张裕集团已由单一的葡萄酒生产经营企业发展成为以葡萄酒酿造为主，集保健酒与中成药研制开发、粮食白酒与酒精加工、进出口贸易、包装装潢、机械加工、玻璃制品等于一体，拥有一个控股上市公司、一个控股子公司、四个全资子公司和一个分公司的大型综合性企业集团。

随着中国入世，作为目前中国乃至亚洲最大的葡萄酒生产经营企业，张裕正面临着新的挑战与机遇。

"爱国、敬业、优质、争雄！"——在这种百年张裕传统精神的激励下，已经赢得了国际信誉的张裕，仍会始终以追求世界最好为目标。

600岁的永安堂

近600年老药铺永安堂，近600年服务病家。靠的是“实与名副，财以道生”的祖训，结出史业鼎盛，饮誉京城之果。新中国成立后，特别是在改革开放中，这个老药店居然又在医药行业中率先跨入了现代连锁企业行列，并提出“真、全、特、服”的承诺，全方位地服务病家。

内有永安，外有同仁

说起北京的永安堂，这可是一家“名老字号”药店。早年的地址为齐化门（朝阳门）内大街215号，即原东四牌楼东南角儿。两层楼面，门楹中央悬挂“永安堂”颜体楷书匾额和“采云”“炼月”的金字牌匾分挂两端，显得庄重气派。永安堂药厂就在其对过路北243号，有三层院落，前门在朝内大街，后门则通东四头条。内设刀房、斗房、碾房，还有贮蜜库和鲜药库等，这在当年亦是颇具实力的药厂。自产自销中成药16个门类487种，外厂药品一律不销。永安堂自产名药得以真传，故在京城史业鼎盛，商誉大振。

据考证，现今唯一的珍贵文史资料，即永安堂原主人于清乾隆甲子年（1744年）撰刻的《北平永安堂参茸胶醴丸散膏丹药目序》一书载：永安堂始创于明朝永乐年间（1403—1424年）。那就是说，在明朝初期，亦是各地纷纷在开设中药铺子之时，永安堂就在京城开业了。说老字号当然也包括近代新式工商企业的老字号。咱们中国的老字号有五大特点，头一大特点就是“老”，所谓老就是历史悠久，少则数十年，多则数百年。永安堂的创业迄今已有589年的历史了。这样一算，永安堂还先于北京同行的药店一二百年建店，可称是一家名老字号了。

《永安堂药目序》书中开宗明义地讲道：永安堂药店从商宗旨是“实与名副，财以道生”的经营祖训。简而言之，就是“货真价实，童叟无欺”。永安堂制药的真功夫，在于它久研病理，深攻药性，遵照古方暨名师秘授，虔修各种丸、散、膏、丹；兼设药圃，培养各色鲜药等，而驰名海内外。话说到这儿，想当年创建永安堂的始祖是谁，可至今还无人知晓，据说是因为明、清两代更迭的文史资料已荡然无存了。老职工们仅从永安堂过年（春节）的习俗和老铺口的南礼儿上，来推测原主人是南方人。后来永安堂又几经转手，几易其主，至民国初年时让一位北方人，即杨周臣先生将永安堂的祖业承传了下来。杨掌柜是1875年出生的，河北三河县人，私塾文底深厚，1892年走进永安堂，1907年任永安堂总经理，1942年任北平市中药讲习所常务董事和北平市国药同业协会主席。他精通业务，勤于管理，或坐堂闻听，或后堂（药厂）查看。对加工的药面儿，他一看颜色便知投料是否有误；口尝舌治，能品出压碾、过箩是否有偷工省事儿。老掌柜杨周臣曾书道："监制者责任重大，终日督饬，唯恐疏漏，虽神疲力竭，亦弗敢稍懈。"正是在他严格的监督下，全店同仁个个严守店规店矩，决不马虎，使这个历经沧桑数百年的老店从未发生过差错。

当年服药者，尤其是贵重药品多是旧王府、大宅门和满门旗人。他们买药后，都是逐味核对，逐样以毫、厘复称。这也从没出过错。永安堂的"万应锭"这种小药，据说是专为劳苦大众所用，货真价廉，疗效也好。这种小药在当年还引出一个真人真事的故事。一次，礼士胡同的张先生（人送外号张机器），因眼底红肿充血，病情很严重。晚上买了一包万应锭，服后药到病除。这位张先生颇感奇怪，便来个货比三家，各买了一包万应锭进行研究，结果发现永安堂的万应锭是将细料和入药中，久存后色泽、药效如初，那两家的万应锭是把细料用在表面儿包衣，不仅没有了麝香味儿，药品还变成了黑色。张先生得出的结果是：我用药就去永安堂。久而久之，经老百姓这么互相一传，永安堂的商誉大增。故当年在京城便流传起"内永安外同仁"的说法。（注：早年的北京以前门作界，分为内城和外城，内永安即永安堂，外同仁即同仁堂）

老药店踏上新征程

新中国成立后，永安堂药店，还按老谱做生意，仍坚持货真价实，不卖伪品。故1952年，在资本主义工商业中开展五反运动后，永安堂在众多药商中被定为"完全守法户"。1956年1月1日公私合营，根据市里统一规划，中成药由国营批发部门计划供应。从此，永安堂告别了前店后厂自产自销的经营模式。就在公私合营之后，永安堂出现一件最让人痛心的事儿：据说永安堂经几百年的工夫，久研病理，深攻药性和名医密授，积累起来的成药配本，共收载成方1 100余种（系清朝抄本），那是中药医术之精华，亦是国药之财富。可是在那个年代，此配本被借用传阅后丢失了。“文革”期间，清朝文人钟少儒撰写的“永安堂”颜体楷书牌匾被摘掉。永安堂也被改为“曙光药店”。党的十一届三中全会以后，老字号被恢复，永安堂再获新生。为了适应药业市场的发展变化，永安堂全面进行了改建装修，于1994年5月18日重张开业，全国政协副主席孙孚凌、前卫生部长崔月犁前来祝贺，崔部长还挥笔题词：“继承和发扬中医药伟大宝库”，来勉励永安堂人。

到了1995年，即以永安堂为龙头，在本市医药行业内率先成立了永安堂医药公司连锁店。第一步，先将7个独立核算自负盈亏的小型药店的资源整合在一起，实行统一进货，统一配送，统一管理，统一核算。第二步，2002年6月，将下属20多家零售药店整合在一起，成立了现在的“北京永安堂医药连锁有限责任公司”。截止到2005年，在全市已有38家直营药店，15家加盟药店的连锁企业。

永安堂这个老字号，在内部进行重拳改革的同时，积极在企业内部建起人才储备库。每年都吸收一批具有药学专业知识的年轻人进入药店，为老字号注入新的血液；年年对企业员工进行全方位、多层次的培训，并且都要经考试合格后持证上岗。几年来，全体员工通过学习药理、药性知识，进一步提高了药品的质量意识。现在有执业药师、主管药师、从业药师和药师、药士等技术人员，共150余人在岗服务。永安堂连锁公司，在2002年就跨入了中国医药零售连锁50强行列。

实与名副，财以道生

“‘实与名副，财以道生’，是永安堂开业589年来的经营祖训。其大意是：本堂所经营的药材药品，都是地道的真货；严明医德至上，而后生财。如今，面对市场的激烈竞争和人们健康意识的不断提升，我们必须赋予它新的内涵，让这八个大字再闪金光。”永安堂总经理解释说。永安堂连锁公司，在秉承老字号传统经营特色的基础上，对经营品种和服务项目全面地进行了调整和充实，并提出“真、全、特、服”是永安堂对顾客信守的承诺，即货真价实，药品齐全，特色经营，全方位服务。

永安堂药店，史而有之的传统经营特色——“坐堂医生”，如今一律改为规范化诊所，颇受患者青睐。目前，永安堂连锁公司有安外、朝内、灯市口药店等十来家设有诊所，特聘名医、专家和大夫40多位轮流应诊。这些名医、专家医术高深，各有专长，看好了很多患者的疑难杂症。一位57岁的王女士激动地对笔者说：“我1998年患双肾萎缩，左肾已无功能。听说赵绍琴的关门弟子、中医学院教授张征宇大夫看得好，就追来了，只看一年多点儿，我不仅能干点家务活儿，还能自己来看病了。“王女士还算了一笔账，她说看西医一年要花20多万元，还说肾病是不可逆的。在这看一年才花了4 000多元，特别是赵绍琴大夫曾说过的，肾病是可以看好的。灯市口药店的中国中医研究院研究员李宏广大夫，看不孕症有专长，他针对夫妇的病情，辩证施法，对症下药。在李大夫病室里，挂满了锦旗，玻璃板下还有16位夫妇主动送来16个活泼可爱的孩子的照片。

永安堂药店，另一项传统经营特色——“药品邮寄”专业。这项业务是永安堂人为顾客跑腿的服务性工作，深受远方患者夸赞。永安堂为何能够把自己的药材药品寄往全国，乃至海外呢？这是因为永安堂的“货真价实，讲究信誉”在全国早有盛名。到了民国初年，“邮便大通，各省士媛，函购益夥。”为此永安堂才设立了“邮寄药品”专业。如今，永安堂连锁公司各店普遍开展了邮寄业务，一些大店还设立了邮寄专柜，并在区药监局备了案。目前各店的邮寄业务，包括台湾在内已辐射全国30多个省市和地区。凡是外地寄来的（传真）药方，都按急诊办理，药师审核，转专人抓药，再经复核后，待收银员取回汇款，开好发票，同药品一起装入药箱，再送邮局寄出，让顾客免受路途奔波之苦和节省高额的车费。

永安堂药店，年年依季节变化和发病规律，都要举办一次为“百姓送健康”的活动。今年，从现在开始历时一个月，正当“秋补”的好时节，集全国同仁堂、本溪龙宝集团、辽宁鹿源等名店、名厂的“人参、鹿茸、灵芝、燕窝”等滋补精品，于东四朝内旗舰店与北京市民见面。据说这样的规模在京城还是首次。人参为中国特产名贵中药材，鹿茸是名贵中药，这些滋补药品过去都是王府贵族们的专利，如今它们已经走进了寻常百姓家。有些百姓只知吃参茸、人参好，就是不知怎么样吃法才对身体有益。至于这些名贵中药的性能就更不知道了，若您要到现场去看看，肯定得到满意的答案。（补记：从永安堂1403年创业算起，至2016年已经有613年的历史。）

“药房大王”商战传奇

——中国近代民族西药业翘楚的崛起

中国近代的民族工商业是在外商和洋货如洪水般涌来，市场又为洋人所操纵的困境中，通过不断的学习、模仿和创造，一步步艰难地发展起来的。

在漫长的艰辛创业和苦心经营的过程中，中国近代的民族西药业也逐步发展了起来，而且产生了“中西”“中法”“五洲”等著名商号，其中“五洲”的当家人项松茂，用心学习西方资本主义先进的经营管理和科学技术等方面的经验，并以发展中国民族工商业的豪情，与外商特别是英商“利华兄弟”托拉斯展开激烈的竞争，在抵制洋货、挽回利权的爱国运动的推动下，终于战胜了洋商，开创了中国近代民族西药业和民族制皂业的全新局面，并成为西药业的翘楚，被誉为近代中国的“药房大王”。

练摊“中英”药房，接掌“五洲”经理

1907年，在上海福州路广西路口，上海著名西药房之一，后来名震中国西药界的民族西药商号——五洲大药房，正式开业。

由商务印书馆总经理夏瑞芳、杭州广济医院药剂师谢瑞卿和中法药房总经理黄楚九等合资创办的五洲大药房以经营西药为主，同时也自产“甘露戒烟丸”，利润极为可观。后来却因经营不善，谢瑞卿退伙，导致了经营管理的全面混乱和危机。于是，夏瑞芳和黄楚九经缜密协商后，遂邀请当时已在药房业初显经营和管理才华的项松茂加盟“五洲”，接任五洲药房经理职务。

浙江鄞县人项松茂，出生于1880年，14岁时即出外谋生，入皮毛牛骨行做学徒，东家非常赏识他的吃苦耐劳，待他满师后即委他为“账目”的重任。

1900年，二十岁的项松茂进入上海中英药房任会计。在那里，他第一次接触到了西方资本主义先进的经营管理方式，如饥似渴地工作和学习，而这一时期，也

成为他以后驰骋商场、施展拳脚最重要的训练期。由于他极富责任心，办事又认真踏实而且心细如发，被派驻位于汉口的中英药房分店任经理。在汉口分店，项松茂独当一面的能力得到充分的锻炼和发挥，他积极规划经营，使得分店的业务日益兴隆，而他自己也逐渐在行业里博得了美誉。

至1911年，时年31岁风华正茂的项松茂，欣然接受了“五洲”的聘请，接掌其经理，开始了他在近代中国西药业界的风云之行。

自制本牌成药，实施股份改造

筹资融资是项松茂接掌“五洲”经理后的头等大事。对内，项松茂以“勤俭”二字作为企业的方针，他变卖了店中华丽的陈设，筹得规银一万五千两；对外，为取得各钱庄在资金方面的支持，项松茂大胆委任钱庄跑街俞钜卿为副经理。随后，他即实施扩张经营的战略，将店址迁入繁华的地方，并增聘药剂人员，组建“合药间”，自制一系列的本牌成药：治疗贫血症的“人造自来血”、调经的“月月红”以及化痰止咳的“助肺呼吸香胶”等。而色泽鲜红的“人造自来血”质量比其他药房的同类产品优越，比之于进口的西药更便宜很多，极受消费者的欢迎，产量也逐年上升并成为“五洲”的拳头产品。

那时，国内的西药市场正处于逐渐扩大膨胀的时期，项松茂敏锐地感到“五洲”原有的资金规模、产权关系和运作模式等已不能适应形势发展的需要。于是他与夏瑞芳进行了商讨，决定对“五洲”进行股份制改造。

1915年，额定资金总额规银十万两的五洲股份有限公司正式成立，董事为项松茂、夏瑞芳、黄楚九等五人，以“地球”作为公司的商标，确立“精诚”二字为店训。

为扩大药品销售，项松茂决定于天津设分店，建立开辟北方市场的销售桥头堡。但这与同仁黄楚九自办的中法药房天津支店存在业务冲突，而黄楚九也持反对意见。经过权衡考量，项松茂毅然将自己在上海新世界游乐场的股权出让给黄楚九，以换回黄楚九在“五洲”的股权。在理顺了内部产权关系的大好形势下，天津分店正式开张营业，由此撕开了大规模进军北方销售市场的口子。

在项松茂的主持下，“五洲”又增加了“鱼肝油精丸”“肥儿疳积糖”及“止咳杏仁露”等新药。特别是“人造自来血”的销量更是猛增，“五洲”的营业额、盈余额均呈大幅度的增长。伴随着“五洲”在同业中的迅速发展和信誉日增，项松茂因此成为在西药业界崭露头角的重量级人物。

挽回利权，购并德商企业

中国近代西药市场的形成，是由“洋药”的引进开始的。当时，中国的西药业贩售的多是进口药品，即使像“五洲”这样自设“合药间”的，其成品也多是利用进口原料加工。五四运动爆发以后，中国掀起了抵制洋货、挽回利权的爱国运动，深受鼓舞和激动的项松茂，也激发了发展中国民族制药工业的万丈豪情。“贩售外货，不过拾其余汤残羹，必须自制新药，与之抗衡。”项松茂下定了发展民族制药业的决心。

其时，德商在上海徐家汇开设的固本肥皂厂想要出盘，项松茂得到消息后即前往咨询，经查看觉得厂房和机器设备均齐备，既能制药，又可以制皂，遂即展开盘进洽商。

1921年，项松茂买下了德国人开设的固本皂厂，改名为“五洲固本皂药厂”，把五洲药房的“合药间”迁入厂内，并分设制药和制皂两部。其后，项松茂又盘进了德商耐尔生氏所办的生产臭药水的亚林制药厂。这一系列的购并措施，为“五洲”自制新药从而与进口洋药抗争奠定了基础。

研制新药，奔赴东瀛考察

此时，羽翼渐丰的项松茂，开始大展掌脚，实施西药国产化的抱负。

一方面项松茂东渡日本考察西药业，另一方面还派技术骨干赴欧美参观学习，为自制新药做技术和人力资源的准备和充电。在海外，他们认真地学习并吸取了西方资本主义国家经营管理和科学技术方面的先进经验。

同时项松茂还聘请了一些大学的医学、化学专业毕业生做技术员，并成立了化验室，大量订购国内外医药、化学书刊做参考，全面展开新药研制工作。项松茂与技术骨干们一起，按照各国药典的配方要求，用中草药炼制酊剂软膏，为中国的制药工业开创了新途径。“五洲”还自制了牛痘疫苗、纳夫他林、醚精、柠檬酸及硫酸亚铁等化学药用原料，摆脱了中国西药业历来依赖国外原料的被动局面。项松茂还特约林德兴工厂仿制德国的蛇牌外科手术器械和医疗设备，成为开辟中国医疗器械工业的先导。

提高产品质量，挑战皂业霸主

在洋货大规模的倾销中国的同时，“洋皂”——即肥皂这一洋玩意也从海外舶来中国。在旧时，外商相继于上海开办制皂工厂，外商在制皂业形成了垄断局面。在那时，称霸中国肥皂市场的是英国皂业托拉斯——利华兄弟公司在中国开设的子公司——中国肥皂公司。

总部设在伦敦的利华兄弟公司是全球肥皂工业的霸主。利华兄弟在上海开设中国肥皂公司以后，于杨树浦建立了肥皂工厂，该厂逐渐吞并了英商在上海的其他制皂企业，从而成为远东最大的制皂厂。其时，英商中国肥皂公司生产的“祥茂”肥皂雄霸着中国的肥皂市场。

项松茂在盘下德商固本肥皂厂后，既要自制新药，同时也要自制肥皂，以抵制洋皂。面对实力强大的英商，“五洲”在资本、技术、规模等各方面，都无法与英商中国肥皂公司相比。在处于劣势的情势下，项松茂决心在产品质量、产品价格、市场份额三个能够占据优势的领域里下功夫、做文章。于是，一场肥皂业的争霸战，也是中国近代商战史上典型的以弱对强的挑战赛，拉开了帷幕。

“五洲”的固本肥皂进入市场以后，为了与英商的祥茂肥皂竞争，项松茂决定大幅提高固本肥皂的产品质量，以优良的品质提升竞争力。项松茂带领技术员和工人们反复试验，使固本肥皂达到了表面坚实、颜色纯一、不收缩、不变性、泡沫多、去污力强并且耐久用的效果。而相比之下，祥茂肥皂则含水分多，容易收缩变形，卖相大打折扣。

在推销五洲固本肥皂时，有的销售店还进行现场对比测试表演，用两碗清水，一碗里放入五洲固本肥皂，一碗里放入英商的祥茂肥皂，这具有极其强的广告效果。顾客们看见祥茂肥皂已溶化了，而五洲固本肥皂还相当坚挺，两种肥皂的优劣极其明显，五洲固本肥皂成了顾客们争相购买的优质货。

价格一役竞争激烈，国货小胜

自从五洲固本肥皂一问世，就和英商中国肥皂公司的祥茂肥皂展开了激烈的竞争。

在项松茂以“比较优势争市场”的战略方针指导下，五洲固本肥皂凭借质量优势，在市场上销量日增，而祥茂肥皂则受到了顾客的冷落。此时，不甘心的英商采取了跌价倾销的手段，以图拖垮固本肥皂。跌价前，固本肥皂每箱价格是六元七角，而祥茂肥皂低得多，是每箱价格五元三角五分，但固本肥皂的质量比祥茂肥皂好得多，因而固本肥皂得到顾客的青睐。英商采取了强力的跌价手段，将祥茂肥皂价格降到了每箱四元四角二分。项松茂为了迎击英商这一招，立即将固本肥皂调整为每箱六元二角。英商继续使出跌价招数，将祥茂肥皂价格降到每箱只三元七角二分的超低价位上。面对英商的疯狂倾销频频进攻，项松茂不畏强手，再次做出积极响应，将固本肥皂价格调整到五元八角。为了战胜祥茂肥皂，项松茂咬紧牙关，采取了以“人造自来血”等药品的利润来弥补固本肥皂亏损的策略，成功地抑制了英商的跌价倾销，在肥皂争霸大战中，继质量一役后，“五洲”又一次在价格战中取得了胜利。

推销大战烽烟又起，洋货败北

英商在价格一役中，没有捞到决定性的好处，于是在市场推销商中动起了脑筋。英商将市场划分为上海、浙江、华南、华北、西北等几个大区，建立起一个庞大的推销网，并派驻区长和营销员推销祥茂肥皂，以月薪加奖金制度，鼓励推销人员的积极性。英商推出了凡购买一百箱者赠送五箱，货款可以在卖出后清付，跌价时补给差价的政策来鼓励代销店推销祥茂肥皂。英商还采取大做宣传广告，在祥茂肥皂内附赠奖券，甚至将银角子嵌入肥皂内以迎合顾客的侥幸心理等种种推销手段，以图达到霸占市场的目的。

“五洲”针锋相对，也建立了固本肥皂的推销网，外埠由五洲药房支店、领牌店和代销店负责推销，上海市场则请烟纸业大同行谦泰新老板沈德华出面，联络烟纸业三十余家组成大成公司,专门推销固本肥皂。大成公司推销一箱固本肥皂，可获佣银二钱，交货后可放账60天。如肥皂跌价，补给差价，年终还根据推销数量付给酬劳。而大成公司对各个烟纸零售店，除每箱给佣银一钱外，还根据销售多寡另有奖励。加入大成公司的三十余家烟纸业在年终结账时都可以坐享红利，因此对推销固本肥皂十分出力。

通过这一系列的促销措施，固本肥皂的市场占有量稳步上升。

五洲固本肥皂经过质量、价格和市场推销等几大战役的胜利后，在1925年于上海爆发的五卅运动中，又迎来了中国人奋起抵制洋货、提倡国货的热潮。此时，固本肥皂销路大增，日产五百箱还供不应求，而祥茂肥皂已无人问津，英商中国肥皂公司的制造厂更是一度关闭。在国货运动的推动下，五洲固本肥皂终于战胜了祥茂肥皂，将英商中国肥皂公司赶下了中国肥皂业的霸主地位。随后，项松茂又盘进了中华兴记香皂厂，增出“嫦娥”“美女”等数十种香皂，经营范围进一步扩大。

善管理，长销售，终成“药房大王”

项松茂能够取得成功，在个人因素中，除了其工作敬业外，还得益于自身善于管理和长于销售的素质。

在管理上，随着五洲药房业务的发展和扩大，项松茂逐步加强和完善了组织机构和管理机构。在董事会、经理之下，设有店务会议、厂务会议、店厂联席会议以及技术会议，还按生产、营业、财务、管理四个系统设科、股，分工执掌各项业务。项松茂极其重视培养和使用人才，招考了一些化学系大学毕业生担任技术骨干，同时委任中华职业教育社招考高中毕业生培训店员，并由五洲药房的技术和业务骨干担任教师，使职工素质得到了提高。项松茂在五洲药房制定了《职工待遇条例》，给高级职员和技术人员以较高的工资，一般职工也能逐年增加薪水；公司设有医务处，还设立了职工子弟免费入学的松茂小学，这些措施都极大地调动和发挥了全体职工的积极性。

在生产和销售上，为了加强同外商竞争的能力，项松茂很注重五洲药房与其他厂家的业务协作。他先后向大丰工业原料公司、开成造酸公司、南洋烛皂厂、温州森林农林厂及上海新亚药业厂等13个企业投资附股，兼任这些厂家的董事，从而取得了硫酸、松脂、除虫菊等国产原料的低价供应。他又将五洲药房生产的甘油、硝酸、盐酸等原料销给这些厂家使用，互惠互利，从而都降低了生产成本。

在推销医药产品时，项松茂还注重与上海各医院和开业医师保持业务联系，甚至以资金和药品帮助一些医院，使各个医院和医师都愿意使用五洲药房的药品。他还编印《卫生指南》，宣传防病卫生常识，在民众中扩大五洲药房的影响。

五洲药房在上海和外埠先后设立的支店有17处，领牌联号达55处，还委托香港瑞昌西药行、新加坡合丰商店、越南昊昊药房、仰光兴华公司等在东南亚地区代销“五洲”的药品，使销路不断扩大。至1928年，五洲药房增资1 500万元，成为当时中国屈指可数的西药制药企业。而项松茂也在艰辛的创业和曲折的发展中，不断地扩大生产和销售规模，成为近代中国当之无愧的“药房大王”。

承父业，拓业务，“五洲”加载史册

在近代中国的西药业界，“五洲”企业颇负盛名，而项松茂的名节也为人称道。由于五洲药房规模的日益扩大，尤其是五洲固本肥皂战胜祥茂肥皂的事迹，使得项松茂的社会地位日益提高。他先后担任了机制国货工厂联合会常务委员、华商皂业公会主席委员、上海市商会议董等职务。项松茂还一贯热心慈善公益事业和捐款赈灾。

九一八事变爆发后，项松茂积极加入抗日运动，在次年的一·二八淞沪抗战爆发时，项松茂在抗日救亡爱国运动中被日军杀害，时年52岁。

项松茂的儿子项绳武继承父业，被五洲药房董事会推选为总经理。他积极经营，拓展事务，将五洲固本肥皂厂改称为五洲固本肥皂厂和第一制药厂，并增设了第二和第三制药厂。抗战前夕，五洲药房自建的十层大厦落成，经营中西成药、试剂配方、药疗器械、营养食品、化工原料以及化妆香料等，范围之广，品种之多，在国内同业中首屈一指。这时五洲药房进入全盛时期——增资280万元，年营业额达1 164万元，职工增至1 600余人。作为中国民族西药业翘楚的“五洲”，以其种种辉煌业绩，被载入中国近代工商史册。

华侨领袖　慈善华商

——南洋爱国侨领胡文虎创业史

著名华商胡文虎先生，是南洋爱国侨领，华侨工商企业家，其经历充满传奇色彩。他从继承父亲在仰光的一家中药铺开始，后来在制药方面崭露头角，创设了“虎标永安堂药行”。其创制的“虎标良药”销售遍及海内外，分别在南洋和祖国设立分行20余处。虎标良药在中国和东南亚几乎是家喻户晓，而他也凭虎标万金油等成药致富，并被誉为“万金油大王”。他为启迪民智、弘扬中华文化，独资创办了十多家中、英文报纸，享有“报业巨子”的称号。致富后，胡文虎自倡“以大众之财，还之大众”的宏论，乐善好施，时常捐款。他热心于文化、教育、医药、公益和慈善等事业，是有名的“大慈善家”。他对祖国和社会、对中华文化和客家文化，都做出了极大的贡献。

少小回祖国，接受传统教育
兄弟承父业，协力开拓业务

胡文虎是原籍福建省永定县下洋镇中川村的客家人，其父胡子钦是侨居缅甸的中医，在仰光开设有“永安堂”中药铺。1882年1月16日，胡文虎生于缅甸仰光。胡氏兄弟共三人，分别取名为文龙、文虎、文豹。不幸，胡文虎的兄长文龙早年夭折，所以后来胡氏事业的发展和成就，主要是靠文虎和文豹兄弟俩共同奋斗打拼。

胡文虎在缅甸仰光度过童年时代。他父亲是中国传统文化的推崇者，同时又接受过海外的新思想，所以到胡文虎10岁的时候，其父就送他回家乡永定读书，接受中国传统文化的教育，而胡文豹则留在缅甸接受英国式的教育。

那时候中国还没有什么新式学校，只有私塾。

四年后，胡文虎结束了私塾生活。恰逢他父亲的中药铺需要帮手，于是他重返仰光，开始随父学医和经商，并协助料理药铺店务。平时其父教他读汤头歌诀和研

究药性，他后来对中医药就有了认识和体会。

1908年，胡文虎父亲病故，胡氏兄弟继承父业。这时胡文虎已通晓中文，又懂中医药，乃主持永安堂药铺，并经常往来香港等地办货。而此时的胡文豹通晓英文，他就留守仰光店面，兄弟二人同心协力开拓业务，永安堂的事业开始日趋发展起来。

主动清账，梳理商业信誉
巩固客户，具备独到眼光

胡文虎在父亲刚逝世后没多久，就带了店内所有的现款，离开仰光，只身去了香港。当时，这消息传出，许多亲友及熟识他的人，都议论纷纷，以为他因父亲死后，无人管束，就带了许多钱，去香港花天酒地去了。

其实不然，原来他父亲开在仰光的药材店里所有的药材，都是由香港运去的，交易久了，香港的药材行有时是先行付货，然后由仰光汇钱回来，当然还欠香港好几间药材行的货款。

胡文虎把钱带到香港，不是去销金窝大撒银钱，而是到几间药材行去把他父亲欠下的账款自动全部理清，不欠分文。

他的这一行为，使几间药材行的老板很诧异而且很高兴。他们本来以为胡子钦先生去世后，账款恐怕很难收回了。如今他的儿子自动来香港清还，使他们对胡文虎另眼相看，对永安堂也比起以前更加信任，大家都争相供货给他。以后永安堂的货单开来香港，香港的药材商无不尽快付货前去。这件事体现了胡文虎的眼光独到之处和具有大气魄，他懂得先巩固信用，信用就是本钱，因而把到香港还账看成是一件大事。这对他后来的发展是有很大的影响的。

成功有理，靠的是减量保质
销量有增，全凭着开动脑筋

胡氏兄弟继承父亲的药铺后，针对中药服用不方便的弱点，大胆进行技术革新，致力于用科学方法研制简便成药，创制出万金油、八卦丹、头痛粉、清快水、止痛散五种方便成药推向市场，以其价格低廉、使用方便、功效显著而赢得人们喜爱。胡氏并以“虎”图案为药品的商标，后来另设“虎豹行”，在仰光大街专门推销“虎标良药”。那时候万金油的传单上，是标明“仰光永安堂虎豹行药房虎标万

金油”的，这样长的头衔，人们看到，都觉有趣。

虎标良药在经营初期，当然不会很畅销，经过极多努力，才有了一定基础。

第一次世界大战时，有些制药的原料价格飞涨，因为同业竞争的关系，成药又不能单独起价。然而成本加大，虎标的商品不但赚不到多少钱，而且有亏本的趋势。在这种情形之下，胡文虎开动脑筋、经营有术，把世界大战变成了一个发展的好机会。

那时，市面上与万金油同一类的药品有好几种。受第一次世界大战影响使原料价格提高至成本加重，膏丹成药商人，都有同样的困难。

胡文虎认为药品的效力是最重要的，如果通过“减料”来保持价钱，药的效用也就一定减低。但如不减少贵重的原料又势必亏本。要加价呢，用户却购买不起，一定影响销路。在矛盾之中，他想出一个办法来，他把原来装满一樽的药油都减为七八分满，药料与价格则照旧。这样一来，虽然分量有所减少，但是药油的效力却同样不减，而用户也都能够接受，这样就维护了买家和卖家双方的一种平衡，使虎标万金油反而更加畅销。

跑码头，信心百倍闯市场，善于游说推销见成效
行大街，灵感一计上心头，改造包装生意有发展

然而推销药品，并不是一件容易的事。

虎标良药在仰光的发展，是胡氏兄弟发展的初级阶段。但虎标在新加坡各地却是“名不见经传”，很少人购用。后来，经过一番惨淡经营，才渐渐打开销路。胡文虎有信心、有毅力。初时，他每天用手提箱装满自制的万金油、八卦丹之类的成药，亲自到新加坡同乡所开的药店去推销。还曾跑过不少的码头，口才也学好了。他很有耐性，不怕麻烦，笑嘻嘻地向许多药材商介绍自己的药品如何有效力，代理他的药如何有利益，请他们帮忙推销。他还善观面色，根据对方的脾气、情绪等进行推销。人家面色不怎么好的时候，他就不多说话，唯恐别人怕麻烦、嫌啰唆。好话说尽，功夫做到，店家才勉强答应下来，代为“寄售”。约定药品卖出去了，才可以向他们收货款。通过不断的推销，逐渐打开了新加坡市场。

有一天，胡文虎在仰光出外行街，在一个垃圾堆旁看见一个精致小巧的玻璃樽口，在阳光下十分耀眼。他定睛看着，觉得这小小的玻璃樽做得小巧玲珑，就捡了起来，擦干净之后，端详了又端详，带回店去。突然他灵机一动，心想：用药油的病人，普罗大众居多，虎标万金油用“巨型”玻璃樽包装，每樽要卖三个缅币，这

个数目恐怕非许多人所能拿得出来。要迎合一般人的购买力，使绝大多数人都能买得起，那才是一个广销的最好办法。

他计上心头，何不用这样的小玻璃樽来装万金油呢？减少分量，即可大大削减价钱，减轻用户的负担。他把这个垃圾堆里“发掘”出来的小玻璃樽照样大小去定制有虎标的玻璃樽，不久小樽的万金油就问世了。这小樽万金油，有两种好处：一是售价便宜，每樽只售几毫钱，经济力弱的人也买得起；二是玻璃樽小，便于携带。

小樽万金油发售之后，销量日益增加。这个垃圾堆里的发现和胡文虎偶然的动机，对于虎标万金油的营销和胡氏生意的发展，产生了决定性的突破，事业迅速崛起。

夜贴街招，大丈夫所为能屈能伸
创意广告，好点子效果又奇又妙

“永安堂”是胡文虎父亲开设的，但实际上创制“虎标万金油”的胡文虎，才是胡氏药业扩展的开创人。创业并非一帆风顺，胡文虎的成功全靠胆色、机灵、刻苦、节俭。还有一个最大的因素，就是善于“推销自己”，甚至可以说，胡文虎是靠广告起家的，虎标良药之所以能够风行与宣传有很大的关系。

胡文虎深知宣传的重要性，也很懂得宣传手法，所以很重视广告。由于力不能及，起初，他付不起大笔的广告刊登费。为了推销虎标良药，他就印了很多宣传海报，到处张贴。

胡文虎对新加坡市场极为重视，当然要在那里大肆宣传，于是他不辞劳苦地由仰光把印刷宣传品带到新加坡一带去。但雇人去贴街招，不仅要一笔费用，而且贴的不会周到。不过自己又是老板，又不好意思自己去贴，这怎么办好呢？

在无法可想之时，他又想出了一个办法来——在更深夜静的时候自己动手。他请一位相熟的同乡来帮忙，每到半夜，他和同乡两个就到街上去，把街招在当眼的地方贴上。后来胡文虎对人谈起这段往事时，常常深有感触——正所谓大丈夫能屈也能伸。

胡文虎很注意外国药品的推销，他发觉外国人对于刊登广告相当重视，不惜花费巨大的广告费，而中国人对药品的宣传是很忽视的，因此他得风气之先，喜欢在报纸上刊登广告。

他的特别之处是勤于开动脑筋。他的广告都是自己想点子，想办法，想着如

何达到宣传的效果，而且想出来的广告很奇，很妙，很好笑，很能吸引人注意。例如宣传八卦丹的广告，大意是男女亲热接吻，男的口臭，女的不喜欢，那多煞风景啊！最好口含八卦丹，则“吐气如兰”，就更加亲热了（在21世纪的今天，有一个宣传某口香糖的电视广告，简直就是胡文虎这个“广告创意”的翻版，而胡文虎的创意是在20世纪的前期，由此可见胡文虎的创意的经典）。在那个时代，在广告上公然教人接吻，是很时髦的，效果自然好。

战略转移，虎标永安堂设立新加坡总行
事业扩张，华商胡文虎获誉万金油大王

胡文虎很有雄心，这与他一贯的勇猛、好胜性格有关。他爱好活动，爱好旅行考察各地商人的生意之道，探究别人成功发展的原因和经验。由于业务的发展，他心里时常盘算着向外扩展业务发展事业的计划。每年他都到新加坡各地去推销虎标良药，对那里的环境已颇为熟悉。有心的他很注意观察分析，觉得新加坡比仰光更有发展的机会，因为新加坡是南洋的总汇地，交通便利，商业发达，所有畅销的物品，都集中在这里。而南洋的许多富翁，也是在新加坡发家的。这时，胡文虎已经不安于在缅甸的现状了，于是他跃跃欲试，要去新加坡建根据地。而且他做事果断，只要认为是有利的，一旦决定下来，必不随便放过机会。他考虑利弊后，遂决定战略转移。

1923年，胡文虎于新加坡创设虎标永安堂总行，留胡文豹主持仰光业务。他在新加坡兴建新药厂，以新加坡作基地，大力推销自己的药品，将业务深入到东南亚各个大小城市、乡村去，生意蒸蒸日上。其后向香港及中国内地发展，分别在（马来西亚、香港、上海、汕头）等各地广设分行，大做生意。从此，永安堂虎标良药畅销于整个西太平洋和印度洋的广大地域，包括中国、印度和东南亚这3个人口最多的市场，并远销欧美，销售对象达到全球总人口的半数以上。由于其不凡的业绩，胡文虎荣获“万金油大王”美誉。

由于经营有方，跻身南洋富豪
建筑私家别墅，成为历史名胜

除制造经营药品外，胡文虎还在中国内地、香港和东南亚一带创办报业，并涉足金融业——在新加坡开办了崇侨银行。由于经营有方，胡氏跻身南洋富豪行列，

成为传奇人物。胡氏兄弟置有庞大资产，还先后在香港、新加坡和福建永定兴建了具有中西建筑风格的私家别墅，取他们的名字“虎豹”命名为——虎豹别墅。

兴建于1935年的香港虎豹别墅内有50米高六角型的白塔，是香港独一无二的建筑。此别墅之花园对外开放，有国内大型佛教故事和中华传说彩塑，曾吸引无数游客。后成为香港著名旅游胜地，别墅本身被列为香港二级历史文物。

新加坡的虎豹别墅于1937年落成，曾因日军轰炸而损毁，后于50年代重修。其主要特色也是别墅花园内的大型佛教故事和中华传说彩塑，并向游客开放。此处后来成为新加坡的热门景点之一，为新加坡旅游业做出了巨大的贡献。

福建的永定的虎豹别墅于1946年兴建。曾任国务院总理的李鹏曾为其题词，后被辟为纪念馆，1991年3月列入省级文物保护单位。

启迪民智，办报业弘扬中华文化
造福贫病，行善举热心公益事业

胡文虎有感于国势不振，民生凋敝的原因之一就是民智不开，于是就想通过办报来启迪民智，并弘扬中华文化。1929年1月15日，他独资兴办的第一家报纸《星洲日报》在新加坡创刊。此后，他又陆续在中国内地、香港和东南亚各地创办了《星岛日报》和《前锋日报》等10多家报纸，其中还形成了庞大的有影响力的“星系”报业集团。为使外国人有认识中国的机会，胡文虎又于抗战结束后，在香港创办了英文《虎报》。《虎报》使星系报业走出了华文报的圈子，开始向英文报业进军。后来，《香港虎报》成为香港最主要的英文报纸之一，创刊50周年之际，当时的美国总统里根和副总统布什还分别发了贺电。至今，在中国内地、港台及世界各地的华人社会，还没有人的办报干劲和成绩能够超越号称“报业巨子”的胡文虎。

胡文虎一生急公好义，济世利群。他致富后，遂以自己的财富回馈社会，自倡“以大众之财，还诸大众”的宏论，乐善好施，时常捐款。他热心于兴办教育，赞助文化，捐赠医药、公益和慈善等事业，是有名的“大慈善家”。他对祖国和社会、对中华文化和客家文化，都做出了极大的贡献。

他在海外兴学，主要集中在新加坡，捐资、捐设备和助经费于各类学校，善举惠及广大华侨贫寒子弟，且为新加坡华文教育的发展做出了重大贡献。

胡文虎因发售虎标良药致富，所以他兴办慈善事业，也以捐资于医药方面为最多，以创建医院、造福贫病为急务。1931年落成的南京中央医院就是他创办的。

胡文华还宣扬体育，曾出任香港中华体育会名誉会长。他赞助体育团体的建设

和活动经费，也独资于新加坡、海南岛、福州等各地修建体育设施，不遗余力。对开展体育运动，胡文虎功不可没。

胡文虎还长期担任香港崇正总会会长，对联络乡侨，增进团结，推动客家文化的发展进步有不可磨灭的贡献。为追缅其风范和业绩，胡文虎现被尊为“客家先贤”。

另外，因为胡文虎对香港繁荣所做出的杰出贡献，他也曾获英国颁发的爵士勋位。

作为南洋爱国侨领，胡文虎于抗战爆发后为成国民参政会参政员，他领导海外华侨出资并回国劳军，积极支持抗战。

他曾承诺在全国各地建1 000所小学和100座医院。但由于抗日战争的爆发，生前他的愿望只实现了一部分。

1954年9月5日，胡文虎因病去世，享年71岁。

作为胡文虎事业和精神的继承者——胡氏家族的后人们，仍一如既往地从事着社会公益慈善事业。

与洋货争锋的“火柴大王”

——工商巨子刘鸿生与中国近代火柴业

在一百多年以前，洋人的日用品——火柴，随着洋货一起输入到了中国。火柴在旧时被俗称为“洋火”，也叫“自来火”，由于它适用、方便、安全，大家都乐于使用，成为人们的日常生活用品，洋火的输入量也日益增加。《马关条约》签订后，外商开始在中国创办火柴厂，利用中国廉价的劳动力制造火柴，进而垄断了中国的火柴市场。民国初至五四运动时期，中国一些有识之士纷纷创办民族火柴企业，以求夺回被外商独霸的火柴市场，挽回利权。在众多的民族火柴工业家中，最有成就的人物就是刘鸿生，他创办了庞大的民族火柴工业集团，在旧中国被誉为“火柴大王”。

早在20世纪的二三十年代，包括火柴业在内，刘鸿生投资创办的产业多达七十余家，行业几乎涉及中国近代工业的各个方面。除了“火柴大王”之外，刘鸿生还被誉为“煤炭大王”“水泥大王”。在1956年公私合营时，其企业资产总估值为两千万元人民币。因其在工商界的种种爱国举措，刘鸿生作为中国近代著名的民族资本家和工商业界的巨子而彪炳史册。

借势外商完成原始积累
投资实业志在民族资本

1888年，浙江定海人刘鸿生出生在一个中等富裕的商人家庭。到刘鸿生7岁的时候，由于父亲逝世，家境逐渐中落，所幸母亲贤惠，教子有方，又得祖母张罗学费，供他入学读书，至17岁那年即升入著名的上海圣约翰大学深造。

刘鸿生学习成绩突出，深得美籍校长的欣赏，并决定送他去美国留学，学成后留校当牧师。不过校长培养刘鸿生当牧师的安排与刘鸿生自己的志向相去甚远，刘鸿生并不服从，由此在大学二年级时，竟被开除出校门。于是，刘鸿生辍学后开始谋职，提前进入商海为事业打拼。

进入社会以后，刘鸿生做过教师，当过翻译。后来又跳槽至英商开平矿务局上海分局任推销员，这份职业的薪酬颇丰，不过对于志向远大的刘鸿生来说，他并不满足。在那时，开平煤在南方没有销路，以致开平矿务局颇不景气。刘鸿生当推销员后，勤奋工作，细心谋划跑遍江浙和长江沿岸各码头，逐步打通关系，为开平煤打开了销路，因此深得英商的赏识。1911年，他正式当上了开平矿务局买办，在上海开设了“刘鸿记”作为买办账房，每月收取佣金上万两。翌年，开平矿务局和滦州矿务局联合组成开滦矿务局，刘鸿生任开滦售品处华籍经理，包运包销开滦煤，数年间获利八十多万两。

刘鸿生这一段早期的买办生涯，一方面磨砺了他在管理和营销上的才干，一方面使他借势于外商，完成了事业上的原始积累。

中国近代的民族工业，在第一次世界大战期间和战后的几年里，获得一个较大的发展期。而刘鸿生早期的投资行为，也就是在这一时期。1918年他在上海创办义泰兴码头公司。

同年，他又投资河北柳江煤矿公司。他一面推销开滦煤，收取佣金，一面把这笔佣金投资于民族工业。从此，刘鸿生由买办逐步向民族资本家转化，走上了发展中国民族实业的道路。

那时，刘鸿生创办了众多的民族企业：

1919年创办了鸿生火柴厂；

1920年创办了上海水泥公司；

1926年创办中华煤球公司；

1927年改组义泰兴码头为中华码头公司；

1928年创办华丰搪瓷厂；

1929年接办上海第一毛纺织厂，改名为章华毛纺织厂；同年接办贾汪煤矿，改名为华东煤矿公司；

1931年开办中国企业银行；

……

这一系列企业的兴办，使刘鸿生成为旧中国著名的民族资本家。而又由于对中国民族火柴工业的贡献，在刘鸿生创办的众多企业中，火柴企业的兴办和发展成为刘鸿生最为辉煌的业绩。

兴办鸿生火柴厂
发展民族火柴业

在五四运动爆发以后，中国掀起了“抵制日货，提倡国货”的爱国运动。刘鸿生也投入到这个洪流中，在苏州创办了鸿生火柴厂，与充斥于中国市场的日本火柴展开竞争。

刘鸿生在圣约翰大学受过西方资本主义方式的教育，又在买办生涯中掌握了资本主义先进的经营方法。此时，他已是一个具有非凡才干和魄力的管理者、投资者和经营决策人。

他选择火柴企业作为自己创办的第一个企业，既从市场角度也从自身的比较优势做过通盘的缜密考虑。一是火柴工业投资少、收益快、风险小，而且设备简单，容易操作；二是火柴是人们日常生活不可缺少的用品，有着广阔的市场空间，投资火柴业可以大有作为；三是刘鸿生的岳父，是中国火柴工业最早的经营者之一，刘鸿生在岳父那里熟悉了火柴工业的经营管理方法，这也是刘鸿生投资兴办火柴业的一个重要理由。

刘鸿生置备了机器设备，还设立了化验室，以每月1 000元的高薪聘请了化学专家林天骥担任工程师，力求改进技术，提高质量。

在江苏全省的同行中，鸿生火柴厂很快就以设备新颖，产品优良而著称。

那时，在爱国运动的冲击下，外国火柴的进口数量已较前锐减。外资火柴厂多为日商开办，主要投资在东北地区和河北、山东两省；在华东地区，日商只在镇江、上海两地各开设了一家火柴厂，而且在抵制日货的爱国运动中受到很大打击。因此，鸿生火柴的销路很好，经营连年获利。1923年，刘鸿生兼并了上海、苏州两家荧昌火柴厂，资本扩大到50万元，成为江苏省火柴厂中仅次于荧昌火柴厂的第二大厂家，而和荧昌相比，其生产技术和产品质量都远胜一筹。

抵制瑞典火柴托拉斯
倡导同业组建联合会

早在第一次世界大战期间，著名的瑞典火柴公司已是一间拥有几百家火柴厂和火柴原料厂的国际火柴托拉断。大战结束后，瑞典火柴公司就开始向中国输出火柴，接着把日商在镇江、上海两地开设的燧生火柴厂也收买过去，在中国生产火柴，就地销售。这样，瑞典火柴公司就成了中国民族火柴业强有力的竞争对手。

1925年，瑞典火柴公司企图收买鸿生火柴厂等几家民族火柴企业，以进一步垄断中国长江流域地区的火柴市场，但都没有得逞，于是转为在中国市场进行大规模的跌价倾销，想一举挤垮中国民族火柴工业。1927年以后，瑞典火柴公司向中国输出的火柴数量急剧增加，1927年达2.3万箱，为1920年的9倍多，1928年又激增至3.3万多箱，瑞典火柴多数品种售价比国产火柴低得多，销售地区除中国沿海大城市外，还深入到内地中小城镇。

其时，瑞典火柴公司逐步侵占了中国的火柴市场，在这种情况下，刘鸿生把瑞典火柴厂看成是他的头号对手，力谋抵制。首先，他与荧昌火柴厂老板朱子谦联合发起，于1928年成立了江苏火柴同业联合会，以“维护同业公共利益，谋国货发展”为宗旨，其主要目的就是想联合同业共同抵制瑞典火柴。

接着，刘鸿生又倡仪鸿生、荧昌、中华三家火柴厂实行合并。因为当时在江苏火柴业中，三厂家呈鼎足之势：荧昌资本最大，拥有上海和镇江的三个厂，产品远销长江以南各省区；中华厂历史悠久，拥有名牌产品；鸿生的技术和质量又胜一筹。三家合并起来，就能左右江苏火柴业的局势，可以聚集力量同瑞典火柴竞争。然而这大好的上上之策，却因种种原因而搁置起来，一时未能付诸实施。

合创大中华火柴公司
营建大规模工业集团

转眼到了1929年，瑞典火柴公司向中国输出火柴竟达4.7万多箱，跌价倾销更是变本加厉，中国民族火柴工厂倒闭或停业者几近半数，形成了民族火柴工业的严重危机。

至20世纪30年代初，在瑞典火柴的沉重打击下，一些资力较厚的民族火柴厂家也陷入窘境。半年时间，荧昌火柴厂赔了9.3万元，中华厂赔了1.7万元，鸿生厂也赔了3 000元。严酷的现实迫使他们走联合的道路。1930年7月1日，鸿生、荧昌、中华三火柴厂在上海正式合并，改名为大中华火柴公司，资本191万元，刘鸿生被推选为总经理。

大中华火柴公司成立后，它的火柴主要销售于长江中下游各省。这一带的民族火柴厂有十几家，其中以九江裕生火柴厂和汉口燮昌火柴厂规模较大。刘鸿生雄心勃勃地说：“我的夙愿是将所有的火柴制造厂及其有关企业归并在一个庞大的联合公司之中，我力图把这一特殊行业发展成为一个巨型的民族工业。”刘鸿生多次致函并面访九江裕生厂厂长，陈说利害，终使对方同意合并，改名为大中华火柴公司九江裕生火柴厂。接着，刘鸿生陆续买下、租赁或合并了汉口燮昌火柴厂、芜湖大昌火柴厂、扬州耀扬火柴厂和杭州光华火柴厂。

到1934年为止，大中华火柴公司共拥有7个火柴厂和1个梗片厂，资本增至365万元，年产火柴15万箱左右，约占长江以南各省区火柴总产量的50%，中国火柴总产量的15%，成为中国规模最大的火柴公司，企业迅速发展，公司连年盈利，刘鸿生被誉为中国的“火柴大王”。

人才与技术并重
管理和营销齐进

刘鸿生综观当时整个民族工业的成败得失，总结出“在中国，缺乏经营管理能力和缺少训练有素的人才，成为企业经营失败的主要原因。”所以他在创办民族火柴工业的过程中，千方百计延揽人才。他一方面重金聘请经营管理和技术人才，一方面用犀利的目光考察他的下属及周围的人，不论是不是同乡亲友，谁有能力，就把谁选拔出来，委以重任。因此，他手下的各级负责人多能尽职尽责，成为他搞好企业经营管理的得力助手。

刘鸿生还极重视改进生产设备和提高技术以增强竞争能力，他每年都要拨巨款，用于改进技术，更新设备。对提高劳动生产率，降低生产成本，刘鸿生也十分用心。

据1932年民族火柴工业生产状况的统计，当时大中华火柴公司所属的上海荧昌火柴厂生产的“中宝塔”火柴每箱平均制造成本为25.82元，而南通等地的火柴厂生产的同类产品，每箱平均制造成本都在30元上下。由于大中华火柴公司产品成本低于同业同类产品的水平，所以在市场竞争中始终处于有利地位。

火柴值低利薄，全靠提高销量取胜。为扩大火柴销路，做到薄利多销，刘鸿生在各地都设立了分事务所，并与全国各地的几十家商店建立了经销关系。这些分事务所和经销店又分别控制了许多小批发商和零售店，建立起庞大的推销网。他给各分事务所规定销售的奖励奖金制度，对各经销店则除了佣金以外，还给特贴和车力补贴，从而调动了各分事务所和各经销店的推销积极性，使大中华火柴公司的火柴不仅在江苏、安徽、浙江、江西、湖北、湖南、福建等省市场占据优势，而且延伸到广东、广西、四川等地的市场。

限制日卖火柴渗透扩张
筹组全国同业产销联营

大中华火柴公司成立以后，虽然在长江以南各省区争得了优势地位，但并没有实现刘鸿生的“把全国火柴厂都归并在一个联合公司中”的“夙愿”，而且自1933年起，日资火柴走私猖獗，使民族火柴工业又出现了新的危机。因此，刘鸿生在1933年12月向全国同业建议实行“火柴统制”，主张“呈请当局设立全国火柴统制委员会”，行使规定产销数量、审定火柴价格、限制设立新厂等职权。刘鸿生的这个建议得到全国火柴同业的赞同，当局却拒不采纳。于是刘鸿生与一些较大的民族火柴厂家协商重组火柴联营。1925年7月，一个国产火柴制造同业联合办事处成立了，参加的有大中华火柴公司所属的6个厂以及江苏、上海、浙江、安徽、湖北等省的9个厂，互相协定了产额，消除了相互间的不良竞争。

刘鸿生在组织地区性火柴联营的同时，又积极筹组全国性的火柴联营。组织全国火柴联营，首要问题是如何解决与日资火柴厂的关系问题。日资火柴厂集中设在东北和华北地区，其中在青岛、天津等地的日资火柴厂组成“在华日本磷寸同业联合会”，凭借侵略者在华北的特殊势力，公开以武装押运，漏税出厂，廉价倾销。这些私货不仅严重侵害华北国产火柴利益，而且开始向长江流域地区渗透。刘鸿生想用协定产销、划定销货地区范围的联营方法，以限制日资火柴的走私及其向长江流域地区的扩张。1925年9月先后签订了《中日火柴制造同业协商火柴统制问题之同意书》和《中华全国火柴产销联营总社各种事项之同意书》。经当局政府实业部批准，1926年3月中华全国火柴产销联营社正式成立，参加的有民族火柴厂41家，青岛和天津的日资火柴厂7家，总社设在上海。

联营社的成立对于协调民族火柴厂家的产销，促进民族火柴工业的发展，起到一定的积极作用，但是对于在华日资火柴厂的限制是微乎其微的。随着日本帝国主义侵华步伐的加快，在华日资火柴厂的走私和扩张也就更加肆无忌惮了，到抗日战争爆发时，中华全国火柴产销联营社不得不停止了全部活动。

投身抗日大后方
积极建设新中国

在抗战时，刘鸿生将九江裕生火柴厂的原料和轻便机器设备转移到重庆，与重庆华业火柴公司合组华业和记火柴公司，并出任董事长。华业和记火柴公司在刘鸿生的主持下，生产规模不断扩大，陆续把丰裕、洪泰以及贵州、广西等地办火柴厂合并起来，成为战时后方规模最大的火柴公司。

在抗战以前，大中华火柴公司用的磷、氯酸钾等原料都是日本生产的，所以刘鸿生梦寐以求的是建立自己的火柴原料厂，此时他在西南地区创办了中国的火柴原料厂。

抗战胜利后，刘鸿生立即从重庆赶回上海，收回他在沦陷区的企业，积极复工并谋求发展。

但是由于国民党政府同美国政府签订了《中美商约》，廉价美货涌进中国市场，民族工厂纷纷被挤垮。刘鸿生的企业除了火柴业和码头业暂时有所发展外，其余全部都无法维持生产。

到了1948年的8月，由于当局发行“金圆券”，限期收兑黄金白银美钞，各个民族企业都遭到了空前的浩劫，刘鸿生也没能逃脱。在军法制裁的威胁下，刘鸿生被逼不过，只好将几个企业的黄金、银元和美钞都交了出去，而换得的金圆券很快就大幅度贬值，等于是拿钱去买了一堆废纸，损失巨大，生产经营陷入瘫痪。

新中国成立后，刘鸿生的企业都恢复了生产。他积极参加经济建设，被选为全国人大代表、上海市人民政府委员，并任全国政协委员、民主建国会上海市副主任委员、保卫世界和平委员会副主席等职。

1956年，刘鸿生心脏病发作，逝世于上海。时任全国人大常委会副委员长的胡厥文在追悼会上写有“铭”文：

明察秋毫，恢恢大度。

创业维新，不封故步。

细大不捐，勤攻所务。

爱国心长，义无所顾。

这“铭”文的评价，是对中国著名的民族资本家、工商巨子刘鸿生一生最好的总结。

狙击日货的“味精大王”吴蕴初

——中国近代商战史上一次成功的出击

在20世纪20年代的初期，称霸着中国调味品市场的王牌货是日商的“味之素”。1922年，中国近代最大的民族资本调味品厂——上海天厨味精厂的创建及其产品佛手牌味精的推出，对于涌进中国市场的日货“味之素”形成了一次有效的市场攻击，开始抢回被“味之素”大规模占据的市场份额。经过激烈的竞争，佛手牌味精逐渐在市场上取代了“味之素”，并迫使日商退出了中国市场，获得国人的好评，成为中国近代商战史上一个典型的国货主动出击且大胜外国货的辉煌战例。

作为中国味精工业的发祥地和中国调味品的名牌产品，天厨味精厂及佛手牌味精在中国的调味品业界一直创造着不朽的业绩。自20世纪20年代起，佛手牌味精开始行销海内外；1933年在美国参加芝加哥博览会获褒奖证书；1959年于越南援建越池味精厂，开了中国味精行业出国建厂的先例；1962年，因质量优异，获出口免检荣誉；1979年荣获轻工部优质产品称号；1984年中标筹建缅甸年产600吨结晶味精的代库味精厂，填补缅甸工业的这一空白；1986年，联合江、浙、沪18家生产销售单位组建了中国国内第一家味精集团——天厨味精集团联合体。作为中国味精工业的大型骨干企业，1988年天厨味精总销量跃增至1.2万吨，约占中国200余家味精厂销售量的十分之一，居国内第一。

在国内外享有极高声誉的天厨味精厂和佛手牌味精，其创始人就是在旧中国被称为“味精大王”并对中国近代化工业做出巨大贡献的中国近代著名爱国实业家吴蕴初先生。

苦心研制味精，立志赶走日货

1891年，江苏嘉定人吴蕴初出生于一个贫寒之家。吴蕴初幼读私塾，后考入上海兵工专门学校学化学，毕业后在兵工业从事化工制造工作，历时十年之久。

在20世纪的20年代初，吴蕴初脱离了兵工业，来到上海，准备大干一番。然而，由于没有好的项目，所以吴蕴初一时陷入了苦闷之中。

在那时，日本生产的调味品“味之素”已经涌进并称霸了中国的调味品市场。由于“味之素”在调味方面有着独到的功能，所以日本商人将“味之素”吹嘘得神乎其神，那时的上海等一些大城市里都布满了“味之素”的巨幅广告，而其市场销路也相当不错。

一天，苦闷之中的吴蕴初徘徊街头，见一个洋洋自得的日本商人正在兜售“味之素”，吹嘘这是日本人的独家创造，神秘莫测。吴蕴初感到很生气，也不服气，于是就花了四角银洋买了一瓶，拿回家去仔细分析研究，发现“味之素”的主要成分是哥罗登酸钠。这个发现使吴蕴初很兴奋，因为他知道，在1866年，一个德国人曾从植物蛋白质中分解出过这种物质。于是吴蕴初做出了一个决定：“一定要研制出自己的调味品，把‘味之素’从中国赶出去！”

那时吴蕴初住在上海的亭子间里，简陋的小房间的，桌子上摆满了各种各样的瓶瓶罐罐和酒精灯及一些化学原料，吴蕴初就是在这样的环境里夜以继日地进行着开创中国味精产业的化学试验。那时他白天要去小工厂做厂长，而一个化学反应试验经常需要连续两天两夜，观察反应情况、做记录和分析等又都不能停，于是白天就往往由吴蕴初的夫人吴仪来接手。

在强烈的民族自尊心的驱使下，经过一年多的艰苦努力，吴蕴初终于获得了几十克白色结晶的成品——那就是中国最初的味精。从此开始，吴蕴初在发展民族味精产业的道路上不断努力，先是实施了对于大规模占据中国市场的日货“味之素”的市场反击，然后又在味精产品生产的上下游链接产业领域不断开拓，终于取得了巨大的成就，被誉为中国的“味精大王”。而只有小学文化程度的吴蕴初夫人吴仪后来也成了味精专家，被誉为“味精王后”。

拼力扩大生产，全面收复市场

面对着几十克味精成品，吴蕴初心中充满了成功的喜悦，但是试验成果要转化为产品，却面临着无数的困难，首先就是资金无法落实，所以这时吴蕴初又犯起了愁来。

不过功夫不负有心人。一次，吴蕴初去聚丰园饭店，要来饭菜后，他有意识地拿出一只小瓶，倒了一点白色的粉末放进汤里，并喝得津津有味。这引起了邻桌一个商人的注意，那是在张崇新酱园做推销的王东园。王东园在吴蕴初对自制味精的推崇下试尝了几勺汤，觉得味道确实鲜美，而和吴蕴初一番交谈也很投机，又看吴蕴初和自己的老板一样也是读书人出身，就表示愿意将他引荐给自己的老板。

张崇新酱园的老板是巨商张逸云，他拥有十多家酱园，资金雄厚。在王东园的介绍下，张逸云与吴蕴初一拍即合，由吴蕴初出技术，张逸云出资银洋5 000元，合伙办起了味精厂。

在给产品取名时，借鉴最香的香水叫香精，而最甜的糖叫糖精，所以味道最鲜的调味品就应该叫“味精”。味精是由植物蛋白质制成的，是素的，而吃素的人多信佛，所以商家就称为“佛手”。佛在天上，而美味珍馐只有天上庖厨才有，所以厂名就取“天厨”。经过筹备，从品名、商标、厂名到包装都定了下来，他们就在唐家湾蓝维霭路的福源里租了一栋房子，开始生产。具体操作由吴蕴初夫妇亲自动手，雇有七八个工人协助，那时月产量不过五百磅（1磅=0.453 6千克）左右。

很快，国货佛手牌味精出击日货“味之素”的市场战役就打响了“第一枪”。

在张逸云的几家酱园门前，出现了“天厨味精、鲜美绝伦、完全国货、庖厨必备”的招贴广告。一面插满了五彩旗帜和宣传广告的小推车在街头巡回，在锣鼓声中，推销员响亮地叫唤：“天厨味精，完全国货，胜过‘味之素’，物美价廉，欢迎试用。”大家一品尝，味道不比“味之素”差，而且价钱便宜，于是纷纷购买，销路就逐渐打开了。

吴蕴初看到味精生产大有发展前途，就和张逸云商量增加资本，扩大生产规模。1923年8月，正式成立了公司组织，资本额5万元，张逸云占四股，吴蕴初占一股，其余五股由张逸云的亲友认领。公司还一次性偿付吴蕴初研究费2 000元。

吴蕴初以2 000元研究费及张逸云的垫资3 000元出资算作资本，这样，吴蕴初也成了股东。公司由张逸云任总经理，吴蕴初任副总经理兼技师，向商标局申办“味精”专用名称及“佛手”商标的注册，并在新桥路建立粗制工厂，在菜市路建立精工工厂，正式定名为上海天厨味精厂。味精的产量，由1923年的3吨，逐年增加，到1926年已达到25.5吨。

天厨味精畅销后，对于称霸中国调味品市场的王牌货“味之素”形成了强有力的反击，双方展开了激烈的竞争。五卅运动以后，在中国抵制日货的影响下，人们都从用“味之素”改而用味精，南洋华侨尤其爱用国货。吴蕴初不失时机地不断改革生产工艺，提高产品质量，使味精在国内外博览会上连续获奖，提高了声誉。从此，天厨味精不仅畅销国内，还远销南洋各地，以致生产跟不上市场需求，而上海的“味之素”经销商手中却存货积压，脱手无门。

日本“味之素”厂商不甘心失去中国市场。他们借口“味精”二字是从“味之素”广告中所用“调味精粉”四字中取来的，向商标局提出抗议，要求取消“味精”专用名称的注册。吴蕴初据理力争，经过一年多的交涉，获得胜利。日本“味之素”厂商无计可施，只好悄悄退出了中国市场。

至此，中国近代商战史上这一次主动的出击大获成功，国货佛手牌味精全面收复了被日货“味之素”占据的市场。

排除后顾之忧，开拓链接产品

为了巩固击败“味之素”的战果，也为了排除后顾之忧，吴蕴初这时考虑到了在味精生产中还需要解决其上下游产品的供应问题。那时味精的原料是一个大问题，当时味精的主要一大原料是盐酸，而盐酸当时在国内还不能生产，完全依靠日商岩井洋行供应。天厨味精是日货“味之素”的劲敌，日本人很可能通过控制盐酸来压垮天厨味精。吴蕴初决定创办自己的盐酸厂。

就在这时，恰好越南海防有个法国人办的远东化学公司倒闭，吴蕴初经过考察，机器设备完好，就花了九万银洋盘了下来，在上海周家桥开办了天原电化厂。取名“天原”，就是为天厨味精提供原料的意思。

1929年，天原电化厂建成投产，日产盐酸两吨，使天厨味精的原料获得自给，真正做到了“完全国货”。吴蕴初的事业从此由味精而步上了化学工业的道路，并且填补了中国电解食盐工业的空白。

天原电化厂的产品生产量逐步增加，所需的耐酸陶器用量也日益增加，而装盐酸用的盐酸瓮都是日本货，这是吴蕴初不能容忍的。于是他又在龙华济公滩开办了陶器厂，取名“天盛”，即为天原制造盛器的意思。开工后，耐酸陶器完全自给，又为中国填补了化学陶器的空白。

1935年，吴蕴初又建造了天利氮气厂。

这一系列化工企业的创办，不但解决了味精生产产业链各环节的问题，还开创了中国近代化工事业的先河。

张逸云去世以后，天厨公司于1935年改组，资本220万元，吴蕴初占有股份50余万元，成为主要股东。改组后，吴蕴初担任总经理，生产迅速发展，到1936年，味精年产量已达22万千克。此时，吴蕴初已创建了天厨、天原、天盛、天利各厂，构成实力雄厚的“天字号”化工企业，从而和当时在天津创办化学工业的著名实业家范旭东齐名，有“北范南吴”之美称。

终生回报社会，致富不忘爱国

随着味精产量的逐年增加，吴蕴初在数年之间就成了巨富，他觉得钱多了，应该多做点对社会有益的事情。

吴蕴初一直支持发展中国的化学工业。他于1928年成立了中华工业化学研究所。后来，吴蕴初捐赠一所房屋作为由北京迁往上海的中华化学工业会的永久会所，还创办化工图书馆供会员使用，并资助会刊的出版。

1931年，吴蕴初出资成立了清寒教育基金委员会，每年经考试后选拔的学生，发给奖学金，送到浙江大学、交通大学和清华大学学习。同时，吴蕴初在沪江大学化学系设立奖学金，奖给成绩优异的学生，并在中华职业教育社捐办了理化教室，帮助学生们进行科学实验。

吴蕴初还考虑到如何使自己创办的企业永远保持兴旺，永远为国家和社会造福的问题，为此，成立了蕴初公益基金委员会。

1932年淞沪抗战打响后，吴蕴初与上海人民一起，积极支持十九路军奋起抗战。次年，吴蕴初以天厨味精厂的名义，用12万元购买战斗机一架支持抗战，成为当时家喻户晓的“献机爱国”的抗日模范。

抗战时期，吴蕴初将工厂内迁重庆，以生产全力支持抗战。

在太平洋战争爆发以前，吴蕴初还建立有天厨香港分厂，由夫人吴仪主持其事，年产味精100吨，销往南洋和美国。太平洋战争爆发后，香港分厂的人员也悉数撤往重庆，在大后方支持抗战。

吴蕴初还致力于中国的工业化运动，1943年全国工业协会成立，吴蕴初当选为理事长。

抗战胜利后，面对美货泛滥、苛捐杂税和恶性通货膨胀导致的经济萧条，吴蕴初的企业处境日益困难。

新中国成立后不久，爱国实业家吴蕴初被任命为华东军政委员会委员、上海市人民政府委员。

1953年4月，吴蕴初夫人吴仪因病在天厨香港分厂去世，同年10月，中国化工实业的奠基人吴蕴初先生也因心脏病骤发在上海去世。他留给子孙取名排字的八个字，表达了他的爱国思想——“蕴志兴华，家与国永”。

国际石油巨头混战在中国

——旧中国的“石油战争”

19世纪80年代以后，中国民间舍弃以油盏灯、红烛照明的习惯，而改用火油灯（又称洋油灯），此后，石油销路日广。

旧中国民间和工业所用的石油，都要从外国进口。不断扩大的市场需求，优厚的利润，使经营洋油的竞争更趋激烈，引起了一场场、一次次的“石油战争”。

大品牌云集争霸
亚细亚垄断称雄

很早，壳牌就进军中国市场，“亚细亚”也在上海外滩设立“中国大本营”，位于上海中山东一路延安东路口外滩1号的那幢巨石垒成的大厦，人称“外滩第一楼”。这样的称呼一是因为它位于外滩中山东一路1号，二是因为它建成于1916年，高7层，建筑面积上万平方米，是当时外滩最高大的一幢建筑。

它就是著名的因亚细亚火油公司而被人们俗称为“亚细亚”的大楼。

亚细亚火油有限公司是国际石油垄断组织之一，它隶属于英荷壳牌石油公司，从19世纪末开始，用“壳牌”火油打进中国，是与美孚火油公司和德士古火油公司齐名的垄断旧中国石油市场的三大石油巨头之一。它们使中国结束了传统的油灯时代，也在中国赚取了惊人的利润，同时还在中国这块土地上，打了半个多世纪的石油市场争夺战。

在上海开埠后，亚细亚大楼的那块地皮及原房产本是英商兆丰洋行的产业，后几经易主，1913年由麦克倍恩公司投资，拆去旧屋，兴建大楼，请马海洋行设计，裕昌泰营造厂施工，建造了后来这幢“折衷主义”风格的钢筋混凝土7层大楼（后来在1939年翻造时，又加盖了第8层）。大楼于1916年竣工，原名为麦克倍恩大楼（也叫“麦金大楼”）。到1917年，亚细亚火油公司就入住了这幢在历史上与它同样著名的建筑。

从此，这里就成了亚细亚火油有限公司在中国开展商战的“大本营”。

壳牌和亚细亚，当时就是国际性的石油公司。在19世纪90年代初，英国壳牌运输贸易有限公司的始创人马科·森默和森姆·森默兄弟，便已开始把煤油输入中国，并在香港、上海、广州和厦门建立了油库。

1894年，森默兄弟已用散装油轮运送煤油到上海。同年，荷兰皇家石油公司也开始输入“Crown”牌煤油到中国（当时内地称这“Crown”的品牌为僧帽牌；在香港则称宝盖牌）。

壳牌运输贸易有限公司与荷兰皇家石油公司原是竞争对手。1903年，两家公司开始合作经营远东的业务，由此专门在伦敦成立了子公司——亚细亚火油公司。

亚细亚火油公司分别于香港和上海设立办事处，那时上海办事处设于上海九江路7号，自行推销。后来，两个办事处分别成为亚细亚火油华南有限公司（经营香港、广东、广西及福建的石油业务）和亚细亚火油华北有限公司（经营上海及中国其他各省的石油运输销售和储藏）的总办事处。至1907年，荷兰皇家与壳牌运输合并业务，成立荷兰皇家壳牌集团，总部设于伦敦，后来壳牌的分公司遍布于五大洲。但当时壳牌在中国的业务仍通过亚细亚火油公司的名义经营。

亚细亚刚在上海成立办事处后，就在经营上采取低价倾销的手法抢占中国市场，1908年，其每听火油净重15千克，售价只有0.75元，到1926年每听已达到2.50元，大赚其钱。

亚细亚火油公司从上海出发，很快在中国各大城市都建起了分公司或办事处。分公司或办事处都设有油栈、油罐、装听间和铜匠间，在沿江或沿海还建有码头，备油船停靠。那些油罐，大的可装油4 000~8 000吨，小的也可装油200~500吨，仅在上海地区就设了分别位于高桥沙、凌家木桥和西渡的3大油库，又在杨树浦和复兴岛设立了转运站，另外还有5个储油站、1所制烛厂、50多处加油站、14处住宅区、2座带公寓的办公大楼。亚细亚除了运销壳牌火油及石油制品外，还经营白蜡和蜡烛。据不完全统计，至1949年前夕，中国各地受雇于亚细亚的华籍员工共7 000多人。

旧时，亚细亚公司每年的石油销售数量，占到中国需求量的四分之一。

三方恶战，石油巨头争天下
一家崛起，美孚独步大市场

上海是中国最早进口石油且销量最大的口岸，当时的石油均由外国洋行销往中

国，其中著名的美国洛克菲勒集团所属的美孚洋行最早经营中国的石油生意。由洛克菲勒财团创立的美孚油公司，在19世纪末就已完成了对美国本土石油的垄断。当时美孚洋行从印尼运来的石油抵达上海后，都由著名商人叶澄衷包销。美孚于1894年设立了中国办事处，在上海着手为进入中国市场作准备。1900年美孚在上海设立公司，后又在上海建立了油栈。

在旧时，煤油是美孚推销的主要商品之一。美孚在大城市遍设分公司，专营批发。而分公司之下又有城镇粮栈或大杂货店之类的“经理处”或“代销点”，既是二级批发又是直接推销商，美孚均给予十分优惠的条件。粮栈和大杂货店利用其商业网络把煤油推销下乡，在广大农村，更有一批小商、小贩、小店为其做零售生意。美孚很快打开了销路，获取了巨额的利润。

美孚还特制铁皮座玻璃罩的美孚灯，刻上“请用美孚石油”字样，采用“买2斤油送一盏”的办法来促销。美孚公司仅用10余年时间，就垄断了大半个中国的煤油市场。后来，在美孚公司退出中国市场许多年后，不少中国人，包括那些从未见过美孚灯的年轻人，仍有把煤油灯称作“美孚灯”的，足见其影响之大。所以美孚在数十年后重回中国市场时，又重新打出了“美孚灯”的招牌。

亚细亚打进中国的时候，美孚火油公司已抢先占领了市场，这就迫使亚细亚必须花血本打广告战和廉价战。当时中国农村照明还是用植物油和土制蜡烛，亚细亚就不惜成本地在农村一些高墙上，画上壳牌火油和僧帽牌洋烛的巨幅广告，同时，大量赠送火油灯、火油炉和画有广告画的月份牌，在灯罩和马口铁罐上印上“亚细亚油”的字样。亚细亚开始打牌子的时候实行廉价推销，价格上也与美孚对着干，1元5角钱可以买到30千克“洋油”，比植物油便宜，照明亮度也远远超过植物油，于是农民纷纷“弃土从洋”，乐用洋油，买整听的顾客还可以得到一只价值1~2角的铁皮听，于是销路很快就在中国打开。

然而销路打开后，火油价格就升上去了，从原先的2听油1元5角左右涨到2元，以后价格又涨到3元、3.5元、4元、5元，至抗战前夕，已涨了233%。

连横血战“三位一体”，强力绞杀声势浩大
合纵抗衡“两方宿敌”，弱势难撑败走麦城

这场石油大战最后发展至五方混战。继亚细亚之后，又有美商德士古石油公司进入旧中国石油市场，1914年美商德士古火油公司也来上海设分公司，开头声势超过亚细亚，但亚细亚毕竟是世界第二石油垄断组织（当时美孚排名为世界第一），

德士古不久就屈居第三，开始了三雄并立的角逐时代。三家为争夺中国市场均使尽浑身解数，白热化的竞争延伸到了小城镇及农村。当时在中国乡间沿铁路、公路、河道旁的白粉墙上，常能见到这三家的广告。农村的不少小烟杂店，也都钉上他们的牌子，作为其销售点。

他们一会儿竞相杀价，排挤对方，一会儿又表面上联合起来，订立齐价合同，其实三公司都各自雇用了情报人员，刺探对方的营业动态，争夺生意，争夺市场。

后来，在对付共同的对手时，他们为了自身的利益，又联合了起来。

1930年，当中国人柯菊初、许世英、李调生自己组办的光华油公司建立后，美孚、亚细亚和德士古三公司十分恐慌，相互又勾结了起来。当时，租界工部局不给光华的加油站发照会（执照），而三公司更使出降价杀招使光华的销售遭遇反击，经销的火油销售困难。

那时因为英美提高了油价，光华就与苏联“油遍地”公司签订了经销合同。其时光华油公司资力雄厚，又有中国银行和国货、大陆、国华三银行共组的银团作后盾，在上海建有油池仓库，可谓声势浩大。光华与苏联“油遍地”的联合，势必对美孚、亚细亚及德士古构成威胁。于是，他们三公司使了个“三位一体”的撒手锏，联合杀价，决心要把“光华油”和“油遍地”掐死。

三公司把煤油价格从每对煤油听10元左右，陆续下跌到5元，企图迫使对手就范。而那时“油遍地”极想占领中国这个市场，为打开销路也不断降价，并要求光华油公司按市价大胆抛售，于是“三位一体”又猛跌到每对煤油听3元6角，除去关税、包装和运费等，已远远“吃”入成本之内，而“油遍地”开始也不示弱，并硬挺了两年。

最后，“油遍地”实在是挺不住了，损失达1 200万元，不得不退出了中国市场。而光华油公司也债台高筑，亏本500万元，只得把浦东的油库仓栈以 400万元作价售给了“三位一体”。“油遍地”退出中国市场后，“三位一体”在半年内就两次提价，第一次提到每对7元6角，第二次涨到每对9元6角，跌价竞售的损失很快又赚回来了。

在旧时，美孚、亚细亚和德士古三大石油公司几乎垄断了中国的石油市场，这几家名闻中国的托拉斯组织的分公司、支公司、销售点遍布中国。看看它们的经营手段，就能深刻体会到那些营销招数是何等的厉害和有效。

洋油使近代中国的生活方式产生了巨大的变化，也使中国最早的一批近代商人在腥风血雨的商战中领教了西方资本主义过硬的经营手法。

“英美烟草”VS“南洋兄弟”

——旧中国烟草市场“洋烟”“国烟”争霸战

在旧中国市场，洋货与国货的竞争是异常激烈的，而烟草业里“洋烟”与“国烟”的争霸则更是硝烟弥漫。

20世纪初，一家历史上著名的外国洋行——“英美烟草公司”，挺进中国市场。它不仅取得了许多著名英、美烟草公司在中国的经销权利，而且还收购了中国的四个卷烟厂，并获得了与中国土烟相同的税率。该公司的营销也很有特色，它把中国划分为若干区域，并由设在大城市的若干分公司分领，区下设段，形成一个遍布中国的销售网络。而具体的销售则由中国代理商来完成。该公司培养大批营销人员，并封之以种种名目，奖之以厚利，让其各显神通，竭力推销，足迹遍及城乡各地，即使是穷乡僻壤也全无遗漏，很快就垄断了中国烟草的制造和销售，大获其利。

面对洋商的重压和洋货的充斥，中国商人们在十分艰难的困境中，模仿、学习西洋商人们带来的西方先进的资本、技术、管理经营等方法，并通过不断摸索和努力，逐渐培养起自己的烟草业并渐渐站稳了脚跟。在与外商的不断抗争中，“南洋兄弟烟草公司”终于成长为中国近代华商烟草业的巨擘。

“英美烟草”用“老刀”开路

清末，凭借着坚船利炮的威力，洋商在中国取得了前所未有的经济特权，处于绝对的市场主导地位，由此，外国商人的在华贸易占尽了优势。

据估计，外国在华贸易业投资由1894年的4 000余万美元增至1914年的1.4亿余美元；与此同时，各商埠外侨由9 000余人增至16万余人，外商行号由500余家增至3 400余家。

在这一时期，许多西方的跨国公司开始纷纷挺进中国市场，而其中又尤以英、美为主。历史上著名的“英美烟草公司”，就是在20世纪初抢滩口岸城市上海，并对中国市场产生了巨大的影响。

“英美烟草公司”是世界上最大的烟草垄断公司，1902年成立于伦敦，当年下半年就打进了上海，以“老刀”牌和“红锡包”香烟开路，横扫南北，并垄断了中国烟草市场长达半个世纪之久。

最初，“英美烟草公司”在上海博物馆路（今虎丘路）购地造屋，开办了上海第一家卷烟厂即“浦东卷烟厂”，最初仅雇佣百余名工人，生产“老刀牌”和“皇后牌”香烟，资本仅21万元，而到抗战爆发前夕，资产已达2亿余元，在中国建立了11家卷烟厂、6家烤烟厂、6家印刷厂、1家包装材料厂和1家机械厂，雇用了2万多名职工。到新中国成立前夕，已达年销售香烟70万箱的规模，零售点遍布中国各地城乡达2万余家。

挤压兼并加全面扩张

“英美烟草公司”不仅在上海发展，还在汉口、沈阳、天津、青岛等地开办分厂，气势汹汹地挤压和兼并它的对手，先后吞并了日商和俄商的卷烟公司，接收了“老晋隆”和“大英烟公司”的全部股份，挤垮了华商中的“大象”“复记”“北洋”诸公司，就连后来实力雄厚的“南洋兄弟烟草公司”，也差点遭灭顶之灾。现在上海通北路上的“上海卷烟厂”，前身即为“英美烟草公司”的下属厂。

在重庆市场，“英美烟草公司”的香烟于1904年开始进入。重庆人那时还没有吸香烟的习惯。为了打开销路，推销人员用五支装的“称人牌”“鲨鱼牌”香烟沿街到商店、电影院、茶馆以及饭馆赠送。因为怕中毒，很多人拒绝吸香烟。为了以示无毒有益，推销人员就当众吸食表演，经过反复宣传推广，加上香烟比重庆人当时吸的传统的水烟、叶子烟携带方便，渐渐开始有人买香烟吸食。这样，重庆市场终于被“英美烟草公司”打开了缺口。

销路逐渐打开之后，一方面代销商为了得到更多的佣金，而另一方面“英美烟草公司”觉得时机已成熟，便在重庆设厂进行香烟生产。

“英美烟草公司”几乎独家占领重庆的烟草市场整整20年。那时市面上遍街都是“大炮台”“哈德门”“司太非”“加立克”及“司令”“使馆”等纸包装和听装香烟。洋商攫取了大量钱财，经销商也捞取了丰厚的利润。1936年为“英美烟草公司”贩销的“永泰和烟行”的收益额达120%，而1941年“颐中烟草公司”的收益额更高达180%。

“南洋兄弟”走民族路线

随着洋商进入中国市场，洋货对中国近代商业产生了决定性的影响。洋行以外国资本主义产业为基础，依凭具有很大竞争优势的机制洋货及其他有利条件，占尽了先机，而市场的营销体系也发生了巨大改变。优厚的利润、相对较多的市场机会、不断扩大的需求市场，使经营洋货的商号不断增多，并成为洋行制导下的新兴市场营销体系。而原先传统的流通渠道和营销体系，也在洋货大潮的冲击之下，在利益导向的驱使之下，被改造重塑，并使市场体系重新整合。从“英美烟草公司”的做法中就能深刻体会到那些外商公司的营销手段是何等的厉害和有效。

在洋务自强运动的基础上，中国的近代民族工商企业在甲午战争后进入了一个新的发展阶段。特别是在1905年后，不仅投资规模大增，而且民办的数量也大增，官办、官督商办、官商合办已不再是主要形式。

很多行业都在起步，而烟草行业在这一时期也有了较大的发展，并涌现出了“华成烟草公司”以及后来十分著名的“南洋兄弟烟草公司”等。而在相关的火柴业中，有汉口“燮昌”、长沙“和丰”、天津“华昌”、济南“振业”、上海“荧昌”、沈阳“奉天”等大厂及火柴厂中最有名的刘鸿生的“华商鸿生火柴无限公司”。

那时旅日侨商简照南、简玉阶兄弟开办的“南洋兄弟烟草公司”的经营策略是走一条民族的路线。比如在汉口的南洋大楼，那是一幢新派的西式风格的五层办公大楼，楼顶有屋顶花园，内外装修均非常讲究。那时的“南洋兄弟烟草公司”强调的却是民族精神，当时的媒体也一再表达中国人的豪气——这种楼房就是我们中国人的楼房，我们中国人也可以做这样的楼房。当时洋货与国货之间的竞争异常激烈，卷烟业的争霸则更是硝烟弥漫。“南洋兄弟烟草公司”等华商企业与“英美烟草”等外商捉对厮杀，在残酷的市场搏杀中，烟草行业里面“南洋兄弟烟草公司”勉强能够稳住脚跟，保住半壁江山，为日后发展成为中国近代最大的民族资本卷烟企业保持了实力。

冒充国货图垄断市场

1905年，由于“英美烟草公司”的美国老板虐待华工激起公愤，市民掀起了抵制美货运动，提出“不用美国货、不吸美国烟”的口号，而“皇后牌”香烟，恰恰是“英美烟草公司”接管下来的一家美国纸烟公司的名牌货，于是市民们奋起抵制。市场销不动了，狡猾的大班和该公司买办郑伯昭便使出了一个偷梁换柱的招数。他们认为市民仅仅是抵制美国货而不是抵制英国货，于是赶紧把牌子换掉，把“皇后牌”改成“大英牌”，而实际是换汤不换药，以此来蒙骗抵制美货的市民。

后来，到1925年五卅运动时，一场抵制英国货的运动又迅速展开，“大英牌”卖不出去了，平时门庭若市的派货柜台，骤然变得门可罗雀。买办郑伯昭表面上故作镇静，背地里却异常着急，偶遇上门的经销商，就以威胁的口气说：“你要再不来出货，就取消你的经销资格！”同时，“大英牌”又采取变相跌价的招式，每出货一箱就赠送二大匣（每箱一百匣），未见效果，再增为四大匣，仍是销不动，干脆跌价20元，市民们仍是纹丝不动，继续抵制。

那时各地陆续发生了抵制“英美烟草公司”卷烟的事件，有的地方，愤怒的群众走上街头专门宣传抵制英国烟，把成箱的香烟抬出来焚烧，甚至砸了售烟亭，吓得经销店不敢营业，更不敢再去批发“英美烟草公司”的货了。

五卅运动的高潮过去以后，买办郑伯昭又在牌子和广告上打主意，开始宣传“英美烟草公司”的香烟是“真正老牌美国货”，接着又大力宣传“大英牌”也是美国货。1905年他把“皇后牌”改为“大英牌”，是为了应付当时的抵制美货运动，这次则把“大英牌”改为“红锡包”，并大力宣传这是“美国制造”。他们把十支装的“红锡包”换上壳子，添上英文“美国制造”，又设计一种广告，画上两只手，一只手捏着一包“红锡包”香烟，另一只手指着露出烟壳底面的“美国制造”四个字，意思是说，“红锡包”不是英国货，你们不用抵制它。可是大家一眼就看出破绽，“红锡包”仍是打不开局面。

后来，“英美烟草公司”再使出一招冒充国货的招式来欺骗市民，说中国人可以自由买卖“英美烟草公司”的股票了，说如今“英美烟草公司”中已有中国人的股份了，言下之意，“英美烟草公司”的香烟中，也有了“国货”的成分。可是不久西洋镜又被拆穿。原来在1926年创办的“英美烟草股票公司”，由沈昆山任董事，出面作幌子，只有这个公司可以购买驻华“英美烟草公司”的股票，并非一般中国人都能买进。西洋镜拆穿后，中国人更加不稀罕什么“英美烟草股票”。“英美烟草”为了垄断市场，打开销路，真可谓动足了脑筋，费尽了心思。

本土战略建产销一体

在洋货大量涌进中国的同时，外国资本也增大了在华投资的力度，不断开厂设店，直接在中国生产洋货，就地倾销。

洋商不仅在城市中占有绝对优势，而且还逐渐向乡村渗透。近代交通运输的发展，使外商更便捷地向中国内地和农村市场渗透。许多大型托拉斯组织利用其强大的实力，纷纷建立起其庞大的商业网络，甚至对某些商品进行垄断性购销。

而“英美烟草公司”这个托拉斯组织早已名闻中国，其实力是华商烟草业难以望其项背的。同时，洋烟、洋火等日用洋货已开始向中国内地和农村市场倾销。

“英美烟草公司”在中国市场开始形成垄断局面，不但分支机构、销售点遍布中国，而且更是工商合一，在中国实施本土化战略，大量收购中国的农副产品，控制原料生产，建立、形成了从烟叶种植收购，到卷烟生产及销售一条龙产销网络。它曾一度控制了90%的华北烟叶市场和65%的华南烟叶市场。由于“英美烟草公司”实力雄厚，可用预付资金定购，再加上推广技术等先进营销手段，往往会事半功倍，占尽先机。

其时，“英美烟草公司”的产品“红锡包”“双马”“仙女”在中国的市场占有率超过80%。而实际上，“英美烟草公司”的经营范围远远不止烟草，凡是有利可图的它都想试试。如1925年，“英美烟草公司”在上海收购“闸北”“大英”“新芳”“宝兴”及“自由”等五家电影院，拒放中国影片，当时曾引起了国内电影业的恐慌。

“英美烟草公司”能在中国打开局面，还有一个很重要的原因是有郑伯昭作为他们的买办，该公司一半以上的卷烟是通过他直接推销出去的。

郑伯昭是广东中山县人，生就一副机灵脑子，平生没有什么嗜好，就是喜欢打算盘。他自己的“永泰和烟行”开在上海南京路西藏路的大庆里，1912年就拿到了“大英牌”在中国的经销权。他每天坐在经理室里，很少同职工讲话，很多时间写字间里只有他一个人，他所做的事情就是打算盘。“永泰和”的职工成年累月地听到经理室传来的又响又流利的算盘声，都弄不懂他哪里来那么多的账要算。其实那是一种习惯，据说郑氏唯一的乐事就是每天吃过晚饭后，打开卧室的银箱，取出30来本存折，用算盘核计一下，今天又增加了多少钱。因此“英美烟草公司”的另外一个买办，就讥讽他为守财奴。

国货运动助华商巨擘

在洋商们挺进中国市场时，中国的商人也跟着洋商，亦步亦趋，模仿学习他们带来的先进的资本、技术、管理经营方法等，并逐步建立起自己的新式工商业。

在步履维艰中艰辛创业的华资工商业，逐渐地形成了中国近代民族工商业的最基本的力量，奠定了近代中国民族工商业的基础。

民国初期的提倡工商和其后的一些国货运动，使得民族工商业的市场空间有了进一步的拓展，国货产品也占据了一定的市场份额。一大批国货字号产生，即使是像当时国内著名的华商“永安”“先施”等这样原先主营进口货的大型百货公司，也不得不调整经营策略，增大国货的比重。许多银行，像上海商业储蓄银行、中国银行、新华信托储蓄银行等，也纷纷改变放贷政策，扶助国货生产。

国货运动确实帮了不少华资企业的忙。许多华商利用国货运动，顽强地求生存和发展，得以渡过难关，甚至还有所发展。而“南洋兄弟烟草公司”就是一个极突出的例子。

“南洋兄弟烟草公司”虽创于20世纪之初，但初创期间日子并不好过。进入民国以后，面对“英美烟草公司”的垄断经营，“南洋烟草”在与之抗争的同时，积极倡导、参加国货运动，以国货为标榜，争取民众的支持，总算争得一份市场份额。五卅运动之后，由于国货热销，“南洋兄弟烟草公司”乘机招资扩厂，增加实力，在不断的努力中，终于成长为中国近代华商卷烟业的巨擘。

华商“四大百货”争战南京路

——中国近现代民族进口百货业的诞生和发展

“在南京路开店，连垃圾都卖得出去”

在20世纪的前期，远东最大的现代都市——上海，其经济和商业的繁荣，都已经达到了相当的高度，而这种繁荣又非常集中地体现在南京路上，南京路就好像是上海这个商业皇冠上最耀眼的一颗明珠。

南京路的繁荣有一个重要标志，就是百货业的兴旺。在这里，代表了中国近现代华商百货业的诞生和发展的先施、永安、新新、大新四大百货公司，曾经演绎了一幕幕动人心魄的商战故事，当时的那些商业神话和百货史上的经典杰作，在今天还使人啧啧称道。

20世纪90年代，先施家族的一位后人有意在沪重建先施，他来到上海，搭出租车在南京路上缓缓行驶，那些充满传奇和辉煌的历史遗迹，那些时过境迁、沧海桑田的变化引起他无限的感慨。而出租车司机的一句话促使他下定了最后的决心——“在南京路开店，连垃圾都卖得出去！”

南京路在20世纪之初就已经热闹起来，不过那时显得大一点的“商场”，就只有传统的“京广杂货铺”。新式百货业第一次在中国露脸，是洋人在上海开的几家百货商店，其商品主要是供旅游的西洋人购买，除了买办，中国人少有光顾其中。

那几家最早为洋人服务的百货商店引得好奇的中国人在店门前探头探脑，南京路上的这种新兴事物和商业功能，使敏锐而又精明的中国商人预感到了先进的大型百货业所蕴含的勃勃生机，将会彻底地改变人们的传统购物观念，也预感到了前所未有的消费革命正在到来。

先施公司：瞄准商机抢占上海滩，仔细考察选址南京路

在商业利益和民族感情的双重推动下，中国人开始创办自己的百货公司。

马应彪——广东香山（今广东中山）人，早年于澳大利亚开水果店，积累了2.5万元的第一桶金，便于1900年在香港开设先施公司，1911年又开设了广州先施。那时的上海，其远东最大现代都市的格局正在形成中，是万商云集、群雄逐鹿的地方，而当时已有相当实力的马应彪两次到沪做了实地调查，觉得在上海滩开设新式的大型百货公司具有无限商机，可以大展拳脚，遂决定争战上海滩百货业。

马应彪于上海多日奔波，经反复考察分析，认为河南路一带商铺林立，且又是些如老凤祥银楼、邵万生南货店、广生行以及老九章绸缎庄之类“较大”的老店，而南京路的浙江路口一带，则只有茶楼、点心店等，后者无疑是上上之选，于是他选中了当时的一块属于上海大地产商、英国人雷士德所有的地皮。1914年，马应彪以租期30年、年租金3万两白银的条件租下那块7 000平方米的土地。1915年，先施大厦破土动工，这座高达七层的采用西洋建筑风格修建的钢筋混凝土大厦，至1917年10月20日正式落成，先施公司——旧上海同时也是旧中国的第一家民族资本的大型综合性百货公司，在鞭炮声中诞生于南京路。

先施的很多经营理念和服务招式开了行业之先。

对外，它首先改变老店讨价还价的传统经营作风，首创了明码标价和言不二价的制度。对内，它执行职工每周休息一天的制度，而更“出格”的是，它首次雇用了女性店员来站柜台。

在高约30余米的先施大厦楼顶，它首开屋顶花园——著名的“先施乐园”游乐场，靠浙江路门有电梯上下。在那时，花上两毛钱，可以进去玩一整天。也是从这里，先施乐园开创了上海大家游乐场的先河。

先施商场的面积有1万多平方米，设有40多个商品部经营舶来品及各地百货，各类商品有1万余种，而先施庞大的售货员队伍共有300余人。

先施大厦的五楼是高档的豪华饭店——东来旅馆。东来旅馆堪称一流，客房内是上等家具，配备有最现代化的电话、风扇和卫生设备。先施更配置汽车往返火车站接送旅客，而这种照顾顾客的经典服务措施，在今天还为人称道。

永安公司：
兄弟搭档征战商场，市场调查更胜一筹

1918年9月5日，永安百货在南京路开业。

其实永安进军上海的工作要早于先施。永安的创始人郭乐、郭泉、郭葵三兄弟原籍也是广东香山。郭乐17岁时闯荡澳大利亚，曾在先施创始人马应彪果档做职工，二人是同乡加同事。郭氏于1907年在香港开设了永安环球百货公司，随后即在上海四川路三和里设立办庄（办事处），调查上海商业情报，为营建更庞大的上海永安百货帝国做筹备。

而郭氏对于市场调查的重视，似乎更胜于先施。在永安选址时，郭氏为弄清南京路两侧人流走向的多少，连日坐镇五龙日升楼茶馆，派出两名手下各守于南京路上的一南一北，身边每过一个行人即投一粒豆子于袋中，至晚再分别清点各处袋中的豆子数以比较人流量的多少。经过一段时间的综合测定，结论是路南的人流高于北侧，郭氏遂决定选址先施公司对面，租地坐南朝北建筑六层英式风格的永安大厦。

1918年8月20日，上海各报都刊出了永安即将开张的大幅广告，在著名的《申报》上，"永安公司开幕预告"连续刊登了长达半月之久。开业之日，顾客爆满，店堂里挤得水泄不通，连柜台的玻璃都被挤破了，四百多名职工忙得不亦乐乎。开张初期日营业额高达一万余元，而原准备销售两个月的商品，开业二十天就出现脱销，永安只得急电香港火速调货。

永安还创立了商场布置的科学布局：一楼设百货，二楼设绸缎呢绒，三楼设钟表首饰，四楼设家具皮箱和洋马儿（自行车）。而竞争对手先施也立马向永安学习了这种先进经验。

郭琳爽——郭氏家族第二代传人，他的一系列经营策略，特别是努力扩大国货销售比重的策略，使永安公司的发展起了质的变化。

在20世纪30年代，郭氏家族在永安老厦旁购地修建了永安新厦。

美国现代摩天大楼式的永安新商厦达92米，这在那时是一个惊人的高度，北部达22层，在浙江路侧还建有两座平行封闭式的空中走廊与永安老厦相连，这也是一个惊人的创举。

在经营上，郭琳爽积极物色各地国货制造厂商及工场，开拓货源，至1937年，在永安新厦开张了国货商场。

经过郭家两代人的悉心经营，郭琳爽将永安公司推向了全盛时期，使其在规模、业绩、服务及经营上都达到了第一，成为南京路、上海滩乃至旧中国规模最大的百货公司。

新新公司：
出奇招弥补劣势，设电台招引人流

新新公司于1926年1月23日开业，其七层商厦也是于先施附近租地修造。

而那时，上海人对大型百货商店已经逐渐习惯了，所以新新处于非常劣势的市场地位。新新的老总李敏周决定施展创意，以“点子”取胜。

他在新新大厦开设了一家广播电台 。由于电台的四周都是玻璃墙，所以当时又取了一个时髦的名字——玻璃电台。那时电台每日广播，为公司大做广告，并介绍公司的各种商品，起到了购物指南的作用。

“玻璃电台”这一招，使喜欢热闹的上海人大感稀奇，人们纷纷相邀前来光顾，观看播音的情形，由此带动人气的兴旺，再加上电台购物指南的效果，新新的生意便兴隆起来，并渐渐在竞争激烈的南京路上稳住了阵脚。

新新还把功夫做在店堂的安排和配套服务设施的建设上。其商厦楼层及柜台店面布局有序，各层商品分布罗列合理。同时，新新先后在各层间增辟出附设的旅店、银行、茶室、舞厅、饭店及粤菜馆等配套的商务服务设施。

新新首创了夏季冷气开放，是上海最早装置冷气设备的大百货公司。在商厦底层，还设有新新美发厅，是当时上海最高级的理发店之一。

这些经营设施，为新新公司带来了顾客，赢得了市场。

大新公司：
“购物天堂”初露端倪，“自动扶梯”成为热点

与另三家大公司租地造屋不同，后起之秀大新公司的老板蔡昌看中了南京路一块风水宝地，毅然斥巨资将其买下，修建了高42.3米，包括地下室共10层的大新商厦。

大新商厦自底层至楼顶，分别布置以环球百货、舞厅酒家、商品展览和游乐场所等豪华设施，这座综合性现代商厦，可同时容纳上万人参加游乐活动，体现了大新公司的经营策略目标——后来居上，建立全方位的“购物天堂”。

为此，大新公司精心营建了一出拿手好戏，也是当年轰动沪上的新闻——商场设置轮带扶梯式自动电梯，开国内使用此种电梯之先河。它成为喜欢稀奇的上海人又一次追逐的热点。大新于1936年1月10日开张，从那天起，为争睹和过一过搭乘自动扶梯的瘾，上海人扶老携幼，像潮水一般涌来，以至于大新商厦里面人满为患。

在竞争中发展，在发展中竞争。随着大新公司加入南京路百货业俱乐部，原来行业的相对平衡被迅速打破，新一轮剧烈的竞争又开始了。

看到人流不断地涌入大新，先施、永安、新新这三家老对手又联合了起来，针对大新采取了统一行动，联合者同时进行了大减价活动，以图围歼大新。大新也毫不示弱，立马于地下室设立廉价部与之抗衡。几番拼斗的结果，顾客成了最大的赢家，商家在经营上的竞争，使得各家服务更加细致周到，促进了百货业的进一步繁荣。

大新在营销上采取步步为营的策略，加上自动扶梯和游乐场的吸引力，锐气始终不减，经过一段时间的顽强拼搏，在营业上逐渐上升为南京路四大公司中仅次于永安的第二位，为日后的发展壮大打下了根基。

在近代，进口洋货的大幅增长和中国国内新式工业生产的日用工业品的逐渐增多，为中国近现代百货业的发展提供了条件。而繁荣的南京路上的中国丝绸、法国香水、德国相机、英国皮革等齐备的国货洋、货则直接导致了一场中国近现代史上的消费革命。

当年的大新公司现已变成了上海第一百货商店，成了如今南京路购物天堂的标志之一，也成了中国百货业的中坚；而当年最负盛名的永安公司则变为更新潮、更富大气的华联商厦。在今非昔比的南京路上，大厦摩天、万商云集，有600多家商店高密度地聚集在这里，每天的客流量多达300万人。创造着中国最高营业额的南京路，已成为新中国现代商业的象征，被誉为“中华第一街”。

东方华尔街

——旧上海金融业一瞥

近代上海的金融业带有十分严重的殖民地色彩，被称为“东方华尔街”的外滩地区最早出现的银行是外资银行。近代金融业的这种殖民地性质决定了中国近代民族资本金融业的诞生是孕育在外国资本对中国的经济掠夺不断加大的背景下。作为近代历史的一页，这值得我们回望。

作为中国和远东最大的贸易中心和金融中心，上海闻名于世，其中心地位在20世纪30年代就已经确立了。旧时，外滩周围的地区集中了多达近百家的洋行和银行，那就是举世闻名的“东方华尔街”的所在地。

上海开埠较早，外贸业繁荣。在19世纪40年代，英国人强行租用了黄浦江边一块800多亩的土地，紧接着美国人和法国人也强行圈下了他们在上海的“领地”——那就是旧时所称的租界。租界产生以后，首先在租界中出现的外国机构就是洋行。洋行原本是一种贸易机构，是为了对中国倾销鸦片和工业产品，同时从中国收购蚕丝等农业产品而设立的。虽然，洋行的主要业务是做进口贸易，不过它的功能并不局限于此。它还建立有自己的轮船公司，除此之外还在上海投资开厂，兼营金融和保险业务，甚至还代理行使领事馆的职责。在旧时，一些著名的外国洋行也同时充当着这个国家在上海的商务中心、银行和领事馆的角色。

1843年，英国的英商怡和洋行在外滩设立，等到了第二年，上海就冒出了十多家洋行。

在外国的新式银行还没有进入上海以前，也就是在19世纪四五十年代前，那时的上海已经发展成为一个十分繁荣的商业市镇，也已经有了很发达的金融组织，那就是传统的票号、钱庄等。

到1843年11月17日上海开埠，历史翻开了新的篇章，一切都开始出现翻天覆地的变化。在开埠之初，上海的进出口贸易量剧增，起初传统的钱庄还参与一些外国商行的金融业务，但涉及数量较大的国际汇兑业务时，钱庄就显得难以胜任了。于是，此类业务就主要由那些已经在上海站稳了脚跟的外国洋行来兼任。在旧时，有好多人都分不清洋行和银行的区别，就是因为在外资银行进入上海前后的很长一段时期内，原本做贸易的洋行还兼营着金融业务和保险业务，当时，因为大量从事外汇生意而著称的就有怡和洋行、旗昌洋行等。

在1847年，英商丽如银行在外滩设立了代表处，那是在上海出现的第一家正规的外资银行，也是在中国本土出现的第一家外资银行。由此开始，直至19世纪末，几乎世界上所有的外国大银行都想抢占外滩，英、法、俄、德、意、日、荷兰、比利时……各国都先后在外滩抢得了一席之地。那时的外滩，是冒险家的乐园，也是财富的聚集地，更是金融业的心脏。于1865年在外滩设立的英国汇丰银行上海分行，就长期控制着上海的金融命脉，在中国的金融活动中扮演着“大哥大”的角色。

那时，一个新兴的行业紧随着外国洋行和银行的出现而兴起，那就是在旧上海被称为买办的阶层。买办是那些受雇于洋行同时又熟悉商情并且在商界也有广泛关系和一定影响的上海商人，由于同外国人接触多，买办们成为中国第一批资本主义经营方式的学员，同时他们在客观上成为日后中国民族资本主义发展的人才资源。

历史进程到了晚清时期，中国一些洋务派人士也已经充分地看到了银行在生产和贸易活动中的重要作用。1987年，在洋务派人士的倡议下，在清政府的充分肯定与支持下，中国第一家华资银行——中国通商银行于外滩设立。

1905年，中国第一家国家银行——大清户部银行在外滩设立。户部银行也就是民国以后成立的中国银行的前身。

1909年4月，中国近代史上另一家重要的华资银行——交通银行在上海设立分行。进入民国时期，已有不下三四十家华资银行在上海设立了总行，如“北四行”中的金城银行、大陆银行，“南四行”中的兴业银行等在金融界有重要地位的银行都名列其中。

随洋行、银行从西方传入中国的金融业务还有保险业和证券业，刚开始保险业也是由洋行兼营的。那时贸易和航运业的空前繁荣保证了保险业的兴旺，保险业成为上海最活跃的行业之一，在19世纪的40年代和50年代达到了高潮。

1871年，中国商人筹办的保险公司——华商保险公司在上海设立。这也是一家成立较早的中外合资的保险公司。

在19世纪的下半叶第一代开办近代企业的中国人，已经采用了西方证券业的股份制这一经济形式采用过招股集资的方式融资的，就有当时的一些大企业，如轮船招商局、上海机器织布局等。而且上海也很早就出现了有价证券交易的经营活动，在1869年，一家主要买卖外国股票的公司——英商长利公司在上海开办。到1882年，上海平准股票公司开业，正式掀开了上海股票公开买卖的历史帷幕。民国以后，上海证券交易更日渐发达，并在1920年的7月成立了上海华商证券物品交易所，那是一家很完整的证券交易机构，在当时达到了一流的现代化程度。

与此同时，中国传统的金融业却日渐式微。上海的钱庄业在旺盛时，曾经有数十家各地钱庄集中于江西路，江西路号称上海的“钱庄街”。而且在19世纪末20世纪初，上海的金融业曾一度形成外资银行、华资银行、钱庄三足鼎立的局面。虽然钱庄继续在工商业活动中发挥着一定的作用，但由于本身的缺陷，钱庄业在那时的经济活动中，其力量已经越来越单薄、脆弱，几乎无力抵抗金融风波的冲击。另外，曾经作为中国传统金融业重要形式的票号，在这之前也早已呈颓败之势，退出了金融业发展的历史大舞台。

旧时，在上海还有很多平民百姓和破产融资的场所作为主流金融活动的一种补充形式，即在上海随处都可以见到的小押店和当铺。

作为工商业和经济的血液，金融是最能够集中反映社会经济的情况和特点的。从闻名世界的远东金融业中心“东方华尔街”，我们可以看到旧上海社会经济的兴衰历程。

注：以上“老字号”公关系列文章均系与彭天朗共同策划、撰写，原文均发表于新华社《中国市场》2001年度各期杂志。

第五辑

上市公司路演电视专题片解说词

蕴含澎湃动力　激发明日朝阳

——华能国际电力股份有限公司上市路演电视片解说词

能源问题，一个世界性的难题。电力工业作为中国能源产业的中流砥柱，曾经也是长期困扰中国经济发展的瓶颈。回首以往，人们记忆犹新：工厂限电“停三开四”，百姓生活诸多不便。

“经济要发展，电力要先行。”华能国际电力股份有限公司抓住机遇应运而生。它由华能国际电力开发公司联合七家地方政府投资公司于1994年共同发起成立，并分别于1994年10月和1998年1月在美国纽约证券交易所和香港联交所挂牌上市。目前公司总股本为56.5亿股。

中国经济持续发展，人民生活不断提高，电力需求与日俱增。深化改革，加快发展已成为当今中国电力工业的主旋律。作为中国乃至亚洲最大的独立发电公司，华能国际已经为其在新世纪实现跨越式发展奠定了坚实基础，充分显示出在未来竞争中的卓越优势。

规模技术独树一帜

利用现代化设备和技术，开发、建设、拥有和经营大型火力发电厂，是华能国际的主营业务。通过新建、扩建、收购、兼并等多种方式，华能国际目前已全资拥有十家电厂、控股两家电厂并参股一家电厂，成为拥有总发电装机容量超过1 000万千瓦的中国最大的独立发电公司。公司拥有的电厂具有装机容量大、设备精良、煤耗低、环保达标以及运行效率高等综合优势，在中国日益发展、规范的电力市场中，华能国际独树一帜，规模、技术具有较强的竞争优势。与此同时，华能国际还具有总装机容量约552万千瓦的在建及规划电厂和潜在的资产收购机会。藉此，华能国际在中国乃至亚洲电力行业中的地位将进一步得以巩固。

地域环境彰显优势

潮平两岸阔，风正一帆悬。一个企业的勃兴离不开具体的经济环境。华能国际运行电厂位于中国的辽宁、河北、山东、江苏、上海、福建和广东沿海七省市。这些地区经济的快速发展和用电需求的增长，为电力企业营造了有利的经营环境。随着中国国民经济的不断增长，社会不断进步，沿海、沿江经济发达地区将继续保持强劲的发展活力，从而促进对华能国际所属电厂的电力需求。

绩优蓝筹当之无愧

目前的中国股市正在进入蓝筹股新时代，华能国际无疑属于证券市场上当之无愧的绩优蓝筹股。华能国际自成立以来，销售收入和净利润逐年稳步增长。2000年，华能国际实现售电收入125.56亿元，税前利润30.6亿元，实现净利润26.4亿元。分别比上年同比增长19.68%、27.38%和31.28%，经营成效显著。2000年，公司派发股息较上年增长144%。2001年以后，吸收合并的山东华能对盈利做出显著贡献。公司今后的发展将继续致力于为股东提供令人满意的回报。

世纪丰碑强力再铸

蕴含澎湃动力，激发明日朝阳。在新的世纪里，华能国际不会沉湎于过去的辉煌；面向未来，他们将凭借丰富的电厂建设、管理及国内、国际资本运作经验，本着“收购与开发并重，新建和扩建并重，煤电和其它可行能源并重”的原则，积极拓展发展空间。同时，华能国际还将继续致力于规范运作、加强管理、控制成本、提高效益、保持长期稳定发展。

随着中国电力工业体制改革的深化，建立公开、公平、公正的电力市场已经成为必然趋势。加入WTO以后，中国电力市场将面临新的竞争。我们有理由相信，华能国际会积极迎接挑战，增强竞争力，为股东创造不断增长的利润，为中国经济的发展再做贡献。

华能国际，为明天增添动力！

（2001年11月）

民族伟业　延续辉煌

——重庆钢铁股份有限公司上市路演电视片解说词

序　幕

重庆，中国最年轻的直辖市。由于其在中国的重要战略地位和在西部的迅速崛起，为全世界所瞩目。

中国有重庆，重庆有重钢。独特的地理位置和优越的产业环境孕育出一颗耀眼明珠——重庆钢铁股份有限公司。伴随着中国第四个直辖市高速发展的足迹，重庆钢铁也在不断创造新的奇迹。

民族伟业延续辉煌

百年传奇钢铁梦，历史沧桑岁月稠。

1890年4月，晚清重臣、湖广总督张之洞创建汉阳铁厂，这是我国第一家也是亚洲最早最大的钢铁联合企业，被誉为“中国钢铁工业的摇篮”，也被西方视为“中国觉醒的标志”。它的创建拉开了中国近现代工业史的序幕。

1938年，抗日战争爆发后，汉阳铁厂将主要设备内迁重庆，这就是重庆钢铁集团公司的前身。新中国成立后的重钢人于1950年轧制出新中国第一根铁路重轨，铺成了新中国第一条铁路——成渝铁路。1997年，重钢被列为国家120家试点企业之一，是国家重点支持的520家国有大型企业之一。中国共产党的三代领导核心——毛泽东、邓小平和江泽民，以及刘少奇、朱德、周恩来、李鹏、温家宝等党和国家领导人都在重钢留下了视察的足迹。

1997年8月，重钢集团作为独家发起人发起设立重庆钢铁股份有限公司，同年10月，公司在香港发行H股并上市。目前，重庆钢铁股份有限公司已跻身中国大型钢铁企业和国内最大的中厚板生产商之列，年产钢300万吨，拥有从焦化、烧结、炼铁、炼钢到轧钢的完整生产线。

主业品牌铸造卓越

重庆钢铁一贯以遵循“质量为本、品牌第一”战略理念不动摇。作为中国西部最大的板材生产商，重庆钢铁的主导产品中厚板材在国内同行业中占有重要地位，2005年产量排名第10，其中容器板、锅炉板和船板分别占全国市场的11.15%、9.17%和13.19%。压力容器用钢板和锅炉用钢板多次获得国家质量金奖；2006年9月，“三峰”牌容器板和船板双双获得“中国名牌”称号；公司按照欧洲标准生产的船用球扁钢系列产品填补了国内空白。船用钢板在国内同行业率先获得中国、英国、美国、德国、法国、日本、韩国、挪威、意大利九国船级社的认证；在国内享有盛名、被誉为“中国第一板”的中厚板由于品种齐全、质量优良，被广泛应用于国防、冶金、矿山、交通、化工、机械、能源等行业，部分产品还分别出口日本、韩国和东南亚等国家和地区。

另外，随着公司棒材生产线的建成和炼钢精炼设备的配套完善，重庆钢铁已经成为西南地区重要的棒材生产基地。通过进行产品结构调整，重庆钢铁形成了以中厚钢板、冷轧薄板和高速线材、汽车摩托车用钢生产线为特色的“两板两线”生产格局。

科技投入引领创新

用高新技术培育品种质量优势，是重庆钢铁的重要战略举措。

为了提高科技创新能力，近几年来公司逐渐加大科技投入，仅2004年科技投入就超过两亿元。公司还与国内一流的高等院校联合，全面做好科技新成果、新技术的引进消化和吸收应用。公司通过狠抓重点工艺技术攻关、优化技术经济指标，切实解决了生产过程中技术薄弱环节，取得了显著的经济效益。公司积聚培养了一大批有经验的工程技术人才，雄厚的技术力量增强了新产品开发能力，特别是中高碳钢及汽车用轮辐板的开发取得大的突破。近五年来，共开发新产品40多个，累计完成新产品试制总量110万吨，产值32亿元，利润7.9亿元。

区域战略掌控优势

好风凭借力，独特的地域环境成为重庆钢铁得天独厚的经营优势。

第一，经过多年经营，公司在西南地区形成了较为稳定的市场网络和广泛的客户群体，整体销售额有60%在这里消化，尤其是建筑用钢材、汽车和摩托车用钢材、中厚板在西南地区有较强竞争力；第二，重庆一直是长江上游和西部重镇，作为中国最年轻的直辖市和著名的山城，道路桥梁、基础设施建设和建筑业投资较大，加上三峡建设和库区移民政策的实施，周边地区的钢材市场潜力巨大；第三，国家西部大开发政策，使西部地区基础设施和相关产业投资力度加大，为钢材产品带来较大的增长需求；第四，与国内同类企业相比，公司生产所需的煤、水、电等能源资源丰富、价格低廉，为钢铁产品的深加工创造了有利条件。另外，万里长江的“黄金水道”、高速公路、铁路、航空等交通运输优势为原材料和产品运输提供了极大的便利。

资本引擎提升价值

重庆钢铁再次借力资本市场，开始它历史上的又一次非凡巨变。

对于本次募集资金，公司将会全部投入到冷轧薄板工程项目，生产汽车、摩托车用板。重庆是我国第四大汽车生产基地和最大的摩托车生产基地，板带材消费量历来居我国西部地区各省市前列。随着该项目的建成投产，其运输距离短、运输成本低等明显的地域优势将会更充分显现。以此为契机，公司将进一步拓宽产品线，提高产品附加值，改善资产负债结构，增强公司的综合竞争实力和抗风险能力，并不断发挥优势，提高效益，实现公司收益最大化和股东利益最大化。

结　尾

不难预测，未来几年钢铁企业必将面临更加激烈的竞争，整个市场版图和竞争格局将会发生深刻变化。

面对新的挑战，重庆钢铁股份有限公司决心以新的战略思维来寻求新的突破，走质量型企业、精品化路线、低成本扩张、差异化发展的道路，努力转变增长方式，培育企业核心竞争力。

人们坚信，随着一座全新的现代化钢铁企业耸立于长江之滨，传承中国百年工业化进程的重庆钢铁股份有限公司，必将再次腾飞于中国西部。

（2007年1月）

迈开国际化之路　缔造世界级企业

——TCL集团股份有限公司合并上市路演电视片解说词

全球经济一体化趋势和数字网络技术的飞速发展，给中国电子信息产业带来空前的发展机遇。在面向未来的竞争中，TCL集团股份有限公司创造出一个民族企业神话般高速成长的奇迹。

构筑名牌辉煌，提升竞争优势

激情锻造品牌，竞争提升实力。

TCL集团的发展步伐迅速而稳健，特别是20世纪90年代以来，连续13年以年均50%的速度增长，成为中国增长最快的工业制造企业之一。TCL以“科技、品质、文化”占领品牌制高点，近年来提出了“研制最好的产品，提供最好的服务，创建最好的品牌”的新追求，确定了多媒体电子、通信产品、信息产品、家电、电工和零部件的产业战略架构。2002年，TCL营业额达到319亿元，其中海外营业额达到11亿美元；同年，TCL品牌价值以187.69亿元名列全国知名品牌前茅，并入选“2002年中国最受尊敬企业”。2003年，TCL通讯荣登中国新闻社“中国上市公司竞争力百强企业排行榜”榜首；位列《财富》中文版公布的“2003中国上市公司100强”同行业第一；TCL手机产品荣获2003年“中国名牌”称号。

品牌纵横龙腾四海，市场营销虎跃神州

四海龙腾云水荡，神州虎跃风雷激。

携品牌优势和技术优势，TCL产品的市场竞争气势可谓锐不可当。彩电销售1996年进入全国三甲，2001年产销量达到630万台，跃居行业第一； 1999年闯入市场的TCL手机，2002年跃居国产手机销量第一，在国内市场的中外手机品牌中跃居

第三；此外，电话机、电工产品，TCL也都执掌行业牛耳。目前TCL拥有国内家电行业最优秀的营销网络，它具有响应快速、分销能力强等诸多优势。正是这种品牌和销售力优势，使TCL在消费电子产品领域处于领先地位。

蛟龙横空出世，猛虎纵然下山。2003年9月，TCL集团启动了令人瞩目的“龙虎计划”。TCL旗下的多媒体电子、移动通讯终端产业要在3至5年时间内进入世界前五强，此为“龙腾四海”；在家电、信息、电工照明、文化产业领域，用3至5年时间，进入国内一流企业行列，此为“虎跃神州”。“龙虎计划”显示出TCL品牌的竞争强势。

技术引领潮流，研发把握未来

为了在日趋激烈的竞争环境中引领潮流、把握未来，TCL始终以技术研发为动力，不断加大科研投入，通过科技创新系统工程建设，TCL形成了有竞争力的产品结构。TCL坚持紧跟国际先进技术水平，采用标杆瞄准开发方法开发新产品，从引进吸收到自主创新，从局部创新到全面创新，从外围技术到核心技术，取得了丰硕的成果和显著的效益。由于开创了近年高速发展的新局面，TCL成为中国企业科技创新的成功范例。目前的研发费用已占到合并销售收入的4.1%。截至2002年，TCL技术中心共开发新产品381项，其中具有国际先进水平的8项、国内领先水平46项，新产品产值率达到74%。

迈开国际化之路，缔造世界级企业

面对经济全球化的竞争形势，TCL志在创建具有国际竞争力的世界级企业。现已制定出未来10年的国际化战略发展规划：2010年前销售收入突破1 500亿元，5年内成为在国内市场处于领先地位的大型企业，10年内成为国际上有竞争力的大型跨国公司。

要成为世界级企业，就必须在欧、美等发达国家市场站住脚。因此，TCL的国际化之路也迈开了更加矫健的步伐。2002年10月，TCL全资收购德国施奈德公司，完成了全球战略的重要一步；2003年11月，TCL携手世界著名的汤姆逊公司的新闻更是震惊业内，他们将合资缔造世界上最大的彩电生产王国，TCL公司因此找到了一条快速国际化的途径，成为其全球布局的关键战略。这次合并重组同时也被称为中国企业“里程碑式的进步”。

资本新战略，融资新平台

为了适应日益激烈的国际竞争，TCL以创新思维再次敲开了资本市场的大门。2003年9月，TCL集团股份有限公司吸收合并TCL通讯股份有限公司并整体上市正式启动。这种融资新方式，将建立起与集团业务规模相匹配的资本运作平台，为其长远发展提供资本支持，大大提升国际竞争力。权威人士分析，TCL在国内首创集团公司上市的资本新战略，将有利于促进上市公司的规范治理，改善股票市场的微观结构，为中国证券市场的发展积累有益的经验。

结　尾

承担实业强国使命，再燃变革创新激情。

面对未来，TCL集团股份有限公司将建立具有国际竞争力的新型企业文化，继续秉承“为顾客创造价值，为员工创造机会，为社会创造效益”的宗旨，不断发扬创新精神，全力打造国际品牌，创建世界级企业，跻身全球500强。

创新理念焕发澎湃动力。TCL集团在新的起点上开始了更加宏伟的全球化跨越，TCL的国际品牌形象也正在如朝阳般地喷薄而出。

（2004年1月）

管理之魂　一脉相承

——邯郸钢铁可转债融资路演电视片解说词

进入21世纪，中国钢铁工业面临难得的发展机遇，于是一场面向未来的新一轮产业竞争，开始了更加激烈的角逐。

正是在这场重构格局、再写版图的竞争中，邯郸钢铁股份有限公司脱颖而出，她犹如一颗耀眼的星辰，令人瞩目。

管理之魂，一脉相承

几千年的历史蕴含，古城邯郸的魅力源于她流淌不息的文化之河。而今天，邯钢人创造的管理魅力，也正是这种文化底蕴的传承和延续。

邯郸钢铁股份有限公司的控股公司——邯钢集团是中国国有企业的先进典型，创造了著名的“模拟市场核算，实行成本否决”机制，并因此取得了良好的经济效益。公司曾获得“全国优秀企业金马奖”和“中国企业管理杰出贡献奖”。邯钢经验被誉为国有企业的“希望之光”，国务院曾号召全国工业企业学习“邯钢经验”，邯钢因此成为中国工业战线的一面旗帜。

新的时代、新的舞台书写新的历史。依托“邯钢经验”却没有陶醉于过去的辉煌，邯郸钢铁股份有限公司才更加焕发出勃勃生机。

科技创新，装备升级

把现代高科技融入传统企业经营管理之中，是邯郸钢铁连续保持效益稳定增长的发展战略之一。

提高工艺技术装备水平是钢铁行业实现产品结构调整的关键，邯郸钢铁坚持“先进、经济、适用”的原则，经过国外引进、消化吸收、创新技术和自主研究开发，目前已拥有包括省、部、国家级技术成果的80余项的科研成果。其核心技术有“薄板坯连铸连轧引进技术、消化吸收及创新”“轧钢系统节能降耗、工艺优化及创新”等，均达到国际先进水平。邯郸钢铁现已成为全国百万吨以上的钢铁企业中第一个实现全连铸生产的企业。炼钢生产达到了“炼钢—精炼—连铸”三位一体的先进工艺水平，轧钢生产线也全部实现一火成材。2002年，邯郸钢铁科技进步的贡献率达48.8%，高技术、高附加值的产品创造利润占总利润的40%。

邯郸钢铁股份有限公司与邯钢集团共同出资建设的薄板坯连铸连轧工程，系引进德国西马克公司的先进技术和核心设备，其控制系统代表了世界冶金工业自动化的最高水平，该工程的建成也是公司实施产业升级和产品更新换代的重大战略举措。

调整产品结构，打造板材基地

中国加入WTO后，钢铁企业势必面临市场的重新“洗牌”。邯郸钢铁的决策者意识到，要在未来竞争格局中找到自己合适的定位，成为具有国际水平的现代化钢铁企业，就必须开发具有核心竞争力的产品。因此公司进行了新的战略定位——打造中国优质板材基地，成为区域市场主导企业。

邯郸钢铁在两年内将集热轧、冷轧、酸洗、镀锌、彩涂等多种工艺于一体，形成热轧板、冷轧板、镀锌板、酸洗板、彩涂板、中厚板等系列板材的产品结构。届时，公司的板材比将达到70%，远远超过全国板材比平均水平。

邯郸钢铁热轧薄板酸洗镀锌工程，备受全国冶金行业关注，是我国第一条以热轧薄板为原料的酸洗镀锌生产线，其中年产50万吨酸洗镀锌热轧板生产线已于2002年10月竣工投产；年产12万吨的彩涂板生产线将于今年年底竣工投产。

邯郸钢铁正在开工建设的冷轧薄板工程，是迄今为止河北省一次性投资最大的工程项目，被邯钢人自豪地称为“金饭碗”工程。它的建成对于改善中国钢铁工业产品结构具有重要意义，投产后将年产130万吨冷轧薄板，其中包括35万吨热镀锌板和12万吨彩涂板。该项目建成后，标志着公司向着建立世界级板材生产基地迈出重要一步。

业绩优良回报优厚，资本营运提升动力

目前的中国股市已经进入了蓝筹股新时代，邯郸钢铁也成为令投资者瞩目的绩

优蓝筹股。

1998年1月22日，邯郸钢铁股份有限公司在上交所上市，发行A股3.5亿股，募集资金26亿元；2000年又配股融资5.6亿元。截至2002年年底，公司总股本为14.9亿股，总资产达98.2亿元，净资产为65.6亿元。2002年公司实现销售收入78.8亿元，主营业务利润9.6亿元，净利润4.8亿元，每股收益0.326元。仅2003年上半年，邯郸钢铁就实现利润3.23亿元，同比增长30.8%。上市5年来，累计分红超过13亿元，给投资者带去了丰厚的利益回报。邯郸钢铁的财务安全性在行业中非常出色，其资产负债率一直处于行业最低水平。

邯郸钢铁还将逐步收购邯钢集团培育的优质资产。已经完成的板材公司和正在进行的三炼钢资产收购，将极大地增强公司盈利能力。公司在提高主营业务盈利能力的同时，积极探索资本运营的新路子，利用其管理优势、资金实力、较高的信誉和知名度，与其他科技含量高的行业相互渗透，以尽快实现资本的扩张和存量资产的优化，为公司培养新的利润增长点。

资本营运的战略提升了引擎动力，邯郸钢铁步入了发展的快车道。

结 尾

鲲鹏扶摇启宏图，风云扬帆济沧海。

打造世界级的优质板材基地，成为具有国际水平的现代化钢铁企业，是邯郸钢铁股份有限公司新的战略定位。邯钢人决心用发展的高速度、工作的高效率、产品的高质量和经营的高效益，来构筑未来的强大竞争实力。

（2003年11月）

百年基业　再展宏图

——招商轮船股份有限公司上市路演专题片解说词

诞生于晚清洋务运动时期的招商局，是中国近代民族工业的先驱。在跨越130多年的辉煌以后，再次绽放出熠熠光芒。

招商轮船股份有限公司，秉承招商局百年航运传统，通过资源整合，凭借全球化的视野及专业化的管理机制，跻身全球著名独立油轮船东之列，是中国目前首屈一指的远洋油轮运输企业。

百年基业，再展宏图

作为全球最大、发展最为迅速的发展中国家，中国对能源的大量需求对油轮运输能力提出了新的要求。国家规划是到2010年，我国大型油轮船队将具备50%进口原油的承运能力，然而目前国内油轮船队远远未能满足这一需求。有利的市场环境为国内能源运输企业的未来发展提供了广阔前景。作为中国目前规模最大、效率最高的远洋油轮运输船队——招商轮船股份有限公司，将在未来担负起中国能源安全运输链的重要一环。

民族伟业，航运骄子

目前，招商轮船股份有限公司所拥有的28艘、326万总载重吨的船队，其中14艘、256万总载重吨的远洋油轮正服务于全球各大著名石油公司。另有14艘70万总载重吨的大型散装货轮，船型整齐，技术状况良好，是公司利润的重要组成部分。公司正在建造5艘、90万总载重吨的新油轮，到2009年，将再增添9艘，使公司油轮船队总载重吨扩充一倍。针对中国政府所实施的液化天然气发展计划，公司与发起人之一——中远集团下属大连远洋运输公司合资成立我国唯一一家国际化专业液化天然气运输公司。正在建造的我国首批共5艘大型液化天然气运输船，将服务于广东、福建的液化天然气项目，其中第一艘将于2007年投入运营。同时，公司积极参与未来在上海与浙江的液化天然气项目，形成了目前公司油轮运输、散货船运输、液化天然气船运输三大类业务的组合运作模式。

招商轮船股份有限公司拥有专业的船舶管理公司——海宏公司、香港明华，实施质量、安全和环境保护方针，保持着良好的安全记录。公司符合ISM规定，并通过了ISO质量管理认证。获得了ISO14001：2004环境管理系统证书，这标志着公司船队的环保管理工作具有当今世界的最高水准。

机遇与挑战，征帆不落

优异的安全记录与良好的船队形象，为公司在业界赢得广泛的国际口碑，公司船队长期为艾克森美孚（EXXON-MOBIL）、壳牌石油（SHELL）、英国石油（BP）等全球著名石油公司提供国际一流水准的原油运输服务。同时，中国进口原油的快速增长，也为公司开发国内市场提供了前所未有的机遇。招商局与中石化集团、中化集团、中国海洋石油三家发起人建立了战略合作关系，这将深化双方的业务合作，为公司的国内市场进一步开发和运作奠定坚实的基础。

兴商自强，延续辉煌

招商轮船股份有限公司管理层一贯重视市场的开发与营运成本的控制。良好的公司治理、独特的价值创造模式和近50年的国际化油轮管理经验为公司带来持续盈利能力。面对未来，公司将进一步提高经济效益，为公司股东创造更为优厚的投资回报。

结　尾

问我航程有多远，1872到永远……

招天下商，通五洲航。招商轮船股份有限公司，正以更高亢的精神与严谨科学的管理，致力于实现股东利益与社会价值的最大化，以国际顶级航运公司为目标，扬帆远航。

（2006年11月）

致力循环经济　创新发展模式

——深圳市格林美高新技术股份有限公司路演专题片解说词

当今世界，资源与环境问题，已经成为阻碍全球经济发展的最大难题，中国的国情更是如此。科学发展观认为，发展循环经济可以从根本上解决这一矛盾。

深圳，中国改革开放的窗口，也被誉为“创新之都”。正是在这个演绎过无数创新财富故事的城市，一家循环经济与低碳制造的技术先导企业正在快速崛起，令人瞩目，它不仅开启了中国循环经济的新时代，更是成为循环经济与低碳产业探路的先锋实践者和领军企业——

这就是深圳市格林美高新技术股份有限公司。

（一）

2002年，满怀激情的创业者，承载着探索循环经济产业变革的使命，创立了格林美。

众所周知，在城市的垃圾回收中，废旧电池和电子废弃物的处理成为一道难题。在破解这道“难题”的过程中，格林美人则以敏锐的战略目光，开启了一条通往资源永不枯竭的城市矿山之路，创立了从废弃资源的收集开采、金属性能再生到高技术产品再造全过程的废弃资源高端循环产业模式。格林美通过与深圳、武汉等地的政府合作，设立回收箱与回收超市相结合的形式来回收废旧电池与电子废弃物，建构了一个完善的跨地区、多层次的城市矿山资源的社会开采体系，年回收废旧电池与小型电子废弃物达到3 000 吨，为公司输送源源不断的原材料。

可持续发展的经济增长模式，是对“大量消费、大量废弃”的传统增长模式的根本变革。中国钴、镍资源严重匮乏，而钴、镍作为战略性金属，在新型能源、国防装备、生活电子产品中大量应用。格林美创立了由废弃钴镍资源循环再造超细钴镍粉末的制造模式，变废为宝，摆脱了传统钴镍粉末制造企业对有限的钴、镍矿产资源的依赖性，同时还大大减少了环境污染。主导产品超细钴镍粉末，广泛运用于军工、电子和石油化工等领域。

格林美从2005年开始在湖北省荆门市建设生产基地，目前是国内采用含钴废弃资源循环再造超细钴粉的最大企业，世界钴、镍资源循环利用的先进企业，年循环利用的钴资源占中国本土开采的26%以上。2008年，在包括以原矿为原料生产的全部国内厂商中，格林美的钴粉和镍粉的销售量都排在第二位。公司生产的镍粉和钴粉质量已达到国内外先进水平，公司开发的类球状钴粉，成为国内少有的能与国际品牌竞争的高端产品，完全替代了以原矿为资源的产品与进口品牌，满足了行业的广泛需求，极大缓解了中国超细钴、镍粉末供应的紧缺状况。与此同时，公司还领衔起草了国家《还原钴粉》的行业标准，奠定了格林美在中国钴粉制造行业的龙头地位。公司还与国内硬质合金行业“十强”企业中的八强建立了长期合作关系，各项产品的产销率都在88%以上。

全新的盈利模式带来显著的经济效益。公司近三年的营业收入保持高速增长，由2006年的1亿多元增长到2008年的3亿多元；近三年净利润增长了近3.3倍，毛利率水平在30%以上。

专家认为，格林美集节约资源、节能环保、低碳制造、新材料开发等众多概念于一身，创造了独特的循环经济与低碳制造的盈利模式和产业模式，是国内环境保护和资源循环利用的典范企业，代表着国家创新型产业的发展方向。

（二）

全新的发展模式源于格林美源源不竭的科技创新能力。

格林美拥有近60项核心专利、牵头制定了20项国家和行业标准，形成了格林美资源循环利用完整的核心技术体系，设定了钴、镍资源循环利用的高技术壁垒，奠定了公司在国际国内资源循环利用领域的技术领先水平和参与国际竞争的创新能力。

格林美先后被授予国家循环经济试点企业、国家级高新技术企业、国家创新型试点企业等称号。

历史期待新的丰碑，时代呼唤新的辉煌。

毋庸置疑，资本战略将更加提升企业的引擎动力。格林美此次上市募集的资金，将用于“二次钴镍资源循环及相关钴镍高新技术产品”项目。该项目实施后，公司超细钴镍粉产能将分别提高200%和333%，竞争优势将会得到进一步提升。

未来若干年，循环经济和低碳经济将成为推动中国经济可持续发展的“两翼”，国家正在实施的循环经济、低碳经济、节能减排的一系列政策，将成为推进资源循环产业快速发展的“发动机”。2010年中央经济工作会议、哥本哈根气候变化大会、国务院家电以旧换新政策的深入开展，将全面提升中国国民的环境与低碳理念，推动中国城市矿山资源的爆炸式增长，为格林美以电子废弃物、废旧电池为主体的城市矿山开采体系建设，带来百年一遇的历史机遇，格林美遍布中国20个中心城市的“城市矿山”开采规划，将气势恢弘地拉开大幕。可以肯定，格林美的未来发展空间和盈利空间将更加广阔。

时下，格林美人没有沉湎于过去的辉煌，而是继续以“消除污染、再造资源”为己任，满怀激情地勾画着更加宏伟的蓝图：创建再生钴镍资源循环利用的世界性企业和电子废弃物循环利用的世界循环工厂。

再造资源新起点，循环无限再跨越。中国深圳——格林美。

（2010年1月）

洞悉趋势　领航未来

——大连智云自动化装备股份有限公司路演专题片解说词

随着国内经济的高速增长，中国已成为全球自动化装备产业发展最快的国家，全球产业巨头大举进入中国市场。多年来，外资企业凭借技术优势及其固有的供应链，掌控着自动化装备业竞争的主动权，并垄断了国内高端市场90%以上的份额。中国本土品牌企业面临严峻挑战。于是，一场超乎想象的产业竞争在国内震撼上演。

正是在这场白热化的竞争中，一家业内的民族品牌企业洞悉先机、把握趋势、迅速崛起，书写了中外品牌较量的一段辉煌历史，这就是大连智云自动化装备股份有限公司。

十年磨剑成就第一品牌

大连智云自动化装备股份有限公司自成立以来，一直专注于成套自动化装备的研发、设计、生产与销售，所提供的产品囊括了自动检测、自动装配、清洗过滤、物流搬运、切削加工五大类设备，通过对电子、信息、网络、传感、数控和机器人等技术的综合运用，为客户提供装备自动化的系统解决方案，形成了“精密、高效、柔性、可靠、成套、低成本”的技术与产品设计特点，已成为闻名国内的自动化装备系统集成方案解决商。

智云股份雄厚的技术研发实力及经验丰富的系统集成能力，奠定了其突出的行业地位，其主导产品汽车发动机自动检测设备和自动装配设备的市场占有率，分别列国内汽车发动机制造设备细分行业第一名和第三名。除此以外，公司在方案策划、技术人才储备、产品开发设计和集成能力、品牌美誉度、产业规模等方面具有明显的竞争优势，成为当之无愧的国内行业第一品牌。

破除垄断，创新缔造优势

洞悉创新趋势，方能引领未来。

长期以来，国产自动化装备产业自主创新能力低下，导致高端产品奇缺，市场竞争力低下。作为国家级高新技术企业，智云股份始终将技术创新作为企业发展的战略引擎，公司技术委员会、研发中心和设计中心互为支撑，构成了具有国际化视野的科技创新平台。

目前，公司技术力量雄厚，技术人员已占到员工总数的63%，拥有完全自主知识产权的核心技术5项，专利技术20余项，并成功研发设计了我国第一条转向机装配、测量自动线，第一台平面数控涂胶机，第一台六轴机器人涂胶机；公司研发生产的典型产品柔性气密泄漏检测设备、柔性自动化装配线设备和柔性高压清洗机设备整体技术，均达到国际先进、国内领先水平。近三年，公司新技术、新产品占据公司营业收入比例以每年30%的速度增长，2009年核心技术产品收入占比高达99%。

随着领军品牌地位的确立，智云股份赢得了众多厂商的尊重和信任，重点客户覆盖了90%以上的国内主要汽车发动机生产厂商，通用、大众、日产、本田、三菱、标致雪铁龙、康明斯等高端客户，已成为公司的战略合作伙伴，一举打破了国际巨头独步国内市场的垄断格局。

资本战略插上腾飞翅膀

随着工业化、信息化的不断推进和国家产业政策对装备制造业的大力支持，国内装备自动化需求日趋旺盛，与此同时，公司已经完成扩展市场领域的技术储备，智云股份迎来了更加广阔的发展空间。

面向未来，公司适时启动了资本战略，开始了其发展史上里程碑式的新跨越。

公司本次所募集资金的项目建成后，将巩固和提升公司的核心竞争力，大大提高技术设计能力，公司技术应用范围更加广泛，技术成果产业化能力持续增强，效益也将大幅度攀升，届时公司可实现年销售收入2.5亿元，利润总额超过7 000万元。

时代标杆，承载未来使命

延续着产业梦想的智云人，将会继续秉承“务实革新、追求卓越”的经营理念，充分顺应国家产业政策，紧紧抓住公司核心竞争技术的市场变化，不断拓宽市场领域，提升企业的核心竞争力，加快国际化步伐。

（2010年7月）

传承文化　绽放奇葩

——西藏奇正藏药股份有限公司路演宣传片解说词

藏医药作为中华民族医药学中的“奇葩”，长期以来都带着一层神秘的色彩。

就在我国医药行业竞争日趋激烈，而藏药还远未形成产业优势之际，西藏奇正藏药股份有限公司作为我国西部的一支藏药产业生力军，异军突起，以其拳头产品“奇正消痛贴膏”雄霸国内市场，创造出高速成长的奇迹。

传承民族文化，绽放千年奇葩

沧桑历史书写千年传奇，厚重文化诉说深邃渊源。

美丽神秘的西藏不仅创造了彪炳青史的灿烂文化，而且创造了独特的藏医药文化。藏医药凝聚了高原民族的千年智慧，成为藏文化的有机组成部分。独有的藏药材资源，严谨完整的医学理论体系，独特的藏药配伍和炮制工艺，独到的疾病治疗措施等，造就了藏药突出的疗效。藏医药作为弥足珍贵的财富，在中医药行业中占有极其重要的地位，由于其属于植物性、天然性药物，因而成为当今快速发展的新兴药物产业之一。

“没有传承，传统产业就缺失了灵魂。”西藏奇正藏药股份有限公司立足藏药领域、依托悠久的藏族文化和完备的藏药理论，自1995年创立以来一直从事藏药的生产、研发和销售，现已拥有贴膏剂、软膏剂、橡胶膏剂等多种剂型的外用止痛系列产品及传统藏药丸剂、胶囊剂、颗粒剂等。公司目前拥有68个药品生产批准文号、5个国家中药保护品种，其中1个为独家保护品种，9种药品被列入医保目录。

目前公司已发展成为藏药产业的龙头企业。它不仅是国内唯一进入前十名的外用止痛药物的生产企业，同时也是唯一入选的藏药生产企业。公司2007年度实现净利润1.16亿元，同比增长达11%。

创新产品特色，提升竞争优势

千年的历史蕴含让藏医药充满神秘魅力，而今天的奇正藏药正是通过不断创新，撩开了它神秘的面纱，赋予其新的内涵。

奇正藏药在长期的藏药研发过程中，采用传统藏药炮制工艺，开展藏医药现代化技术的创新，在藏药企业中率先将“真空均质乳化”技术、“离心喷雾干燥”技术和“透皮吸收”等高新技术应用到藏药生产中，赋予藏药现代外观、使用便利、疗效显著等特点，既让更多的消费者乐于接受，又保护弘扬了藏医药文化。

公司主导产品奇正消痛贴膏采用“湿敷贴剂技术”“自动制贴机技术”等多项专利技术，既保持了植物药活力成分，又保证了药物安全有效地抵达病患部位，最大限度减少对人体的刺激，契合了药物透皮吸收给药系统发展方向，形成了“外用给药系统”与“天然药物”相结合的竞争优势，被权威专家学者誉为“外用膏药史上的一次重大变革”。目前奇正消痛贴膏已成为传统外用止痛药物的典范，被国家列入“国家中药保护品种”及“国家保密品种”。

现在，公司大约用年销售额的3%~5%投入研发及制造工艺的创新，形成了研发领域的独特优势。公司目前正在开发多个外用止痛药物剂型产品，并力争培育出新的藏药产品和国家一类新药，使奇正藏药通过系统的产品研发规划，占领市场的制高点，提高核心竞争力。

诠释文化内涵，强化品牌效应

奇正藏药的决策者认为，建立品牌效应，是加强品牌文化认知度和品牌凝聚力的根基。

由于国内大多数消费者对藏医药知之甚少，文化和产业之间有着巨大鸿沟，消除消费者与藏药间的文化隔膜是关键问题。为此，公司一直把传播藏文化作为企业文化和品牌建设的重要内容。通过藏族音乐、文学、绘画和典籍等文化艺术形式对藏文化进行宣传，提升了奇正藏药深厚文化内涵的认知度和品牌形象，扩大了品牌影响力。

同时，公司在业内首倡供应价值链合作和“工商共赢”理念，与国内50强的医药商业企业和强势零售连锁企业，共同开展“战略品牌合作”，共同拓展市场，为品牌竞争提供了强有力的战略支撑。

携文化优势、品牌优势和创新优势，奇正藏药产品的市场竞争气势可谓锐不可当。目前，“奇正消痛贴膏”年销售额已近4亿元，占整个外用消痛贴市场份额的19.17%，连续五年排名市场份额第一名。

结　尾

鹰击长空志存高远，凤舞九天境界超然。

面对风云变幻的医药市场，为了创立中国疼痛药物市场的优势品牌，确立在藏药产业的主导地位，努力巩固“细分市场、最大份额”的目标，西藏奇正藏药股份有限公司将借助全球传统药物市场高速增长的大趋势，不断提高公司营销能力、技术水平、质量水平和管理水平，进一步增强综合实力和核心竞争力，立志成为“特色传统医药领域的领导者”。

作为藏药产业的龙头，奇正藏药股份有限公司在谋求长远发展再铸丰碑的同时，也承载着新的梦想——开拓国际市场，为藏文化与藏医药的弘扬光大，创造新的卓越与辉煌。

（2001年11月）

开创蓝海　完美蜕变

——山东保龄宝生物股份有限公司路演专题片解说词

进入新的世纪，随着健康营养食品业的兴起，全球功能食品行业也呈现方兴未艾的发展势头，由此带来了功能糖产业领域的空前发展机遇。

正是在这场全球性的机遇拼抢中，一个以功能糖为主打产品的生物科技王国和“旗舰品牌”在齐鲁大地迅速崛起，它不仅大手笔地书写了中国功能糖发展史的辉煌灿烂，而且还将对整个行业的世界竞争格局产生深远影响。

这个令全球行业瞩目的企业就是山东保龄宝生物股份有限公司。

开创蓝海，完美蜕变

保龄宝人通过十年的不懈努力，经历了三次大的跨越，完成了非凡而又完美的历史蜕变。

第一阶段：产品应用破冰之旅的初创阶段。保龄宝生物股份有限公司创建于1997年，成立之初，公司承接国家“九五”重点攻关课题，实现国内首家低聚糖工业化生产，开辟了中国功能糖产业发展的新纪元，使产品成功进入乐百氏、娃哈哈等品牌企业。

第二阶段：专家领航模式的工业化阶段。2002年至2006年，公司实现了技术创新、制度创新和管理创新，以“国际跟进，国内领先”的产品定位，实现国内首家赤藓糖醇工业化生产，首创谷氨酰胺制造新工艺，形成了“金字塔式”产品结构；公司坚持“与强者合作、与巨人同行”的品牌个性，确定了“加入国际供应链，融入全球一体化”的战略定位，与可口可乐、雀巢、达能、伊利、蒙牛等全球500强中的食品企业和国内知名品牌广泛合作，被誉为“国际化功能性配料专家”。

第三阶段：成功打造“功能糖生物科技王国”的产业化阶段。2007年以来，公司完成三大体系的建构，即以“保龄宝功能糖科技产业园”为载体的产业体系；以国家糖工程中心为龙头的工业化生产创新体系；以创造价值、提升价值为核心的战略价值体系。实现了从质量竞争到品牌竞争、从产品运营向资本运营的巨大转变。

十年顽强拼搏，保龄宝人避开“红海”竞争，开创蓝海战略，实现了从幼小企业到行业“领军品牌”的凤凰涅槃。

至今，企业资产总额超过6亿元，企业产品共有氨基酸、糖醇、低聚糖、果糖、膳食纤维等6大系列的产品；实现年销售收入7.5亿元。

专家领航，创新科技

为了在未来竞争中立于不败之地，保龄宝生物股份有限公司创确立了专家领航的科技创新发展模式。公司先后与中国科学院微生物研究、中国发酵工业研究院、华南理工大学、美国杰能科以及日本天野株式会社等国内外十几家科研院所牵手合作，共同创新，承担起国家“九五”“十五”“十一五”数项攻关课题，并快速完成了科研成果的产业转换。公司先后获得国家级科研立项5项，通过省级科研鉴定16项，进行设备改造和工艺革新660项，成为世界技术创新柔性制造的行业典范。

2008 年6 月，国家人力资源和社会保障部批准公司设立博士后科研工作站。紧随其后，公司董事长刘宗利荣获“中国青年科技奖”，温家宝亲自为之颁奖。

专家领航的科技创新，夯实了公司市场领导者的强势地位。

品质超群，品牌卓越

公司的决策者认为，未来时代是品牌构架的时代，品牌背后凝练的是优异的品质。因此公司始终将“国际跟进，国内领先”作为产品的定位点。公司现有的生产线均为电脑在线控制管理，装备有德国西门子自控设备、加拿大过滤设备、空压机组和冷冻机组等。国际领先的装备和生产工艺保证了产品质量。目前，公司低聚糖、高果糖、多元醇等系列产品由于质量优越，品质超群，均通过了国际采标认证，并荣膺“中国名牌产品”“中国驰名商标”“营养健康倡导产品”，品牌价值超过20亿元，跻身中国品牌企业500强。

建构极具市场竞争力和影响力的品牌体系，确立了公司在国内市场的霸主地位，多年来的产品国内市场占有率高达70%。

资本引擎，提升价值

为了适应未来的国际竞争，公司以创新思维敲开资本市场大门，开始了它发展史上的又一次巨变。

本次募集资金将投资年产1万吨低聚果糖和年产3万吨高纯度水溶性膳食纤维项目，这两个项目均达到国际先进水平，产品属于高附加值、高档次的益生元产品。项目完成后，公司将成为国内规模最大、品种最多的益生元制造业“航母”，同时也成为影响全球的生物领域营养健康配料供应商。

资本战略提升了引擎动力，公司将步入新的发展快车道。以此为契机，公司进一步拓宽了产品线，提高了产品附加值。资本结构的改善，也将增强公司的综合竞争实力和抗风险能力，确保公司的收益和股东利益最大化。

战略引领，放眼全球

十年磨利剑，百年铸品牌。

面向未来，保龄宝人没有沉湎于过去的辉煌，而是以“拼抢新机遇，赢得新突破”的思路，进行新的战略规划。

公司已经建立起具有国际竞争力的新型企业文化，继续遵循“为耕者谋利，让食者健康”的公司使命，秉承“创造价值，奉献社会”的核心价值观，将放眼全球市场的战略主张与“互惠互融，协作共赢”的经营理念完美结合，进一步提升企业“专业、专注、专家”的先行者形象特质，巩固自己在国内功能糖领域的主导地位，成为“生命科学领域的实践家，健康配料行业的引领者”。

（2009年8月）

传递非凡　卓见未来

——浙江双箭橡胶股份有限公司路演专题片解说词

全球化背景下的产业整合中，我国已成为全球输送带最大的生产国和消费国，产量约占全球总产量的三分之一，同时，也是承接发达国家输送带产业转移的主要国家之一。

随着我国城市化与工业化进程加速，工业进入重化工时代，煤炭、电力、钢铁、港口、水泥等重化工行业具有广阔的发展空间，输送带这个与其密切相关的配套产业也迎来了空前的发展机遇。

在国际化竞争中，长三角地区一家名不见经传的企业，由小到大、由弱变强，发展成为我国输送带行业的强势企业——浙江双箭橡胶股份有限公司。

传递非凡，领跑行业

输送带是输送机械的配套物件，广泛运用于采掘、能源、交通、冶金、机械、物流等多个领域。双箭股份生产的“双箭”牌输送带产品，被认定为中国名牌产品。近三年，公司产量、营业收入、净利润和市场占有率，均居国内同行第二位。公司的设备和生产线集国内外先进技术、先进工艺为一体，在业内具有较强的竞争力，净利润保持了逐年稳步增长的态势。目前公司总资产规模超5.5亿元，员工近千人。

公司拥有良好的品牌形象和突出的市场地位，不仅被认定为高新技术企业，而且还是输送带行业6项国家标准和4项行业标准的主要起草单位。

优秀的企业形象、卓越的产品和开拓创新的管理团队，传递着非凡的业绩，双箭股份不仅赢得了社会的广泛赞誉，而且吸引了全球业界的目光。

技术引领，挑战高端

挑战世界水平，力创卓越精品。

双箭橡胶股份有限公司一直将新产品和新技术研究开发作为公司发展战略的核心。目前，公司不仅拥有省级企业技术中心，与国内一流的高校和科研院所建立了常年技术合作关系，通过消化吸收和自主创新，近年来成功开发出阻燃、耐油、耐高温、高耐寒、耐酸碱和管状输送带等13项新产品，其中2项填补国内空白，分别被国家科技部列为国家级星火计划项目和国家级火炬计划项目，6项达到国际先进水平。

管状输送带和MT668型输送带产品都是公司自主研发的新产品，2005年左右开始规模化生产，目前正进入加速成长期，未来几年都将保持60%以上的发展速度。

目前国内市场管状输送带70%以上依赖进口，其余20%多的份额中公司占60%左右。公司生产的管状输送带产品已能完全替代进口产品，成本仅为进口产品的50%~60%，竞争优势明显，正加速替代进口产品。

公司生产的煤矿井下用的钢丝绳芯阻燃输送带即MT668型输送带产品经过对配方的改善，提高了耐磨性，延长了使用寿命，生产成本降低了10%左右，竞争优势明显。

在公司董事长："只有自主创新，不断研发具有核心竞争力的产品，才能在激烈的市场竞争中胜出。所以，我们的战略是'突出主导产品，发展拳头产品，做强专一产品'。"

由于产品卓越，双箭股份显示出较强的核心竞争力，几年来形成了以钢铁、码头、电厂为重点的"远距离、广辐射"的营销网络体系，产品畅销全国各地，同时还远销日本、韩国、澳大利亚、南非、欧洲等国家和地区。

战略启航，卓见未来

目前，双箭橡胶股份有限公司通过启动资本战略，开始了"里程碑"式的新跨越。

公司本次募集资金将用于投资建设年产1 100万平方米的高强力输送带生产线项目，其建成投产后将大大增强公司未来的盈利能力。同时还将进一步强化公司的品牌优势，巩固公司在业内的领先地位。

预计未来几年，随着我国经济持续快速增长，各生产领域自动化、机械化水平不断提高，对输送带的需求也将逐年增加，巨大的市场需求为双箭橡胶股份有限公司的未来发展提供了巨大的空间。

挑战新标杆，扬帆新征程

面向未来，双箭人决心充分发挥品牌优势和技术优势，以“挑战世界水平”为竞争杆标，努力发展成为“亚洲最大和具有国际竞争力”的输送带生产企业。

（2010年4月）

盛世朝阳　禾润而出

——苏州禾盛新型材料股份有限公司上市路演宣传片解说词

苏州，中国春秋时代吴国的都城，建城于公元前514年，是中国最古老的城市之一。千百年来，这里人文荟萃；苏州园林更是美誉天下，古朴优雅的“人间天堂”令人神往。

如今，现代苏州如展翅的雄鹰——它的两翼，就是苏州工业园区和苏州高新技术开发区。优越的地理位置、便捷的交通、良好的投资环境，使之成为汇聚人流、物流、资金流、技术流、信息流的强磁场，也成为国际商家投资中国大陆的首选城市之一。

在举世闻名的苏州工业园区里，一个志在“世界级”的现代化企业——苏州禾盛新型材料股份有限公司正在快速崛起。

善抓机遇，铸就领军企业

苏州禾盛新型材料有限公司是国内最早从事白色家电用复合材料的研发、生产和销售的公司。

中国的家电制造业在全球范围内有着举足轻重的地位，随着居民生活水平的提高，家电新产品的需求继续保持快速增长，国内的电冰箱、洗衣机等产品近年来的年均增长速度均超过20%。禾盛利用自己在专业领域的竞争强势，迅速抓住了下游行业快速发展所带来的机遇。

善抓机遇是基础，练好内功是关键。生产管理、质量控制和成本控制是体现生产型企业制造能力的三大要素。公司经过多年生产经营经验的积累，在生产工艺的稳定性上拥有了自己的核心优势。时下，公司已通过ISO9001、ISO14001和AQA等多项认证，建立了严格的生产管理流程、质量控制体系以及供应商评估与控制体系，能够确保原材料供应、生产、销售等各个环节的质量控制。

目前，公司的主营业务收入和利润总额呈现高速增长的态势。近三年营业收入和利润总额的复合增长率分别达到107.39%和210.10%；2007年营业收入达4.5亿元，2008年上半年已突破3.8亿。目前公司净资产在9 600万元以上。

禾盛新型材料股份有限公司在极短的时间内创造出业内奇迹，成为当之无愧的国内行业领军企业。

聚焦创新，缔造卓越产品

走向蓝海，超越竞争，是市场竞争的至高境界。

新产品研发与创新及规模化生产能力成为禾盛新型材料股份有限公司克制竞争对手的利器。公司设立的技术中心通过独创性的设计满足差异化的市场需求，为用户提供完善的产品外观设计和材料应用技术服务。

公司目前开发有100多个品种规格，较好地满足了市场需求，成为国内领先的家电用复合材料生产基地和新产品、新技术的开发孵化基地。

聚焦技术创新，创造优异产品，为禾盛新型材料股份有限公司创造了难以超越的竞争优势。

目前，公司核心优质客户数量已发展到120多个，市场的客户覆盖率处于绝对领先地位。除覆盖国内市场多数白色家电品牌厂商外，公司产品还获得LG、松下、夏普、三星、日立、东芝、三洋、阿里斯顿等国际品牌家电公司的广泛认同，并成为它们长期稳定的外观部件材料供应商。

资本引擎，提升公司价值

为了适应未来日趋激烈的竞争市场，迎接全球化的挑战，禾盛人以创新思维敲开资本市场大门，开始了它发展史上的新一轮跨越。

公司本次募集资金将用于“年产12 万吨家电用复合材料（PCM/VCM）生产线项目”。投资项目达产后，公司每年将分别新增家电用复合材料12万吨，在产品结构优化的同时提升产品质量和档次；另外，800万平方米高光膜项目的完成将使公司实现向上游原材料市场延伸的目标。这样，公司将进一步扩大高技术含量、高附加值产品的生产规模，增强公司的核心竞争力，提高整体盈利水平。

资本战略提升了引擎动力，禾盛新型材料股份有限公司将步入新的发展快车道。

战略牵引，建构未来优势

盛世朝阳，禾润而出。

毫无疑问，国内的家电用复合材料市场将迎来更加广阔的发展空间，为此，禾盛新型材料股份有限公司制定了总体战略目标——“成为全国领先的家电用复合材料供应服务商”。并以“规模经营、研发先导、引导需求”三大战略为牵引，继续以创造市场价值为目标，强化公司的新产品开发能力，不断提升公司核心竞争力，努力建构未来优势。在此基础上积极开拓海外市场，参与国际竞争，全力迈向世界级企业。

（2001年11月）

走向蓝海　谋势未来

——辽宁大金重工股份有限公司路演专题宣传片解说词

序

辽宁阜新，历史厚重，人杰地灵。

在7 600年的漫漫历史长河中，这里曾因出土“世界第一玉”和“华夏第一龙”而闻名于世；这里曾因拥有亚洲最大的露天煤矿和最大的火力发电厂，被国家授予“煤电之城”称号，为新中国建设立下了不朽功勋。然而，阜新在创造了50年的辉煌后，终为资源所困，成为全国唯一的资源枯竭型经济转型试点城市……

十年风雨，华丽蜕变，如今的阜新又以崭新的姿态展现在世人面前。随着她的成功转型，一家根植于这片沃土的民营企业悄然崛起，成为中国电力重型装备钢结构行业当之无愧的领军企业之一。这就是辽宁大金重工股份有限公司。

战略产业，前景广阔

当今世界，能源危机已成为困扰人类社会与经济发展的最大难题。随着世界新能源战略的兴起，清洁和可再生能源受到全球的青睐，成为世界“后哥本哈根时代”的新宠儿，以风电、核电、太阳能发电为代表的新能源产业发展方兴未艾，成为抢占未来市场先机的战略制高点。

风电作为人类目前发现的可再生能源中最有价值的能源，受到欧美等发达国家的青睐，毫无疑问，风能将成为未来世界最重要的能源之一。同时，核电在中国也进入快速发展阶段，蕴藏着巨大商机。

良好的产业环境、巨大的市场潜力给公司带来了千载难逢的发展机遇。

不断超越，缔造卓越

十年磨砺不寻常，今朝亮剑试锋芒。

大金重工股份有限公司主要从事电力重型装备钢结构产品的制造与销售，公司主导产品为火电锅炉钢结构产品、管塔式风电塔架产品，属于重型装备制造业的高端产品。

长期以来，国内建筑钢结构市场竞争异常激烈，大金重工股份有限公司通过不断的技术创新实现了产品的快速升级。2004年，公司经过战略调整，毅然进军火电重型装备钢结构市场并迅速崛起，2007年推出了风电产品，2010年又涉足海上风电和核电产品。目前公司在产品研发能力、产业规模等方面具有明显的竞争优势，关键的大型生产装备均已实现数字化、系统化控制，并达国际先进水准，而成为国内乃至国际上最优秀的电力设备供应商。

近两年，公司呈现快速的发展势头，2007年至2009年，公司净利润增长了494.46%，2009年净资产收益率达到54%；2010年上半年，公司营业收入超过3亿元，实现净利润5 600多万元，是业内经济效益最好、效率最高的企业之一。

核心优势，独领风骚

毋庸置疑，大金重工股份有限公司在市场竞争中显示出的强势，正是由于其苦练内功，锻造了自己的核心优势。

技术革新，独树一帜。通过不断的技术创新，公司已拥有10项国内领先的专利技术，并被授予“辽宁省省级企业技术中心”和“高新技术企业”的称号。

公司为华能集团的九台电站项目的塔式锅炉提供重型钢结构设备，采用了独特的工艺结构设计与布局，创造了多项国内第一，是目前国内乃至国际上同类项目中制造要求最高、工艺难度最大的产品之一；同时，公司开发的大型部件转场移动吊运技术，成功解决了困扰本行业多年的大型部件移动、吊运技术难题，为国内首创；另外，公司发明的超厚钢板校平技术，更是全球首创。

专业制造，卓有建树。制造技术水平和长期积累的专业化生产经验是本行业制造企业竞争的关键因素。公司具备成熟的产品技术管理能力和精细的现场管理制度，拥有经验丰富的专业化技术研发团队、管理团队和大批专业化生产队伍，对于行业内超大型部件的焊接、预热、热处理、防变形控制、焊后变形矫正等一系列技术工艺难题，均拥有成熟、有效的解决方案。

系统集成，创新管理。公司从采购、技术、生产、销售四个系统模块出发，在国内独创了集成模块化管理系统，该系统能对每个单个部件的生产流程实施全程跟踪，突破了本行业非标准化产品系统管理的瓶颈，实现了大规模、高效率、高品质、系统化的产供销流程，从根本上解决了材料消耗事前控制的行业难题，在成本控制方面大大优于竞争对手，主要材料损耗率成功地控制在2%~3%，远低于同行业6%~9%的平均水平。

客户稳固，基础坚实。多年的通力合作使公司在国内市场建立了稳定的客户基础，公司已与大唐集团、华能集团、国电集团、中电投集团、国水集团等大型电力公司以及哈电集团、东方电气、上海电气、美国WBV建立了长期合作关系。“新市场、老客户”使公司在火电产品领域的传统优势很快转化为在风电和核电产品领域的优势，为未来公司在新能源领域的发展，奠定了坚实的基础。

走向蓝海，谋势未来

近年来，全球海上风电快速发展，2009年装机容量比2008年增长48.5%；2009年国内风电装机容量为全球第二，新增装机位居世界第一。由于我国近海可开发的风能资源储量相当于陆地的3倍，国家有关部门已制定了相关政策力推海上风电发展，江苏、上海的规划已经完成，山东、浙江、福建、广东等沿海省市的规划也在加紧推进，国内各大产业巨头纷纷抢滩风电市场。未来10年，国内风电总装机容量将会达到1.5亿千瓦。同时，我国核电占电力总装机容量的比例也将从目前的不到2%提高到5%以上。

只有卓识今日，方能远见未来。面对巨大的市场空间，大金重工股份有限公司也开始了大手笔的战略布局。根据国家产业规划，沿海将成为国内海上风电和核电发展的中心区域，公司将借助资本市场，实现自我跨越，将募集资金主要用于在山东蓬莱投资建造临港型制造基地，迈出“走向蓝海”的第一步，逐步从区域市场走向沿海，进而布局全国市场，并有步骤地向国际市场进军。

（2010年10月）

缔造卓越企业　彰显独特优势

——上海凯宝药业股份有限公司路演专题宣传片解说词

上海，中国的经济中心，也是举世闻名的国际大都市。在这个极富魅力和充满活力的城市里，演绎过无数神奇的财富故事。

今天，又有一家高新技术企业正在这里快速崛起——这就是上海凯宝药业股份有限公司。上海凯宝药业股份有限公司抓住机遇，后来居上，成为业内细分市场领域的国内龙头企业，书写了创新发展的一段新传奇。

效益显著，尽显龙头风范

十年磨一剑。成立于2000年的上海凯宝药业股份有限公司，是一家主要从事清热解毒类中成药痰热清注射液的研发、生产和销售的高新技术企业。

目前，公司独家拥有痰热清注射液的生产批文和独家生产经营权。2008年，公司痰热清注射液医院零售额达到4.53亿元，在清热解毒类中成药注射剂各产品中，市场占有率排第一，达到22.29%；最近三年，公司销售额的增长率均保持在50%以上；2008年度，公司净利润较上年增加28.66%。尤为令人惊叹的是，凯宝药业综合毛利率水平达82.03%，远高于同行业上市公司52.8%的平均水平。

随着市场占有率和经济效益的不断提高，凯宝药业股份有限公司目前已经成为国内同业内细分市场当之无愧的排头兵。

持续创新，缔造独特优势

为了在日趋激烈的竞争环境中引领潮流，把握未来，凯宝药业股份有限公司自成立以来就以技术研发为动力，形成了自主创新机制。

公司秉承“科技兴企”的理念，每年都投入大量的科研经费用于产品技术开发，并先后与国家中药制药工程技术研究中心、浙江大学、重庆大学、北京中医药大学、上海中医药大学等科研机构，分别组建了药品研究小组，搭建具有较强研发、生产能力成果转化的高科技平台，以迅速适应市场需求的变化。通过大量深入且卓有成效的创新与研究，公司以清热解毒类中成药痰热清注射液为核心业务，研发资源向该细分领域聚焦，构筑了在细分领域中的独特知识体系、技术平台和研发人才队伍，形成了该研发领域的独特优势。目前公司已拥有10余项国家发明专利，痰热清注射液项目不仅被列为国家现代中药高科技产业化示范工程项目，而且进入上海市高新技术成果转化百佳项目和自主创新十强项目。

凭借独树一帜的创新成果，凯宝药业股份有限公司显示出较强的核心竞争力。

强化内控，提升质量战略

“质量第一、管理至上”是凯宝药业股份有限公司发展的基本方针。凯宝人深知，一个产品是由多道工序制成，每一个环节都是关键，直接影响到产品的质量。因此公司在痰热清注射液的质量控制方面，除了严格执行国家标准外，还建立了从药材、提取物到成品的企业内控标准。

公司在整个生产过程中，采用高效液相、薄层扫描仪等精密分析仪器，通过对产品所产生的图谱进行定性检测和定量检测，使不同批次产品质量一致，其中指纹图谱技术，用于提取物和成品质量的控制，进一步保证了其质量稳定可控，保证了产品的高均一性和高可控性；同时，在生产中采用近红外光谱在线检测技术，提高了过程控制能力，消除了人为误差。

潜力无限，市场前景广阔

中药行业一直是国家鼓励发展的重点行业，与传统的西药抗生素相比，痰热清注射液的优势在于副作用小。该产品具有清热、化痰、解毒的独特功效，主要用于感冒、肺炎等上呼吸道感染疾病，临床效果十分显著，在内科、外科、儿科、传染病、肿瘤、职业病的治疗中一直发挥着重要的作用。

近三年以来，国内清热解毒类中药注射剂用药市场规模逐年增长，年复合增长率达到28.12%，而且随着人民生活水平的显著上升，就诊率和用药水平也将不断提高，清热解毒类用药市场规模仍将继续扩大。预计未来两年，该领域的市场规模仍将保持两位数的年增长率。

好风凭借力。凯宝药业迎来了更加广阔的发展空间。

结　尾

随着资本战略的启动，凯宝药业股份有限公司迎来了全新的发展机遇；面向未来，凯宝药业人开始全力提速，向着自己的战略目标不断迈进——创建具有卓越竞争力的高新技术制药企业，成为中国中药现代化、产业化的知名企业。

（2010年1月）

厚积薄发崛起　实力冠盖全球

——湖北潜江永安药业股份有限公司路演专题片解说词

进入21世纪，全球牛磺酸产业迎来难得的发展机遇。于是，一场面向未来的产业竞争变得更加激烈。正是在这场重构版图的竞争中，一个“全球最大的牛磺酸生产王国”在国内快速崛起。

短短八年，这家企业抓住机遇，后来居上，完成了从“行业新秀”到“行业领袖”的凤凰涅槃，大手笔地书写了中国牛磺酸产业发展史的卓越与辉煌。

创造这个奇迹的是湖北潜江永安药业股份有限公司。

厚积薄发，实力冠盖全球

潜江永安药业股份有限公司是一家主要从事牛磺酸研发、生产、销售的高新技术企业。成立于2001年的永安药业，年销售收入已经由最初的2 000多万元上升到4.5亿元。2008年，公司总资产达到3.79亿元，年净利润超过1亿元。仅八年时间，公司厚积薄发，完成了意义非凡的历史蜕变。作为全球最大的牛磺酸生产企业，公司全球市场占有率不断提高，产量已占据国内市场的半壁江山，产品遍及世界各地，且与红牛、雀巢、娃哈哈、农夫山泉等国内外知名企业建立了长期合作伙伴关系。目前，永安药业在全球牛磺酸市场上的霸主地位无可撼动，成为当之无愧的行业领袖。

开创先河，工艺独树一帜

潜江永安药业股份有限公司具有雄厚的技术开发能力，通过生产工艺和产品的不断创新，进一步凸显领先的技术优势。

永安药业秉承“业精于专”的理念，在牛磺酸领域进行了大量深入且卓有成效的研究，公司独创的“环氧乙烷生产工艺”另辟蹊径，突破了传统工艺的弱点，使产品回收率大幅提高，并有效降低了生产成本。此举从根本上奠定了公司的行业龙头地位。公司成功开发出的球形颗粒牛磺酸新品种，解决了困扰业界已久的产品容易结块的难题，使产品质量上到一个新的台阶。

凭借这些独树一帜的研究成果，永安药业显示出无可匹敌的竞争气势。

产业崛起，市场前景广阔

在人的生命中，牛磺酸起着不可替代的重要作用，所以科学家们将牛磺酸比作“生命的润滑油”和“平衡健康的支点”。牛磺酸能促进婴幼儿大脑发育，维持婴幼儿视网膜生理机能，调节神经传导系统，具有保持和增强视力、增强免疫能力，缓解疲劳的效果，同时牛磺酸还具有增强心脏功能、保护肝脏等重要的生理作用。在医药应用领域，牛磺酸具有消炎、镇痛、镇静、降血压等诸多疗效。牛磺酸的这些独特生理、药理功能决定了它在医药、食品添加剂等方面具有广泛的应用领域和市场前景。

目前，中国作为全球最大的牛磺酸生产国和出口国，尽管从2000年以来，国内牛磺酸产量复合增长率高达25%，却仍不能满足高速增长的国际市场需求。而我国人均牛磺酸使用量还不及发达国家的五十分之一，市场前景非常广阔。

好风凭借力。面对机遇，永安药业迎来了更加广阔的发展空间。

资本战略 提升引擎动力

会当凌绝顶，一览众山小。

为了进一步提升企业核心竞争力，永安药业敲开了资本市场大门，开始了其发展史上“里程碑”式的新跨越。

本次募集资金将用于年产1万吨球形颗粒牛磺酸项目、酒精法生产环氧乙烷的牛磺酸配套原料项目和牛磺酸下游系列产品生产建设项目。这些项目顺利实施后，公司将打通牛磺酸上下游产业链，从而提升公司在牛磺酸领域的市场地位，从根本上提高公司的抗风险能力。

资本战略提升了引擎动力。毫无疑问，永安药业将步入新的发展快车道。

结　尾

面向未来，永安药业人没有沉湎于过去的辉煌。放眼全球的战略将引领着永安药业向终极目标迈进——创建具有国际竞争力的卓越民族企业，缔造具有永恒魅力的世界性品牌。

（2010年3月）

践行战略使命　链接全球产业

——深圳市腾邦物流股份有限公司上市路演专题片解说词

目前，中国已成为全球物流业发展最快的国家。而随着全球物流业进入供应链时代，建立高效的供应链运营体系，已成为企业打造核心竞争力的战略选择。同时，随着物联网将给物流业带来的革命性变化，中国智慧物流也迎来大发展的时代。

正是在这样的背景下，一场面向未来的供应链之争在国内震撼上演。在这场重构版图的竞争中，深圳市腾邦物流股份有限公司凭借“模式创新与资源整合”的核心优势脱颖而出，成为中国“专业供应链整合运营”和物联网技术运用的先锋垂范性企业。

人才荟萃，缔造竞争优势

良好的创新氛围与产业环境为深圳市腾邦物流股份有限公司营造了得天独厚的经营优势。深圳不仅是创新之都，也是物流之都——深圳港集装箱吞吐量稳居世界第四位，皇岗口岸成为亚洲最大的公路口岸，深圳机场货邮吞吐量进入世界机场货运50强之列。因此，深圳以海、陆、空“三港”并举的大物流格局，令全球瞩目。

腾邦物流股份有限公司是腾邦集团旗下的控股子公司，成立于2003年，注册资本1亿元。公司总部位于国内唯一陆路口岸连接境外的深圳市福田保税区内。腾邦物流股份有限公司始终将自身定位于现代高端服务企业，为全球上下游客户提供全方位的供应链运营服务。公司积极探索创新供应链服务模式，致力于为葡萄酒、通信、IT、能源、医疗器械、钢铁及高档奢侈品等高端行业提供服务。由于物联网技术带来物流系统中物品的可追踪、透明化与实时化管理，腾邦物流股份有限公司目前已开始大手笔地引入物联网技术，以持续提升服务效率，降低企业运营成本，最大限度地为社会创造价值。

由于声、光、机、电、移动计算等各项先进技术的运用，物联网对供应链的影响是全方位的，对人才集聚也提出了更高的要求。如今，腾邦物流股份有限公司已汇聚了包括企业管理、供应链运营、国际物流、贸易、金融以及信息技术等领域的大量高端人才，并与加拿大阿尔伯塔（Alberta）大学和美国麻省理工学院（MIT）交通物流中心建立了人才战略合作关系，国内的西安交通大学、厦门大学等知名高校也先后在腾邦建立了创新实践基地。

卓越开拓的创新管理团队、严谨务实的现代化企业管理、物联网信息示范平台的构建，为公司创造出非凡的业绩。因此，腾邦物流股份有限公司获得了社会各界的广泛赞誉，荣获“中国民营500强”“中国物流百强企业”“中国优秀诚信企业”“广东省最佳诚信企业”“深圳市重点物流企业”“深圳市民营领军骨干企业”等众多美誉。

技术引领，践行战略使命

三网合一是网络发展的必然趋势，物联网技术的兴起重新诠释了信息化概念，被认为是信息产业的第三次浪潮。毋庸置疑，它也必将为供应链行业带来一场深刻的革命。

为适应这一变革对全球产业链的深远影响，腾邦物流股份有限公司以超前的战略眼光，实施国际性的战略整合，通过战略联盟和整合资源，形成了包括全球供应商、经销商、制造商、渠道商、销售终端在内的供应链联盟，打造出具有自身特色的智能供应链一体化管理体系。强大的物联网IT后台成为腾邦物流股份有限公司市场制胜的利器，它不仅能为供应链联盟成员以及终端消费者提供在线查询、交易、金融支持及物流管理等服务，而且能促进物流、商流、资金流和信息流的高效运转，最终达到供应链整体运营成本最优、联盟成员共赢，并受益终端消费者的价值目标。

目前，物联网及其产业发展已被纳入我国国家战略，腾邦物流股份有限公司将物联网技术在供应链行业的成功运用，不仅使其成为业内的先行者，更成为国家战略的践行者，其创新发展模式令整个业内刮目相看。

模式创新，链接全球产业

为了把握物流业发展的历史机遇，腾邦物流股份有限公司在全方位建构智能供应链综合服务和管理平台的同时，以全球化视野，制定了更加清晰的发展战略——“创造中国品牌，链接全球产业”。腾邦物流股份有限公司首推葡萄酒供应链服务模式，成为其“链接全球产业”、发掘新的盈利增长点的成功探索。

以腾邦智能供应链整合运营服务为平台的全球葡萄酒供应链联盟，包括世界各地的葡萄酒供应商、采购商、行业媒体、行业咨询培训机构等成员。腾邦物流股份有限公司充分利用福田保税区陆路直接连通香港的地缘优势，实现对香港作为亚洲葡萄酒交易中心市场的快捷无缝对接，加上物联网技术的广泛之用，使供应链运营成本达到整体更优水平。

腾邦物流国际葡萄酒供应链运营模式的创新，为上游供应商提供了低成本、高效率的保税仓储及全方位的国际物流服务，同时降低了采购商的门槛，最大限度地提高交易中心的订单成交率，为上游供应商与下游采购商提供了零距离的沟通桥梁。目前，腾邦全球葡萄酒供应链整合运营平台已为法国、意大利、德国、西班牙、美国、加拿大、智利、澳大利亚等数千家葡萄酒供应商、近万个品牌和国内上万家经销商提供全球葡萄酒供应链综合运营服务。

战略启航，再创卓越辉煌

作为产业创新的开拓者，公司已经形成了具有自身特色的智能供应链一体化管理体系。随着我国经济持续快速增长，以物联网技术为基础的供应链行业必将迎来更加广阔的发展空间。

延续着产业创新梦想的腾邦人，将会继续秉承“专业、专注、超越期望”的服务理念，不断提升企业核心竞争力，致力于推动中国供应链运营模式的持续创新，全面推进和提升物联网运用水平，向“实体供应链、金融供应链和智能供应链”的综合型供应链商社阔步迈进。

人们有充足的理由相信，未来几年，腾邦物流股份有限公司将会引领未来供应链产业发展的新趋势，实现更加气势恢弘的全球化跨越，创造出无愧于这个伟大时代的卓越与辉煌。

（2011年1月）

激情锻造品牌　梦想追逐未来

——深圳雅图数字视频技术有限公司宣传片解说词

序

当代，中国投影机市场呈现出强劲的发展势头。

面对持续高速增长的市场，曾几何时，一批国际巨头在中国市场攻城略地，势不可挡，中国本土品牌在“与狼共舞”中遭到“列强”的强力挤压，处境不容乐观，业内有识之士不禁惊呼：国产投影机路在何方?

正是在这场超乎想象的残酷竞争中，一个民族工业的“品牌领袖”在近年迅速崛起，它不仅大手笔书写了投影机市场中外品牌较量的辉煌灿烂，而且将对重划中国的行业版图和再构全球竞争格局，产生巨大而又深远的影响。

诠释这个疑问、创造这个传奇的企业是深圳雅图数字视频技术有限公司。

十年磨剑，成就品牌领袖

1998年5月，雅图数字视频技术有限公司悄然面世。10年前，投影行业被国际巨头垄断，国内几乎是一片空白。

谢敬，雅图数字视频技术有限公司的创始人，这个如今中国投影机市场的领军和灵魂人物，昔日也是一个门外汉。一般人可能很难想象到，小小的投影机的技术含量、进入的门槛要远远大于一般的电脑、电视和手机等电子产品。后来的事实证明，这是一次冒险而又富有远见卓识的战略抉择。

雅图数字视频技术有限公司从它诞生的第一天起，就一直非常重视技术研究和投入，在投影研发与制造方面，精耕细作，积累了雄厚的光、机、电整合能力与经验，经过几年艰苦卓绝的努力，公司终于在行业内脱颖而出，取得了让同行侧目的成绩，并开始承担国家级重大项目。

2006年，公司被中国电子商会评为“中国电子企业最具潜力品牌百强企业”，其品牌价值达3.57亿元；2007年，董事长谢敬被评为“中国信息产业年度十大经济人物”。

如今的雅图数字视频技术有限公司，作为专业从事数字视像技术产品研发、生产和销售的企业，已经是“3LCD”国际技术联盟成员，拥有DLP、LCD、LCOS数字多媒体投影机、DLP多媒体背投一体机、大屏幕高清（1080P）硅晶电视，以及数字电影放映机等主导产品。公司年生产能力达到光机100万台，背投电视20万台。公司还是全球仅有的几家60万台级产能的投影设备专业厂商之一，而这一产能几乎相当于中国2006年的全年市场销售量，加上收购的SMT的产能，公司在全球投影机生产领域已经具有举足轻重的地位。

短短十年，雅图数字视频技术有限公司完成了从“小舢板”到“行业舵手”的凤凰涅槃，进入世界行业品牌第一方阵。

技术突破，锻造核心优势

长期以来，中国的投影机市场一直由国外厂商把持，核心技术都掌握在少数国际大品牌手中，国内企业和品牌始终难有作为。

2007年2月，雅图数字视频技术有限公司战胜业内强劲对手，成功收购了全球最大的投影机生产基地、全球排名第一的品牌——美国富可视的子公司SMT。SMT是富可视公司的核心资产，具备严谨的管理模式、先进的生产流程和设备、完备的供应链优势，在研发、品质控制等方面处于国际领先地位。收购SMT，进一步壮大了公司的综合实力，从而一举跃居行业研发制造世界前三强。这次意义非凡的完美蜕变，促进公司完成了国际化战略布局，成为名副其实的中国投影行业第一品牌。

同时，雅图数字视频技术有限公司的制造规模和克服国际技术壁垒能力的快速提升，打破了欧美、日系知名品牌主导国外及中国市场的局面，标志着以雅图数字视频技术有限公司为排头兵的国产投影机冲出了洋品牌重围，奠定了民族投影机产业振兴的基石。

拥有领导全球的核心技术优势和顶尖级的技术研发团队，充分彰显了雅图数字视频技术有限公司的核心竞争力。公司咄咄逼人的竞争态势，让国际巨头刮目相看。

产品卓越，专注品质服务

创造卓越产品，为公司创造了竞争优势。卓越离不开专注，公司除了专注技术外就是专注品质与服务。

作为典型的技术密集型企业，以人为本、技术创新、管理精益求精堪称雅图数字视频技术有限公司称雄市场的澎湃动力。在公司现有的500名员工之中，专业技术人员占总数的40%以上，硕士、博士学位及中高级专业技术职称人员有50多名。通过与相关科研院所积极合作，公司承担了多项国家科技攻关项目，其研发的多项核心技术填补了国内投影机技术的空白并获得多项国家专利，目前，已拥有专利30项、掌握核心技术60多项。

覆盖全国的营销网点、售后服务体系是雅图数字视频技术有限公司的又一优势。完善的服务网络为保持公司持久的市场竞争力起到了关键作用。

毋庸置疑，作为行业舵手和品牌领袖，“笑傲江湖”的雅图数字视频技术有限公司在国内的霸主地位已经无可撼动。

超越竞争，建构融合平台

走向融合，超越竞争，互惠共赢，是市场竞争新的至高境界。

如何超越竞争，互惠共赢？这是雅图数字视频技术有限公司的决策者经常思考的问题。必须整合国际品牌、全球厂商、渠道及客户资源，以自有品牌建设为发展方向，提供全系列产品、解决方案及服务，努力走向规模化，公司的竞争力才能充分发挥，综合实力才会不断增强。

雅图数字视频技术有限公司要成为整合全球产业资源的平台，目前公司已经具备这种整合的能力。核心技术优势、产品品质优势、规模制造优势和品牌竞争优势，充分夯实了公司进行产业整合的基础。雅图品牌的迅速崛起和竞争优势的凸现，彻底改变了中国乃至全球的竞争格局版图。面对这一不可逆转的事实，国际巨头们也十分清醒，要想在中国市场获得更大利益，与雅图数字视频技术有限公司合作以图互惠共赢是它们的现实选择。国际巨头们开始“屈身”主动寻求合作，并频频向雅图数字视频技术有限公司抛出“绣球”。公司通过与索尼、爱普生等众多国际知名公司合作，产品除了在本土热销以外，还源源不断地销往东南亚、中东、美洲、欧洲等地区。在中国电子行业领域，雅图数字视频技术有限公司探索出与国际成功接轨的崭新之路。

作为融合全球资源的平台，雅图数字视频技术有限公司将会成为汇集全球产业优质资源，具有强大的研发与制造能力，以自主品牌为主导，以联合品牌和国际品牌为两翼，以研发、制造、营销、渠道、客户、服务为一体，以产品营运、品牌营运、资本运营为手段的“全球规模最大的投影机产业王国”。

毫无疑问，这个优势平台建构，让谢敬倍感欣慰：雅图数字视频技术有限公司开始站在世界舞台的中心，雅图人正在逐步实现自己的梦想。

战略引领，实现全球跨越

如今的雅图，不仅仅只是深圳的雅图，更是中国的雅图，也是当之无愧世界的雅图。

作为负有振兴民族品牌强烈使命感的企业，雅图数字视频技术有限公司创造了令人瞩目的辉煌；同时作为具有社会责任感的企业，公司对于慈善公益事业的广泛参与也赢得了社会的敬重。

面向未来，延续着梦想与信念、使命与责任的雅图人没有沉湎于过去的佳绩，而是审时度势，立志再铸辉煌。放眼全球的战略引擎，正在引领着雅图数字视频技术有限公司向自己的目标迈进——在未来三至五年间，公司将成为全球生产制造能力第一、跻身世界投影机品牌前三强的企业。

激情成就过去，理性铸就未来。独具特色的企业文化使雅图人的凝聚力不断增强，让公司的创新动力恒久不衰。面对如朝阳般喷薄而出的产业，面对一群志向高远、激情澎湃的开拓者，人们看到，深圳雅图数字视频技术有限公司正在蔚蓝色的大海上扬帆再起航，开始更加宏伟的全球化跨越。

（片尾呼应片头，音乐加特技字幕：感受它的梦想与激情，感悟它的使命与信念，感触它的卓越与辉煌，感觉它的开拓与创新……）

（2010年5月）

缔造卓越品牌　凸显竞争优势

——江苏鱼跃医疗设备股份有限公司专题片解说词

近年来，我国医疗器械行业发展突飞猛进，迎来了难得的发展机遇。于是，一场如火如荼的产业竞争在国内拉开大幕。

正是在这场超乎人们想象的激烈竞争中，一个“医疗器械产业王国”在国内异军突起，成为业界瞩目的高速成长企业和国内该领域第一家上市公司——这就是江苏鱼跃医疗设备股份有限公司。

非凡蜕变，成就行业领袖

丰碑见证历史，蜕变成就伟业。

成立于1998年的江苏鱼跃医疗设备股份有限公司，地处江苏省丹阳市，在22万平方米的生态工业园区内，拥有国际一流和国内领先的全系列数控设备和生产流水线，具备多种产品的高精度制造能力。

目前公司产品包括康复护理、医用供氧和医用影像三大系列，是目前国内产品品种最多、规格最全的基础医疗器械提供商。制氧机、超轻微氧气阀、雾化器、血压计、听诊器、轮椅六大类产品的市场占有率均达到国内第一。

近来，公司开始了大手笔的产业整合。先是收购苏州医疗用品厂有限公司，将“华佗”牌针灸这一“中华老字号”揽入旗下；随后，又分别兼并常州泰格电子和盐城体温计有限公司。一系列的战略并购使公司综合实力进一步增强，成为国内当之无愧的行业领军企业。

专注品质，缔造卓越品牌

十年磨砺锻造品质，十年求索升华品牌。

众所周知，医疗器械的市场竞争就是品质和品牌的竞争。鱼跃医疗设备股份有限公司始终秉承“品质铸就品牌”的理念，建立了完整的质量控制体系，并通过了ISO13485质量体系认证；此外，各主要产品也相继通过了美国FDA510K体系认证、欧盟CE品质认证和日本SG安全认证，国际认证为提升公司产品的国际竞争力奠定了坚实基础。“鱼跃”牌系列产品不仅成为国内采购的首选品牌，并且远销欧美，部分自主品牌产品已经直接进入美国等发达国家的零售市场，其咄咄逼人的竞争态势令国际同行刮目相看。

卓越的品质为鱼跃医疗设备股份有限公司赢得卓著的声誉，公司品牌先后荣获“中国名牌”和“中国驰名商标”等称号。品牌的知名度和美誉度已成为公司竞争的重要优势。

锐意创新，凸显竞争优势

为了在日趋激烈的竞争环境中引领潮流，把握未来，鱼跃医疗设备股份有限公司自成立以来就以技术研发为动力，形成了自主创新机制。

医疗器械行业属多学科交叉、知识密集型的高技术产业。鱼跃医疗建立了国内同行中规模较大的研发中心，研发力量雄厚，拥有10余项国家发明专利，多项产品被列为高新技术产品并列入国家火炬计划项目。公司还陆续开发了全数字助听器、电子血压计、电子血糖仪、医用超声清洗机和电动轮椅等一系列新产品，形成了有竞争力的产品结构。特别是获得江苏省重大科技成果转化奖的高频（数字）医用诊断X射线机系列新产品的问世，标志着鱼跃医疗设备股份有限公司的产品已经从家庭康复护理和医用供氧设备领域拓展至医用影像设备领域，核心竞争力得到极大提升。

近来公司进一步加大科研经费的投入，通过在南京设立江苏鱼跃信息系统有限公司，加强了同高校的合作，先后与清华大学、东南大学等著名高校建立了研发合作关系；博士后工作站的建立，吸纳了大批高端研发人才。目前，公司已广泛拥有电子、计算机、机械、光机电一体化等一大批人才队伍；公司全部的工程师、技师、50%以上的操作工均受过美国、日本等国际知名医疗设备企业的严格培训。

良好的技术创新机制和研发创新优势，使公司的产品技术水平一直处于市场领先地位。

掌控终端，谋势市场布局

“渠道为王，掌控终端”，覆盖全国的营销终端、售后服务体系是鱼跃医疗设备股份有限公司市场制胜的又一利器。公司目前在国内拥有150多个售后服务站和近500家经销商，可覆盖全国5 000多家主要的药店和医院，同时还建立了800个免费电话呼叫中心，及时解决销售及售后服务问题。

为了加快对终端市场的渗透，公司近来在OTC领域开始了大规模的全国性布局，已拥有市场专区150家，并力争很快将规模扩大到1 000~2 000家。OTC类产品的市场拓展，增强了“鱼跃医疗”在家庭康复领域的品牌影响力和知名度，带动了全产品线销售规模的迅速增长。

同时，公司还将在美国、欧洲、日本、俄罗斯等国家和地区建立直属办事机构，直接掌控海外销售渠道。

完善的营销终端和售后服务体系，为保持公司持久的市场竞争力起到了至关重要的作用。

再攀高峰，战略引领未来

海阔凭鱼跃，天高任鸟飞。

面向未来，公司制定了总体战略目标：充分发挥技术创新的核心优势，不断强化行业龙头地位，打造国际知名品牌，成为中国最好和全球最优秀的基础医疗器械产品供应商。

（2009年1月）

全球视野　挑战无限

——云南锗临沧鑫圆锗业股份有限公司宣传片解说词

彩云之南，澜沧江畔。古老的文明从这里诞生，现代锗金属王国在这里崛起——云南锗业，引领锗行业迈向科技创新之路的一颗新星。

华丽转身，跨越无限

一种稀缺的战略资源，一种重要的国防储备物资，不是黄金胜似黄金，这就是锗。

随着全球高精尖技术及低碳经济的加速发展，锗金属在半导体、航空航天测控、光纤通信、红外光学、太阳能电池、化学催化剂、生物医学等领域发挥着越来越重要的作用，蕴藏着巨大的潜能。

云南锗临沧鑫圆锗业股份有限公司，正是这样一家引领锗金属行业技术发展和产业腾飞的龙头企业。从2002年起，公司迎来了高速发展期，短短八年间，完美演绎了从“赶跑”到“领跑”的中国速度。公司从当初粗放单一的锗矿开采、加工，到二氧化锗、区熔锗锭，再到今天的高科技含量高附加值的太阳能锗单晶、红外光学锗单晶、红外光学锗镜头、超高纯锗单晶等锗系列高端产品，科技创新和产品创新速度惊人。公司在董事长包文东先生的率领下，不仅从捉襟见肘、濒临倒闭的边沿，快速晋升为今天国内锗产业链较为完整、技术领先、规模效应显著的锗系列产品生产商和供应商，而且还引领着我国在锗行业完成了从锗系列高新产品输入国到输出国的华丽转身。

公司拥有大寨和梅子箐两大矿产资源。这两个矿山属国家超大型锗矿山，已探明的锗金属保有储量达690吨，原材料品质优良、品位较高，年产39吨锗金属，是国家级“锗材料基地”。公司锗系列产品销量占全国总销量的45%，居亚洲之首。

公司先后被省市政府及相关部门授予“云南省百户优强工业企业”“云南省创

新型非公有制企业”“高新技术企业”等荣誉称号。

精细高效，卓越无限

锗，现代经济的高速传输带，高精尖科技领域不可或缺的重要元素。

为此，公司不断优化产品结构，积极研发高附加值、高科技含量的产品，大力拓展市场范围，产业链不断延伸，实现了跨越式的发展，规模效应和经济效应显著。主要产品有区熔锗锭、锗单晶、锗光学元件、红外光学锗镜头、光伏级太阳能锗单晶片等，远销美国、德国、法国、日本等国家。

公司主业符合国务院产业振兴规划，生产的高性能锗单晶片产品，广泛运用于航空航天、卫星通信、空间站建设等领域；公司的第三代地面光伏级太阳能电池产品，光电转换效率是普通晶体硅的两倍，为我国航天航空事业的发展做出了巨大贡献；公司的高精度红外光学锗镜头是热像仪产品的关键部件，红外热像光学成像质量较高，即使在黑暗的状况下也能获取特别清晰的影像，主要运用于红外传感器、夜间监视器、边海防和目标识别器装置等；以公司锗产品为原料生产的光纤四氯化锗产品，则是实现信息高速传输、光纤到户不可或缺的关键元素，助推我国3G产业加速腾飞。

科技创新，超越未来

云南锗临沧鑫圆锗业股份有限公司，锗行业科技进步的推动者和引领者，国家级高新技术企业、国内第一家锗业研究所、省级企业技术中心，国家级多个科研项目、6项专利技术、16项行业标准制定者。

公司确立了新产品研发持续投入的机制和技术创新的人才激励机制，创建了锗行业顶尖级的技术研发团队，拥有一支以中国科学院、中国工程院院士为核心的科研技术支持团队。公司与北京航空航天大学共同成立了“红外光学工程中心”，实现了产学研相结合，科工贸一体化。公司承担并制定了国家锗标准项目14项、行业标准2项，极大地提高了公司产品标准化的设计能力和研发能力，为红外光学产品进入国际高端市场提供了强有力的技术保障，标志着公司毋庸置疑的行业标杆地位。

公司拥有具备自主知识产权的、国际先进的锗冶金提取工艺技术，自主研发了红外级锗单晶生长、VGF法生产低位错密度太阳能级锗单晶生长、锗单晶切磨抛晶片加工工艺等关键核心技术。公司承担了国家“十一五”科技支撑计划重大项目“高效率太阳能电池用锗单晶片”和“超高纯13N锗单晶”的研发，成功研制出了高效率太阳能电池用锗单晶片，不仅填补了国内空白，还满足了我国国防军工和科技发展的迫切需求，为公司实现高端产品产业化、市场化奠定了坚实的基础。

全球视野，挑战无限

心有多大，视野就有多大，世界也就有多大。

承前启后，公司将累计30余载的锗业成就作为一个新的里程碑；放眼未来，面对产业市场和资本市场给予的双重良机和挑战，公司将以雄厚的资源优势和技术领先优势为依托，以市场需求为导向，以资本运作为载体，自强不息，孜孜追求，不断提升科技创新能力，积极开发高精尖端产品，打造民族品牌和世界一流企业，向建设中华“锗金属王国”不断进发。

（2010年6月）

锻造卓越产品　铸就隐形冠军

——广东南方风机股份有限公司上市路演专题片解说词

随着中国经济的飞速发展，国内基础设施投资增长迅猛。一个面向核电、地铁、隧道等领域配套的产业——通风与空气处理系统设备行业迎来空前的发展机遇。

在这个行业，位于珠三角的一家民营企业在激烈的市场竞争中悄然崛起，成为业内的“隐形冠军”。这个以创新发展引人瞩目的“行业旗舰”就是南方风机股份有限公司。

竞争实力，铸就隐形冠军

南方风机股份有限公司是华南地区规模最大的通风与空气处理设备专业制造企业，属于国家级的高新技术企业，也是业内唯一一家具有核级风机产品设计制造资质的企业。

公司业务主要面向核电、地铁、隧道、风电叶片和大型工业民用建筑五大领域，在业内具有较强的核心竞争力和较高的市场占有率。目前在国内核电站核岛通风系统设备的市场占有率超过72%，是理所当然的“行业龙头”，在地铁领域位列第二，在长距离隧道领域位列第三。

最近三年，公司的主营业务收入、主营业务利润和净利润的年增长率平均达到76.42%、92.15%和163.51%。

凭借着优秀的企业形象、开拓创新的管理团队和非凡的业绩表现，南方风机股份有限公司赢得了社会和业界的广泛赞誉。

技术突破，锻造卓越产品

长期以来，国内通风设备行业从事低端产品经营的企业较多，竞争十分激烈。

而在高端产品应用领域中，核心设备被国外企业垄断。公司管理层认为，只有自主创新，打破垄断，不断研发具有核心竞争力的产品，才能在激烈的市场竞争中脱颖而出。

因此，南方风机一直将技术创新和新产品开发作为公司发展战略的核心，并且拥有国家级的检测实验室。经过多年攻关，公司已取得多项国内领先、国际先进的技术成果，尤其在核电、地铁和公路隧道领域，很多产品在国内首开先河，公司藉此能够抓住高端应用领域快速发展所带来的商机。

由于产品卓越，南方风机股份有限公司显示出难以超越的核心竞争力，产品市场占有率大幅度提升。

战略引领，建构资本平台

为了进一步提升企业核心竞争力，南方风机股份有限公司启动了资本战略。

公司本次募集资金将用于扩大生产经营规模，提高产能，全面提升科研开发和检测能力，实现发展“瓶颈”的突破。预计投资项目达产后，将大大增强公司未来的盈利能力，每年将新增销售收入约5亿元，新增净利润超过6 000万元；同时公司还将进一步增强核心竞争力，巩固和强化在业内的领先地位。

资本战略为南方风机股份有限公司插上腾飞的翅膀，公司将开始新的领航征程。

承载使命，实现宏伟跨越

通风与空气处理行业属于装备制造业的组成部分，应用领域十分广泛，在国民经济中占有重要地位，是国家产业政策重点鼓励发展的行业。

预计未来几年，得益于4万亿元经济刺激方案的实施，国家在核电、风力发电、高速铁路、地铁等方面的投资极大，这为公司的发展提供了巨大的空间。

承载着引领行业变革的战略使命，南方风机股份有限公司在业内创造了令人瞩目的辉煌；面向未来，延续着梦想与信念的南方风机人审时度势，决心再创新优势，开发更具竞争力的产品，力争成为国际一流、国内领先的通风与空气处理成套设备供应商。

专业，专注——南方风机。

（2009年9月）

承载品牌优势　提升品牌张力

——深圳市华测检测技术股份有限公司上市路演宣传片解说词

近年来，随着中国外贸总额的快速增长，检测市场的需求量也大幅上升，这无疑标志着中国检测时代的全面到来。

作为业内的开拓者和领先者，深圳市华测检测技术股份有限公司正以全球化的视野，不断阐释着科技创新的品牌内涵，在中国检测行业发展历程中留下了坚实的足迹。

实力，凸显品牌强势

深圳市华测检测技术股份有限公司是中国本土最大的非政府第三方检测机构，主要从事工业品、消费品、生命科学以及贸易保障四大领域的技术检测服务。公司目前拥有化学、生物、物理、机械、电磁等领域的30个国家级的实验室。公司属于高新技术企业，并获得国家级“中小企业服务平台”等多项品牌荣誉。公司的检测报告得到包括美国、英国、德国、法国、日本、韩国、中国台湾和香港地区在内的共42个国家和地区的认可。

凭借着卓越的企业形象、较高的市场公信力，华测检测渐显“王者之势”，成为国内理所当然的第一品牌。

创新，承载品牌优势

华测检测品牌的原动力源自于技术创新的品牌理念。公司研究中心为国内业界设立最早、投入最多的研究机构之一，在部分核心项目上已拥有核心技术优势。公司参与制定了38项国家和行业标准，其中8项标准已正式发布；同时正在申请15项专利，其中发明专利9项。

公司还组建了中国业内最强大的研发团队，随着研发项目的不断产业化，研发中心已逐步成为技术创新的轴心，并逐步显示出核心竞争力。

科技创新提高了美誉度和市场影响力，品牌优势也随之凸现。目前公司已成为政府部门、国际组织、大型零售商、知名跨国公司以及消费者认可甚或推崇的检测机构。

布局，提升品牌张力

根据国内非均衡的市场分布状况，公司在最有潜力的区域开始了大手笔的战略布局，提出建构以“长三角”和“珠三角”为“两翼”的战略，并分别在深圳、上海建立大型实验室基地。公司目前在国内设有近30家分支机构，服务网点遍布全国，建立了国内分布最广、反应最快捷的服务网络。

公司品牌的市场公信力也被越来越多的国内外客户认可，索尼、家乐福、富士康、台达、飞利浦、理光、华硕、明基、雅芳等世界知名企业均已成为公司的合作伙伴。

资本，激发品牌动力

为了进一步夯实品牌基础，提升核心竞争力，华测检测启动了资本战略。

本次募集资金主要用于建设华东检测基地和华南检测基地，项目建成后将极大地提升公司实力，扩大市场份额和盈利能力。同时，公司还将逐步建立覆盖全国的服务网络，不断开发新的产品检测项目，提供“一站式”检测技术服务，增强核心竞争力。

资本战略的启动，预示着公司开始了“里程碑”式的新跨越。

结尾

未来三至五年，国内检测市场将形成超千亿元的规模，华测检测技术股份有限公司也将迎来更加广阔的发展空间。面向未来，放眼全球，公司将以国际先进水平为竞争标杆，不断优化资源配置，建立全球服务网络，打造世界性的华人检测品牌，成为“具有国际竞争力的大型综合性检测服务提供商”。

（2009年9月）

传承百年基业　创新谋势未来

——崇义章源钨业股份有限公司上市路演专题片解说词

1907年，一位德籍传教士首次在我国江西赣州西华山发现钨矿，沉睡了千年万载的中国钨从此开始苏醒。历经百年沧桑，如今赣州已成为全球闻名的“世界钨都”，探明的钨储量居世界第一。

正是在享有“中华绿谷”美誉、毗邻西华山的崇义县，一个世界级“钨业王国”——崇义章源钨业股份有限公司快速崛起了。

产业模式独树一帜

百年基业风雨路，十年伟业试锋芒。

成立于2001年的章源钨业股份有限公司，始终将“振兴中华钨业，勇攀世界高峰”作为自己的战略使命，完成了由资源型企业向高技术深加工大型企业的完美蜕变。公司前期的主要产品有钨精矿、仲钨酸铵、氧化钨、钨粉、碳化钨粉等；随着公司产业链条逐步向上下游扩展，公司从钨的勘探、开采、选矿，延伸到了冶炼及精深加工，业务涵盖钨行业链条的各个环节，形成了“从钨精矿到钨材、高比重合金和硬质合金及其工具”的完整产业链，成为业内产业链最为完整的厂商之一。目前，公司下辖4个钨矿、3个深加工厂，投资参股军工企业西安华山占48%的股份。至2009年年底，公司总资产已经由最初的470万元猛增到近14亿元，近三年年平均利润达到1.2亿元。

独具特色的产业模式，全系列的产品组合，强大的钨资源保障能力，构成公司的核心竞争力和综合实力。毋庸置疑，章源人在中国钨业产业发展史上留下了辉煌的一笔。

产品卓越，引领尖端

作为国家级的高新技术企业，章源钨业股份有限公司始终把创新作为发展的引擎，与高校、科研院所的合作成为其技术创新的战略支点。中国地质科学院、中南大学等分别在公司设立了博士后工作站、博士后研究基地和钨业研究所。另外，公司共投资近1亿元建起的研发中心和分析检测中心，其技术开发水平和产品检测能力均在业内独领风骚。

公司成功研发的纳米钨粉、纳米碳化钨粉等多项具有自主知识产权的技术和产品，达到国际先进水平，使公司成为世界上唯一能工业化生产纳米钨粉的企业。目前，公司已经有9项科技成果获得专利证书；公司洁净高效制取超高性能钨粉体的成套技术及产业化项目，荣获国家科技进步二等奖；与西安华山共同研发的军工产品达到世界领先水平。同时，公司还是纳米钨粉国家技术标准制定的唯一单位。

凭借高新技术产品，公司显示出强有力的竞争优势。2009年高新技术产品使公司销售额大幅提升43%，钨粉销量则位居国内第一位，全系列产品除了畅销国内还远销欧美等发达国家和地区。

战略行业前景广阔

众所周知，钨是国民经济的战略资源，被国家确定为保护开采的特定矿种。用钨制造的硬质合金具有超高硬度的耐磨性，适用制造各种切削工具、刀具、钻具和耐磨零部件，被誉为“工业的牙齿”，广泛应用于军工、航天航空、机械加工、冶金、石油钻井、矿山工具、电子通信和建筑等领域。

预计未来五年，随着中国经济的高速增长，国内数控机床的平均增速将达到30%，而目前国内高精密度刀具的75%左右都靠进口。巨大的市场需求为章源钨业的持续发展提供了广阔的空间。

高瞻远瞩，宏伟跨越

目前，尽显“强者之势”的章源钨业并没有沉湎于现有的辉煌，而是高瞻远瞩，谋势未来。尤其是资本大幕的开启，将会极大提升其核心竞争力。公司本次募集资金，将主要用于对产业下游精深加工环节的升级改造。藉此，公司的研发能力、精深产品生产规模等将会大幅提高，产品的科技含量和工艺水准将能媲美世界顶尖级品牌。

面向未来，延续着产业梦想的章源人，将继续秉承“利用资源、依靠科技、以人为本、诚信至上”的核心价值观，以“挑战世界水平”为竞争标杆，向全球尖端水平发起冲刺——成为“具有较强国际竞争力的世界级钨业企业”。

（2010年3月）

提升引擎动力　凸显竞争优势

——湖南长高高压开关集团股份有限公司上市路演专题片解说词

经济要发展，电力须先行。进入21世纪，中国经济快速发展，尤其近两年国家各种产业振兴计划不断推出，国内电力建设的投资也随之猛增。作为产业链的重要环节——高压开关行业也迎来了新的发展契机。

在这样的大背景下，位于长沙市美丽的岳麓山下，一家专门从事高压、超高压及特高压开关设备的民营企业在国内异军突起，成为业内的创新领导者。这家风景如画的花园式企业，就是湖南长高高压开关集团股份有限公司。

业绩非凡，优势领先业内

湖南长高高压开关集团股份公司是专业从事高压隔离开关及接地开关的生产和销售的企业，是国内该领域规模最大的生产企业之一。

公司长期专注于高压隔离开关领域，经过多年发展，公司产品品种齐全，涵盖12~1 100千瓦所有等级。尤其在1 100千瓦特高压接地开关、1 100千瓦特高压隔离开关、800千瓦及550千瓦超高压隔离开关等领域，其行业龙头地位更加明显。专业化形成的全产品系列显示出较强的竞争优势，近三年平均市场占有率超过25%。

2009年，公司营业收入超过3.93亿元，实现净利润7 400多万元，综合毛利率水平达36.6%。

领跑创新，凸显竞争强势

开发卓越产品，缔造竞争利器。

高压开关行业属于技术密集型行业，作为高新技术企业和国家“火炬计划重点企业”，长高集团从创立至今，始终以开发高端产品为企业发展的制高点，打造核心竞争力。目前，公司技术中心已拥有各类研发人员60名，并被列为湖南省省级技术中心。

近年来，长高集团开始致力于向大容量、高电压、智能化方向发展。公司自主研发的800kV超高压隔离开关已投入批量生产，用公司1 100千瓦特高压接地开关配套的国内第一条100万伏试验示范输电线路已投入运行，1 100千瓦特高压隔离开关也即将在国内第一条100万伏输电线路中首次采用。除此以外，公司在高压直流隔离开关研发方面也处于领先行列。公司研制的直流500千瓦系列高压隔离开关和接地开关，重要性能参数已达到国内领先水平和国际先进水平，成为新一代替代进口产品，从技术上打破ABB、西门子等国外巨头长期垄断的局面。一系列高端新产品的研发成功，标志着公司的产品和技术达到世界级水平。公司研制开发出的近30种高新科技产品，具备多项国际领先技术，并拥有完全自主知识产权。国家“智能电网”发展计划的提出，标志着中国输配电智能化时代的到来。公司为此开发的新型光电互感器、全封闭组合电器等产品前景广阔，将成为未来新的竞争利器。

较强的科研实力和持续创新能力，为公司市场竞争提供了强有力的战略支撑。由此，长高集团近年来在众多国家标志性工程和重大工程的招投标中屡屡夺魁，令业内人士刮目相看。

资本战略，提升引擎动力

为了进一步提升企业核心竞争力，推动企业持续、快速发展，长高集团启动了资本战略，开始了其发展史上“里程碑”式的新跨越。

本次公开发行募集资金项目达产后，将进一步提高公司的知名度和影响力，扩大公司的资产规模，改善资产负债结构，提高公司的综合竞争实力和抗风险能力，并进一步提升产品的技术含量和质量，从而大大提高公司的盈利能力。公司的年营业收入将增加4.68亿元，税后利润增加7 300多万元。

毫无疑问，长高集团将会藉此步入新的发展快车道。

争创品牌，阔步迈向未来

洞悉行业趋势，方能引领未来。

在国家大力进行电网改造及发展西电东送、超高压、特高压交直流输变电等重大工程建设项目的带动下，高压开关行业未来三年的复合增长率将超过50%，公司迎来了前所未有的发展机遇。

为此，长高集团将坚持以高压、超高压、特高压和大电流隔离开关为特色的发展方向，努力成为全国规模最大、规格最全、档次最高的隔离开关专业生产企业，争创中国高压开关设备制造领域第一品牌。目前，公司已经与美国、俄罗斯等国家的知名企业签订了合作协议，加快了长高品牌进军国际的战略步伐。

（2010年7月）

创新产业模式　缔造核心价值

——众业达电气股份有限公司上市路演专题片解说词

当今世界，电已成为现代文明不可或缺的基本要素，人类社会对电的应用与需求与日俱增。

目前，受益于国内经济的快速发展和各种产业振兴计划的推出，工业电气产品市场需求迅猛增长，作为产业链的重要环节——工业电气专业分销商迎来了又一个发展契机。

在这样一个大背景下，在中国改革开放发源地之一——美丽的南海之滨的汕头市，一家专门从事工业电气产品分销的现代化大型民营企业，正在昂首阔步、意气风发地走进人们的视野。她就是众业达电气股份有限公司。

行业龙头，彰显规模优势

众业达电气股份有限公司自成立以来，以国际化的战略思维，始终专注于打造专业分销的商业模式，并迅速崛起为业内的领军企业。

公司坚持多品种、多品牌、差异化的发展战略，产品覆盖了低压、中压输配电产品及工业自动化产品；业务环节涵盖分销、物流仓储、专业技术服务等各个环节；产品广泛应用于电力、能源、交通、工业、城乡基础设施、商用及民用等众多领域。

公司是国内工业电气行业经营品种最多、规模最大的分销服务商，分销产品超过14万个品类。2009年，公司总资产达9.64亿元，营业收入近32亿元，净利润达1.25亿元。

模式创新，创造互利双赢

工业电气产品的独有特性，包括市场需求的分散性和个性化，以及社会分工的大趋势，使分销模式凸显出强大的优越性。在全球工业电气产品市场上，专业分销模式日趋成熟。目前，90%以上的低压电气产品和工业自动化控制产品均采用分销模式销售。

众业达电气股份有限公司借鉴国际先进理念和经验，在国内市场开创蓝海，构建了以销售网络连锁为基础、综合服务为核心的专业分销模式。这种模式使公司与制造商强强联合，形成了稳定的、互利共赢的长期战略合作关系，也提升了产业竞争层次。

公司覆盖全国的技术支持网络，涵盖了结构、电路、程序和成套等多方面的设计与制造能力，能满足客户从单一采购到交钥匙的个性化系统业务需求。由此，公司在分销服务、系统解决方案、集成制造等多方面形成的综合实力，在国内独占鳌头。

凭借多方面的综合优势，公司与ABB、施耐德、西门子等跨国电气制造巨头，以及常熟开关厂、上海人民电气、许继电气等国内知名品牌进行了长期稳定的全方位合作，并赢得了他们的高度信赖和赞誉。

立足网络，掌握市场终端

网络为本、服务制胜是专业分销的基础。经过多年努力，众业达不断提升全国网络渠道覆盖的广度与深度，持续打造全面的专业服务能力。完整的渠道网络优势、全面完善的专业服务能力，构成其核心竞争力。

目前，公司已经构建了遍布全国28个省级行政区域的销售服务网络，拥有29家全资子公司和60个办事处，并在北京、上海、广州、成都、汕头和郑州设立6个物流配送中心，为客户提供快捷、优质的全方位服务。完善的业务架构，基于网络的客户、订单、库存管理系统，与供应商无缝衔接的数据库，可以实现全动态流程管理。

庞大的销售网络与全面的服务能力，为公司带来了近2万家优质的客户群，并呈现加速增长的态势。自成立以来，公司年销售额复合增长率超过30%，在业内遥遥领先。

再铸丰碑，开启新的未来

目前，我国工业电气产品年销售收入近2万亿元。今后，随着中国基础设施建设的加大、城镇化率的提高、产业转移与产业升级等，电气产品的需求会越来越大，为众业达电气股份有限公司的未来发展提供了更为广阔的空间。

为进一步提升核心竞争力，推动企业持续、快速发展，众业达电气股份有限公司启动了资本战略引擎，开创了国内同行业进军资本市场的先河。

公司本次募集资金，将用于扩大公司的销售网络覆盖，提升物流配送能力，并致力于提升系统集成和成套制造的生产及研发能力。随着募集资金投资项目的顺利实施，公司的营业收入与盈利能力将会得到大幅提高。

（2010年7月）

齐翔四海　腾达五洲

——山东齐翔腾达化工股份有限公司上市路演专题片解说词

齐鲁大地，雄浑沧桑；山东淄博，人杰地灵。

淄博，作为“春秋五霸之首，战国七雄之冠”的古齐国都城，迄今有着3 000多年文明史，辉煌的岁月孕育出了灿烂的齐文化。齐文化具有开放进取、兼容并蓄的特质，是中华文明的重要渊源之一。

进入21世纪，就在这块充满生机的热土上，一家国内精细化工领域细分市场的龙头企业快速崛起，成为新的竞争标杆企业，这就是淄博齐翔腾达化工股份有限公司。

产业龙头，傲视同侪

成立于2002年的淄博齐翔腾达化工股份有限公司，是一家高新技术企业，主要从事研发、生产和销售甲乙酮、MTBE、异丁烯、叔丁醇等产品，其中甲乙酮为公司主导产品。

甲乙酮是一种重要的低沸点有机溶剂和精细化工原料，以优异的溶解能力和干燥性著称，广泛应用于涂料、胶粘剂、人造革、润滑油脱蜡、磁带、油墨、萃取合成等众多领域；公司生产的MTBE、异丁烯和叔丁醇等产品在化工领域的应用也十分广泛。

2008年10月，随着公司全资子公司青岛思远年产8万吨甲乙酮项目的成功投产，公司已具备年产12.5万吨甲乙酮、4.5万吨MTBE、3万吨异丁烯、1.2万吨叔丁醇的生产规模。其中主导产品甲乙酮的生产规模在国内傲视同侪，国内市场占有率近40%，成为细分市场当之无愧的行业领袖。目前，公司总资产已达到8.3亿元，近三年净利润分别达到1.4亿元、1.44亿元和1.74亿元。

循环利用，工艺创新

作为高新技术企业，齐翔腾达始终把技术创新作为公司发展战略的核心。2002年，公司甲乙酮国产化装置的问世，打破了进口产品对甲乙酮市场的垄断，该装置荣获中国石化科学技术进步一等奖。

为使生产工艺和技术保持国内领先水平，公司先后对甲乙酮装置进行共120余项技术革新与改造，形成了专有的甲乙酮纯度高、水分低的生产技术，产品质量达到了国际先进水平；同时，公司还对MTBE、异丁烯、叔丁醇等装置共进行了90余项技术革新和核心技术的开发与应用。公司通过一系列技术攻关，产品质量能与国际知名公司的产品质量相媲美，多年来不仅畅销国内，还远销美国、加拿大、韩国、沙特阿拉伯、印尼、伊朗、新加坡等国家。

独具特色的联合生产装置、众多具有自立知识产权的技术和产品，以及领先的生产工艺，形成了资源综合循环利用、产品结构灵活调整的独特产业模式，使公司的竞争力大大增强。

产业环境，尽显优势

“十一五”期间，化工产业成为山东省重点发展的支柱产业，极大地带动了下游相关产业的发展。公司本部和全资子公司青岛思远分别位于淄博和青岛这两个国家级的石化基地，在化工专业人才、原料供应、产业链延伸、环境治理和公用设施配套等方面，具备很强的优势。

公司本部和青岛思远的生产装置，均与上游原材料供应商中国石化齐鲁分公司、中国石化青岛炼化仅一墙之隔，原料碳四直接通过管道输送。另外，甲乙酮的国内消费区域主要在华东、华南地区，与同行业其他企业相比，公司在地理位置上相对靠近下游客户。此外，产品生产装置可以通过黄岛油港码头的专用管道直接装船，通过海运将产品运输至海内外客户。仅此两项就为公司节省了大量的运输成本。

好风凭借力，良好的产业环境成为齐翔腾达得天独厚的经营优势。

齐翔四海，腾达五洲

随着我国经济持续高速增长和城市化进程逐步加快，下游产业的市场需求不断增加，为齐翔腾达化工股份有限公司的持续发展提供了更为广阔的空间。

面向未来，公司将继续秉承“团结拼搏，争创一流”的企业理念，延续产业创新——扩建研发中心，不断推出具有高技术含量、高附加值的新技术、新工艺、新产品，为公司的持续快速发展提供源源不绝的动力。未来三至五年，在保持产品多元化的同时，公司的甲乙酮生产技术将向世界龙头企业全力迈进。

鹏舞九天齐翔四海，鹰击长空腾达五洲。我们坚信，发轫于齐鲁大地的齐翔腾达必将阔步走向世界，创造新的卓越与辉煌。

（2009年9月）

战略引领　再启征程

——河南新大新材料股份有限公司上市路演专题片解说词

当今世界，全球气候变暖，人类生态环境持续恶化。资源短缺，能源危机，成为困扰人类社会与经济发展的最大难题之一。

随着全球新能源战略的兴起和低碳经济时代的到来，太阳能光伏产业迎来了空前的发展机遇，于是一场面向未来的产业竞争，在国内拉开了帷幕。

正是在这场竞争中，河南新大新材料股份有限公司抓住机遇，异军突起，成为业内令人瞩目的品牌。

规模经营，尽显优势

河南新大新材料股份有限公司成立于1997年，其主营业务为晶硅片切割刃料的生产和销售，晶硅片是晶体硅太阳能电池制造的核心原材料。晶硅片切割刃料作为高端、专用产品，主要应用于太阳能晶硅片、半导体晶圆片、压电晶体、光学镜片的切割、研磨和抛光。

目前，新大新材料股份有限公司已成为国内规模最大的晶硅片切割刃料生产企业之一，是国内太阳能光伏行业领先企业江西赛维、保定天威英利、浙江昱辉、晶龙实业等公司的主要供应商。持续、稳定的供货能力，使企业规模经济的优势明显。2007年至2009年，公司主营业务收入复合增长率接近67%，年净利润复合增长率超过110%，其超乎寻常的增长速度令国内外同行刮目相看。

科技创新，动力永恒

新大新材料股份有限公司属于国家级高新技术企业，一直将新产品和技术研发作为公司发展动力引擎。公司技术研发中心除了承担本企业的技术研发工作，也是公司与外部科研机构开展产、学、研合作的平台，并被列为河南省企业技术中心。

公司还与东华大学、河南大学等高等院校建立了技术合作关系，就新材料项目的研究开展合作，并获得多项发明专利。公司自主研发和改造的干式球磨分级系统、超声波震动筛等专业设备及技术工艺，达到行业领先水平；公司研发的具有多项创新的晶硅片切割刃料生产系统，在粉碎、分级、精筛的设备和工艺方面，填补了国内空白；公司主导产品晶硅片切割专用刃的成功开发，使国内整个下游行业摆脱了完全依赖进口的窘境。

独树一帜的创新成果、顶级的技术研发团队、一流的产品检测中心、领先的专业技术设备，彰显了公司的核心竞争力，奠定了新大新材料股份有限公司在国内光伏产业细分市场的品牌地位。

品牌效应，提升价值

21世纪是品牌构架的时代。新大新材料股份有限公司的决策者认识到，只有打造品牌，提升品牌的知名度和美誉度，企业才能保持长远的竞争力，因此公司十分重视实施名牌战略。

近几年来，除了一直强化产品质量和售后服务外，公司不断加大品牌宣传的力度，积累品牌声誉。公司先后获得国家高新技术企业、河南省综合资源再利用优秀企业、全国磨料磨具行业碳化硅生产企业十强、AAA级信用企业、河南省爱心企业等诸多荣誉。

与此同时，在优良的产品品质和售后服务的支持下，新大新品牌在业内的知名度逐渐增强，美誉度不断提高，产品一直供不应求，市场份额不断扩大，2009年销量达到2.3万吨，约占30%的市场份额。除此以外，由于品牌忠诚度得到提升，公司的核心客户十分稳定，现有的长期客户均为光伏行业内的优秀知名企业。

战略引领，再启征程

阳光普照新征程，创新永恒再启航。

作为新能源产业的核心，光伏产业在全球范围内受到极大重视，在未来的若干年里仍将保持高速增长，预计2012年国内晶硅片切割刃料的需求量，较2008年将增长近3倍。这无疑给新大新材提供了更加广阔的发展空间。

面向未来，公司高瞻远瞩，顺势而为，适时启动了资本战略，开始了其发展史上“里程碑”式的新跨越。

本次募集资金投资项目顺利达产，将有利于公司更好地满足客户需求，提高市场份额，盈利能力也将会大幅提高，新增加的年均净利润将超过1.6亿元；同时公司还将进一步增强核心竞争力，巩固和强化其在业内的领先地位。

毫无疑问，放眼全球的未来战略，将为新大新材插上腾飞的翅膀，也必将引领着企业实现更加宏伟的跨越——将公司打造成为“以晶硅片切割刃料为核心产品的最具核心竞争力、规模最大的碳化硅微粉制造基地”，并不断攀登新的高峰，缔造基业长青、魅力永恒的知名品牌。

（2010年6月）

第六辑

大型电视财经栏目《股市风云档案》选集

强势登场，跃居龙头老大　品牌冷冻，跌入合资陷阱

——民族品牌之花"活力28"为何悄然凋谢

观众朋友，我是主持人XXX。欢迎大家和我们一起打开《股市风云档案》。

这里是位于长江中游的湖北省荆州市。荆州是我国的古城墙保存最为完整的古城。三国时期，这里是当时政治、经济、军事、文化的交汇点。当年刘备借荆州后无意归还，并起用名将关羽据守荆州，可以说刘备已经将半壁江山托付给关羽。然而，关羽后来败走麦城，导致刘备失荆州，关羽成为流传千古的悲剧人物。

"千古江山，英雄无觅。"后世的人们在景仰关羽的同时，谁又不会为之洒下一掬同情的泪水呢？

没想到，1 800年后的今天，同样是这里，也出现了一位品牌英雄，他后来同样是以悲剧收场。

这位年过古稀的老人，名叫滕继新，别看他现在貌不惊人，满脸皱纹。20世纪80年代到90年代，他可是国内赫赫有名的企业家，他一手打造的"活力28"品牌和开创的纵横天下市场格局，人们至今还记忆犹新。

这里是荆州市的沙市区，沙市区原为沙市市，也是曾闻名全国的轻工业城市。

您肯定会记得，20世纪90年代初，中央电视台和众多地方电视台经常播出的"活力28"广告，电视中"活力28，沙市日化"的广告语，您也一定不会陌生。由于"活力28"广告在全国各地电视台的播出密度和频率很高，那个时候，沙市市的知名度陡然飙升，竟然一度超过了历史文化名城荆州。

然而，进入新千年后，中国日化市场风云突变，各路品牌争霸天下硝烟再起，"纳爱斯"和"立白"强势登场，雄霸天下；"奇强"和"汰渍"锋芒毕露，迅速走强；"奥妙"和"雕牌"异军突起，后来居上。令人没有想到的是，曾经在日化行业中叱咤风云的第一品牌"活力28"，此时在市场上竟然销声匿迹，难觅踪影。

滕继新，这位昔日的市场强势人物，看着他一手缔造的品牌，犹如这"滚滚长江东逝水"，一去不复返了，他的心中如同打翻了五味瓶，很不是滋味。提起"活

力28”的败落，这位刚强的老人更是黯然神伤。

看着滕继新茕茕孑立、形影相吊的孤独背影，我们不禁感慨万端，他始辉煌后败落的经历，难免会让人联想起昔日关羽的“败走麦城”。

“风流总被雨打风吹去。”当年横扫天下无敌手的“活力28”，怎么就一下子衰败了呢？

广告开道，品牌脱颖而出 强势崛起，跃居龙头老大

提起这“活力28”，可以追溯到1951年。当时的湖北省沙市市有一家油脂厂，据说这个厂的名字还是被原国家主席李先念亲自命名的，该厂正是“活力28”的前身。当时，还只是14岁懵懂少年的滕继新，就来到这里做学徒。

当年企业老员工：“滕继新在生产洗衣皂刺鼻的车间厂房里，从青工、班长做到副厂长，他这人热情、直爽，组织能力强。1980年，沙市油脂化学厂和沙市合成化工厂、向阳化工厂3家，合并为沙市日用化工总厂，工厂职工有1300多名，成为沙市最大的轻工企业之一。这时候，滕继新被推举担任了总厂厂长。”

滕继新在头两年走得并不顺畅，工厂的银行欠债近5 000万元，1 000多名职工的工资难以按月兑现。随后这家企业陷入了前所未有的困境，面临了第一次生存压力。

正在此时，不知是否是老天的眷顾，1982年，一个偶然的机会来临了。

这一年，在一年一度的广交会上，由一个香港人牵线，荷兰的厂家提供了一个超浓缩洗衣粉的配方，这个配方具有去污力强、用量少、超浓缩等特点，他们希望能够将这个产品转让给国内的日化企业。遗憾的是当时国内很多日化厂家根本就没有这方面的兴趣。

知情人士：“滕继新凭借敏锐的市场嗅觉，感觉到这个配方将会给已经存在危机的企业带来转机，于是果断拍板决策，获得了该项专利的所有权，并迅速生产出了具有开创性的超浓缩洗衣粉。事实上，由于当时的企业已经陷入困境，上级部门指示他们必须找到新的项目，使企业再重获生机。得到这个配方以后，公司也没有经过精心和严密的论证，项目就在匆匆忙忙中上马了。”

没想到，正是这次“误冲误撞”，超浓缩洗衣粉却成了沙市日化安身立命的新法宝，“活力28”有了征战市场的基础。

所以，后来人们都说，1982年是沙市日用化工总厂改革开放的元年。

关于“活力28”的命名，也是众说纷纭，莫衷一是，充满了传奇色彩。

知情人士：“有人说，是因为将这个配方研制出来用了整整28天；也有人说，是洗衣粉里有28种元素；还有人说，是28个技术人员将配方研制出来的，究竟是什么意思，我们也弄不清楚。”

不管怎样，这种结合数字的企业命名，不说在日化行业界，就是在整个国内的企业中也算是标新立异的，这种命名的创新，也为后来“活力28”在与其他品牌竞争时，吸引了不少眼球。

“活力28”超浓缩洗衣粉虽然很快走下生产线，可是，一个问题紧接着就冒了出来——新产品的市场开拓难度极大。

“生存还是毁灭？”一个最常规的命题与抉择，摆在了“活力28”的老总滕继新面前。

作为决策者，滕继新深思熟虑之后，一个在当时极为大胆的计划出笼了——他们将目光瞄准了中央电视台的广告。

当地电视台记者：“改革开放初期的中国，广告还没有像今天这么普及，一般生产厂家的广告意识也很淡薄。滕继新发现，仅有的几个厂家广告虽很普通，却被老百姓牢牢记住了，他深知，产品的知名度是拓展市场的关键因素。况且，当时还没有哪个日化厂家做广告。滕继新认为，‘活力28’的产品具有竞争优势，靠广告营销一定有戏！”

向央视投广告，费用可不是一笔小数目。怎么办？滕继新自然将眼光投向了银行。向银行贷款做广告，在当年的沙市市，可是个石破天惊的决策。滕继新的举动，不仅引起了当时沙市市领导的高度重视，在当地也出现了各种质疑声：国家的资金，就这样在电视上变成几秒钟的广告，风险谁敢冒，责任谁来负？

面对生死攸关的机遇，滕继新表现了非凡的魄力：“横竖是死，死也要死得轰轰烈烈。”极具开拓能力又有几分冒险精神的滕继新，上下奔走，经过长时间的说服、引导等不懈努力，终于争取到这笔当时为数不小的广告贷款。

果然，不出滕继新所料，“活力28”的广告就像一枚重磅炸弹，在一片平静的日化界掀起波澜，“活力28，沙市日化”的广告语通过央视出现在全国观众面前。

当地电视台记者：“时间不长，‘活力28’品牌就家喻户晓，迅速畅销全国各地，人们买洗衣粉指名要‘活力28’，国内各大商场纷纷慕名前来签订购销协议。”

可能滕继新自己也没有想到，沙市市有关领导也没有料到，冒险和莽撞间冲破的是一道创新之门。“活力28”终于走出了决定自己命运的一步，开创了日用消费品广告的先河。这一划时代之举，不仅仅使“活力28”走进千家万户，而且让沙市这个江汉平原上的小城，在国内变得妇孺皆知。

市民一：“那时候，滕继新是我们沙市的大英雄，没有滕继新就没有‘活力28’，当时的沙市市也不会有那么高的知名度。”

市民二：“那个时候来公司要货的人越来越多，在鼎盛时期，提前一个月打款的客户还不一定能拿到货，排队提货的大卡车，延绵数里排好长的队，直到荆江大堤上。”

这么多年以后，人们提起这壮观的一幕，无不感慨万千。

正所谓时势造英雄。特殊的市场环境，加上“活力28”的特立独行，使得这家半路出家的小厂迅速跃上了洗衣粉行业霸主的地位。20世纪90年代后期和新世纪之初，正是“活力28”蒸蒸日上的时候，电视中的广告语又变成了“1比4”。

这个时候，“活力28”的市场占有率高达76%，其创造的辉煌奇迹和国内市场的诸多第一，至今仍令业界感叹：第一个在中央电视台做洗衣粉广告的企业，第一个将广告牌竖在香港的内地日化企业，第一个赞助春节晚会的企业，第一个进入全国500强的日化企业，第一个产销超过9万吨的洗衣粉企业，等等。

品牌专家：“‘活力28’是中国民族品牌运作的一个成功典范，它将名牌效应发挥到了极致。”

“活力28”原高层管理人员：“20世纪90年代中期，在联合国对伊拉克的‘石油换食品’计划中，即便是联合国和当时的伊拉克官方，也都几次点名要中国的‘活力28’洗衣粉。由此看出，当时的‘活力28’在国际市场上也已经具有相当的知名度。”

这个时候，媒体纷纷报道“活力28”“开创了历史新纪元”，随着“活力28”的巨型广告牌竖立在香港维多利亚港湾的大楼顶端，香港媒体也将“活力28”赞誉为“中华之瑰宝，民族之骄傲”。

从此，“活力28”犹如开足油门的巨轮，领航于中国日化界，成为当之无愧的行业“龙头老大”。

这个时候，与“活力28”一样，滕继新在国内企业界也是声名鹊起。当地从领导到市民，谁都不会怀疑滕继新的能力，相信他一定会带领“活力28”走向更加辉煌的明天。

然而，后来所发生的一切，以及与人们的想象大相径庭的结局，让无数人跌破眼镜。

靓女下嫁，期盼美梦成真
主权相让，跌入合资陷阱

20世纪90年代初期到中期，“活力28”的辉煌达到了极致，滕继新的知名度也是如日中天，可以说不亚于现在的张瑞敏和柳传志。

人在辉煌的时候最容易得意忘形。正是从这个时候开始，滕继新也脑袋发热，开始了一系列的企业版图扩张运动。

当地人员：“当‘活力28’占据城市洗衣粉市场三分之二份额的时候，开始乱投资，乱上项目。另外，‘活力28’还兼并重组了不同行业的一大批企业，什么洗洁精、洗衣膏、洗发水、香皂、卫生巾、杀虫剂、纯净水等，各种项目纷纷上马，当地政府将一批资不抵债、人员众多、产品混乱的本地企业强制划入‘活力28’。这个时候，‘活力28’集团形成了以生产销售合成洗涤剂用品为主，集清洁纸品、食品饮料、纸塑包装、医药用品、机械制造、房地产等多种产业为一休的大型企业集团，总资产达12亿元。”

别看这“活力28”表面上风风光光，而事实上，1995年成为“活力28”发展史上的重要分水岭，这种扩张正为它后来的衰败埋下了巨大隐患。此外，这一年“活力28”呆账死账达2亿元，拳头产品洗衣粉也由于严重缺血，销量递减。

滕继新此刻想到了企业上市募集资金，但由于上市指标有限，再加上上市还需要一个过程，远水难解近渴。无奈之下，滕继新不得不一边考虑上市，一边考虑利用“合资”来吸收资金血液。

应该说，在他众多的失误决策中，合资成为最致命的败笔。

品牌专家：“‘活力28’的鼎盛时期，也正是国内企业与国外企业合资的‘蜜月’期，国内很多质素最好的企业，由于缺乏资金和技术，不得不与国外大公司合资；有的则是为了吸收国外先进的管理，迅速将企业做强做大。因此，怀着各种不同的目的，中外企业合资大潮在国内轰轰烈烈地展开。然而，令很多企业没有想到的是，就是在这场合资热潮中，国内很多知名企业和著名品牌也纷纷落入了‘合资’的阴谋与陷阱。”

“活力28”也未能幸免。

让我们再回到20世纪90年代初，面对持续高速增长的洗涤剂市场，一直觊觎中国市场的一批国际巨头，开始布局中国。以美国宝洁公司、英国联合利华、日本花王等为首的跨国公司，纷纷大张旗鼓地抢滩中国。

品牌专家：“它们凭借强大的资金和技术优势，以洋品牌来挤压中国品牌，大举占领中国市场，国内洗涤剂行业一时危机四起，人们纷纷惊呼‘狼来了！’然而更令人难以预料的是，他们以合资为名义剿灭中国品牌的阴谋，一般的中国企业家一时很难看透。”

“活力28”的高市场占有率，让觊觎中国洗涤剂市场的美国宝洁、德国汉高等既眼红，又羡慕。“活力28”由于大肆扩张，呈现出资金短缺的状况，正是因为看到了“活力28”的这一“软肋”，国际巨头们伺机下手了。

1994年，国际洗涤剂行业“巨头”德国美洁时公司主动找到“活力28”集团公司，表达了希望合资的意向，这自然让“活力28”集团喜不自胜，紧接着，双方拉开了合资的序幕。

某知情人：“经过两年多的谈判，1996年，双方终于正式签订了合资经营合同，并共同出资组建了湖北活力美洁时洗涤用品有限公司。合资公司德方占60%股份，中方占40%股份，由德方负责经营管理。合同的条款中对合资公司的美好未来，有这样一句动人的描述：公司经营的目的是利用美洁时的先进技术和‘活力28’商标的知名度，发展一个强大的合营公司。”

原高层：“合资合同还约定，在50年的合资经营期内，合资公司‘将独占和免费使用活力28等商标’；作为补偿，德方向‘活力28’集团公司支付人民币6 888万元。同时德方还表示，努力使‘活力28’商标的洗衣粉产量占合营公司洗衣粉总产量的大约50%的比例。”

注意这里用的是“努力”的模糊词，不是铁定的承诺。就是从此开始，“活力28”集团落入了合资的陷阱。实际上，外资这6 888万元成了“活力28”的“买命钱”。

合资公司从1996年年底正式投产开始，并没有朝着预想的方向发展。没有品牌的尴尬让“活力28”人尝到了无尽苦头。由于“活力28”的衰退，很多职工产生了不满，各种匿名信飞向市政府甚至省政府。

让滕继新万万也没有想到的是，当地政府在企业一上市就劝其退休，理由是他已60岁。结果是一手缔造了“活力28”的功臣滕继新被“逼宫”而突然“下课”。尽管对“活力28”充满感情，滕继新这位曾经叱咤风云的品牌英雄，却不得不无奈地悲情退场，悄然谢幕。

此时，新任董事长雷世忠走马上任，接替了滕继新，“活力28”进入“后滕继新时代”。

如果后来的一切都按照当初合资的设想进行也就好了，但事实上，合资之后的

“活力28”与“美洁时”老死不相往来，除了集团开董事会外，中德两方根本互不相问。本以为用“活力28”之名，借外资之势可以捞个满盆金，不料带来的是更多的亏损。从此两家公司就一直在合同的纠纷中搅个不停。

新董事长雷世忠上任后，也曾做过很大的努力，还开发了一次性饭盒、“活力28”洗衣机、药品、纸品等项目，但是都成效甚微，不能挽救“活力28”的颓势。

某知情人：“在股权转让谈判期间及其后来的时间里，市场上已经难见‘活力28’品牌洗衣粉的踪影，广告中也看不到宣传‘活力28’品牌的影子。合同规定的合资公司洗衣粉产量‘50%使用活力28品牌’的承诺没有兑现，前3年共投入1.84亿元用于‘活力28’宣传的广告费用，也成了一纸空文。事实上，自合资之日起，‘活力28’品牌就已经被德方弃之不用，实施了‘安乐死’。”

到了1998年年初，备尝合资苦果的“活力28”开始进行微弱的抵抗。

某知情人：“我当时给德方写了一封信。我在信中谴责德方说，你们彻底丢掉了‘活力28’品牌在中国市场上树立起来的内涵，违背合资合同，生产、销售并大规模投入广告，宣传‘巧手’这一新的品牌系列洗涤用品，冲淡和冲击了‘活力28’品牌的巩固和发展；同时，德方用合资公司办事处的名义，来为德国“美洁时”公司拓展中国的市场，从而加大了合资公司的销售（压力）。”

与此同时，在“活力28”商标由合资公司独占使用的情况下，无可奈何的“活力28”集团开发了新的“波尔”品牌洗涤剂。

然而，让“活力28”没有预料到的是，对于中方这一再正常不过的举动，德方却指责中方的行为严重影响了合资公司的业务经营，并要求中方停止生产“波尔”品牌的洗涤剂。

更让“活力28”集团感到痛苦的是，合资后的“美洁时”公司每年拿出的只是一张亏损的报表。

某知情人：“1998年5月，德方给‘活力28’集团送来一份未经合资公司董事会审核的账目，合资公司竟然亏损1.2亿多元，按‘活力28’集团在合资公司所占股份比例，‘活力28’集团必须承担其中5 000万元的巨额亏损。”

在这种情况下，德方又开始打起了自己的如意算盘，并步步紧逼，开出价码，要求购买“活力28”集团在合资公司中35%的股权，先决条件之一就是，“活力28”集团在整个合资企业存在期间，将不再直接或间接参与同任何洗涤用品及与洗涤剂有关的产品的生产和销售。

面对逼宫，“活力28”集团虽向德方发动过“反击”，但迫于资金及种种压力，不得不又回到了与德方谈判股份转让的谈判桌上。

某知情人：“经过一年的谈判和较量，我们在坚持生产‘波尔’品牌洗涤剂用品的前提下，以7 200万人民币的价格，将合资公司30%的股权转让给德方。这个时候，我们中方在合资公司的股份减至10%。”

当一觉醒来，才发现“靓女下嫁”，不仅不能美梦成真，“活力28”这个知名的品牌在合资合作中黯然消失。后来好多年，“活力28”的不幸命运，一直都是让人们感慨不已的话题。

商标使用拱手让
品牌雪藏尝败绩

“活力28”在与德国“美洁时”公司谈判合作的同时，也在运作企业上市。1996年2月，“活力28”与德国“美洁时”公司成立了合资公司。富有戏剧性的是，三个月之后的5月28日，“活力28”也在上海证券交易所成功上市。

表面上看，对于“活力28”来说，这似乎是“双喜临门”的大喜事。可实际上，事情远非人们想象的那样简单。在合资与上市之间，始终存在着“剪不断理还乱”的关系。因为“活力28”在上市前，就早与德国公司商定合资，而公司在上市申报过程中，却向证券监管部门和广大的投资者隐瞒了合资这一重大的事实。

“活力28”公司原管理层人士：“合资公司成立后，‘活力28’商标的50年使用权拱手让人，以至于丧失了巨大的无形资产。公司上市以后，‘活力28’虽然名号依旧，但是企业却没有‘活力28’的商标使用权，失去了主营业务盈利的核心，再加上这个时候的上市公司也仅剩下一套陈旧的生产设备，实际上就是个空壳子了。”

应该说，自公司上市之日起，随着“活力28”品牌被“雪藏”，实际上这家上市公司就已经被“空心化”了。

此时，大股东“活力28”集团与德国合资的湖北活力美洁时洗涤用品有限公司仍然每年都在亏损。

上市公司的一切，几乎都是大股东“活力28”集团在大包大揽。1998年年报显示，“活力28”主营收入的98%以上，都是通过集团公司实现的，而上市公司则在大股东操纵下，依靠财务处理技巧，竟然到1998年一直都保持着“优良业绩”。

专业人士：“实际上，盲目的大肆扩张、经营管理的混乱和应收账款难以回收等，已经导致当时的‘活力28’病入膏肓。1996年公司发行股票上市后，募集资金1.5亿元，大致相当于全年洗衣粉销售额，等于是再造了一个‘活力28’。这本应该是企业起死回生的绝好契机，可惜当时企业募集的资金不够填补越来越大的窟窿。1997年底，公司实施配股，再次募资1.4亿元，这些钱当然也是丢进无底洞。”

上市公司空心化，不能盈利，“活力28”怎么在证券市场立足？怎么向投资者交代？还有，上市公司的主要利润都是来自于大股东集团公司，然而集团公司大肆扩张留下的烂摊子和“窟窿”怎么来补救？面对一大堆难题，这个时候，造假似乎成为“活力28”支撑危机局面的“唯一”出路。

1999年，“活力28”根据新的配股政策，在人员、资产和财务上与大股东实施三分开。这个时候，纸终于难以包住火了，所有隐藏在背后的问题都暴露了出来。

如果说，以前的“活力28”因它的辉煌被人们刮目相看，那么它后来被曝出的巨额亏损，则让市场又一次震惊。1999年8月31日，“活力28”公布中报，亏损2亿元。好好的绩优股怎么一下子就亏了这么多？原来是“活力28”将大股东欠公司的1.3亿元巨款一笔勾销，除此之外，大股东集团公司还欠上市公司1亿多元。

因为“活力28”在上市申报过程中及上市后的三年间，多次发生违反证券法规的行为，2000年，中国证监会经过调查，公布了“活力28”违规事实的真相，并对其做出处罚决定。

专业人士：“‘活力28’的违规事实分为四个方面：一是公司在上市申报过程中隐瞒了合资这一重大事实；二是虚增利润，它在上市申报时和上市后3年间，累计虚增利润2亿多元；三是擅自改变募集资金和配股资金投向；四是编造虚假银行进账单。”

尽管这个时候的证券监管还存在诸多的薄弱环节，但一旦发现违规造假行为，证券监管部门会毫不手软地对其进行严厉处罚。

为此，中国证监会决定，对“活力28”公司原董事长兼总经理雷世忠等有关责任人进行处罚，对负责“活力28”审计的湖北会计师事务所也给予严厉处罚。

“活力28”在2000年年报中显示，因公司连续两年亏损，且每股净资产低于股票面值，自2001年2月6日起，上海证券交易所对公司股票实行特别处理。股票简称由“活力28”变更为“ST活力”。至此，又有一批“活力28”的股民成了“冤死鬼”。

说到这里，我们不能不顺便提醒一下，对于像“活力28”这样品牌知名度很高的企业，普通投资者一般都不怀疑它的业绩，更难看出它的其他一些问题，其股票也很容易受到追捧。但只要稍微细心一点，就能从公开的信息中看出一些蛛丝马迹。

投资者一：“‘活力28’的合资，知道的人非常多，这么大的事件，竟没有在招股说明书中进行披露，稍微精明一点的投资者，如果知道这一情况，就一定会对这只股票多一份警觉。”

专业人士：“上市公司98%的利润都来自于大股东集团公司，只要是一般了解企业经营情况的人，都会觉得这种情况太不正常了，因而也就不会轻易地去购买这只股票了。”

所以，一句话，不管一家上市公司的知名度有多高，表面的数字有多么迷人，股民一定不能因此放松警惕和放弃对它的基本面研究，从而盲目地选择它。

好，话说回来。2001年2月5日，“活力28”与天发集团及其下属控股子公司湖北天发瑞奇科技农业发展有限公司签订了有关资产重组协议书。

这次重组，让一个神秘人物进入了公众的视野。这个人就是天发集团的老板，也就是后来锒铛入狱的民营石油大亨龚家龙。

龚家龙是荆州本地人，起家于1988年5月创建成立的“荆州地区生产生活资料产品经销公司”，这是一个典型的家族企业。他以民营企业身份拿到了国家商务部颁发的“成品油批发”和“进出口经营”的双重牌照。

熟悉龚家龙的人评价他的能力是“手眼通天”。更为重要的是，龚家龙已成为当地的经济标杆，当地政府积极支持龚家龙。于是，龚家龙也需要兑现他曾向当地政府做出的承诺——帮助收购困难国有企业。

这恰恰也是龚家龙梦魇的开始。短短两年内，在荆州当地政府主导下，龚家龙的企业吞并了近20家国企，迅速膨胀为一个“巨无霸”集团。员工数量从1996年的数百人，一下增长到近两万人，资产规模近70亿元。中国企业史上的“荆州奇迹”就此出现。

就是借此机会，“活力28”被龚家龙收纳旗下，“活力28”的壳资源又成为龚家龙“把玩”的一颗“棋子”。

专业人士：“‘活力28’将其大部分资产出售给天发集团。天发集团成为公司第一大股东，公司名称改为‘湖北天颐科技股份有限公司’，股票简称改为‘ST天颐’。上市公司‘活力28’被天发集团重组后，全面撤出了日化行业，仅保留原上市公司的纯净水业务。”

龚家龙接手“活力28”之后，在资金短缺的压力下，对原来的洗涤剂业务采取了“断血”政策，拒不落实以前兼并时对荆州政府妥善安排职工的承诺，最终导致职工大量上访，企业停产达数月。

“活力28”在五年里更换了3任董事长、5任总经理。而“天颐科技”在两年里则换了4任董事长，“活力28”始终处在风雨飘摇之中。

喜欢张扬、不甘寂寞的龚家龙后来成为国内民营石油行业协会的“盟主”，并因与三大国有石油公司叫板而更加名噪一时，再后来他又因另外的原因身陷囹圄。

当然，龚家龙没有心思也更没有本事玩转“活力28”这颗“棋子”。“ST天颐”由于不能扭亏为盈，在连续三年亏损之后，公司股票自2007年5月25日起暂停上市，为了保壳，重组工作也随之展开。

停牌了14个月之后，2008年7月8日，三安电子借壳“ST天颐”终于如愿以偿。至此，脱胎于“活力28”的三安光电的主营业务，变成了日用电子器具制造，与洗涤剂用品已经相去甚远了。

合资诚可贵
品牌价更高

随着品牌经济时代的到来，品牌已经成为企业市场竞争的利器，品牌运营也已成为企业发展的核心战略。然而，在关键时期，“活力28”却将自己的品牌拱手相让。毫无疑问，这是“活力28”败落的最根本原因。

应当说，在当时的市场背景下，“活力28”公司借外力发展民族品牌的愿望是好的。合资公司成立之初，公司德方总经理也曾在众多媒体面前信誓旦旦地表示：“用德国最好的技术和营销手段，将‘活力28’发展成为中国最著名的民族品牌。”

品牌专家：“事实上，当时很多外资企业在合资中所作的承诺，都仅仅停留在口头上，因此所谓的合资成了彻头彻尾的骗局，其根本的目的是为了绞杀国产品牌。”

无独有偶，与“活力28”同病相怜的还有“熊猫”牌洗衣粉。1994年，生产知名的“熊猫”牌洗衣粉的北京日化二厂与美国“宝洁”合资，“宝洁”公司支付1.4亿元买断了“熊猫”50年品牌使用权，随后将“熊猫”品牌“冷冻”起来弃之不用。

品牌专家：“‘活力28’和‘熊猫’的命运并不是偶然现象，在当时的中外合资的过程中，国产品牌的弃用现象非常普遍，这被视为外资企业消灭本土竞争对手的策略之一。”

著名财经作家吴晓波在《激荡三十年》一书中也提到，1990年，中国化妆品行业最大的国有企业上海“家化”与美国“庄臣”合资，后者以品牌租赁的方式将“美加净”归入旗下，然后迅速将之弃用。两年后，“美加净”的销量就从3亿元陡降到600万元，很快丧失了第一国产品牌的地位。1995年，中国十大冰箱品牌之一的江苏“香雪海”与韩国“三星”合资，当时“香雪海”品牌在江苏市场上的占有率非常高，中方却放弃了对“香雪海”品牌的价值评估，此外还同意在合资三年后，弃用“香雪海”。

品牌专家：“外资企业的这些合资阴谋，后来被中国的企业家们看破。1995年，在振兴民族品牌的大氛围中，心有不甘的上海“家化”又花巨资赎回‘美加净’。可当上海‘家化’重启‘美加净’时，‘宝洁’‘联合利华’及‘庄臣’等跨国品牌，已在过去的几年里很快做大，这个当年的国产第一品牌已很难重现往日的风光。”

作为不可多得的民族品牌，“活力28”的兴衰荣辱，也让中国人牵肠挂肚。在这种情况下，早已淡出股市的“活力28”开始正式与德国“美洁时”公司谈判，双方终于在2003年年底达成协议，中方收回了“活力28”系列商标使用权。品牌回归后，“活力28”集团表示，将倍加珍惜这一民族品牌，并决心重振“活力28”雄风。荆州市政府引进了中国著名的白酒企业——稻花香。2008年春，稻花香酒业与荆州市政府签署了合作协议，正式接手“活力28”，并举行了隆重的签约仪式。

营销专家：“据说，稻花香对‘活力28’的信心，更多来自于其销售渠道的畅通和建立。白酒与日化产品、饮料是‘通路’，即共用一个销售渠道和销售终端。我的疑问是，仅仅凭这个销售渠道，能解决‘活力28’的根本问题吗？”

答案是否定的。从1996年到2003年，七年间翻天覆地的变化已让人恍若隔世，市场也早已经今非昔比，尽管“活力28”做出了种种努力，却收效甚微。至今，又是一个七年过去，人们在市场上已很难看到它的踪影。

记者：“知道‘活力28’吗？”

市民：“知道，‘活力28’谁不知道哇！不过现在这个牌子倒了。真的蛮可惜的，当时它是那么有名！”

记者：“知道滕继新是谁吗？”

市民：“滕继新？滕继新是谁呀？不清楚，你问问其他人吧！”

看来“活力28”真的已经被市场无情地抛弃了，滕继新也早已慢慢被人们遗忘，就如一颗耀眼的星坠入了茫茫的凡尘之中！

“花自飘零水自流”。一朵昔日灿然绽放的领军品牌之花，就这样颓然凋零；一个本来十分优质的上市公司，也如逝去的流水般了无印痕。

在创业初期，“活力28”同它的名字一样，是一个充满活力、敢于弄潮的市场先锋。作为中国洗衣粉发展史上的一个重要品牌，它确确实实创造了令人瞩目的辉煌。它超乎寻常地异军突起，后来又兵败如山倒地快速凋零，为品牌竞争时代树起了一块警示牌。

它的上市过程及其前前后后，更有很多值得我们思考的地方。事实上，“活力28”上市之日，正是其败落的起点。上市没有使企业成功借力资本市场，只是在完成了短暂的“圈钱”之后，就使它走上了一条不归之路。

毫无疑问，合资和上市成为“活力28”将自己送上绞刑架的两条致命绳索。“活力28”的命运，既是一个上市公司的败落样本，也是一个由合资带来悲剧的典型标本。

（2009年12月）

瞿兆玉打造蓝田　刘姝威粉碎神话

——蓝田股份有限公司“鱼塘里放卫星”的故事

观众朋友，我是主持人XXX。欢迎大家和我们一起打开《股市风云档案》。

“洪湖水，浪打浪，洪湖岸边是家乡。”

正是这首我们大家都耳熟能详的歌曲，曾经让多少人对美丽的洪湖心驰神往。

湖北省洪湖市位于江汉平原腹地，是著名的鱼米之乡。正是在这一块热土上，曾经有一家名噪一时的上市公司——蓝田股份有限公司。

这里，我们不能不提蓝田股份有限公司昔日的掌门人瞿兆玉。对瞿兆玉来说，《洪湖水，浪打浪》这一传唱全国的歌曲有着特别的意义，因为瞿兆玉就出生在洪湖之畔的瞿家湾，他当兵在沈阳，发迹也在沈阳。

后来，他把他在沈阳的几家企业的业务注入蓝田，并打回老家，在自己的家乡洪湖岸边，建立起了一个庞大的蓝田企业王国。

尽管蓝田股份有限公司曾经顶着“中国农业第一股”的旗号纵横股市，却在一篇600余字的文章面前轰然崩塌。

乾坤腾挪，身世神秘
股权变更，悬念丛生

要想弄清蓝田的真实面目，还真不是一件容易的事儿，即使细细地追本溯源，一般人也很难理清其中的头绪。

蓝田股份有限公司的前身是瞿兆玉“下海”创办的几家企业，即1987年成立的沈阳市新北副食商场、1988年成立的沈阳市新北制药厂、1991年建立的沈阳莲花大酒店。当时，这三家企业均隶属于沈阳行政学院。

专业人士：“尽管这些企业当时在沈阳已小有名气，但离上市公司的要求还十分遥远。”

1992年10月，经沈阳市体改委批准，由上述三家企业的全部资产发起，设立了定向募集股份的有限公司，法定代表人是瞿兆玉。在该公司6 696万股的总股本中，有1 828万股国有资产股属于沈阳市国资局。

既然离上市公司的距离十分遥远，蓝田股份有限公司是如何上市的呢?

1995年12月，经农业部批复同意，该公司的国家股，由沈阳市国资局划拨给农业部持有；1996年5月，经中国证监会批准，蓝田股份有限公司向社会公开发行了3 000万股，而这个流通股额度是从农业部获得的。

在公司上市的审批制的年代，瞿兆玉抱住了一颗“大树”——国家农业部。正是凭借农业部这个最有力的行政杠杆，蓝田最终撬开了资本市场的大门。1996年6月18日，蓝田股票在上交所挂牌交易，当时号称“中国农业第一股”。

蓝田股份有限公司上市后，不但资产和业务开始从沈阳向湖北洪湖转移，而且大股东也在向洪湖转移。对此很多人发出疑问：“这个蓝田是要干啥呀？”

采访：1996年，公司用发股募集的资金投入建立全资子公司洪湖蓝田水产品公司，这是蓝田系的核心公司。

1997年年底，蓝田股份有限公司在实施配股后，又在洪湖新增了两家全资子公司——洪湖市香檀河养殖场和中国农业物资供销总公司。

1999年4月，根据有关文件的规定，农业部将所持蓝田股份有限公司的国家股无偿划转给湖北洪福水产股份有限公司。

1999年上半年，蓝田股份有限公司第一大股东——沈阳蓝田经济技术开发公司，也将注册地从沈阳迁到了湖北洪湖，名称变更为洪湖蓝田经济技术开发公司。

随后蓝田股份有限公司发布公告，公司地址已由沈阳市迁入洪湖市瞿家湾镇，同时公司名称也发生变更，由“沈阳蓝田股份有限公司”摇身变成“湖北蓝田股份有限公司”。

此时，蓝田股份有限公司已经整体上完成了从沈阳向湖北洪湖的乾坤大腾挪。

直到这个时候，一头雾水的人们才弄明白：哦！老家是洪湖的瞿兆玉是要“回到故乡闹革命”了。

洪湖市自然将蓝田视为“财神爷”。因为蓝田公司年上交税款达到2 000万元，相当于全市在册干部一年的工资待遇的总和。另有2 000多万元投入市里和瞿家湾镇的各项公用事业和基础设施建设，据说连荆州市委修缮大门都有蓝田公司的赞助。

1999年8月，湖北省有关部门主持召开了一次会议，在蓝田洪湖基地正式树起了“湖北省农业产业化重点龙头企业”这面旗帜。一时间，前来蓝田学习取经的各地官员络绎不绝。

另外，自从搬回瞿家湾，瞿兆玉就将蓝田当作帮助自家子弟脱贫致富的平台。

知情人（老人）：“蓝总可是个好人哪！我们都叫他‘蓝总’。”

记者：“蓝总好在哪儿？”

知情人（老人）指着身后一栋二层小楼：“你看看，200多平方米，是蓝总给我们每户3万元盖起来的。当时村里45岁以上的人，不做工，每月给120元养老。每家都有人在公司上班，工业区搞饮料的，挣得少，一个月四百块；生态园区做旅游，能挣七八百块。”

知情人：“知道公司为何叫蓝田吗？”

记者：“为何呀？”

知情人：“瞿总瞿兆玉的小名叫‘蓝田’呀，瞿兆玉的亲弟弟叫‘保田’，当时也做过蓝田的董事长。”

原来如此！这个时候，很多观众朋友一定还记得，如果不是看到中央电视台上密集播出的野藕汁、野莲汁广告，怎么也不会知道蓝田股份有限公司还有一个关联企业——中国蓝田总公司。

细心的股民会关注到，蓝田股份有限公司只是从1999年的中报开始，才提及中国蓝田总公司，但很长一段时间，投资者对这个公司仍然是知之甚少。据蓝田股份有限公司此后的信息披露，中国蓝田总公司是蓝田股份有限公司第一大股东的母公司。

但令人更加不解的是，中国蓝田总公司早在1989年就成立了，蓝田股份有限公司为什么从1999年才开始与之发生关系呢？

从此之后，在投资者心里，蓝田股份有限公司就与中国蓝田总公司盘根纠缠在一起，难解难分，辨不清里外。神秘的结构关系始终令人感到云遮雾罩。

时至2001年，本来令人难解的蓝田股份有限公司，又开始干一些让人看不太懂的事。

这年3月，蓝田股份有限公司先是收购了中国蓝田总公司所持的北京蓝田园国际高科技农业有限公司80%的股权；10月，蓝田股份有限公司又将蓝田园的80%股权以及野藕汁生产线等资产售回给中国蓝田总公司。

此外，蓝田股份有限公司还在这年11月更名为“湖北江湖生态农业股份有限公司”，上市名称改为“生态农业”。

在一年之内先收购又出售回去，蓝田园一来一去，看似谁也未亏，谁也未赚，那么这样转一大圈的目的究竟是什么呢？

专业人士：“蓝田园被赋予了充分的‘现代农业概念’，公司因此移植进来了‘良好的题材’和所谓‘新的增长点’，这很可能会成为公司下一步增资配股圈钱的本钱。”

但事与愿违，公司2001年配股方案未获中国证监会审核通过。由于配股不成，因此蓝田股份有限公司也死了心，蓝田园也失去了“利用价值”，于是又被卖回总公司。

看上去，现实中的蓝田股份有限公司不仅仅是一个公司，更像是一个庞大的企业王国。不到瞿家湾，人们绝不会想到这个王国版图有这么大。它的大，不仅体现在从集团到下属第五、六代无数子公司的复杂结构上，更体现在方圆近30万亩的洪湖水面上。

事实上，蓝田上市后一直就没有消停过。尽管瞿兆玉在洪湖不断扩张着蓝田版图，却也不断面临着市场上无数的质疑。

此时，处于风口浪尖的瞿兆玉为避人耳目，早已让自己的亲弟弟保田接过了蓝田股份有限公司董事长的位子。

好景不长，业绩频受质疑
盛筵难再，配股屡遭搁浅

话说2001年夏季，洪湖岸边高官满座、莺歌燕舞，十分热闹红火，“举蓝田旗、走产业路”的大幅跨街标语也分外醒目。这里正在举办农民文化艺术节。

而此时坐在主席台上的瞿兆玉虽然面无表情，内心却十分焦躁。因为与这种热烈的气氛相反，蓝田股份有限公司这几天在股市中正连续上演着“高台跳水”。同时，媒体出现了几篇质疑蓝田的文章。

回想来看，投资者对蓝田股份有限公司的疑问已非一时，至少在此前两年左右的时间里，种种疑问以不同的形式累积着。

何济川，是一位股市反假的勇士。早在1999年，这位勇士就在《证券投资》周刊发表了《“蓝田”质疑》一文。

何济川：“一家农业类的上市公司，其优良业绩实在有些高得离谱，投资者无论如何是不能轻易相信它的。为了彻底解开投资者心中的疑团，我当时就在《“蓝田”质疑》一文中呼吁，证券监管部门很有必要对它历年的财务状况重新进行审计，以给投资者一个明白的交待。”

专业人士：“蓝田股份有限公司于1996年发行上市，从公布的财务报告来看，该公

司上市后一直保持着优异的经营业绩：总资产规模从上市前发展到2000年年末，增长了10倍；上市后净资产收益率也始终维持在极高的水平，位于沪深两地上市公司前列。”

对于一家经营传统农业的公司来说，这无疑是超乎寻常的。但是在其股价连续翻番的1996年至1999年三年里，蓝田却没有一个人们熟知的拳头产品，除了颇有特色的蓝田鸭蛋外，野藕汁、野莲汁只不过面世不久。

如此超乎寻常的高利润是怎么产生的？所有疑问要解决的根本问题是，超乎寻常的利润是否是在造假？因为这样的利润意味着蓝田在洪湖种下的是莲子，长出的是黄金。

专业人士：“尽管蓝田股份有限公司的业绩一直‘异常优良’，但股价却一直徘徊在15~20元，并且始终保持着15倍至20倍的市盈率水平，与当时同期市场平均市盈率近50倍的情况相比，显然是一个被严重低估的绩优蓝筹股。”

但当有心人在翻开其股价的历史走势后，得到的答案却恰恰相反。在1999年报之前的每一年，蓝田股份有限公司都采用送股加转赠，累计高达10送10的分配方案令股本大幅扩张。每次在送配股之前，股价总能很合时宜地由10元左右一路飙升到24元左右；然后利用送配方案，再将股价降到10余元。如果没有两次送配股，即使按其历史最低水平12元计算，它的真实价位应高达70余元。因此，有人质疑，蓝田股份有限公司人为制造股价的痕迹十分明显。

质疑归质疑，事实上，在账面资产“猛增”、业绩“猛增”的同时，蓝田股份有限公司的再融资一直在进行着。毫无疑问，如果蓝田股份有限公司的配股能够继续如愿进行的话，蓝田的神话可能还会延续下去。

1999年5月，蓝田股份有限公司再次向证监会提出配股申请，此次的配股比例为10配3，这是证监会规定的配股比例的极限，配股价格区间为9~12元。经过两次大比例的送股，当时蓝田股份有限公司的流通股本已达1.99亿股，按照配股比例计算，融资额将可能高达7.19亿元。如果此次配股融资成功，公司的银行负债将大为减轻。

正当蓝田股份有限公司这次提出配股申请的关键时刻，一桩陈年旧案成为蓝田股份有限公司配股的“滑铁卢”：蓝田股份有限公司上市时虚增资产的违规事实被举报，证监会正在对其进行调查。

后来证监会查明，蓝田股份有限公司在股票发行申报材料中，伪造证明，虚增资产。受到此事件的影响，蓝田股份有限公司的此次配股申请没有获得批准。

配股资格的丧失，使蓝田股份有限公司的财务链条骤然绷紧了。

2000年4月，蓝田股份有限公司再次将1999年的配股方案报证监会复审。10月，证监会再次对蓝田股份有限公司进行调查。蓝田的配股计划再度搁浅。2001年

3月，蓝田股份有限公司的配股方案再次上报证监会，同年9月和10月，证监会两次派员对蓝田股份有限公司进行调查，并强硬要求，蓝田股份有限公司必须发布接受调查的公告。

专业人士：“蓝田股份有限公司的配股计划第三次落空。从当时配股价格的上调，可以看出蓝田股份有限公司的财务压力越来越大。”

此时，尽管蓝田股份有限公司已经承受了巨大的资金压力，但蓝田人做梦也没有想到，一场更大的“灾难性”危机已经悄然而至。

强势老总愚耍淫威
文弱教授勇破黑幕

这场不期而至的危机，犹如当头一闷棍，将瞿兆玉打蒙了，蓝田股份有限公司靠谎言维持的资金链也随之被一下子剪断。

然而，谁也不会料到，真正剪断蓝田股份有限公司资金链的是一个文弱的女学者——中央财经大学研究员刘姝威。

2001年10月26日，刘姝威在《金融内参》上发表一篇600多字的文章。文章称“蓝田股份有限公司已经成为一个空壳，已经没有任何创造现金流量的能力，也没有收入来源”“蓝田股份有限公司完全依靠银行贷款维持运转”。文章还提示：“为了避免遭受严重的坏账损失，建议银行尽快收回对蓝田股份有限公司的贷款。”

刘姝威也并不是有意和蓝田过不去。

作为厉以宁的学生，刘姝威1986年从北京大学硕士毕业后，一直从事银行信贷研究工作。2001年，刘姝威应某出版社编辑之约写一本书，名为《上市公司虚假会计报表识别技术》。她选取了十几家上市公司作为案例，其中并没有蓝田股份有限公司。后来编辑建议，选几个新上市公司的案例。此时，正赶上蓝田股份有限公司发布公告，该公司正在接受证监会调查，刘姝威这才把目光投向上市时间并不算太长的蓝田。

此文发表以后，中国蓝田（集团）总公司总裁瞿兆玉找到刘姝威，要求她公开道歉，消除文章对公司的负面影响。他说：“（这篇文章）让所有的银行全部停止对蓝田贷款。蓝田资金链断了，让你搞死了。”因刘姝威拒绝道歉，蓝田股份有限公司以侵害名誉权为由将刘姝威告上法庭。

发生纠纷走法律程序，是再正常不过了。但是事情不仅限于此，更让人恐怖的是，2002年1月10日，刘姝威收到四封匿名电子邮件，内容为：“你的死期就是某月某日。”做学问竟然引来了对人身安全的威胁，这大约也是刘姝威万万没有想到的。于是，她当即向公安部门报了案。

话说到这儿，您可能也会不理解，堂堂一个军人出身的上市公司董事长，竟然使用黑社会“龙头老大”的流氓做法，向一个柔弱的女教授大耍淫威，甚至发出了“取人性命”的威胁。这实在是令人费解。应该说一向精明的瞿兆玉这次做了一件愚蠢透顶的事。

在强大的势力集团面前，刘姝威的表现可圈可点，她毅然选择了“以死相拼”。因为原文只有600余字的篇幅，不可能写出推理过程。为了证明她的推理没有错，刘姝威出示了一份长达2万字的分析报告，该报告的标题为“蓝田之谜”。

2002年1月3日，她向全国100多家媒体发去她写的这份分析报告，这份报告实际上是刘姝威向公众发出去的一个求助信号。文章《蓝田之谜》发表后，媒体和公众对刘姝威进行了声援，瞿兆玉和蓝田股份有限公司则遭到了史无前例的炮轰和更多的谴责。

至此，一直处于舆论中心和正在接受调查的蓝田危机总爆发，刘姝威600余字的文章只是导火索。

对于证券市场而言，蓝田股份有限公司曾是一个高收益、高成长的神话；对于湖北省而言，它曾是一面高高飘扬的农业产业化大旗。如今，这面旗帜倒下了。大旗倒下，果然一地鸡毛，一片狼籍。

蓝田（股份有限公司）的黑幕被撕破，其企图昭然若揭，编织神话的目的只有一个，那就是骗取银行贷款。此时，蓝田（股份有限公司）涉及的贷款数额巨大，涉及银行至少包括工商银行、农业银行、建设银行、民生银行、中国银行、浦东发展银行6家。

有关人士：“蓝田案爆发时，据说当时（蓝田）已经占用银行贷款超过了20亿。”

业内人士：“当时，蓝田（股份有限公司）巨额贷款有相当一部分已经到期或逾期，已注定被当做坏账处理，其余部分看样子也已经没有能力偿还”。

财会专业人士：“蓝田股份有限公司的资金链一直都绷得很紧。除了首发募集的2.1亿余元资金外，没有从资本市场拿到钱，又要维持会计报表的高增长、高成长性以及旗帜形象，只有仰仗银行贷款。”

银行人士：“蓝田的洪湖大湖是很好看，但水下是什么谁也不知道。蓝田投入到水里的固定资产实在是难以核清。所以，你不可能知道蓝田从银行贷到的款在湖里打了多少水漂。”

洪湖银行人士：“如果蓝田不是省里树的旗帜，银行能给它贷到那么多款子吗？”

由于蓝田股份有限公司的造假骗局被戳穿，所有银行都果断停止了对蓝田股份有限公司的贷款，资金链的断裂让“蓝田神话”泡沫也随之破灭，股价一路狂跌。

2001年12月5日，《蓝田神话凋零》一文在《财经》杂志发表。此后不久，证监会对蓝田股份有限公司进行稽查。同时，公安机关也对蓝田股份有限公司高管展开刑事调查。

2002年1月12日，蓝田股份有限公司老总瞿兆玉、总会计师黎福气、理事会文员王意玲等11名中高层管理人员被公安机关拘传。

2003年5月23日，蓝田股份有限公司被终止上市；7月，荆州市中级人民法院对蓝田一案施行了第一次亮相处理。

2004年11月，湖北省高级人民法院做出判处：瞿兆玉犯供应假冒财政陈述和供应假冒注册资产罪，判处有期徒刑两年。

但是，蓝田股份有限公司造假案到此远未终结。与红光实业一样，受骗的股民们又一次走上了“马拉松”式的索赔诉讼之路。

某投资者：“我也是准备向法院提出申诉的，但后来一问律师，律师说这种官司很难打，说是有很多问题，还有一个什么诉讼时效的问题，我也不太懂，后来我就放弃了。”

河北投资者张平海：“我在1998—2002年分五次购买蓝田股份有限公司股票共计1 600股。我坚持了好多年诉讼呀！真不容易，直到2007年我才打赢官司，法院判决他们赔偿了我12 000多元。钱不是很多，但这个官司我觉得打得值得！”

几年后，农业部一名高级官员也因蓝田事件而倒台。共有3名司局级官员涉及蓝田案，在蓝田股份有限公司上市、配股以及无偿移交国家股的过程中，他们或推波助澜，或出谋划策，最终随着蓝田案曝光而纷纷落马。

600余字的文章不仅击倒了“蓝田神话”，也让刘姝威成为国人心目中的英雄，并被誉为“与神话较量的人”。刘姝威被评为“CCTV2002年中国经济年度人物”和CCTV“感动中国2002年度人物”。

掩耳盗铃，鱼塘放卫星
精明股民，慧眼识真假

纸上的辉煌毕竟挡不住市场怀疑的目光。年报显示，蓝田股份有限公司2000年利润总额5亿元。实际上，绝大多数投资者根本就不相信蓝田股份有限公司的业绩神话。

如果您是一位普通投资者，不妨听一听专家对蓝田股份有限公司的分析，教您怎样识别一只可能存在业绩造假的股票。

清华大学经济管理学院的肖星博士就是这众多的质疑蓝田业绩的人士中的一位。他的分析简单可学：

第一个疑点，市场上看不到野藕汁卖，何来上亿元的利润？蓝田股份有限公司年报显示，公司的蓝田野藕汁、野莲汁饮料销售收入达5亿元之巨。

普通股民：“这么多的广告，在一般人的眼里，全国应该到处都卖蓝田野藕汁、野莲汁，而且很热销，但是你随便到哪个市场去一看，并不是那么回事。我们看到的只是中央电视台的广告，就是在我们当地的市场上也根本没有见到过什么野藕汁。”

第二个疑点，公司奇高的毛利率令人难以置信。资料显示，蓝田股份有限公司有约20万亩大湖围养湖面及部分精养鱼池，仅水产品每年都卖几个亿，而且全都是现金交易。

专业人士：“渔网围着的20万亩水面到底装了多少鱼？没有人能说清楚，也就没有人知道有多少存货了。与同样地处湖北的武昌鱼以及相距不远的湖南洞庭水殖相比，其高出几倍的毛利率简直令人不敢相信。”

第三个疑点，蓝田股份有限公司的“业绩神话”缺乏依据和可信度。蓝田股份有限公司的业绩主要来自“神奇”的鱼塘效益。据称，公司几年来产品始终处于不愁销的状态。而高产值的特种养殖鱼塘面积只有1万亩，这种精养鱼塘每亩产值可达3万元，是一般粗放经营的10倍。

专业人士：“同样是在湖北养鱼，上年度刚刚上市的武昌鱼单亩产值不足1 000元。而蓝田股份有限公司创造了武昌鱼30倍的鱼塘养殖业绩，其奇迹有多少水分你应该可以想象出来。”

第四个疑点，对应收账款之谜的解释太离奇、不靠谱。蓝田股份有限公司有一年的主营业务收入超过18亿元，而应收账款仅800多万元。公司的解释是，由于公司基地地处洪湖市瞿家湾镇，占公司产品70%的水产品都在养殖基地现场成交，上门提货的客户中个体户的比重大，当地银行又没有开通全国联行业务，所以一般采用“钱货两清”的结算方式，造成应收账款数额极小。

专业人士：“蓝田股份有限公司的这一解释又引出新的疑问，蓝田股份有限公司似乎在上市公司中又创一项奇迹，也就是近18亿元的主营业务收入，主要靠现金交易完成。稍懂财会知识的人士，势必对蓝田股份有限公司‘钱货两清’方式结算下的销售收入产生怀疑。另外，蓝田股份有限公司一年野藕汁、野莲汁等饮料销售收入有5亿多元，难道饮料销售会因市场供不应求，而未出现应收账款吗？”

您看看，这样一种分析方式，并非建立在十分专业的基础上，相信对每一位普通投资者来说，都不难学会。

对于普通的投资者，我们还要特别提醒一下。除了前面专家分析以外，我们认为，基本的常识和经验，有时候也能帮助我们判断一只股票的投资价值，甚至推断它是否有水分。

股民一：“我完全就不相信‘蓝田’的鬼话。蓝田股份有限公司在湖里‘放卫星’的那两年，恰逢通货紧缩，农产品及其加工产品的价格持续走低，处于产品难卖的尴尬境地，农业领域的不少企业陷于亏损，很多也在低效益下艰难地支撑。唯独蓝田股份有限公司一枝独秀，创造了连年股本高速扩张、效益更高增长的神话，使许多高科技企业都自愧不如，这根本没有可信性，尽管蓝田股份有限公司的股票有一段时间很火，我压根儿就不会看好蓝田股份有限公司的股票。”

股民二：“我是从公司的股东结构看出一些问题的。业绩如此优良的上市公司应该深受相关机构青睐吧？然而恰恰相反，蓝田股份有限公司没有任何大的基金与机构介入，也没有券商大规模的持有。这一点儿也不奇怪，只能说明，低劣的骗术根本就瞒不过那些精明的基金和机构，机构压根儿就不相信蓝田股份有限公司的一派谎言。所以，我们普通投资者只要翻看一下公司的基本资料，了解一下股东结构，这些情况也都会一目了然，从而就不会随随便便购买这只股票，避免上当受骗。”

中国人讲究眼见为实。只要亲自到蓝田股份有限公司所在地看一看，访一访，也不会上当受骗。实地察看，是不难看出很多疑点的。

股民三：“我曾亲自上门对蓝田股份有限公司进行了考察。哎呀，乍一看，蓝田股份有限公司是大手笔。几百亩地一口吞下，毁掉稻田养鱼虾，当时是需要点气魄的。但深入了解，才知道蓝田公司的钱主要靠贷款，单靠卖野藕汁、红心鸭蛋能赚多少钱？我到当地一访，更多的疑点也暴露出来。因为当地的人都不会买蓝田股份有限公司的股票，蓝田人更不会买自己的股票。所以我考察回来，很快就抛出了自己的股票。幸亏我多了个心眼，真是万幸。”

蓝田股份有限公司“一只鸭子一年的利润相当于生产两台彩电”——恐怕连瞿兆玉自己也没有想到，他的这句话后来成了中国资本市场上最为经典的谎言。回头看来，尽管这些骗术十分荒唐，经不起任何推敲，甚至可笑，但在当时很多人却对此深信不疑。

著名经济学家华生：“中国证券市场造假之普遍，手段之恶劣，市场之混乱，超出了证券市场正常发展中问题的范畴。”

某投资者：“看了蓝田股份有限公司的业绩，我还以为抱了个大金娃娃！哎呀谁知道哇！小道消息也说好，公开的信息也说好，这结果全是假的。我当时很气愤，以后还依据什么选股票？我还能相信什么？”

普通投资者：“要大大提高处罚力度，一旦发现造假，处以10倍甚至20倍的罚款，抬高造假的成本，罚得造假者倾家荡产，得不偿失。我认为这样才可能从根本上遏止造假成风的势头。”

好了，要总结的经验、要吸取的教训都非常的多。一句话，谎言永远代替不了真理，欺骗也只会得逞于一时。蓝田股份有限公司曾经创造了在中国股市长盛不衰的绩优神话，而在背后，隐藏的仍然是一个又一个的谎言与欺骗。

蓝田股份有限公司事件爆发在2001年，这一年，被证券界人士称为“中国股市监管年”。

这一年的1月13日，著名经济学家吴敬琏在中央电视台《对话》栏目中讲话，被传媒概括为“中国股市像赌场”。至此，关于中国资本市场“赌场论”的观点出笼。由一位中国最著名、最有影响力的经济学家，在国内最具权威的电视传媒上，对中国资本市场发出的如此尖锐的批评，前所未有，实属罕见，一时在市场上引起巨大的反响，直到今天，它还是人们争论不休的话题。

管理层也开始认识到造假问题的严重性，监管工作随之奋力提速。这年，时任香港证监会副主席兼营运总裁史美伦，被时任总理朱镕基作为贤才引进，并被“钦点”担任中国证监会副主席。这位曾以铁腕监管著称的“铁娘子”，在中国内地也施展了她一以贯之的霹雳行动。也就在这一年，亿安科技股票操纵案被查处，PT水仙成为第一个被停牌的上市公司。

当然，“蓝田股份有限公司事件”也成为中国证券史上一个不能抹去的事件。

（2009年12月）

“温柔”幽灵的致命诱惑

衍生产品交易是一场血腥的游戏，猎物就是毫无防备的投资者。

——迈克尔·刘易斯《说谎者的扑克牌》

幽灵，一个来自华尔街的幽灵，在全世界徘徊。

这个幽灵就是全球投行业的“巨无霸”——美国高盛集团。许多年以来，由它引起的混乱和困惑不仅仅限于金融界，它甚至已经在多方面延伸渗透到了整个国际舞台。然而，可悲的是，到目前为止，全世界还没有任何机构或组织为了遏制它而结成同盟。

2008年10月，全球金融危机刚露端倪，一场由这个幽灵所设的“赌局”在国内A股市场掀起巨澜，人们再次被幽灵的“高明圈套”和“温柔陷阱”所惊呆。

10月21日，深圳南山热电股份有限公司（简称深南电）发布了一则引人注目的重要公告，披露了一笔暗藏7月之久的违规期权合约，若国际原油价格继续下跌，深南电将存在巨大的风险。

公告称，2008年3月份，深南电有关人员在未获授权情况下，与高盛集团的全资子公司签署了两份石油期权协议。按照该协议，在2009年1月1日至2010年10月31日期间如果国际油价在每桶60美元或以下，将会给深南电带来每月180万美元的损失。若油价继续下跌，这些合约将使深南电遭受巨额损失。

证监会得知此事后，下令深南电取消其与高盛一家子公司签署的石油衍生品合约，此外，证监会还向中国其他企业集团发出警告，称它们只准利用境外衍生品市场套期保值，不得投机。

而此时，深圳的另一家上市公司深圳能源，正在与深南电洽谈股权收购事宜，面对这个问题，深圳能源不得不暂时中断并购事宜，此举阻碍了深圳能源集团的整体上市。

与深南电事件具有相同性质的香港“中信泰富事件”几乎同时爆发，在深南电公告发布的前一天，也就是2008年10月20日，中信泰富发出预警，首次披露持有超过百亿澳元的累计期权。

在2007年8月到2008年8月，中信泰富与花旗银行、汇丰银行、美国银行、瑞士信贷、摩根士丹利、渣打银行、法国巴黎银行、德意志银行以及国家开发银行签订了数十份外汇合约，其中包括约务更替合约、澳元累计目标可赎回远期合约、每日累计澳元远期合约、双货币累计目标可赎回远期合约、人民币累计目标可赎回远期合约几类，其中澳元合约占最大比重。

2008年11月12日，中信泰富公告中外汇远期合约巨额亏损达已经达到186亿港元。2009年4月8日，67岁的荣智健引咎辞去中信泰富董事长一职，一时舆论哗然。作为中国“红色资本家”和荣氏家族最重要的代表人物、中信集团的五号人物，荣智健心中的痛楚实在是一言难尽，黯然洒泪挥别为之奋斗了20年的中信泰富。

这次设置陷阱让深南电“中招”的则是大名鼎鼎的美国高盛公司。众所周知，高盛是美国最大的投资银行，说起高盛，国际投行界人士无不顶礼膜拜。高盛是当今世界历史最悠久、规模最大、最具影响力的投资银行，被称为华尔街“最赚钱的机器”。据《高盛帝国》一书介绍：“即便在巨鳄遍地的华尔街，它也是最耀眼的明珠。”业内人士在听闻深南电“中招”事件后，难免会有些百思不得其解，相对高盛这个“巨无霸”来说，深南电和它完全不是一个重量级的，为什么会落入它的“陷阱”呢？一般的人可能还会问，这害人的“金融衍生产品”究竟是个什么东西？金融衍生产品交易不当将导致巨大的风险，有的甚至是灾难性的，典型事件国外的有巴林银行事件、宝洁事件、LTCM事件、信孚银行事件，国内的有国储铜事件、中航油事件，等等。“金融衍生工具，你的名字叫泥潭。”这是华尔街日报曾经给世人的一句告诫。

让深南电落入高盛陷阱的正是深南电与高盛旗下的杰润公司签署的“远期协议”。据2008年10月26日每日经济新闻《深南电如何落入高盛完美“圈套”》一文报道，此次深南电签署的第一份合约确认书看似完美而又充满着诱惑，事实上不仅存在巨大风险，而且一开始就以风险与收益极端不匹配的方式进行着。合约确认书由三个期权合约构成。

深南电与杰润签署的这份合约，实质是向对方出售了两个市场价值为585.44万美元的看跌期权，深南电只收取了第一个看跌期权的期权费300万美元，而让对方免费获得了第二个看跌期权，即285.44万美元。杰润设计的该合约中，当浮动价低于每桶62美元时，其标的物为40万桶，而不是浮动价高于每桶62美元时的20万桶。这就是这个合约“完美”的地方：在最容易忽视的地方，变更一个简单数字，彻底改变了整个合约的性质。如果当浮动价低于每桶62美元时，其标的物也为20万桶，那么该合约仅仅等同于上述第一个看跌期权，深南电只是以合理的定价出售了一个看跌期权，承担了300万美元期权费相应的市场风险而已。而把20万桶改成40万桶后，杰润就免费得到了上述分析中的第二个看跌期权，实现了无风险套利。杰润只要在海外市场出售一个同样的合约，就把风险完全对冲掉了，并轻松地赚取285.44万美元的期权费差价。

可见，这份合约的核心与实质就是让深南电去承担原油价格的波动风险，而由杰润免费赚取利润。业内投行在发售期权时，一般都会进行对冲，把头寸的风险规避掉。杰润在这场交易中，看似在和深南电对赌原油未来的价格，实际上已经通过海外市场对风险进行了对冲。

这有点类似笔者曾经听过的一则故事，说的是美国某市的警察局长得知本市一位“打赌王”非常厉害，与人打赌无往而不胜，于是警察局长找到这位“打赌王”，要和他打赌。“打赌王”当即对警察局长说，三天后你的屁股上将会长出尾巴，否则，我将输给你10万美元；反之，你将输给我10万美元，三天后到我的办公室脱下裤子验证。警察局长当然不相信“打赌王”的鬼话，便欣然与之对赌。三天里，尽管警察局长全然不信“打赌王”的一派胡言，但难免还是会有些惴惴不安，时不时不由自主地摸摸自己的屁股。三天后，警察局长来到“打赌王”的办公室，关上门后脱下裤子让“打赌王”验证，“打赌王”只不过在警察局长光光的屁股上轻轻地拍了三下，正在这时，门后掩藏的一个人出来数给了“打赌王”20万美元。说到这里，读者可能明白了，原来“打赌王”与警察局长刚下完赌注，就找到该市另一位巨贾打赌，说他在三天内，让本市的警察局长脱下裤子，并会当着这位巨贾的面，在警察局长的光屁股上拍三下。巨贾当然不信，堂堂纽约市的一个警察局长，岂会脱下裤子让你拍他的光屁股？于是与“打赌王”以20万美元对赌。面对结果，巨贾心甘情愿输给了“打赌王”20万美元，“打赌王”则输给警察局长10万美元，净赚10万美元。毋庸置疑。“打赌王”这里也是玩着对冲的游戏，高盛旗下的杰润也玩着“打赌王”同样的鬼把戏，不管未来原油价格如何，杰润的利润已经锁定。

不过，杰润下的“套”远比那个“打赌王”要深得多。深南电处境十分尴尬，不仅在交易一开始时就损失了应得的几百万美元期权费收入，而且还要承受未来原油价格下跌可能带来的亏损。

有关专业人士称，这是一份“吃人的协议”，因为该产品有一个显著特点，即上涨的时候以固定价格买入，下跌时以浮动价格卖出，而一旦产品价格跌穿约定价格，亏损可能达无底深渊。

作为对赌的另一方，高盛集团当年上半年一直扮演着原油“多头司令”的角色，频频发布报告唱多油价，高盛签署这样的协议实在令人疑惑重重。事实上，不到一年时间，一贯唱多的高盛对油价的判断从149美元直落到50美元。正如深南电向外界鸣冤：高盛欺诈了我们，作为国际知名投行，高盛夸大收益。隐藏的对赌协议风险已经显现出来后，人们发现，原来“温柔圈套”的背后是赤裸裸的“血腥游戏”。

正是这份和高盛全资子公司签订的期权合约被指违规，让深南电这家一直以稳健经营著称的企业被推上风口浪尖。美国一位投资大师说过：“媒体能积极地影响公众的注意力和思考方式。”在此后长达两个多月的时间里，国内媒体舆论对深南电保持着挥之不去的热情，此起彼伏、翻来覆去地围绕此事件进行报道和评论。

显然，对于“犯了错”的深南电管理层来说，此刻已经初步领略了媒体“唯恐天下不乱”的真正厉害，如何来应付今后可能会出现的各种局面？他们显得有些无措，不知道怎么对公众尤其对媒体解释这件事。

一开始，媒体关注的焦点集中在质疑公司合同违规上，要求公司澄清和解释合约签订情况。这里有三大重要问题很难回避：第一，因为深南电在公告里用了“公司有关人员在未获公司授权下”的重要措辞，此时仅用这样的解释，显然有些牵强和令人难以置信，引发媒体提出更多质疑；第二，关注油价下跌，提示公司合约履行的亏损风险；第三，探讨合约如果生效，公司发生损失后如何赔偿等善后问题。这三个问题，每一个都如“风刀霜剑严相逼”。

在报道这一事件的过程中，很多媒体开始忽视了一个明显的事实，即“油价专家高盛”一方面不断唱多油价一方面做空油价，其旗下子公司杰润和深南电签署的两份对赌协议有欺诈之嫌，并且合约中的触发条例也相当苛刻，本质上应该说是一个不对等的合约。

当精明的媒体开始注意到这一点后，报道的新闻价值取向开始发生变化，深挖出了事实真相的另一面——高盛的“欺诈”嫌疑。很快，总体舆论趋势也开始转变，媒体开始以同情深南电的笔调将矛头直指高盛，深南电也开始向公众发出该“合约是一个不对等条约”的呼声，并严正指责作为国际知名投行，高盛有夸大收益、隐藏风险的利诱欺诈之嫌。紧接着不久，媒体又报道了国内除了深南电外，还有几大航空公司同深南电一样，均已中招，损失甚至远远超过深南电。公众的注意力和关注点也随着媒体报道的深入有了转向，深南电开始慢慢从舆论漩涡的最中心脱离出来。

深南电此后的工作一直围绕努力挽回损失、降低风险进行。

在和杰润不断地斡旋后，深南电宣布将其境外全资子公司深南能源（新加坡）有限公司持有的香港兴德盛有限公司的100%股权转让。这意味着深南电将海外公司资产成功转移，以化解巨亏的危机。按照相关法律规定，如果深南电违约，深南能源（新加坡公司）将被当地法律部门查封、处置，而此时杰润能得到的仅仅是一个空壳，毫无意义。

由此，深南电与高盛的对赌局面发生了实质性的逆转。也就是说，除了以“直认违规”回答媒体提出的第一个质疑之外，深南电已经并不需要面对媒体所担心的后两个问题。由此，困扰深南电长达几个月的巨亏噩梦终于烟消云散。面对深南电的“金蝉脱壳”，高盛最终选择了无奈放手。

让深南电始料不及的是，公司积极处理该合约问题的结果，竟引发了舆论新一轮的“过度关注”，一些媒体的“老毛病”又犯了，又将矛头指向深南电不肯放松。深南电转让香港子公司的公告出来后，还有舆论指责公司想通过转让来逃避风险。

不平则鸣。面对有些媒体如此过分的不依不饶，笔者当时也曾愤愤然，并写了一篇题为“深南电究竟犯了多大错？”的文章发到了网上。文章说，深南电事件不禁让笔者想起了一则童话故事：一个小孩经不住诱惑，吃了一个“魔鬼”送的巧克力，当这个小孩和所有人都得知巧克力含有毒素时，小孩不仅没有得到救助，却受到了包括自己父母在内众人的指责和呵斥，这名小孩除了噙着眼泪看着大家外别无选择。

如果说高盛及其复杂的金融衍生品是个“魔鬼”，难道大家不认为深南电就像那个小孩一样无辜吗？深南电的确有失误，在没有弄清楚国际游戏规则的时候就盲目地签订对赌协议，相当于将公司的投资人的共同利益置于风险之下，深南电在国际化道路的过程中交了昂贵的学费。

然而，在国际市场的大环境下，金融骗局和花样繁多的陷阱并不鲜见，中航油（新加坡）、中信泰富、中国国航、东方航空出现的金融衍生品巨亏的故事，在中资企业中绝不是特例，而有着相当的普遍性。还有，牵连甚广的“麦道夫500亿美元欺诈案”曝光后，就连汇丰银行、苏格兰皇家银行、法国最大银行巴黎银行、西班牙最大银行西班牙国际银行、日本野村证券等大型知名国际金融机构的损失和风险敞口也渐渐暴露在公众面前，更何况一个“小小”的身为非专业机构的深南电呢？

现在回头看来，笔者这篇网文虽然有些偏激，但其中宣泄的情绪还是感染了很多人。因为人们都同情弱者，此时的深南电无疑是弱者并且已经在公众和媒体面前

“示弱”了，因此不少人认为深南电确实有些“冤”。

后来深南电事件的合理解决，使深南电及其投资者都将损失降到了最低限度。这一期间，公司股价始终与大市保持一致，基本平稳，没有发生大的波动。

随后，有正义感的媒体纷纷开始挖掘杰润的老底子——杰润究竟是何方神圣？

杰润是高盛的全资子公司，曾是“丑小鸭”的杰润，被高盛收购后，才蜕变成为世界“顶尖的黄金和商品交易公司”，后来也做石油交易，多年来杰润贡献着高盛三分之一的利润。高盛混迹于中国内地市场已经接近20年，引诱拐骗中国企业上当受骗，是其在中国内地屡试不爽的招数。他们巧妙利用中国企业普遍缺乏国际金融专业知识的弱点，也利用自己在全球金融投行界至高无上的地位，通过编织概念、信息披露、设置圈套诱骗中国企业上当，并从中获取高额利润。

看看深南电与杰润签订的期权合约，这个“圈套”似曾相识。2004年，高盛曾拿着类似的“空头买权”期权合约，打着利率互换的幌子准备和广东的另一家电厂交易。而那份看似完美的合约，最终被该电厂财务顾问力排众议后否决了，从而避免了可能产生的巨亏。

提起杰润，人们还想起了令人痛心的“中航油血的教训”，也就是那个导致中航油亏了5.5亿美元的公司，是当年陈久霖中航油巨亏时候的第二大交易对手。在证券期货业人的记忆中，深南电的对赌协议与当年中航油的石油期货期权协议有不少类似的地方——怪不得操作手法有点眼熟，深圳的私募人士及期货业人士回想起来还有点心惊胆战。只不过当年杰润是做多，现在是做空，原来高盛的判断早已从200美元变到50美元了。

“中航油事件”之后，高盛的子公司杰润才又“瞄上”了新目标——深南电。同样是关于石油价格的赌局，同样是杰润跟中国的公司，不同的是一个巨亏5.5亿美元，一个妥善解决、转危为安。

金融专家们也指出，金融衍生产品的高杠杆化，是造成美国住房次贷危机，进而演变成国际金融危机的直接原因，这已成为世人的共识。金融危机发生以后，谈起“金融衍生产品的高杠杆化”，人们大多聚焦于美国及其他西方国家，殊不知国内深受其害的企业也不在少数。如2008年国内还有另一家上市公司——江西铜业也在套保上栽了跟头，平仓亏损9.72亿元，浮亏3.91亿元，这一年该公司在套保上亏损共计高达13.63亿元。外界对此一片哗然，媒体也是质疑不断，落入陷阱的江西铜业有苦难言。

有资料显示，截至2008年10月底，68家央企涉足金融衍生产品业务浮亏114亿元。截至2008年年底，浮动净亏199亿元。而且中航已将2.4亿美元信用证交付给美林公司，作为对其合约负市值的担保。对此，时任国资委副主任的李伟指出："在一定程度上，中国企业遭遇金融衍生产品投资'滑铁卢'，一些国际投行是罪魁祸首！"

2010年6月上旬，高盛董事长兼首席执行官劳尔德·贝兰克梵仍然在北京表示，过去几年中国业务已成为高盛的核心业务。难怪有业内人士称："在全球市场上，中国市场和中国企业是高盛重要的'狩猎场'，无论是在期货交易还是公司上市承销，以及重大公司并购领域，高盛在中国的业务无不风生水起。"

正所谓"多行不义必自毙"。2010年4月16日，高盛这个全球最具声望的国际投行"巨无霸"，被美国证券交易委员会以涉嫌欺诈而起诉。美国证交会对其的指控是，在全球金融危机期间，高盛与一些对冲基金、投行等暗地勾结，蒙蔽投资者并做空金融市场，从而加剧了金融市场的动荡，使投资者蒙受巨额损失。新闻爆出，全球一片哗然。

股神巴菲特说过："衍生性商品是全球金融市场的'大规模毁灭'武器，对金融市场的潜在冲击越来越大，应令所有人警惕。"事实上，自金融危机以来，华尔街金融机构就一直被指责"滥发金融衍生品"，更有声浪直指它们是危机元凶。全国人大常委会财经委副主任吴晓灵在事后接受《中国经济周刊》采访时曾指出："导致全球金融危机的CDO产品其衍生链太长，金融产品已经玩得太过分了，过高的杠杆率使得产品带来的风险超过自身的风险承受能力。"

2010年5月10日，《中国青年报》刊登的《高盛的中国阴谋与暗算》一文评述说："当涉嫌欺诈而失去道德操守的高盛已经遭遇美欧国家政府围剿和追打之时，这家'华尔街最诡秘的投资银行'在中国的'丑闻'似乎也遮掩不住了。不少人相信，在中国市场到处啜金吸银的高盛所从事的各种交易勾当，对中国企业和投资者造成的损失可能要比其在美国的欺诈行为严重得多。"

郎咸平教授在抨击高盛时也愤慨地说，高盛"长远的贪婪"就是"要干掉一切对手，赢得整个世界"。他还指出："其实它狙击中国，除了对赌外，……实际上它最终操纵的是经济和民生这两条线，把你给卡死了，你就得听我的。"郎教授的话不禁让人们记起了中国的西部矿业、双汇、太子奶、蒙牛、雨润、海普瑞等一些企业，高盛无不渗入其中。还有专家在媒体上呼吁说："一场全球金融危机撕开了高盛们的神秘面纱，暴露了高盛们赚钱并不是那么阳光。作为深受'欺诈、诱拐、被耍尽手段'的中国岂能袖手旁观？因此，建议对高盛在中国多年来经营状况的合法性、合规性展开调查。"

然而至今，我们都没有听到高盛在中国遭到调查或其他的任何消息，这个幽灵仍然还自由自在、毫无拘束地在中国徘徊。

（2009年12月）

补记：此文由上述《股市风云档案》电视系列片改编，原文发表于笔者撰写的《大变局：中国股市20年》（2010年由山西人民出版社出版）一书。

附文

股市的投机比投资更具有吸引力

——《时代周报》专访汪在满

《时代周报》记者　明鹏

1990年11月26日，上海证券交易所成立，中国股市的序幕就此拉开。

二十年，世事变幻；二十年，沧海桑田。从“摸着石头过河”到交易监管体制不断完善，从最初的十几家上市公司到目前的近两千家，从最初的几万名股民到目前A股账户超过1.4亿，中国股市已成为世界证券市场中一个不可或缺的重要角色。

中国股市诞生的20年对于中国经济的改革意味着什么，又将催生出什么新的变革和机遇？为此，本报记者采访了品牌专家、资深媒体人、《大变局：中国股市20年》作者汪在满。

时代周报：中国股市成立20周年，成效是巨大的，您认为今后中国的股市会是怎样的？

汪在满：中国股市成立20周年，取得的最大成效就是为数以千计的企业实现了融资。总体而言对中国经济做出了巨大的贡献。如今已发展到超过2 000只；沪深两市总市值已经超过27万亿元，在全球排名第二；两市开户数达到1.32亿户，意味着在中国每10个人之中就有1个人是股民。

理论上认为，随着经济金融全球化趋势的不断增强，资本市场的竞争力和发达程度已成为国家竞争力的重要组成部分。但是与国际上相对成熟的资本市场相比，“弱冠之年”的中国股市还只是一个少不更事的“毛头小伙儿”，就如同一个人的人生需要历练一样，尽管目前有很多“成长中的烦恼”在困扰着他，但相信随着时间的推移和“阅历”的增加，他一定也会逐步成熟起来。

时代周报：中国股市20年来大起大落成为常态，您认为主要的原因是什么？

汪在满：这中间的原因是多方面的，我也不能做出描述。就连美国知名的财经专家和投机者伯恩哈德·巴鲁赫也说：“我已经在华尔街工作了30年，现在不得不承认，我一直都不知道股市到底是怎样运作的。”很多国民有较强的赌博心态，有人笑称“10亿人民9亿赌”，经济学家谢国忠更是认为中国股市成为穷人的赌场。现在投资渠道有限，投资股市能够带来资本的迅速升值。大涨大跌刺激很符合中国人的赌博心态。再说在股市赚的钱（多），其他领域很难获得同样的回报。在股市上赚过大钱的人，一般就很难有耐心去做实业了。

时代周报：中国股市应该怎样加强监管？

汪在满：我国股市监管是借鉴国外的，学的是美国模式，还处在一个学习完善的过程中，应该说中国股市监管的完善，才走了一半的路。资本市场的监管是一个国际性的难题，你看尽管国外股市监管严格，但依然也会有很多问题发生，如安然造假事件、高盛欺诈、庞氏骗局等。20年来，中国股市走了很多弯路，怎样把市场的监管和容忍适度投机结合起来至关重要。投机是人的本性，投机有时候是充满魅力的，我认为资本市场如果没有了投机的成分，其吸引力就会大打折扣。虚拟经济的特色就是高投机性，投机的需求和投资需求是一样的，很多时候，投机的需求甚至比投资需求更具有吸引力，这就是资本市场的润滑剂的多重作用。从泡沫层面而言，股市是允许有泡沫的，没有泡沫股市就没意思了。

时代周报：很多企业家在企业上市后不愿意继续努力做实业，反而在证券市场玩起了资本的数字游戏，您怎么看待这一现象？

汪在满：证券市场属于虚拟经济，它的魔力无穷。我研究中国股市20年的历史发现，很多不错的实业家就是因为经不住股市的诱惑，才加速了企业的衰亡。有的企业原来发展得好好的，企业家也心无旁骛，一旦进入股市后，暴利的诱惑和虚拟经济的其他各种因素让一些企业家的心态变得浮躁起来，认为辛辛苦苦办企业不如股市的投机来得快，来得轻松，所以很多企业放下企业的经营不管了，一门心思去炒股去了，虚拟经济的数字游戏对他们有很大的吸引力。比如原“活力28”“康赛”等，企业上市不但没起到应有的作用，相反成了让自己衰亡的致命绳索。有些企业上市圈来了大量的钱，不把这些钱拿去发展实业，而是拿去套更多的钱；有些企业上市的目的就是为了圈钱，经营者也根本没有把心思用在企业的经营管理上。目的错了结果一定是错的，很多企业就是在过度的投机中消亡的，这种案例在中国20年证券市场历史中不在少数。

时代周报：20年前，美国经济学家托宾曾提及在中国经济发展的过程中，银行的功能大于股市，中国更适合发展银行，而非股市。这么多年过去了，您再评价一下托宾这一观点。

汪在满：资金是企业发展的血液。银行和股市均是为企业发展提供血液的，光靠信贷融资的话远远不能满足实体经济的需求。信贷和股市不同，信贷是借，而股市是投资，两者的功能不一样，获利方式也不一样。不同的企业适合不同的融资方式，投资者也有多元化的投资需求。我觉得托宾的观点是对的，现在很多企业，尤其是中小企业需要资金，股市的门也没有向他们打开，银行的门对他们也是封闭的。你看银行，现在有很多的钱不敢放贷，很多企业需要资金又不能贷到款，这就构成了一对矛盾，这个矛盾已经困扰我们很久了。改革开放三十多年，国家有关部门也出台了一些扶持中小企业的政策，但这个问题至今仍然没有得到很好的解决。创业板虽然也已经开局，但根本不能满足市场融资的需求，很多嗷嗷待哺的、质素很不错的企业，就因为融资的问题短命而亡，我认为这是有关部门不能忽视的问题。

时代周报：国外证券市场的交易品种远远多于国内，你是否赞成继续增加我国股市的交易品种？

汪在满：发展多层次的资本市场，一直是我们的策略，但怎么发展，还是要根据中国的国情，交易品种也要从实际情况出发，审慎地推出。本次金融危机的大震荡，给中国的股市敲响了一个警钟。比较多的市场金融衍生品给一些企业带来了很多的危害。中国证券市场才刚刚走过20年，股民对金融衍生品还不是非常了解，股市要以稳妥发展为主，不能盲目增加交易品种。比如股指期货和融资融券，我认为还是搞得太早了一点。创业板和中小板的推出还是非常有必要的，解决了大量中小企业的融资需求。

时代周报：怎么看待大盘蓝筹股在证券市场中扮演的角色？

汪在满：大盘蓝筹股对股市涨跌起着非常重大的作用。就目前阶段而言，运作蓝筹股需要一定的资金量，比如中国工商银行，它的盘太大了。操作大盘股获利少，尤其在中石油把中小股民坑惨了之后，很多股民谈大盘股就色变，不再在大蓝筹股上寄予希望，一般的机构投资者也不敢随便动大盘股。大盘不动，股市就难以真正启动起来。

时代周报：2010年，创业板周岁。您认为创业板的功能和局限在哪里？

汪在满：创业板出台之后，感觉不到它和中小板有什么太大的差别。创业板原本的特色应该是投资高成长性的企业，但高成长性的企业虽然收益大，可是风险大、死亡率更高，所以监管层对创业板企业的审定还是十分审慎的。但这种审慎会让很多急需资金的中小企业得不到想要融到的资金，在这种情况下，创业板的作用和能量就难以得到充分的发挥。

时代周报：怎么看待中国股市的内幕交易？

汪在满：内幕交易是证券市场严重的舞弊行为，就好像玩扑克游戏可以偷看底牌的作弊一样。就算是在华尔街，内幕交易也经常发生，美国证券监管机构为此也是伤透脑筋。国内的内幕交易更是司空见惯，人们已经见多不怪了。前不久，国务院等几个部门联合发布了一个通知，说要整顿内幕交易。但我始终认为老鼠仓、内幕交易等问题不是在短期内能解决的。之所以不好解决，关键是内幕交易不好取证，今后的内幕交易只能是更加隐秘，更加难以查处。

时代周报：中国股市的市盈率为什么高于国外股市？

汪在满：买股票是在买未来，中国整体经济的成长性，让投资者长期看好。市盈率高是可以容忍的，但是市盈率太高了就不合理、不正常，风险就会增加。现在很多上市企业尤其是创业板上市企业市盈率奇高，这无疑也是风险。还有，一些创业板企业募集的资金量严重超过募资计划额度，如果实际募集资金远远大于计划募集的资金，多募的资金没有得到合理的利用，这无疑也会增加投资者的风险。

（《时代周报》2011年5月17日）

图书在版编目(CIP)数据

资本品牌与传播:一个财经作家的公关传播文本/汪在满著.—成都:西南财经大学出版社,2016.10
ISBN 978-7-5504-2633-7

Ⅰ.①资… Ⅱ.①汪… Ⅲ.①上市公司—公共关系学—研究
Ⅳ.①F276.6

中国版本图书馆 CIP 数据核字(2016)第213248号

资本品牌与传播:一个财经作家的公关传播文本
ZIBEN PINPAI YU CHUANBO:YIGE CAIJING ZUOJIA DE GONGGUAN CHUANBO WENBEN
汪在满 著

图书策划:亨通堂文化
责任编辑:张明星
责任校对:陈何真璐
特约编辑:乔小桥
特约策划:夏 天
封面设计:李尘工作室
责任印制:封俊川

出版发行	西南财经大学出版社(四川省成都市光华村街55号)
网 址	http://www.bookcj.com
电子邮件	bookcj@foxmail.com
邮政编码	610074
电 话	028-87353785 87352368
印 刷	深圳市文光彩色印刷有限公司
成品尺寸	165mm×230mm
印 张	24
字 数	445千字
版 次	2017年1月第1版
印 次	2017年1月第1次印刷
印 数	1—5000册
书 号	ISBN 978-7-5504-2633-7
定 价	45.00元